王豫生 主编

福建省教育学会 编

福建省县域教育高品质发展研究

海峡出版发行集团 | 海峡文艺出版社

图书在版编目(CIP)数据

福建省县域教育高品质发展研究 /王豫生主编. —福州:海峡文艺出版社,2024.8
ISBN 978-7-5550-3234-2

Ⅰ.①福…　Ⅱ.①王…　Ⅲ.①县—地方教育—义务教育—研究—福建　Ⅳ.①G522.3

中国版本图书馆 CIP 数据核字(2022)第 230295 号

福建省县域教育高品质发展研究

王豫生　主编

出 版 人	林　滨
责任编辑	李永远
出版发行	海峡文艺出版社
经　　销	福建新华发行(集团)有限责任公司
社　　址	福州市东水路 76 号 14 层
发 行 部	0591—87536797
印　　刷	福州力人彩印有限公司
厂　　址	福州市晋安区新店镇健康村西庄 580 号 9 栋
开　　本	787 毫米×1092 毫米　1/16
字　　数	465 千字
印　　张	25
版　　次	2024 年 8 月第 1 版
印　　次	2024 年 8 月第 1 次印刷
书　　号	ISBN 978-7-5550-3234-2
定　　价	80.00 元

如发现印装质量问题,请寄承印厂调换

目　录

新情势下福建省县域中小学高品质发展对策研究

王豫生[*]

2019年2月,中共中央、国务院印发《中国教育现代化2035》,明确提出面向教育现代化的十大战略任务,要求"发展中国特色世界先进水平的优质教育","推动各级教育高水平高质量普及",指出我国教育需要从高速增长迈向高质量发展,努力实现以高质量发展为时代特征的教育内涵发展战略转型。2021年全国教育大会提出,全面落实教育优先发展战略,要坚持改革创新,坚持教育公平,推动教育从规模增长向质量提升转变,促进区域、城乡和各级各类教育均衡发展,构建高质量教育体系,以教育现代化支撑国家现代化。县域教育承担了福建省基础教育70%—80%学龄人口的教育任务,其教育转向高质量发展关系到福建省基础教育发展的全局。如何构建科学完善的立德树人教育体系,探索高质量发展之道,加快教育现代化,是摆在县域教育行政部门和中小学校面前的一个重大课题。由此可见,创造高品质教育,是转型时代交付我们这一代人的使命。

在上述教育改革发展背景下,福建省教育学会确定2021年的工作重心为:围绕高品质发展主题,开展县域教育发展研究,并形成相关的研究成果,为我省县域基础教育改革发展献计献策。一年来,我带领学会秘书处同志,赴福州、厦门、漳州、泉州等地市召开多场关于县域教育高品质发展的调研座谈会,并下校实地走访。同时,这次年会全省各地市也报送了相关研究论文300多篇。现在,根据调研情况和各地市报送的论文,我向各位分享我们的调研感悟和体会,说明一下福建省县域教育在新情势下产生的新问题,研究探讨新要求下的新任务,并就如何进一步推进我省县域教育高品质发展,提出一些对策。

---

*作者单位:福建省教育学会。

1

一、新情势下的新问题

近年来,我省县域教育坚持以立德树人为根本任务,积极探索新思路、新举措,扎实推进基础教育综合改革,取得了显著成效。同时,也遇到一些新的现实问题。

一是城市化进程加快,城乡学校两端不均衡问题凸显。随着经济社会发展,城市化进程不断加快,人口大规模从乡村流向城市,流向经济产业发达地区,导致乡村学校学生日益流失,城区学校学生迅速增加,乡村学校不断合并减少,城区学校不断新建增多。城乡教师队伍的数量也呈两极化发展,城区学校的教师队伍日益庞大,乡村教师队伍却在不断减少。特别是在经济较落后的县域,师生流失现象严重,尤其是学生流失现象严重。以我省人口最多的县域晋江为例,2000年、2010年、2015年、2020年在校生分别为76548人、79302人、126912人、149567人,在校教师分别为4027人、6029人、5024人、5177人,学校在校生人数因外来人口的增加而不断膨胀,但是教师的总量变化不大,生师比明显失调;再以我省人口最少的县域清流县为例,2000年、2010年、2015年、2020年在校生分别为13872人、9887人、8311人、6385人,在校教师人数分别为947人、785人、747人、744人,面临着学生和教师的双重流失。由此可见,在这种严峻形势下更需要均衡教育,更需要做优做强县域教育。

二是县域学校办学境界相对偏低,课程特色不够鲜明。受多方面的条件限制,县域学校发展规划普遍不够科学精细,教育治理水平与效能还不高,与推进教育现代化的要求有较大差距。县域学校在教育资源配置方面还不够优质均衡,特别是农村小规模学校办学条件相对薄弱。学校"五育并举"的教育体系还不完善,课程建设还不能充分展示办学优势和学校特色,精品课程数量较少。县域学校组织变革明显滞后于城市教育改革形势,能设置学术性教研组织的相对较少,教研团队建设乏力。

三是县域学校课堂教学改革缺少深度,应试倾向明显。从总体上看,县域学校课堂转型还需强力推进,学科育人价值未能深度挖掘与充分转化;课堂教学设计仍以讲授式为主,学习评价标准模糊,重视应试的功利性评价气息浓厚;在线教学处于初期探索阶段,信息技术与学科教学融合还没能达到较深层次;教学诊断忽视实证,以学论教的理念还不能很好地落实到县域教师教学行为中;学科教研的针对性、实效性、科学性有待提高,教研员对县域薄弱学校的教学指导缺少系统性、持续性。

四是县域教师专业发展较为迟缓,队伍管理有待改进。就大部分县域而言,教师专业素质普遍不高,核心教学技能有待提升,在师德建设、师魂塑造、师能提升方面还缺少系统的培训体系,教师资源配套不够优化。就县域个别学校看,党的建设、意识形态教育注重形式,实效不明显;就个别教师看,职业道德有待加强,干事创业的积极性、主动性未能充分激发。

以上问题的产生,有其具体原因。从教育政策看,"高质量发展"已成为我国基础教育的关键词,县域教育虽然改革成效显著,但县域教育发展战略仍以规模增长为主,推进县域教育高品质发展整体改革方案还未形成;随着教育现代化的稳步推进,学校建设、学生培养、教师管理、教育研究等机制还不够健全,需要根据新时代教育的政策要求作出调整。从现实情况看,我国义务教育强调从基本均衡转向优质均衡,但县域从整体上的城乡教育一体化发展到局部的农村小规模学校发展,都缺少清晰的路径和有效的策略;学校与家庭合作主要围绕学生学习成绩、学习能力的提升展开,家长、社会人士很少参与学校课程建设;学校建设、课堂改革、教师专业发展都存在"有岭无峰"的现象,缺少教育改革的代言者、领跑者。从发展趋势看,基础课程改革步入深水区,学生核心素养培养成为我国教育实践的重大命题;同时,人工智能时代的到来,信息技术对教育改革起到巨大的推动作用,引发了育人模式的深刻变革,面对未来的挑战,县域基础教育必然会显露出诸多深层次的问题。

二、新要求下的新任务

《中国教育现代化2035》提出我国面向教育现代化重大战略任务,描绘了建设高水平高质量大中小学及幼儿园教育愿景。2021年7月,中办、国办印发《关于进一步减轻义务教育阶段学生作业负担和校外培训负担的意见》,重拳出击违背教育规律、破坏教育生态的行为,并提出切实提升学校育人水平的要求。双减是减负,不是减质,其目标是要提质。鉴于县域在我国中小学教育实施中的基础性地位,城市要重视县域发展优质的中小学校。没有高品质的中小学校,就没有高品质的经济发展,也就没有高品质的城市。为此,新要求下县域教育面临着如下新任务:

一是构建更高质量教育体系。高质量的县域教育一定是各具特色、姹紫嫣红的教育,也一定是品牌众多、示范引领的教育。要以"全国义务教育优质均衡发展县(市)""福建省达标高中评估"等项目创建为抓手,推动县域义务教育、普通高中教育、职业教育向更高品质迈进,打造高质量发展呈现出满园春色的县域教育。

二是营造更高品质教育生态。"双减"政策下,需要进一步规范校内外教学行为,营造良好教育生态。"双减"政策的出台,倒逼我们在促进教育均衡的基础上,推动县域中小学校教育质量持续提升,打造"优质均衡""高质量发展"的更高品质教育新生态,从根本上推动"双减"工作落地落实。

三是追求更高水平教育质量。立德树人是教育的根本任务,也是教育的永恒主题。

县域中小学应构建基于立德树人和核心素养的德智体美劳五育并举新模式,推动教育回归本真。同时,探索构建资优生、特长生的差异化培养体系,探索让每一个学生拥有适合自己的跑道。这是对更高水平教育质量的追求。

四是培育更高素质教育人才。教师是教育发展的第一资源,没有好教师,就没有好教育。建设更高素质教师人才队伍是县域教育高品质发展的前提。对基础薄弱特别是山区县域生态而言,这也是一项极为艰巨的任务。要加强优秀教师梯队建设,培养一批具有示范引领的县域教育领军人才,打造新时代"四有"好老师队伍,切实增强教师的成就感。同时,要加大对优秀教师的激励力度,强化并完善人才队伍经济待遇保障制度,推动更多惠师政策落地,不断增强教师的幸福感,让优秀教师能在县域扎根下来,真正留得住、用得好。

三、新目标下的新对策

人们对事物的认识过程是一个由低到高、由浅入深的过程,对教育改革的认识也如此,从"规模增长"到"质量提升"再到"品质追求",这是教育发展的必由之路也是必然之路。如何推进县域基础教育高品质发展,是新时代之问,也是县域领导地方教育行政部门必须肩负起的时代使命。党的十九大报告提出"建设教育强国是中华民族伟大复兴的基础工程""教育强国建设,是促进以高质量发展为时代特征的教育内涵发展的过程"。国家逐次出台了《关于学前教育深化改革规范发展的若干意见》《关于深化教育教学改革全面提高义务教育质量的意见》《关于新时代推进普通高中育人方式改革的指导意见》等文件,标志着高质量发展已成为我国新时代基础教育的中心工作。这些教育政策文件的贯彻落实,都要求各级教育行政部门倾力打造高品质教育,满足人民群众对更高质量、更为多样、更具特色的教育需要。

怎样的学校才是一所高品质的学校，或者说一个县域内怎么才能成就更多高品质的学校？

（一）县域领导要确立高纬度的政治意识

在我国现行的国家治理体系中，县域一级行政机构是基本单元，承担了高中及以下教育发展的主体责任，当然也是主体责任，是最重要的主体责任，甚至我以为是不可替代也是不应替代的责任。城市化进程中人口流动加大规模（随着新农村建设的提速或许会有所回流，但目前尚未发生根本性转化），极大地改变了县域人口分布与社会经济的结构及其治理边界，极大地改变了县域教育的规模、布局与结构，农村空、城市挤，经济欠发达县域空、经济发达城市挤成为一种教育普遍状态，就福建省而言，据2021年福建统计年鉴，我省各地市人口流入流出的统计，厦门市常住人口516.4万人，户籍人口272.1万人，净流入244.39万人；福州市常住人口829.1万人，户籍人口715.4万人，净流入113.72万人；泉州市常住人口878.2万人，户籍人口766.1万人，净流入112.09万人；而漳州、三明、宁德、莆田、龙岩、南平六市净流出人口高达242.65万人，虽说净流入的未必都是六市的人口，净流出的也未必都到福、厦、泉三市，但不争的事实是，其流入流出的人口主体是九市之间的人口流动，同时历史的迁徙流动图告诉我们漳州、龙岩、三明流向厦门更多一些，而宁德、南平则更多则流入福州，福、厦、泉流入人口的主体也大多来自六市。这其中有学生随父母进城打工同来的，还有一些学生则是为了寻找家庭出路，改变家庭生活状况，从下一代的子女教育做起，通过各种途径和办法"择校"入学而来的。为此，县域中小学校的萎缩和大中城市（尤其是大城市）的扩张就成为一种必然，县域内中小学（特别是乡初中校和村小）出现的1个老师带1—2个学生，大城市学校少则数千人多则上万人的现象也不鲜见，而且我以为在城市化进程加速，城市规模进一步加大的情势下（如福州将向千万人口级发展），人口集聚的力道也会进一步加强，在未来5—10年内，6市人口向福、厦、泉流入的流速和流量都会进一步加强而不会减缓。

如此，县域边界作为经济文化教育活动的边界可能日渐模糊，但县域行政机构仍应在地域边界内负起基础教育的全部责任，义务教育，绝不仅仅体现在地域边界内免费教育，更多的是体现在责任教育，即家长有责任送每一个子女上学，学校有责任教好每一个学生，县级政府则有责任提供每一个孩子享受到国家要求的教育条件和保障。谁没做到，谁就违反了应尽的法律责任，家长如此，学校如此，政府亦然。

为此，政府始终应把教育摆在优先发展的战略地位，从事关全局、事关未来、事关长远的角度，全力推动教育事业发展。要高度重视和支持县域中小学校高品质发展，通过遴选优秀的校长、组建好的学校班子、建设优质的教师队伍、营造优良学风等，促进县域中小学教育向优质均衡发展。在"以县为主"的义务教育管理体制下，县域教育行政部门拥有集中的教育资源管理权，县委县政府要抓住战略重点，做好教育工作的领导和顶层设计；要形成县域教育高品质发展的整体思路，采取切实有效、科学合理的举措，着力构建县域教育高品质发展新体系。

要准确把握县域方方面面的情况，准确把握县情、乡情、校情，准确把握教育的背景、情景和环境，准确把握当前教育工作的任务、矛盾和要求，结合县域教育实际，做到工作有针对性、操作有可行性、执行有实效性。当前，我省一些县域正努力探索适合本县域学校发展的办学理念，促进县域教育向高水平、高品质发展。例如，新世纪初，集美灌口的经济飞速发展，企业急需引进大量人才。为使这些人才安心留下工作，基于对区情的把握，区政府制定教育发展战略，提出要在灌口镇重点打造优质学校。于是，2006年，在厦门市、集美区两级政府及教育主管部门的推动下，借助"高位嫁接"的合作模式，集美区教育局与厦门一中签约合作办学，将当时的薄弱校灌口中学确立为厦门一中集美分校。在厦门一中的大力支持下，灌口中学与厦门一中逐步在行政管理、教科研活动、德育工作、学校发展与规划等各个方面形成良好对接格局，并结合学校实际，实施"六个改变"（优化教师队伍建设、优化学生全面发展、优化课程改革、优化学校治理水平、优化学校教育效能、优化师生训练），学校实现了快速优质发展，于2015年通过"福建省一级达标高中"评估，成为城乡教育均衡发展的"厦门样本"。又如，南平政和县明确"深化教育教学改革，整体提高县域义务教育质量"发展思路，研究制定政和县县域教育质量提升工程，并把其纳入县"十四五"规划，实施教师坐班制度，班子交流轮岗学习制度，积极落实双减政策，着力架构政和县教育高质量发展新体系，多措并举组织实施，谋划新时代政和教育发展蓝图。

义务教育的均衡性，不仅表现在硬件建设上的标准统一，更表现在软件配置上的指标，教育的公平性不仅要体现在教育经费、教学设施的基本相同，还要体现在教师编制、老师结构的大体一致,保证学生都能得到大体相当的教育水准和完成大致相等的教学质量,确保国家教育教学大纲得到切实的落实,学生得到完整的教学。

2007年,本人任省委教育工委常务副书记期间,专门就加强中小学教师队伍建设进行了长达一年的调研,建议省委、省政府实行城乡一体化的编制政策,将县镇、农村义务教育学校教职工编制标准提高到城市学校水平,城市、县镇、农村初中学校按员生比1∶13.5配备教职工,小学在校生200人以上学校按员生比1∶19.5配备,在校生31—200人的学校按班师比1∶1.7配备教师,前三年先核增6500个编制,优先补充紧缺学科教师,让所有学校都能开齐、开足国家规定的课程,通过五年努力,基本实现教师结构合理,编制数、实有人数和财政供养人数相对应,省政府采纳了这个建议并以闽政文〔2008〕344号文件下达了《关于进一步加强中小学教师队伍建设的意见》予以实施,这个文件并未过时,更未废除,特别是学生数与编制相适应、编制数与财政供养人数相对应的政策要求。

1960年代经济困难时期,国家还保证每人每月12千克的基本口粮,虽然油水不足,面黄肌瘦,但还是保证了学生的生存和成长,如果一所学校连基本的教师编制都不能保障,就是有再多的表面功夫和努力,也只能是勉为其难,难掩学校纤弱的身子和教师倦乏疲惫的神情。

更何况,提高教育教学质量,发展高品质学校是缩小城乡学校差别、加强薄弱校建设、提高新建校水平、搞好区域均衡教育、实现公平教育的关键在教师、在优质教师,关键在增加优质教育总量,教师轮岗在目前情势下是一种或许是立竿见影的选项(但不可否认是影响了原教育结构的选项),也因此引发公交车现象,受到未登上车者的热烈欢迎,也遭到已上车者的强烈反对,其实也只能是权宜之策,如果连教师编制的基本条件和要求都达不到,则增加优质教师总量就是一句空话。就如一个足球队,如果就那么几个球员不停地来回组合,只是推高了球员的身价而不能提高球队的水平。倘若能像中国乒乓球运动成为全中国的国球,遍布全国城乡,满天繁星,当然就是人才滚滚,英雄辈出,只有不停地选拔,而无须不断地重新组合,因为有无尽的组合,硬是把一个国际大赛打成了国人大赛,如此,大批优质教师可能蜂拥而出,则是该县教育的幸事、百姓的幸事。

（二）校长要树立高品位的教育理念

要实现教育的高质量发展，关键取决于校长的管理，大家都认可一个校长就是一所学校的说法，那么，只有高品位教育理念的校长，才有可能建设高品质学校的提法也就顺理成章了。

一个高品位的校长，最重要的是"知书达理"：知书者乃是知党的教育路线、方针、政策，坚定正确的政治方向；依教育的目标目的，坚持立德为先的基本任务；循教育的规律规则、方式方法，坚守教书育人的中心工作；执教育的初心本意，坚决全心全意的履行职责。达理则是要有教育理想、教育理念、教育理论、教育理解之"四理"，教育理想即是教育追求，深刻认识教育在国民经济社会建设中的地位和作用，深刻认识教育对一个自然人到社会人成长过程中的影响和作用；教育理念，即是为实现自己的追求所施行的教育路径、方法和倡导的教育理论作为理想、理念的基础和支撑，广泛学习兼容并蓄，形成自己的独到意见；教育理解实是理解教育、理解学校、理解教师、理解学生，知道、了解并运用教育规律、教学规律，热爱教育、从事教育，热爱学校、管理学校，热爱教师、服务教师，热爱学生、培养学生。为此，可从三个方面考察。

第一是事业追求。好的校长总是厚植教育情怀，将教育教学质量作为学校的生命。他们深知应该办什么样的教育，他们有自己的办学主张，他们深知支撑学校的根基不在于学生的数量，而是教育的质量。质量提升，毫无疑问应成为每所学校追求的目标，这是学校的生命力和竞争力所在。有事业追求的校长，会紧紧围绕质量提升这一核心，紧扣内涵发展这一主题，以教育教学管理为主线，以学校师资队伍建设为关键，把握学校教育发展方向，为师生提供良好的校园文化，提高学校师生的幸福感，办政府、人民、社会满意的教育。如泉州的苏伟毅校长，是经丰泽区面向全省引进人才的校长。他先后在泉州丰泽区创办的两所新校（丰泽区第三实验小学、丰泽区崇德实验小学）任校长。十年来，苏校长遵循"价值引领，品质育人"办学主张，在两所学校分别确立实施诗笛教育、兰质教育，分别获得福建省、泉州市基础教育教学成果奖，并已接受十多个省份一百多位校长的跟岗学习。

第二是职业精神。校长作为一个职业，既要有职业道德、职业伦理，又要具有职业领导力。好的校长往往锐意进取，勇于领导学校教学改革，能确立适切的办学目标，管好优质的教师队伍，推动正确的教学改革、探索科学的办学评价与反馈。

校长的职业精神和伦理,让他们知道怎样育人,就是要坚持以爱心、耐心和智慧育人,育人过程要和风细雨、润物无声,做到"今天对学生的学习负责,明天为学生的成长奠基"。

第三是专业技术。好的校长往往在学科专业上也有突出的能力。不少校长坚持授课,在繁忙的管理之余仍坚守三尺讲台。没有授课的校长,往往也会听课评课、参与教研、指导教学、主持课题。好的校长,懂教学,会管理,他们是政治过硬、品德高尚、业务精湛、治校有方的高素质专业化校长队伍。

县级教育管理部门应重视遴选和培养一批优秀的校长,支持校长大胆实践,创新教育理念、教育模式、教育方法,营造优秀校长脱颖而出的制度环境,共同促进区域教育高品质发展。例如,南平顺昌县推行教育干部评价新办法,深化校长职级制改革,实施职级制管理,构建校长遴选、职级评定、绩效薪酬、任期交流等系统完备的制度体系。实施校长后备人才制度,破除论资排辈等思维藩篱,加大年轻教育干部的选拔力度,选拔6批次183名校长后备人才,培养遴选60多名优秀校长。

教育是一项专业性很强的事业,不仅需要专业性很强的人来办专业,还需要事业心很强的人来办事业,光有事业心而缺乏专业技术是不够的,而光有专业技术而缺乏事业心也是有缺憾的,然而,那种既缺乏专业技术又缺乏事业热情的人则是不合适的,尤其是其中一些人看中教育的"权力大",以教育为跳板,勉从学校暂栖身,而又千方百计跳教门、进官场的则更是误人子弟、误国误才,有百害而无一利,在培养遴选时尤需慎思慎行。

(三)班子要坚持高素养的奋斗精神

加强学校的领导班子建设,是县域中小学的先导工程。"先"是学校领导身先士卒,"导"是指导全体教职员工。

长期以来,县域治理中的中小学校,包括职业中学、幼儿园实行的都是校(园)长负责制,校(园)长是学校法人,对学校的全面工作承担法人的全部责任,虽说取得了一定的成效和一定的经验,但也仍然存在一定的缺陷和矛盾,特别是在全面加强党的领导、全面贯彻党的教育方针存在着忽视与困难,我也曾在自己工作中,对非实行党委领导下的校长负责制的中等及以下的中小学校长负责制总结了党组织发挥"主心骨"作用,校长和书记之间互相做到"四个主动"的要求;对高校二级学院实行院长负责制的党总支(二级党委)发挥党组织主导、引导、指导、制导"四导"

作用的要求,并建议省委对实行董事会领导下的校长负责制的民办高校实行党委书记派遣制度获采纳并施行至今,然而,实际运作中的体制性的受限和不足并未获得根本性的解决。近来,中央决定对中小学校实行党组织领导的校长负责制,顺应时代发展,把握时代要求,从体制机制上进一步明确并加强了党对中小学的领导,从思想政治上、组织制度上确保党的教育方针的全面贯彻落实以及县域教育事业健康发展。当然,随之而来,对我们一段时间来已经习惯于校长负责制的中小学校来说,提出了新的命题,也是更高的要求,不仅要深刻理解体制变革的目的意义,而且要尽快调整好各自的位置,适应新的要求,我想至少书记校长分设的学校要避免"两张皮"现象的出现;书记校长"双肩挑"的学校则要避免"一头沉"情况的发生,是否可以结合中小学校的实际,借鉴高等院校党委领导下的校长负责制的经验,形成党委(党组织)领导、校长负责、教授治学、师生参与的模式,在实践中创造出自己的做法和经验,理直气壮地发挥党组织的领导作用,大力推进中小学的政治建设、思想建设、组织建设、作风建设和纪律建设,义无反顾地带领全校教职员工凝心聚力,求真务实,勇于创新,团结奋斗,全力推进县域中小学高品质发展。要切实加强党对中小学校的全面领导,健全发挥中小学校党组织领导作用的体制机制,确保党组织履行好把方向、管大局、作决策、抓班子、带队伍、保落实的领导职责。要把党建工作作为办学治校的重要任务,发挥基层党组织作用,加强党员队伍建设,使基层党组织成为学校教书育人的坚强战斗堡垒。在党组织的领导下,学校领导之间的关系既是同志,又是同事,大家畅通言路,彰显个性,相互尊重,形成团结和谐的组织关系。学校领导班子建设要重点强化以下三种能力:

一是强化凝聚力。强化领导班子的凝聚力才能形成团队合力,凝聚师生力量,办好人民满意的教育。例如,厦门集美二小学校党支部书记、校长黄艺琼,在上级党组织领导下,团结学校领导班子,带领全体教职工凝心聚力、用心履职,秉承诚毅校训,打造"爱的教育"的学校办学特色,培养学生德智体美劳全面发展。在校领导班子的带领下,学校教育质量在集美区名列前茅,办学成效显著,社会评价高。

二是强化决策力。科学决策是学校管理当中一个极其关键的环节。学校事务,只有正确的决策才能发挥最佳效益。领导班子对学校全局性的、长远性的根本的利益问题,在有所取舍、承担一定风险的情况下,要能够作出正确决策并贯彻落实到位。强化领导班子的决策能力,事关学校改革发展大局,意义重大。

　　三是强化执行力。学校领导班子的执行能力是学校管理的关键,要充分挖掘教师的潜能,充分激活教师的内驱力,变"要我做"为"我要做"。在执行教育行政决定,研究学校管理目标时,要充分考虑师生职工的共同利益;要制订计划,分层管理,分步实施,分段评价,分项改善;要优化资源配置,使执行决定的效率和效益不断提升,促进全校师生不断朝学校改革愿景前进。

　　随着教育的发展,学校师生、领导班子的结构变化,人员更替,学校的各项工作绝不可能也不应该是一成不变的,但办学的规律和办学传统以及办学的基本要求却不应是朝令夕改,或者是天上的月亮,初一十五不一样的,更不宜一个校长打左灯向左转,换一个校长打右灯,向左转,再换一个校长打右灯向右转,又换一个校长打左灯向左转,尤其在某些学校因各种原因短期内校长更换比较频繁的学校,要尊重传统的形成和延续,要注重创新的融合与衔接,毕竟,学校教育是范围广、周期长、持续性强的特殊事业。五年间,灌口中学我去了三次,校长也换了三任,但全力加强灌口中学建设,加大投入、扩建校舍并与厦门一中扎扎实实的长期联办,大幅扩充学校教师编制,并进行了引进、扩大、调整、培训等全面的加强和建设,还聘任厦门一中老校长林安怀为灌口中学校长,给予充分信任和支持,此三大政策的十年来长期坚持不懈,学校完成了六大改变——六大建设——六大提升——六大发展的阔步迈进,实现了从一所不足千人农村初中校城乡接合部薄弱校向5000多人的一级完中达标校和完美蜕变,这里不仅体现了区委政府对教育的高度重视和抓好教育的真正决心,而且体现历任学校领导班子始终坚持一个发展愿景的坚定信念,本着成事必定有我,事成未必在我的理想追求,终成硕果。

　　同时,而我还以为一个好的中小学校领导班子的每一位同志,除忠诚执行、认真履行行政职务的同时,还要认真做好两件事,一是教学,上好课,一是提升,撰论文。虽说现在一些规模大的学校5000—6000人之众,行政工作比较繁杂,还要兼课做科研,的确任务繁重压力山大,但我以为只要愿意去做,妥善安排,都还是可以两头兼顾、相得益彰的,而且一些学校班子配备的人员还比较多,我曾见过一个幼儿园配备团长为一正五副的,不可谓不足了,我们的高校现在一般都在万人以上,甚至数万人,我任农林大学及福大书记时,要求每一个校长都要去上课、开讲座,包括纪委书记、每个校领导每年都要给博士生讲课,我自己也不例外。因为我以为这是当校长的看家本领,吃饭的基本功,也是履职的基本任务,我也曾与一些校长聊过,他们说很忙,当上校领导后就不再上课了,这很不好。深化中小学校教育教学改革要落到实处,我以为不妨从校长做起,把校领导上课扎扎实实地做起。

毕竟,中小学的领导班子与政府官员的还是有区别的,区别在哪里? 就在于中小学是一所基层单位,领导班子的主要任务就是领着全校师生带头干,即一是要干,二是要领着干,三是要带头干,象革命战争时期的人民军队指挥员那样,高喊着"同志们跟我冲啊",带头冲出战壕,带头冲向敌营,而不能像敌军军官,挥着手枪,一个劲地叫着"弟兄们,给我上",而自己却畏缩不前,而现在有些学校领导真的是忘却了我们党的优良传统,确实像个"官员",成日里不是发号施令、指手画脚,就是迎来送往、督促检查,要么就是听听汇报,再向上作汇报,当然,许多也都是"成绩是主要的、困难是存在的、前途是光明的"八股做派,更有甚者,则是从网上下载一套模板,根据命题作文的要求,改头换面,再配上诸多的音像图表资料,形成自己的一套经验总结,完善了事。即便如此,仍然感觉终日加班加点,身心疲惫,既没心思完成分管的行政工作,也把兼课教学变为其他老师上岗代课,双肩挑变成了两头误,为此,一些人颇感委屈,而一些人则不以为然,甚至理直气壮地为此辩白,而在教师职务晋升、职称评审、评先评优、通报嘉奖等又往往捷足先登,当仁不让,这从近些年所公布的表彰名单中便可显见。不仅挫伤了一线教师、中青年教师的积极性、主动性,也影响了领导班子在全校师生员工中的形象和威信,更给我们培养的下一代孩子的心理和心灵产生极大的侵蚀和伤害。

(四)教师要坚守高标准的教育自觉

随着教育管理体制改革不断深化,教师队伍建设成为制约很多地方县域教育发展的短板。打造一支又红又专、爱岗敬业、结构合理、数量足够、素质优良、扎根农村的教师队伍,成为提高县域教育发展水平的关键。应始终把教师队伍建设作为县域教育改革和发展的关键环节,采取切实有效措施,扎实做好中小学教师队伍建设,增强县域教育发展的后劲和活力。

一是落实编制,解决好教师缺编问题。应用足用活政策,拓宽补充渠道,建立适宜的教师队伍总量。县域教育坚持"总量控制、动态调整"原则,充分利用国家和省里有关政策,大力实施教师定向培养计划,为县域学校引来源头活水。在公开招聘时,县域教育应向英语、音乐、美术、体育等缺额严重的学科倾斜,在增加教师总量的同时保障"进得来、用得上、留得住"。如漳州长泰区积极应对教师老化和学前教育扩容后出现的师资缺口,建立队伍补充机制,2019年以来共招聘103名教师和42名编外幼儿教师,及时补充到全区各所中小学、幼儿园,进一步优化全区教师队伍结构、学历和综合素质。厦门市集美区把教育工作纳入区社会事业民生工程战役项目,优先保障教育机构和教师编制,严格按省定编制标准核定并配足中小学教职工,整合全区事业单位机构和编制数用于招聘教师充实教师队伍,全区小学、初中、普高的专任教师配齐率均达100%,基本达到专任教师配齐,学科配套完整。

二是落实待遇,营造拴心留人环境。所谓"栽下梧桐树,引得凤凰来",要切实提高农村教师的获得感和幸福指数,才能增强县域农村教师队伍的稳定性。一般而言,教师流失导致缺编的主要原因是经济问题。在一些县域的农村学校,教师收入不高、待遇不好。应积极落实激励政策,激发工作热情,增强教师队伍活力,在职称评聘、岗位设置等方面对农村教师倾斜。对农村学校新任教师工作成绩突出者尽可能"压担子""给位子",让他们有实现自身价值的机会,才有可能留得住、能扎根。

教育工委曾于2007年提出了城乡一体化教师编制方案获得省政府同意批准施行;之后,又在此基础上,依照城乡学校规模,设定中小学校教师的基本职称编配意见,以图通过意见的实施,保障薄弱校的基本条件和质量,实现城乡中小学教师的合理配置与自然流动,最终促进均衡教育的实现,虽遗憾卡在了当时负责职称的人事部门,但给农村相应规模的中小学配置相应的中高职称职数,以保障农村学生受到相应质量的教育,促进农村中小学教学质量的提高,以吸引超职数学校中的中高职称教师前往应聘,仍不失为均衡教育可大力推行的长久之策。

三是强化研训,提高教师队伍整体素质。要建立教师培养培训机制,按规定从学校公用经费中提取一定比例用作教师培训经费,县域财政每年要安排比较宽裕的教师培训专项资金,由县教育局统筹安排用于实施教师全员培训,分期分批组织教师到县区内外参加各级各类培训学习。要采取顶岗置换、网络研修、送教下乡、专家指导、校本研修等多种形式,加强乡村教师培训,全面提升农村教师信息技术应用能力。要加强和完善教研制度,积极开展校本教研和校际的交流,进一步提升教师的教研水平,促进教师的专业成长。例如,厦门市集美区灌口中学着力加强教师队伍建设,优化校本教研,引进名师资源,加强新教师培训,服务优秀,帮扶薄弱,矫正弱后,提高教师整体素质。该校现有市区级以上骨干教师、学科带头人和专家型教师共93人,包括省学科带头人2名、市专家型教师4名、市学科带头人8名、市骨干教师59名,各个骨干教师在所在学科中起到了良好的示范带动作用。

四是交流轮岗,优化教师资源配置。要着眼于盘活教师资源、促进师资均衡配置、优化教师队伍结构,统筹调配县域内教师资源。要坚持因地制宜,探索符合实际的交流模式,重点引导优秀校长、骨干教师向农村学校、薄弱学校流动,超编学校教师向缺编学校流动,并让农村校、薄弱校通过交流从其他学校引进本校需求的学科骨干教师。例如,三明市三元区通过建立城乡学校联合办学体、城乡中学捆绑式小片区、"校对校"结对子对口支援等,在城区同类学校之间、农村同类学校之间、城乡学校之间三个层面进行交流,近三年有数百名教师参与交流,有效推动了师资均衡配制。厦门市、漳州市、泉州市等地积极探索名校集团化办学,通过名校联盟、名校办分校办校区、高校办附校等模式,推动区域优质教育资源的拓展增值,均衡师资和教育资源,提升乡村(薄弱)学校教育质量和水平,促进区域教育优质发展。南平浦城县制定教师流动专项政策,通过定期支教、工作轮岗等制度来协调县域内教师资源的均衡配置,推动县域中高水平的师资去援助乡镇薄弱学校,有效地改善了城乡学校师资不均衡的现象。

学校是教师的发展之基,学生是教师的成长之本,教书育人是教师的岗位之责,故教师要不断地提高自己的教学能力和教学水平,在教学改革中激发自己厚爱学生的感情,激发自己备好每一门课的热情,激发自己上好每一节课的激情,不断发现自己、发掘自己、充实自己、完善自己、提高自己,坚持在教书育人上专心致志,一丝不苟,精益求精,以自己的追求、精神、匠艺去哺育学生、培养学生、锻造学生,有人说解决校风的问题,根本的是解决学生为谁而学、为何而学的问题,我认同,其为一,还要解决教师为谁而教、为何而教的问题,或许这更为重要和关键。

要在加强教学质量上采取有效的办法和举措。包括推动教师队伍整体素质的提升,为教学质量提升打下基础;提高教师教育科研能力和水平,引领和推进教育教学质量的提升;进一步规范教学管理,形成良好的教学运行机制;不断深化"减负提质"、"高效课堂"、"新课程改革"等教学改革,有效提高教学质量等。如厦门集美区灌口中学狠抓教学、岗位练兵、学科竞赛辅导、教育科研等工作,对教师提出"解读课标与教材""教学设计""课堂教学"等十项教学能力的培养、指导和训练,层层签订教学质量目标管理责任书,致力于提升教育教学质量,推进品牌学校建设,促进学生核心素养和关键能力的发展。又如南安市致力于建立国家级优秀教学成果推广应用示范区，小学实施"'新优质学校'课程教学变革与支持系统"，初中开展"中小学学业质量评价——从PISA研究到'绿色指标'实践"，高中开展"普通高中育人模式创新与学校转型的实践研究"，努力促进成果的教学应用，让成果转化落地，推动高效能的教研活动等都是打造高素质的教师队伍的有力措施和有效途径。

（五）学校要营造高雅洁的优良校风

高雅洁的校风是我的一个杜撰之词，为高雅与高洁之合称，高雅者就是读书的好地方，从环境到建筑，从管理到培养，都是一致优雅向上的，高洁者乃质朴纯洁之意，接地气但不俗，尤其不市侩，重实践精神，而不实用主义，尤其不功利至上，虽说五天的校内传统教育，难以抵消放假回家两天的社会影响，学校也早已不是远离尘嚣的"一方净土""象牙塔"，浮躁、浮夸，功利、势利，虚假、虚伪等多种社会病灶、病理现象也早已侵蚀学校圣洁的肌体，严重影响良好教风、学风和校风的形成和传承，教师自身的职业道德、职业精神、职业规范、职业责任、职业基础、职业能力、职业追求、职业荣誉受到了冲击，引导学生明确学习目的、端正学习动机、坚定学习信心、摆正学习态度、遵守学习纪律、养成学习习惯、弘扬学习精神、掌握学习方法、提高学习成绩的积极性受到了影响。

良好的学风是学生学习的重要保障。学风建设影响着学生德智体美劳方方面面的发展，影响到基础教育高品质发展，影响到学校人才的培养。学校要通过良好的学风孕育办学精神，不断挖掘和充实学校精神，使之变成学校师生长期稳定的行为方式和精神风貌，成为学校前进和发展的一种精神文化、精神动力。善学者，风正为先。县域教育行政部门应积极引导学校开展学风变革，致力于形成优良的学习风气，对学校和老师提出目标、要求，但不要过多地指责我们的学校我们的老师，他们中许许多多人也曾满腔豪情投奔教育，投身学校；也曾任劳任怨任教任课，也曾满怀热情早出晚归，陪同学生早晨读晚自修，可今天怎么啦？一夜巨变是不可能的，当然，有其自身的问题，而作为他们的主管、主官，难道不应该认真地分析和深入地反思，还有没有其他的问题或者是深层次的问题需要帮助和解决的吗？也不要过分地呵斥我们的学生，尤其是那些农民工的子女。由于生活的负担，我们的许多农民工子女从小小年纪时就开始了农村留守儿童的生活或随父母过着四处漂泊不定的日子，既难以享受父母情感的陪伴，又难以获得均等的完整的幼儿及九年义务教育,诸多的生活、教育缺失在所难免,作为学校、作为老师,更应尽其所能弥补孩子受教育过程中的不足与缺陷。老师的善言善语、善行善为抑或是老师的恶言恶语、恶行恶举,都可能正面或负面影响学生一生,甚至于伴随学生一生的。

其实就像学生中的许多好习惯好传统来自老师一样,学生中的不少坏习惯坏传统同样复制拷贝于老师。学校要与孩子们共同建立良好的校风学风,有所中学对学生有九个要求:静、净、进、敬、尽、劲、竞、径、境。我们可以有诸多解读与诠释,尽可各自发挥,更重要的是以此帮助学生树立坚定的目标,以老师的"不抱怨,不放弃"努力奋斗的精神,教育学生"不抱怨,不放弃"努力奋斗。

首先,要抓学生良好的品行养成。要通过主题班会、国旗下讲话、十八岁成人宣誓、演讲征文比赛、法制教育、高一新生军事训练、家长学校等活动,让学生弘扬正气。

其次,要注重对学生学习方法的指导,我们要教会学生四个字:听、记、思、论。听即要专心听,会倾听;记就是记笔记,会笔记;思就勤思考,善思考;论,就是善讨论,推进交流。再次,要培养诚信考风。建设良好学风必须抓好考风考纪,学校不论进行大考、小考,还是平时周周练、月考,都要认真组织,规范操作,严格监考。还有,要建立激励机制。在平时教学中建立竞争机制,在评价体系中采用激励机制,促学生比学赶帮超,促良好学风的形成。另外,要发挥榜样作用。要大力表彰优秀学生,树立典型,以优促差。当然,学风建设必须要与教风一起抓,以教风带学风,以学风促教风,教学相长,促进师生共同发展。例如,漳州市龙师附小通过制定实施"龙娃321N"学校课程体系,以"不计报酬,多做贡献"的"落花生"学校精神为旗帜,激发教师崇高的责任感和强烈的进取心,培育了以"龙的传人"为使命担当的人文精神和优良学风,营造了校园多元开放、文明共生的育人氛围,助力"龙娃"们增长知识、收获智慧、提升能力、成长心智、塑造品德,让每一个孩子绽放独特魅力,让每一个生命都有着不一样的精彩。总之,学风建设要着眼于促进全体学生全面发展,个体学生个性发展,在良好的学风引导、教育和熏陶下,学生不埋怨,教师不放弃,师生形成一种积极向上、充满朝气的力量和氛围。

基础教育寄托了千千家庭对美好生活的期盼。追求高质量、高品质发展,是新时代人民群众对基础教育改革发展提出的更高要求。2021年是中国共产党成立100周年,也是"十四五"规划开局之年,全省县域教育也站在了新的发展起点上,上述所言之"五高",也许是一剂老药方,六味地黄丸或五味子;更是一篇老生常谈、放之四海而皆行,但我以为,这是福建省中小学校在全国扬名之所在,也是今天高品质发展中都在思考与探索的实践之所依。真诚期待大家:永葆初心,永葆一颗忠诚教育的"心";积极作为,遵循教育规律"干";落到实处,持之以恒地"为"。若此,则幸之;愿此,共勉之。

推进示范区建设，引领南安基础教育高品质发展

——南安市基础教育国家级优秀教学成果推广应用的实践与思考

陈照星[*]

教育进入新时代，在落实"双减"政策，打造高质量教育体系的背景下，如何让南安市教育驶入高质量发展快车道，引领南安市基础教育高品质发展，我们正在积极思考。

2020年10月，南安市成为福建省普通高中新课程新教材实施示范区；2020年12月，又成为全国首批基础教育国家级优秀教学成果推广应用示范区。可以说，在"十三·五"规划收官之年、"十四·五"规划开局之年，南安市迎来新一轮教育高品质发展新机遇。

基础教育国家级优秀教学成果推广应用示范区的设立，是首创之举，正当其时，是打造区域教育高质量发展体系的精准之策，是教育现代化治理的有力抓手。南安市借机、借智，在小学开展"新优质学校课程教学变革与支持系统"、初中开展"中小学学业质量评价——从PISA研究到绿色指标实践"、高中开展"普通高中育人模式创新与学校转型的实践研究"成果推广应用，让成果转化落地，打造高素质教师队伍，推动高效能教研活动，引领高品质教学行为。

一年来，南安市主动作为，"学成果、用成果，用好成果、创新成果"，成果推广应用初显成效，在全市形成了良好的氛围和良性的发展格局。

一、组织保障就位

为了更好地让优秀教学成果落地生根，南安市构建了"四协同"推进机制。

---

*作者单位：福建省南安市教师进修学校。

一是"行政+教研"协同机制。行政、教研两轮驱动，协同发展，落实"三二制"复合型城乡教师校本研修机制，实现依需施策、依片施策、依校施策。二是"应用+本土"协同机制。将基础教育国家级优秀教学成果推广应用项目融入《新时代南安教育高质量发展超越三年行动方案》，探索高中育人模式改革，探索初中学业质量综合评价思路，探索小学"新优质学校"项目建设。三是"区域+学校"协同机制。建立南安市教师进修学校、南安市教育学会、29所试点校、9个名校长工作室、28个名师工作室、17个名班主任工作室等推广应用共同体，共同推进，协同赋能，集体攻关，形成研究合力。目前，南安市共有与优秀教学成果推广应用相关的福建省级课题56个、泉州市级课题42个、南安市级课题249个。四是"保障+传播"协同机制。财政每年投入专项资金300万元以上，三年三大项目共计投入专项资金1000万元以上。坚持工作项目化、项目清单化、清单责任化，排好时间表、写好任务书、定好责任人，齐心协力，群策群力，有序推进。同时，加大媒体宣传力度，助力成果推广应用。

二、推广应用对位

南安市坚持问题导向，明确应用需求，通过"动起来"+"走出去"+"请进来"+"沉下去"+"写出来"，多向发力，深度对接。

（一）"动起来"

南安率先组织学习三个优秀教学成果的先进理念，把握优秀教学成果核心要义。召开启动大会，吹响成果的推广应用进军号。深入试点校调研，找寻切入点、突破点。召开跟岗研修汇报会，总结学习体会。通过多种活动，确保项目有序推进。

（二）"走出去"

南安市组建本地专家团队，主动与上海市教育委员会教学研究室、上海市教育科学研究院、北京市第十一中学以及中国教育学会国家级优秀教学成果推广应用项目组进行面对面沟通，旨在寻求支持，共同推进。

（三）"请进来"

先后邀请上海市、北京市成果持有方专家莅临南安市，深入学校调研指导，开展专项培训，为试点校的项目推广"把脉问诊"，专业引领，深化成果推广应用。

（四）"沉下去"

选择一个"小切口"，把成果推广应用做成"大文章"。采取教研员挂钩联系制度,定期召开推进、交流会等,做到教研有主题、科研有专题、培训有专班、一校一品牌,落地于学校,落实于校长,落细于教师,落效于学生。

(五)"写出来"

先后发布成果推广应用活动简报近30期,向中国教育学会报送多份成果推广应用典型材料,并出版《南安教育》专刊。

三、研究成效到位

(一)学校变化

各试点校在国家级优秀教学成果推广应用中,学校管理、课堂变革、课程建设、学生发展等发生显著变化,逐步向"新品质"发展。

小学"新优质学校"项目各试点校重树了办学理念,课堂朝着"团队·互动"教学范式变革,课程建设也丰富多彩。

初中"绿色指标评价"项目稳步推进,与上海市开展了现场抽测活动。南安市实验中学以学生成长档案为载体,以激励性评价为核心,让学生的自我教育成为可能。泉州师范学院附属鹏峰中学开展学生多元化评价,制定班级奖励评价办法,对过程性评价、多元评价进行众多有益的探索,形成学校的标准和特色。

高中"育人模式创新改革"也有了可喜变化,南安市第一中学有了"大新课程体系",柳城中学通过"选班走课"模式改革,有效提升了教育质量。

(二)得到肯定

中国教育学会国家级优秀成果推广应用项目组组长方华指出:"南安市在成果推广应用中措施有力,创新成果,富有成效,一些做法和经验值得其他示范区学习、借鉴。"

上海市教育科学研究院"新优质学校"研究所所长胡兴宏在阶段小结点评时说:"南安跟岗研修的老师具有很强的观察力,归纳水平和思维深度出乎意料,学习精神令人感动。"

(三)典型发言

5月15日,"普通高中育人模式创新与学校转型的实践研究"成果推广项目作为示范区代表,应邀在北京全国示范区交流研讨分享会上做经验交流。

6月23日,"新优质学校课程教学变革与支持系统"成果推广项目作为示范区唯一代表,在上海市召开的全国推广展示会上做经验分享。

7月28日，中国教育学会在北京市组织召开基础教育国家级优秀教学成果推广应用工作交流研讨会，南安市作为示范区代表在会上做典型发言。

12月3日，福建省教育厅举办2021年基础教育教学改革实验（示范）项目培训班，南安市基础教育国家级优秀教学成果推广应用示范区建设的阶段工作经验在培训班上做典型交流。

（四）媒体宣传

1月21日，《中国教育报》以《为发展高质量区域教研立柱架梁——聚焦站在新起点上的福建省南安市教师进修学校》为题，专版报道了南安市从讲政治高度思考和推进区域教研工作，产生较大影响。

8月13日，《海丝商报》以《三大基础教育国家级优秀教学成果推广应用频结硕果——南安撬动教育高质量发展新支点》为题，专门报道南安市推进基础教育国家级优秀教学成果进展情况及取得成效，引发热烈反响。

10月，南安市召开小学"新优质学校"项目建设推进会暨作业设计与管理研讨会，在"学习强国"和"今日头条"均有报道。

四、未来思考高位

我们将牢记使命，持续推进，发挥试点校以点带面作用，示范辐射，锚定一个目标、明晰推广路径、把握实施策略、突出发展重点、注重五个结合，让优秀教学成果在南安市全面开花。

百舸争流千帆竞，乘风破浪正远航。南安市成为基础教育国家级优秀教学成果推广应用示范区和福建省普通高中新课程新教材实施示范区，不仅是一种荣誉，更是一份机遇、一份责任。南安市要真做、实做、用心做、创新做，让成果转化落地，推"成"出新，引领新时代南安市教育高品质发展，打造基础教育高品质发展的"南安样本"。

通用技术课程与生涯教育的融合实践

陈舒洁*

2021年,教育部下发《普通高校本科招生专业选考科目要求指引(通用版)》,再次调整高考选考科目要求,点明同一高校的同一专业的选考科目要求在所有高考改革省份应当一致。《2024年甘肃省普通高校招生专业选考科目要求》显示,56.24%的本科专业至少一门科目要求,理、工、农、医类专业基本上要求必选物理、化学。对于2021年秋季及之后入学的高一新生来说,高二前基本上就需要选择未来的学习生涯和职业生涯方向。

高考改革推动了高中生涯教育的开设。然而,目前高中生涯教育课程通常由心理健康教师担任开课教师,存在重理论、轻实践的教育现象,并且课程结构单薄,没有与其他学科形成联动体系。通用技术是对常见的、基础的技术与设计内容进行模块化学习的课程,技能操作和理论知识并重,通用性技术知识与大部分职业技术都有共性,设计类活动的理论知识凝聚了诸多行业设计的基础特征。通用技术课程的特性,使得教学中可以较好地融合生涯教育目标。

一、通用技术与生涯教育的融合满足"学"和"教"的需求

自1909年帕森斯提出"职业指导"概念后,中学生涯教育的教育范畴不断变化,由匹配职业选择的测试到职前技能培训的就业指导,之后转变为提供学生生涯信息和建议的分阶段课程,再扩展到整个终身的学习、职业和生活的生涯规划教育。目前,高中生涯教育主要着眼于发展学生生涯选择能力,构建适应职场变化的核心能力,以及培养终身发展的个人品质和价值观。通用技术的操作课程帮助学生更直观地了解自我,丰富的设计课程蕴含大量职业相关信息,学生能够在实践

---

*作者单位:福建省南平市第一中学。

设计和技术活动的同时系统地锻炼选择能力,依据主客观因素合理选择未来的学业方向,并且在项目制作的回环反复中积极探寻解决方案,自主完善适应整个人生变化的品质和价值观。

生涯规划教育不仅是高中学生亟须学习的课程安排,也是通用技术课程目标的要求。

通用技术新课标中要求教学中引导学生形成基础的职业规划和创业意识,在提升课程时代性、系统性的同时更加注重学生多样性的发展,为学生未来的发展扎牢技术素养基础。培养学生生涯规划意识,就需要帮助学生明确不同专业的学习方向,开拓职业认知,了解职业发展现状,经过技术、文化和经验的积累内化形成职业决策能力。通用技术必修模块安排学生学习常见工艺与工具使用的实践活动,实质上也是体验职业技术基础操作的过程。更有选择性必修的"技术与职业"模块,从职业探索和职业技术基础两个方向开展职业生涯教育。社会职业以其丰富多彩的设计产品和无处不在的技术现象,给予通用技术广袤的教学资源,从各职业技术中提炼出通用化的技术共性,选取生活化案例引导学生观察常见职业与产品。同时,日渐快速更新迭代的行业现状,要求教师在指导学生了解职业讯息需要教师时应不断更新技术知识储备。这与课标中对教学案例具有时代性的要求相符。

二、通用技术与生涯教育融合的策略

通用技术教材与生活中存在诸多与生涯教育相关的案例资源,而生涯教育可分为了解自我、职业选择和终身价值观等不同阶段。面对不同的生涯教育目标,应将职业信息与通用技术有机归纳整合,作为教学案例或是活动项目在课堂上吸引学生思考和实践。

(一)了解职业现状与提升课程兴趣相互促进

高中学生对平时极少了解的社会职业普遍具有好奇心,而课堂上抽象的理论知识对于大部分学生明显缺乏吸引力。为此,介绍学生鲜为知晓的职业信息,可以大大提升课堂积极性。随着网络技术的发达与网络资源的丰富,许多职业都能找到具体工作内容的文字、图像和视频介绍。尤其是短视频时代的到来,使得新兴行业也有从业者的视频分享,从日常到吐槽、从刻板印象到实际面貌都应有尽有,真实又有趣。学生不了解的职业自带神秘吸引力,然而常见职业换个技术角度来分析,也能产生有趣的解释。

通用技术从各种技术现象中归纳出技术的基础性质和设计原理，帮助学生建构由特例到普遍的技术认知。这一过程中可作为教学案例的专业技术范围广阔且多样，恰好与繁复的职业种类相对应。教学中可在分析不同专业技术的特征时捎带介绍其主要应用职业，既吸引学生的注意力，又增加对职业信息的了解。例如通用技术地质版必修一讲解设计的安全原则时，可以选取焊接油箱导致爆炸的时事新闻证明设计安全的重要性，引导学生讨论正确的焊接步骤，之后简单介绍其对应的焊接工作和本科的焊接技术与工程专业。除了理论知识，通用技术教材中技术实践与设计过程交织进行。制作环节学生忙于体验加工工具的使用，喧闹的操作室里当场讲解效果较差。因此，相关职业信息置于前后的设计环节传递效果较好。特别是"设计的一般过程"里，学生较难体会分析问题和检测评价两个环节的必要性，单用理论课教授，学生兴趣不大。因此，可以安排学生互相扮演设计师、甲方与第三方监管者的角色，让学生体验真实设计职业的常见情景。在课堂教学中，教师除了延伸相关技术目前的主要应用场景和操作职业，还要有主要对口的本专科学科门类的专业课程安排。

另外，选择性必修模块中技术职业系列的教学内容，就是帮助学生探索和了解技术职业世界，培养正确的技术素养和职业认识，引导学生形成生涯选择能力，为将来的学校专业培养和生涯规划扎实基础。由于日常生活中能接触到的职业有限，再加上学生课外时间有限，也较难全面了解职业的真实情景，可以设计探究活动，让学生介绍家人或熟悉的职业，包括主要工作内容和困难、劳累之处，帮助学生对各行各业形成广泛和客观的认识。

（二）认识自我和提高技术素养共同进行

学科开展生涯教育的前提是以学生为本体。只有完善自我认识，才能作出合适的学业规划方案。真实地认识自己，可以发现自身具备的性格品质适合哪些职业，才能确定真实喜好的职业方向。每个人的性格都有其外显和内隐之处，单纯的逻辑思考往往导致高估或是低估自己，思想高度与行为表现并非确切一致，所以出现"雄心万丈，躺在床上"的调侃。行为特质在行为过程中更容易显现，实践是最好的感知途径，通用技术教学中又有许多手脑并用的任务活动，教师不用额外增加活动设计便能辅助学生正确认识自我。

通用技术依据产品设计制作的逻辑顺序划分章节，以设计过程作为系统的项目活动。其中制作环节也是一个小的实践项目,练习以木工、钳工为主的技能,除了习得正确操作外,还能感知真实的项目推进速度,对自我思维、物化和人际合作能力形成清楚的认知。木工实践课堂表现出学生时间观念不足,普遍对工艺操作耗费时长预估偏少,设计一节课完成的方案都需要延迟到两节课方能完成,并且偏重需求导向,在材料固定的前提下,材料相关知识的听课积极性远低于工具及其使用技巧的介绍。操作课上也能明显发现不同学生的思维差异和性格偏向也不相同。大部分学生更习惯单线思考,通过调整动作而不是工具来应对加工角度的变化,部分思维灵活的学生则会综合材料和工具因素选择更合适的加工方式,比如竖向切割木头时根据杉木顺纹的特性采取锯割定位、凿子插入缝隙一锤剥离整条木头的操作。学生对作品的加工处理,侧面反映了各自的性格特点。相对而言,先完成整体结构再处理细节符合抓大放小的理念,作品创意独特的制作者的创新思维较为凸显,大部分时间打磨工件表面的同学关注美感和细节的比重较多。

认识自我方能更好地发展自我,直面自己的优势与欠缺,制订能力提升计划,朝着生涯规划的方向迈进。通用技术在培养技术素养的同时,也在实操中通过挫折锻炼学生坚持和变通,更重要的是培养积极调整心态的能力。类似木工这类做减法的工艺,一道操作便留下一个印迹,学生大都直接顺势修改方案或是重新制作。处于群体失误的情景中,个体的挫折耐受度都相对变高。学生性情不同,而不同行业对能力、性格和创造力等特质的需求也存在差异,比如生产行业最重认真与细心、设计行业更重沟通和创意。通用技术学科可以发挥其丰富的技术教学内容,介绍工艺的应用领域及对应职业必需的技能素养,帮助学生了解相关职业技术。

(三)生涯决策与项目活动相互结合

学生作出的生涯决策,是指与学业、职业相关的,经过理性和感性的共同分析,以一种抽象的思维过程确定的一系列决定。这与通用技术课程的默会知识相似,都是在事物发展的进程中个体自发生成的思维方式。正如工艺操作中手势的调整和力度的拿捏无法简单量化,生涯决策也不是摆明条件就能直出结论。这类用语言难以描述的思维活动,都只能在亲身抉择后才会慢慢浮出模糊的意识。通用技术课程由许多项目活动组成,通过体验项目促进思维能力和技术意识的活跃性,学生在任务驱动下练习项目决策能力,运用的意识思维可以迁移到生涯决策中。

学生在高中阶段需完成的生涯决策,即选择合适的学业发展方向。大学专业的选择,对毕业后的就业方向有很大影响。《就业蓝皮书:2021年中国本科生就业报告》显示,2020届毕业生就业于医疗、建筑、设计与咨询类行业分别为96%、84%和80%的专业相关度。可见这类行业的专业性极高,专业素养在本科培养结束时便已形成壁垒。中学生涯教育有必要帮助学生形成生涯决策能力,在合理分析职业信息和自身因素后,确定适合的选科以及学业方向。

生涯教育强调个体主动性,辅助学生自己完成生涯决策,职业方向也以学生自身兴趣作为重要参考。现实中适合的职业不一定是喜欢的,把工作变成爱好的可行性较低,但生涯规划时可以考虑将未来的职业与爱好相结合。通用技术的设计原理和过程,存在于所有设计活动中。因此,在设计项目时可增加自由度,让学生尝试将兴趣与技能结合,在技术与设计领域发掘个人爱好。即使暂时不适合作为职业发展的爱好,也是增加生活积极性的趣味,能调节工作之余的人生。而在难以预期的未来职业的消亡和新增存在不确定性,爱好未必不会变成谋生手段,正如网络上许多视频创作者通过录制、上传与爱好相关的视频赚取收入。

(四)培养价值观与课程结构相互融合

生涯教育涵盖适应整个人生变化的能力。然而,人生是起伏波动的,职业变化和生活变化都在时刻发生着,品质、价值观与生涯规划能力方是应对各种变化的根本。价值观在长期学习生活过程中逐渐形成。通用技术规划课程结构时就需要从整体入手,帮助学生树立正向的品质和灵活变通的观念,制定阶段性目标,在课堂活动中形成理念的循环呼应,逐步在知识、观念和环境等因素合力下内化价值观。通用技术围绕着问题设计解决方案,从案例教学中形成技术手段应对问题的意识,以开放性任务促进多方向思考,鼓励运用不同原理或技巧完成设计目标。例如,加热杯垫的重力开关可以使用传动机构的物理形式实现,也可以采用压力传感器的电子线路实现。

面对生活中的变化,不仅需要灵活的思维方式,还需要不畏难的坚持和乐观的自我开解能力,以及适时放弃的勇气。有些问题在无法解决的情况下,继续往里投入,只是增加沉没成本。每年都有小部分高校毕业生的就职行业与专业无关,每年都有部分人群转行。相较于在无法适应的工作环境里挫败到抑郁,及时认清自我的能力与需求,另寻合适的职业,也不失为一个可行的选择。选择,其实意味着放弃另一些东西。学会拼搏,可能出现生命的奇迹。而学会正确的放弃,则是生命的豁达。通用技术的设计课程自始至终都隐含着放弃的学问。"发现与明确问题"章节在分析问题的解决价值时,写明当前技术无法解决的问题以及解决成本支出大于收入的问题,不建议多费精力。当小组产出多个设计方案时,需要放弃评分较差的那些。模型制作时,要放弃材质、操作不适宜的工艺。木材遇到结疤的位置,需要避开此处锯割。

社会是变化的,社会中的职业也在随之变化,高中时期很难设想到未来数十年的职业变化。行业的兴衰是如此巨大,改革开放40多年来出现过国企下岗潮、公职人员下海经商,近年来直播的兴起发展出直播带货,国外新冠肺炎疫情导致旅游行业的出境团导游只能转向国内工作。另外,学校和教师对其他行业很难进行深入、准确的了解,同一行业本身也存在上下限差异。立足于可能偏差的信息源构建的职业工作内容,本来就会出现失真。通用技术学科教师不仅要尽可能地帮助学生收集职业信息,还需要结合技术的发展特性,传递给学生行业现象:技术的时效性决定了旧技术迟早会被新技术取代,信息爆炸时代使得技术的更替越来越快,职业需求也在不断变化。然而,正如机器取代了流水线工人的岗位后,却会产生设计机器、编写机器程序和维修机器等相关的工作。职业生涯规划时,重视自我需求,不断发展个人能力,才是提升职业竞争力的关键因素。

生涯教育帮助学生更好地适应未来专业学习、职业发展和生活变化,通用技术课程是中学生涯教育的重要途径,二者能够形成可持续性的、系统的融合方式,在为学生提供知识、培养技能素养的同时,引导学生了解职业、认识自我,形成生涯决策和终身生涯规划的意识和能力。

参考文献:

[1]刘静.高考改革背景下高中生涯规划教育的重新审视[J].教育发展研究,2015(10):7.

[2]麦可思研究院.就业蓝皮书:2021年中国本科生就业报告[M].北京:社会科学文献出版社,2009.

[3]刘辉.中学生涯教育研究[J].现代中小学教育,2006(3):7-9.

[4]费敏,唐红伟.普通高中通用技术教学中渗透职业生涯规划教育初探[J].天津市教科院学报,2019(5):6.

[5]邱静芳.高中生涯规划课程整合体系及结构[J].文教资料,2019(15):207-208.

[6]文衍志,张小红.因地制宜,利用通用技术课程培养农村中学学生职业意识的尝试[J].信息记录材料,2019(10):195-196.

[7]杨超.高中生生涯规划发展实践探索[J].学周刊,2018(28):180-181.

[8]沈立.个性化支持学生职业生涯发展[J].现代特殊教育,2017(3):8.

"古""今"对话，优化小古文课堂

——浅谈现代信息技术在小学小古文教学中的应用

宋玮*

"小古文"一般是完整的文言文或是选自文言经典段落，具有独特的文化价值。小古文的学习，对于学生的语文素养提升、青少年的文化自信提升，都有着十分重要的意义。相比较于旧版教材，部编版教材中的小古文篇数明显增加。但因部分小学生读得少、难读通、难读懂，对小古文的学习兴趣并不高，学习的主体意识并不强烈。这也是一直横亘在许多一线教师心头的难题。

本文中的"古"指小古文，"今"指现代蓬勃发展的信息技术。在笔者前期的资料查阅中发现，为了解决这一难题，已有教师将目光和实践付诸小古文课堂和信息技术的融合，但是探讨的主题更多集中在"运用信息技术优化小古文诵读教学的策略和作用"。基于此现状，信息技术与小古文课堂更全面、更多元的融合，仍有许多值得尝试和探索的领域。本文从该背景出发，梳理了笔者在教学实践中一些应用和思考。

一、基于学情，跨越时空

（一）问卷调查，分析学情

对于学生来说，小古文的学习有一定的难度，学习过程中的障碍点也因人而异。因此，如果能通过课前的调查，收集数据，便可让教师更加准确地了解学生学情，并以此为根据，及时调整教学方向和教学活动。但是，如果按照往常较传统的方式，如纸质问卷，在数据的收集和统计上都需要耗费很多的时间；若通过与学生

---

*作者单位：福建省厦门市人民小学。

对话交流的方式进行,便难以保证信息的全面性和代表性。如今,在信息技术的支持下,教师可以在小古文的教学课前,利用问卷工具(如问卷星、调查派等)了解学生的认知水平和需求,了解学生的对小古文的态度、意识等心理特征。

在时间安排上,可以在新接班后的第一堂小古文前了解学生之前对于小古文的认知水平,也可在期末小古文复习课前了解学生对小古文的掌握情况等。借助高效的数据分析,找准教学切入点,便可有针对性地开展小古文教学。

以部编版语文六年级上册《伯牙鼓琴》为例。课题研究组教师在课前利用问卷星在某校六年级学生中做了一次问卷调查。

调查结果显示,在此年段学生中,除了教师常认为的"读顺读懂"是大部分学生学习小古文的最大障碍之外,对于小古文"文化背景和思想内容"上的理解也是一个障碍。同时,有72.45%的学生希望教师能在课堂上拓展更多背景知识。鉴于此份调查问卷,教师在课堂上的导学和拓展两个环节进行了适当的资料推送和补充,供学生小组研学。如,"高山流水"在当时士大夫心中的文化象征,以此感受伯牙在"高山流水"之中寄托的志向,让学生理解"知音"不仅是能听出音乐中的形象,更重要的是能听得出形象背后的情,初步建构对"知音"文化的认知。本节课的教学策略调整,大大提高了学生学习小古文的兴趣,加深了学生对小古文思想内涵的理解。

(二)互动游戏,及时诊断

课堂上的一些游戏互动,也是教师了解学生知识掌握情况的方法。近年来,白板上的诸多互动功能活跃于各个学科的课堂,使得课堂上测试的方式更加多元,反馈更加高效。但是,白板等一系列信息技术的互动功能,在小古文课堂上的应用还是相对较少的,形式也相对单一。面对这样的状况,教师们可以做出更多的尝试。

以部编版语文四年级上册《精卫填海》为例。课堂上,教师在学生读通读懂小古文的环节后,请两名学生代表上台参加希沃白板中"双人对抗"游戏——在不同的人物特点词汇中选择与"精卫"相关的精神品质。学生在比赛的过程中,教师着重关注学生没有选到的或者误选的"精神品质"。例如,学生都能选到"不怕困难""坚韧执着"这两个特点,但是容易忽略"勇于抗争"这一精神品质。比赛结束后,教师有针对性地请同学们交流观点,并适当补充古代人民治理水患的背景资料,让学生更容易理解精卫身上的精神,理解神话故事往往寄托着人们的强烈愿望。

与信息技术相结合的呈现方式符合儿童的心理水平，提高了课堂的趣味性，结果呈现也更高效。

在部编版语文三年级下册《守株待兔》一课中，教师采用希沃白板中"知识配对"游戏，分别出示故事中的情节插图和相对应的古文句子，让学生进行匹配并说明理由，考察了学生对文本的理解程度。如果在匹配的过程中，学生出现卡顿或者错误，教师便可在游戏环节之后进行图片与文字的比较，解决学生的疑惑。在学期期末的复习课上，教师将小古文的知识分类整理成"字词义理解""句子停顿""内容理解"等几方面，以"双人对抗"的形式让学生判断正误，一改较为沉闷的复习课氛围，抓准学生在小古文中学习薄弱的项目。

借助信息技术的测验，可以让学生在课堂上迅速投入，让教师及时发现、交流、解决问题。虽然上台参与的人数往往有所限制，但是教师可以有技巧地选择上台的学生（比如一名男生代表、一名女生代表，或者几个小组代表），并要求台下的学生作为智囊团成员，这样便可以扩大学生的参与面，让更多的学生沉浸其中，使之反馈的问题更具有代表性。

二、创新形式，古今对话

（一）声像情境，拉近距离

陶行知先生指出："如果学生的学习不是从自己的直接经验里长出来的，那就是一种呆板的、低效的教育。"古人、古事、古语，这些历经千百年的经典要走进学生，并非易事。因此，借助信息技术创造情境，通过声像、模拟表演、再现生活等方式来拉近学生和文本、现在与过去的距离是有必要的。

例如，在部编版语文六年级下册《两小儿辩斗》中，教师在导入环节创设课堂情境——"同一天空下的思考"。依次出示两则视频，一则为生活中同一角度拍摄到的清晨的太阳和中午时分的太阳，一则为生活中同一天拍摄到的清晨的气温感受和中午时分的气温感受。两则视频供学生观察发现，并营造一场"小辩论"的情境，让不同观点的学生回答"太阳什么时候离我们更近？"这一问题。有了这样一个贴近生活的情境，学生更容易走进文本中的对话，走进人物。同时，身临其境的他们也不难发现"两小儿"身上善于观察、善于思考的优点。

接着，教师创设情境二——"古今'发言'大PK"。在白板上出示"两小儿"的对话框，播放音频，让学生们对比刚才同学的发言和"两小儿"的发言。通过对比，可以发现"两小儿"的表达有以下特点：1. 有理有据，条理清晰（提出观点—提出依据—再次总结）；2. 用上了反问的语气，坚信自己的观点；3. 简洁有力等。而这些都是学生在发言时需要学习和注意的。在比较之中，会发现学生读得越来越好，大部分学生可以熟读成诵。

有了这样的情境设置，"两小儿"就仿佛是课堂上学生的同伴，可以一起思考、一起比较，无形之中打破了时空的和文字的壁垒，跨越小古文在表达上相对陌生晦涩带来的学习障碍，甚至可以让学生反观和学习小古文在表达上的优点。

情境的创设，让小古文与生活发生有意义的联动，促进知识的建构和理解，让小古文课堂走近学生。

（二）配音入境，乐学古文

在小古文的课堂上，常常能见到教师设置模拟表演的环节，以再现课文内容的方式，强化学生的理解和记忆，学生的参与积极性也很高。而随着信息技术的不断发展，让学生在课堂上进行表演的形式也更加多样。利用网络信息技术进行"小古文配音"，便是一个容易激发学生兴趣的新形式。

以部编版语文五年级下册《自相矛盾》为例。教师课前准备了与故事相关的动画视频，将人物对话处做静音处理，课堂上学生便可以上台参与"视频配音大赛"，形式生动，学生参与的积极性高。有旁白，又有图像上人物的表情变化引导，让学生入情入境，将情感融入古文之中。最后，再由教师和台下的学生做评委，选出"最佳配音大师"。

同样，也可以利用配音软件在课堂或者是课后让学生进行配音，比如电子应用程序"少儿趣配音""为你诵读"等等。其中，"少儿趣配音"中有较多与部编版教材配套的材料，学生可以上传配音作品，有应用程序的系统评价，同学之间也可以互听互评——多元的评价方式让学生得到及时的反馈，获得更强烈的成就感。

三、微课辅助，拓展延伸

（一）知识勾连，让课堂有梯度

微课，在简短的时间里呈现较完整的知识点，是课堂教学中高效有力的补充工具之一。如何将之更好地运用在"刀刃"上，让小古文课堂向更高、更深处漫溯，是教师们不断思考的问题。

在某校五年级的一次调查问卷中，结果显示仅有27.55%的学生认为自己已经大致掌握了学习小古文的方法，其他大部分学生对小古文的学习方法掌握并不自信。针对这一情况，教师在上《杨氏之子》一课前，有针对性地制作了回顾总结三、四年级学过的《司马光》《王戎不取道旁李》两篇课文及其学习方法的微课视频。这三篇小古文皆出现了"智童"的形象。读古文、品人物，三篇小古文在学习方法上也有相似之处，方便迁移。短短四五分钟的微课，吸引了学生课堂上的注意力，调动了学生的学习记忆，使学生有了更明确的学习方向。在微课导学的基础上，及时总结和补充本课新的学习方法，学生获得了更强烈的学习进阶感，同时更加系统地掌握了小古文的学习方法。

（二）高效点拨，让课堂有深度

微课除了可以在课堂上起导学、铺垫的作用，还可以运用在重难点的点拨上。例如，在《精卫填海》中以微课的形式介绍《山海经》，以及民间关于"精卫填海"的另一种说法，即女娃在跟随父亲炎帝治理水患的过程中溺亡。由此，让学生充分感受到这一人物身上不屈的、抗争的精神，高效地化解教学中的难点。前文提到的《伯牙鼓琴》一课中"高山流水"在古代的象征含义，也可以以微课的形式展现，更活泼有趣。观看之后，让学生展开合作探究，有助于学生加深对深层次知识的理解。

本人在执教《书戴嵩画牛》一课中，也尝试运用微课来解决教学中的重难点。此次教学的主任务是让学生在读通读顺的基础上，将小古文故事讲清楚、讲生动、讲深刻。在最后一个环节"辨观点，讲深刻"上，教师需要呈现往届学生对戴嵩《斗牛图》题跋的调查结果，展示乾隆帝在《斗牛图》上的另两则题跋，且穿插印证乾隆帝题跋的"斗牛视频"，启发学生思考作者的观点。该环节内容较多、信息量较大，如果直接由老师介绍，缺少情景感，未免过于枯燥，且很难让学生快速简洁地明白两则题跋的意思。后来，借助微课，以上内容在两分半钟的时间内完整呈现。随后请学生进行思考，并写下属于自己的新题跋："今读《书戴嵩画牛》，亦有所思，既要____，又要____，才是可取之处。"

在微课中，有了学生的探讨对话，有了乾隆帝的"内心独白"，有了印证说法的"斗牛视频"，内容丰富且易懂，学生看得投入，且能带来启发。由此思考出："古语有云：'耕当问奴，织当问婢。'并非不可改也。"有了这份生动有趣的微课资源，教学中的难点迎刃而解，大大节约了课堂时间，让学生的思维走向更深处。

(三)拓展延伸,让课堂有广度

同样,微课也可以作为课后拓展延伸的工具,配套课后练习,用于帮助学生内化知识,巩固学习小古文的方法。例如,在部编版语文三年级的寓言故事小古文《守株待兔》中,教师在课后可以利用微课补充其他寓言故事小古文,如《刻舟求剑》《买椟还珠》等,串联课堂上的学习方法,从可笑的"言"与"行"中发现寓言所蕴含的道理。在课题的研究过程中,有教师制作了微课《"之"的学问》,通过典型,总结了小学语文小古文中遇到的"之"的用法,并在微课中归纳了小学常见的"之"字作用的判断方法。学生在学习了《书戴嵩画牛》一课后,通过微课,对小古文中这一常见的难点有了更清晰的认识。

四、结束语

"古""今"相遇,巧用信息技术,能给小古文的课堂带来许多改变和惊喜,但这仍是一条需要不断摸索的道路。现代信息技术的发展日新月异,教师们应该积极尝试,在实践中思考如何恰当地使用信息技术,以便学生深入学习小古文,从而展开一场跨越时空的对话。

参考文献:

[1]钟振裕.多层次"读"多角度"补"——有效使用希沃白板化解学生小古文学习困难[J].福建基础教育研究,2019(12):63-64.

[2]张巧粉.探索信息技术在小学语文实践活动教学中的应用[J].试题与研究,2021(20):191-192.

[3]赵慧.小学阶段小古文教学的实践探究[J].散文百家(新语文活页),2021(05):117-118.

[4]顾明远、边守正编.陶行知选集[M].北京:教育科学出版社,2011.

教育公平环境下政和农村小学体育的教育均衡发展探索

唐彩云*

教育公平是现代社会追求的目标,也是社会成员平等分享公共教育自由的理想状态。小学生处于"茁壮成长""自我提高"的关键时期,更需要公平教育的机会。其作为社会主义建设的未来接班人,也拥有"接受教育的权利"。如何均衡教育资源、合理进行教育分配,就是社会主义健康发展的"基础性问题"。机会平等是小学生自身享受教育的可能性,应该是每个小学生应该拥有平等的"概率"。教育均衡发展就是让每个学校、每位学生都获得"均等"的教育机会,教育机构要"想尽办法"促进权利与资源的"转化"。目前,我国人均受教育年限由1949年1.6年上升到2018年的10.6年,说明基础性教育取得初步成功。由此可知,在社会主义建设的"发展阶段",小学基础教育的"制度""条件"已经具备,也指明未来的发展方向是"公平"。在上述背景下,本文以农村小学体育教学为"基点",剖析小学教育均衡性问题,找出其中原因,并提出相应对策,旨在促进教育的均衡发展。

一、"冰火两重"的小学教育发展现状

(一)重"主"轻"体"的教学

教育公平是综合性的公平,也是机会、权利平等的公平,反映在不同学科之间。小学生既有教育机会,也有教育权利,其实质是"社会主义人权"的客观反映。小学生作为社会主义的"未来""希望"和"接班人",拥有法律赋予的教育权利,任何剥夺小学生教育权利的行为都是"违法"及"违背"社会的行为。目前,政和县的体育课时实际占比,与《义务教育体育与健康课程标准》中规定的6—7.5小时/周的标准存在差距。农村小学体育课被占用,会影响小学生"身体""体能"的发展,不利于其

---

*作者单位:福建省政和县岭腰中心小学。

未来的学习和生活,更会影响小学生综合素质的提高。学校领导将小学素质教育理解为"主科"教育,"肆意"占用小学生的"体育"课时。例如,小学生进行"游戏型"体育教学时,学校领导将其改为"理论课",并压缩体育上课时间。该行为既影响老师在学生心中的形象,也降低了学生学习其他"主科"的积极性,呈现"散漫"状态。另一方面,城乡小学教育采用不同的师资配置标准,县城为21:1,农村为23:1。这一比例说明小学体育课的专业教师较少,主要由语文、数学等主科教师担任。此种情况下,体育课间接变为"习题课""自习课"以及"考试课"。

(二)"倾斜"的体育教育资源

教育资源均衡,是避免教育权利、机会"倾斜",让教育均衡中的设施、设备和师资均衡分布。

1.体育硬件设施"头重脚轻"

硬件设施资源是小学生体育教学的"根基",也是体育知识应用的"平台",更是农村体育均衡发展的保证。目前,政和县农村小学未达到《中小学建筑设计规范》中的要求,而且出现县城"完善"、农村"极度缺乏"的"头重脚轻"现象。农村小学的体育场地面积差异较大,不能同时进行体育教学,只能进行分批次或隔天进行体育教学,增加了体育教学的难度,影响体育教学的效果。县城小学缺乏场地主要是"主观"原因,即学校领导不重视,主要学科教师占用体育教学时间,体育教学被边缘化。政和县县城发展速度加快,学生家长"望子成龙",使得学生向县城小学集中。小学过度追求"绩效""成绩",不断进行教学楼、实验室的扩建,进一步缩小体育场地面积。相对于农村小学,县城小学的"优质资源"促使农村孩子涌向城镇,增加原有小学的教学"负担",出现体育场地面积"间接缩小"的局面。目前,政和县小学体育器材配备率低于教育部颁发的《小学体育器材配备标准》,县城体育硬件设施达标率高于农村。例如,政和县县城小学中必配类(二)的器材达标率高于必配类(一)、选配类器材,而且球类器材较多。相对于县城来说,农村小学的必配类(一)、(二)和选配类器材的达标率均较低,部分小学甚至没有篮球器材。导致农村小学体育器材少的原因有很多,但主要集中于"经费投入率低""缺乏器材选配意识"以及"教学管理不规范"等。目前,政和县农村小学缺乏专业教师和管理制度,部分学校将教学制度、管理制度和后勤制度"混为一谈",或将体育教学制度纳入"管理制度"中。县城小学的教学管理比较规范,能按照学科、职能和薪资进行教学制度规划,并定期对学生、老师进行调研,不断完善体育教学制度。

2.体育师资资源结构"不合理"

体育教师数量是进行教学的"基础",也是农村小学课外活动的"保障",对体育工作的教学效果产生"直接性"影响。目前,政和县县城小学均配备专业的体育教师,但是农村小学的专业体育教师配备率较低,呈现"极度"不合理的现象。学生与体育教师的比例越小,每一位小学生获得体育教育的机会越多,也就是体育教学水平越高。相对来说,政和县县城小学体育师资资源更优,更符合新课改提出的"素质教育,全面发展"的教学理念。但是,县城、农村的师资结构不合理,违背"小学生自我成长"的规律。一般来说,城市小学学生数量增加,出现每班60—70人的"超级班"。学生数量的增加,严重制约体育教学方法的改进,学生也丧失与教师交流的机会,学生如同"鸭子听雷",间接造成体育教育权利的不平衡。县城小学每班学生在40—60人,学生与教师的比例比较合理。体育教师可以进行"趣味运动""在线互动""课后练习",实现"线上""线下"的综合教学,学生可获得更多的体育教育权利。但是,农村小学每班人数为20—40人,学生与教师的比例呈现"极度"不合理,而且缺乏专职体育教师和规范的体育教学管理制度,小学体育课"形同虚设",学生无法领会体育教育的"精髓",更不能体会体育教学的"乐趣",陷入恶性循环。

学历是体育教师接受正规教育和培训的"程度",间接反映其理论水平和自身能力,也是师资结构的"内涵"。政和县县城小学体育教师的学历以本科等高端人才为主,而农村小学以中专学历教师为主,本科学历教师凤毛麟角。出现上述差异的原因为:教育部门、学校的"特殊"人才引进政策,以及"狠抓"教育资格认证等措施的实施,促使高学历人员涌向政和县县城中的小学。另一方面,本科和研究生的扩招,以及就业压力的增加,使得高学历人员希望获得更多的发展机会,并选择县城小学进行工作。在此基础上,扩大了县城和农村小学教师的学历差距,也使得农村小学生的体育师资结构趋于"不合理"。

职称是衡量教师水平的重要指标,也是教学经验和教学经历的"分水岭",更是对教师的一种社会认可"标志"。目前,政和县县城小学体育教师职称呈现合理的"金字塔"形状,农村小学体育教师则呈现"椭圆"形状。在农村小学"固有观念"下,职称评定标准倾向于语文等主要课程的任课老师,使得体育教师中、高级职称成为"奢望"。

小学要转变教育观念,注重体育等边缘学科的发展,为体育教师继续教育培训夯实基础,形成多元化的培训制度。最新政策显示,小学教师向"正规化""系统化"方向发展。从新课改培训的角度分析,农村小学要"重视"体育教师的培训,与县城小学体育教师"保持一致",提高体育教师的综合素质。同时,农村小学要摒弃重语文、数学等主要学科的倾向,加强体育教师间的信息交流。但是,农村缺乏专业的职后培训机构,以及必要的培训参考书,农村体育教师与县城体育教师之间存在客观的"鸿沟"。

二、城乡小学体育教育失衡的政策和影响因素

教育公平、教育资源均衡的实现是一个漫长的过程,也是多方联合努力的反映。教育公平的"本质"是政策和制度的完善,以及良好教育环境的营造,为小学生创造"满意"的环境。但是,农村小学教育资源失衡,以及"延伸"制度的不完善,影响教育公平的实现。

(一)城乡二元化的"裂隙"不断加剧

城乡二元化政策仿佛设置在农村小学面前的一道"裂隙",虽然该战略在我国的工业发展过程中发挥了重要作用,但也深深影响农村小学体育教育的发展。自新中国成立以来,农村小学基础教育在教育制度建立、教育设施设置方面,明显"逊色"于县城。新中国成立初期提出"以城市为核心"的发展战略,致使县城与农村间呈现"二元化"结构,加大城乡间的"裂隙"。教育是经济发展到一定程度的"产物",对经济水平的"依附性"较强。城乡二元化结构促使县城的教育资源优于农村,教育资源向县城集中,其目的是发挥县城的"教育引领"作用,但却造成城乡教育资源失衡。以2005年学生平均教育经费为例,全国小学生平均经费约为1327.24元,农村约为1204.88元,城镇约为1672.34元。政和县县城小学生平均经费高于全国平均水平,但农村教育经费却低于全国农村平均值。县城与农村在教育资金方面的投入量不同,从"根本上"促使资源失衡,"削弱"农村小学体育教育的能力。

(二)体育学科地位"反向"发展

小学生是"国民素质""民族脊梁"的代表。增强小学生体质,促进学生身心健康发展,是社会主义教育的"目标"。但是,在应试环境的背景下,农村体育课堂的教学时间、教学场地被肆意占用,体育器材购置率"奇低",相关制度"不完善",促使小学生的身体素质每况愈下。在农村小学的管理者眼中,体育是一种"并不重要"

的学科,其经费投入量逐年减少,体育学科地位逐渐下降,大有"销声匿迹"的态势。相对于农村小学来说,政和县县城小学学生的家长注重学生的综合发展,组建"家长会""学生代表团",定期与学校领导交流,对小学体育教学进行监督。在此情况下,城乡小学体育的教育"差距"被拉大,学科地位也出现了"反向"的发展。

三、农村小学体育教育"均衡发展"的关键性措施

"均衡发展"小学体育教育的关键,体现在多个方面,包括设施、设备、管理政策、制度等。"均衡发展"也是"人为均衡",包括政和县政府、教育部门、社会各界综合努力,督促小学领导承担责任与使命。

(一)建立"接地气"的教学制度

体育教学能够提高小学生的身体素质,其目标仍然是"全面发展""综合素质"。小学领导要明确该使命、目标,参照《农村小学体育工作条例》中的依据,结合新教改要求和"自身情况",建立"接地气"的教学制度,并对其进行修改和完善。同时,政和县政府要对教学制度进行"解读",让农村体育教师了解、理解和明白相关制度,促使体育教学水平的"飞速提高"。学生家长要"捍卫"小学生享受体育教学的权利,尊重并重视体育教学,避免出现"拔苗助长"的现象,让小学生"德智体美劳"全面发展。

(二)促使教学资金"合理流动"

资源公平是教育均衡的基础。教育资金的"合理流动",能促进小学体育"硬件""软件"的协调发展。各级政府要及时解决农村小学体育用地问题,提高农村小学的器材购置率,让教育资金向"所需"地方流动。政和县政府要重视对农村小学进行调研,了解小学生体育教学的"难处""瓶颈",合理分配教育经费,做到"县城、农村一起抓"。同时,鼓励农业银行、民间协会加入体育教学建设中,形成"三位一体化"的资金投入,夯实小学体育教学的经济基础,为农村体育教学的"厚积薄发"提供条件。

(三)以"人才"培养人才的师资建设

师资均衡是农村小学生享受公平教育的条件,也是农村体育教学发展的关键点。农村小学要注重"优秀教师""杰出教师"的培养,形成"人才"培养人才的良好环境。政和县政府要制定农村体育教师的合理评定标准,照顾"兢兢业业"工作的农村体育教师,弥补农村体育教师的"不足",实现"人为合理",提高农村体育教师

的工作积极性：要积极出台"人才"引领政策，吸引更多的"高端人才""优秀教师"。农村小学要采用"合理"的流动制度，促进县城与农村的教学交流，建立师资共享机制，缩短与县城小学体育教师之间的"鸿沟"。在农村增加体育教师"研修工作站"，并划定体育教师进修"专项拨款"，为农村小学体育教师提供"多元化"保障。

四、结束语

教育公平是社会主义发展的目标，也是培养合格社会主义接班人的条件。小学生作为社会的未来，承担重要的历史使命。小学体育是小学生全面、综合发展的基础内容，能为学生身体健康夯实基础。小学生处于"茁壮成长"的关键时期，更需要公平教育的机会，才能为社会主义建设作出贡献，促进社会的稳步发展。政和县政府要联合多方面力量，加大对农村小学体育教学的投入，合理引流资金，全面平衡教学资源，吸引更多人才，实现体育教学的均衡发展。

参考文献：

[1]马军.新时代农村学校体育发展不均衡不充分的表现及解决路径[J].体育研究与教育,2020(2):55-60.

[2]聂梦俭.共享发展理念下农村学校体育教育的资源配置[J].湖北体育科技,2019(2):100-102.

[3]饶娟.教育公平视域下义务教育阶段湖南省城乡学校体育教育资源配置的现状研究[J].体育科技,2018(3):125-126.

[4]孙彦伟.义务教育均衡发展中县域学校体育资源优化建设研究[J].才智,2019(31):8.

[5]万朝阳,金涛.学校体育城乡均衡发展的互动模式[J].安庆师范大学学报(社会科学版),2020(2):124-128.

[6]王向东.从教育公平与均衡视角谈加快农村学校体育发展的举措[J].当代体育科技,2019(24):108-109、111.

[7]吴雯.教育公平视野下城乡小学体育教育的均衡发展[J].西部素质教育,2018(8):15.

[8]于素梅.新时期农村学校体育发展"精准扶持"及策略研究[J].教育科学研究,2020(8):91-94.

[9]赵峥.城乡一体化背景下城乡学校体育发展现状与均衡化发展研究[J].体育世界(学术版),2018(12):72-73.

纪录片《航拍中国》在高中地理课堂中的开发应用价值浅析

——以《航拍中国·福建篇》为例

陈桂丽*

　　地理学科是一门研究地球表面地理环境的结构、分布、发展变化规律及人地关系的科学，其所涉猎的知识范围广、数量大、层次多、结构复杂。故而，若仅局限于地理教材内容教授学生，已无法满足新高考背景下提出的对学生四大地理核心素目标的培养。为此，迫切需要教师开发多样化的教学模式和教学资源。

　　纪录片以其科学性、真实性等特点，直观记录自然万物或真实生活，具有很高的审美价值、文化价值和育人价值；且给学生以直观的视觉冲击，在地理课堂中深受学生喜爱与认可，发挥着不可替代的优势。古语有云："他山之石，可以攻玉。"鉴于当前网络信息技术的普及，我们可借助现有的教学技术和设备，以纪录片等优秀地理教学资源和素材这些"他山之石"，用之为学生"攻玉"。

　　纪录片《航拍中国》蕴含了丰富的地理素材。在其高空航拍俯瞰的视野下，形象生动地刻画出我们中国960万平方公里土地的辽阔、近300万平方公里海洋的澎湃、四季轮转的天地、冰与火演奏的乐章，前往我们平时无法到达的地方，俯瞰我们这片朝夕相处的热土。从身边的世界到远方的家园，从自然地理到人文历史，每集将近一个小时的空中旅程，带来前所未有的极致体验，让学生坐在课堂里就可以深刻感受祖国的自然、人文地理情怀，极大地激发了学生学习地理的热情与探寻地理真相的欲望。俗语有云，兴趣方是最好的老师。当学生拥有了学习的兴趣，即能激发学生探索求知的欲望和学习的热情。

　　在这里，以《航拍中国》第二季中的"福建篇"作为出发点，浅析其在高中地理

*作者单位：福建省政和县第二中学。

教学中的开发应用价值。

一、《航拍中国·福建篇》主要内容与高中地理知识点之间的联系

(一)南平市

1. 武夷山脉——物种多样性、河流地貌成因、丹霞地貌成因、朱熹理学文化发源地。

2. 桐木村、下梅村盛产茶叶——农业区位条件分析、古茶文化。

自然:气候、地形、土壤、水源。

社会经济:[(船队)当溪—赣江—长江—马帮北上—黄河—中原腹地—蒙古—(驼队)俄罗斯恰克图(万里茶路)]交通、市场、劳动力等。

(二)三明市

1. 泰宁(水上丹霞)世界地质公园——塑造地表形态的力量。

2. 建宁莲海梯田——农业因素的改造、湿地资源的成因和作用、地域文化差异。

3. 宁化县石壁客家祖地——地域文化差异。

(三)龙岩市、漳州市

1. 永定土楼、南靖土楼——地域文化差异(民居与地理环境的关系)、聚落的区位条件分析。

2. 龙岩连城县姑田游大龙——地域文化差异。

3. 漳州龙海市埭美古村——地域文化差异、人地协调观。

(四)宁德市

1. 霍童古镇线狮非物质文化遗产资源开发——旅游资源开发条件分析。

2. 太姥山花岗岩地貌——塑造地表形态的力量。

3. 大嵛山岛——自然地理环境差异性、海岛旅游资源开发条件分析。

4. 霞浦滩涂——湿地的开发利用及开发条件分析、旅游资源开发条件分析。

(五)福州市

1. 平潭岛跨海大桥、海蚀地貌博物馆——交通区位条件分析、民居与地理环境的关系。

2. 罗星塔"中国塔"——中国船政文化和港口的区位条件分析。

3. 三坊七巷——中国城市"里坊制度"的活化石、名人故居。

4．榕城——植物生长习性与地域文化。

（六）莆田市

湄洲岛妈祖文化源地——非物质文化遗产旅游资源开发条件分析。

（七）泉州市

1．六胜塔——中国海上零公里；九日山——祈福、石刻文化；安平桥——海上丝路要途；泉州港的繁华与没落（郑和下西洋往返季节选择）——港口、交通区位条件分析、地域文化差异、洋流等。

2．佛教寺庙开元寺，泉州古城标志；伊斯兰教清净寺；老君岩道教文化——地域文化差异性与包容性原因分析。

3．永春制香手艺传承——非物质文化遗产开发与传承。

（八）厦门市

1．演武大桥——交通区位条件分析。

2．世贸帆船大楼、中山路——地域文化差异、商业区位条件分析。

3．鼓浪屿、集美学村——地域文化差异。

4．厦门远海自动化"魔鬼"码头——现代化交通运输（人工智能）的区位条件与发展。

二、《航拍中国》在高中地理课堂中的开发应用价值

（一）拓宽学生地理视野，提升学生地理素养与人生格局

地理知识是地理课程的基础，是培养学生地理能力，实现学生地理区域认知、综合思维能力、地理实践力、人地协调观四大地理核心素养目标的载体。丰富的地理知识有利于拓宽学生的地理视野，培养和提升学生的地理素养和家国情怀。而《航拍中国》恰好提供了这样一个能极大地丰富与拓宽学生地理视野和提升地理素养的平台。

例如，在给学生讲解塑造地表形态的力量这一章节，以《航拍中国·福建篇》中的太姥山视频片段作为地质过程的导入，学生通过视频中观看到的太姥山风光的雄与险，能够直观地感受到地质变化之魅力，同时，通过视频的震撼，直击学生的心灵，使学生不禁慨叹祖国河山的壮与美，进一步提升了他们的地理素养与人生格局，以及热爱祖国大好河山的家国情怀。

（二）增加课堂趣味性，激发学生探索学习热情

地理学科是一门综合性很强的学科。由于所跨越的时空尺度大，使得很多学生认为地理是遥不可及的，离自己的生活很遥远，因此对地理产生了距离感。若地理课堂再只是一味搬抄教材固有知识，久而久之，学生对地理的学习热情将会不断递减甚至丧失，将更加不利于课堂教学。

《航拍中国》以全新的空中视角俯瞰中国960万平方公里土地，通过独特的视角、细小的切口，直观而真实地展现了中国秀美的河川大山、人文地理情怀等。每一集一个小时左右的空中旅程，带来前所未有的极致体验，学生被地理之美和人文景观所震撼与折服，使得学生在这样的地理课堂下专注而高效地吸收地理知识，并在视频观看过程中通过地理教师的适时点拨，发动自己的地理综合思维能力，极大地提升地理素养与格局。

例如，在讲解地域文化差异时播放《航拍中国·福建篇》客家土楼及文化的视频片段，让学生去感悟了解祖国自然、人文之美与地域文化差异的原因。这种将抽象的地理知识转变为直观的视觉冲击，极大地提升了课堂效率，激发了学生学习地理的热情与进一步自主探索的欲望。

（三）突破教学重难点，提高课堂教学效率

《假如给我三天光明》的作者海伦·凯勒的家庭教师对于她的教育，不是一味地把她关在房门之内传授课本知识，而是带她走进大自然，通过看、摸、听、闻等方式让她深刻感受事物的真实感，由此造就了一代名家。所以，在地理教学中，若只是一味地通过教师的语言、教材中的文字来解释各种自然与人文地理现象，则会显得枯燥无味且苍白无力。学生在这样的课堂环境下容易昏昏欲睡，课堂效率极其低下。若能打破这种传统的以讲授式为主的教学模式，譬如运用《航拍中国》这样具有科学性与真实性且震撼人心的纪录片作为直观的辅助教学手段，将极大地提升地理课堂效率，它具有将远在天边的地理事物变成近在眼前、将抽象的地理现象与原理变成了一目了然和浅显易懂的作用。

例如，在讲解农业区位条件分析时，鉴于当下学生大多鲜有接触农事活动，若只是对着教材一味地同学生照本宣科或借用图片和文字进行讲解，学生往往无法深刻理解，只能死记硬背。此外，高中生已经具备较强的分析问题的能力，他们的学习更具主动性，若能用兴趣来激发他们的学习热情和探究欲望，能够起到

事半功倍的效果。例如,在讲解本节内容时,通过播放《航拍中国·福建篇》中桐木村、下梅村盛产茶叶的区位条件的内容让学生去感悟,大部分学生会豁然开朗,理解某地某种农业的发展包含各种自然区位和社会经济区位因素,是自然地理环境和人文环境共同作用的结果,进而还可让学生学会拓展思维到自然地理环境差异性的成因分析,起到突破重难点的作用,教师的教学效率也将极大地提高。此外,还可通过视频的观看学习,让学生学会课后小组合作探究,延伸至实地考察,探究本地农业区位条件分析。如此,不仅培养了学生的合作学习能力,在学生合作与探究过程中,还能极大地激发学生的区域认知,有利于培养学生的综合思维能力、地理实践力以及人地协调观等核心素养。

三、目前开发应用的瓶颈

(一)教师难以走出应试教育框架

为应付高考升学率与学业会考通过率,大多教师仅局限于教材知识的讲授,学生只限于被动地接纳生涩难懂的知识,而无法主动探究性地探索与自主学习自然社会中广泛而生动的地理知识。地理学科应当是一门源于生活而还于生活的实践学科。好比诸葛亮学习到风向的相关地理知识,就懂得在作战时"巧借东风"。所以,对于地理知识的学习,不应局限于仅以应试教育为目的,而应当充分利用身边现有地理素材与资源,充分调动学生的视觉、听觉、嗅觉、触觉、味觉能力,让学生能够形象直观地感触与领悟地理知识。

(二)迫于应试教育压力,在有限的课堂时间,难以高效应用实施

由于高考影响甚至决定了学生特别是寒门学子一定阶段内(影响可达10年甚至更久)的人生轨迹的事实存在,故而教师在课堂教学中仍要以教学大纲为主要航标,无法将有限的课堂时间大量解放,用于通过新型课堂的探索来提升新时代背景下提出的学生四大地理核心素养的培养与提升。鉴于有限的地理课堂时间,即使教师将纪录片应用于地理教学中,也只能是剪辑后内容很短的片段或是截取作品中的某个片段,不敢大刀阔斧地尝试,使其效果大打折扣。国家"双减"政策的实施,极大地惠及了九年义务教育学龄阶段的儿童少年,使得他们拥有更多的时间和精力进行素质教育的普及与提升。那么,这一政策是否也可在一定程度上延伸至普通高中教育阶段,进而进一步提升国民地理核心素养和家国情怀的眼界呢?

四、目前较为可行的解决对策参考

针对上述瓶颈问题,学校相关负责部门可为地理学科创建配备专用"地理教室",地理教师可开辟"地理第二课堂教学"活动,积极鼓励对天文地理有一定兴趣的学生报名参加,至少保证一部分有兴趣的学生有条件进一步学习与探索,以期先提升该部分学生的地理素养,进而产生带动效应。

五、结语

作为一名新时代背景下的地理教师,不要求我们也要拥有诸葛亮那般上通天文、下晓地理且应用自如的能力,但也要紧跟时代潮流,善于挖掘应用生活中丰富的地理素材和资源,用以更好地传授学生,让他们学会将地理知识"取于生活而用于生活",使学生上地理成为一种高效、美而实用的享受。

这就要求我们地理教师在业余时间先极大地充实自己的地理素养与格局。知识源于实践,作为一名地理教师,不应只局限于纸上谈兵,而应走向自然、社会环境中去深刻感悟与学习生活中的地理知识,并通过当下现有资源(如《航拍中国》等纪录片),把所学所感的地理知识通过直观的视频方式,依理寻据地传授给学生,并教会他们学会自主综合思维能力以及学会用辩证的眼光看待问题的能力,引导学生学会理论联系实际的地理实践力的培养。在此基础上,进一步借用视频对学生视觉冲击的震撼感,引导学生热爱祖国秀美河川大山的家国情怀,培养学生人地协调观的核心素养能力。

总而言之,新时代背景下的地理教师,不应只局限于当一名教书匠,而应让自己成为一位综合素质能力不断提升的学者与传业者;不应只局限于教授学生地理知识,而应让自己成为学生把握正确人生观、世界观的引路人。

参考文献:

[1]邱杨兵.高中地理教学中视频资源运用的研究[D].上海:上海师范大学,2013:31-32.

[2]黄景,陈中凯,曾影.《美丽中国》纪录片的地理教学价值探析[J].《地理教学》,2013(24):44-45.

县域教育高品质发展背景下探究使音乐欣赏教学"活"起来的方法

蔡银*

近年来,福鼎市围绕教育高质量发展,开展形式多样的培训活动,及时为音乐教师队伍"充电",如中小学音乐名师工作室组织定期送培送教下乡、青蓝帮扶等教学活动,提升音乐教师的教学能力和业务水平,聚焦学科核心素养,探索打造高效课堂,促进音乐教师专业化成长,促进县域教研共融发展。

一、小学音乐欣赏教学现状及问题

在我们身边,有许多教师反馈,最害怕执教的就是音乐欣赏课。据笔者调查,在新课改前,常态的音乐欣赏课就是音乐教师教、学生学,教师播放乐曲,学生趴在桌子上听。在各种优质课比赛中,音乐老师最常选择的也是歌唱课或综合课。谈起欣赏课时,大家也是回避的多。从这些年的教学成果看,如何开展音乐欣赏的教学内容,在我们的音乐课堂上得到了更加深入的探讨。音乐欣赏是作曲家利用音乐本身的力量将观众置于音乐的世界中。教育部制定的《义务教育学生音乐教学课程设计标准》也把音乐的"感受和鉴赏"领域放在"课程学习内容"的第一位。

笔者曾经对学校将近3000名学生进行了一个关于"你向往的音乐欣赏课堂是什么样子的?"的问卷调查。结果显示,希望音乐欣赏课上能有丰富多彩的音乐活动的占95%,希望音乐欣赏课堂能聆听中外经典名曲的占90%,希望在音乐欣赏课堂上有更多展示机会的占70%,希望在音乐欣赏课堂上了解更多乐器的占80%,希望学习环境轻松愉快的占86%,希望音乐欣赏课堂有智能化设备的占30%,希望老师讲课风趣幽默的占55%。在调查中,我还发现低段和中高段学生的兴趣和需求点存在差异。比如,低段学生喜欢轻松愉快的学习氛围,喜欢趣味性的音乐活动;

---

*作者单位:福建省福鼎市实验小学。

中高段学生更喜欢合作及探究的音乐学习方式,而且还期待课堂上有个人的获得感(如音乐知识基本技能),以及与他人一起合作完成任务的满足感。从问卷调查中可以明显看出,学生心中的音乐欣赏教学课堂与现实中的音乐欣赏课堂学习存在一定发展差距。那么,孩子们心中理想的音乐欣赏课堂应该具备怎样的气质和特征呢?

二、县域教育高品质发展背景下,提高音乐欣赏课堂教学质量的策略

杜威"从做中学"的思想理论,为我们重新认识小学音乐教育提供新视角。学生获得知识的途径有很多,引导学生将在学校学到的知识与生活过程中的活动联系起来,从中学习到直接经验。为进一步推进创建福建省教改示范校工作,扩大优质教育资源覆盖面,促进教育公平,提高教育质量,将总结出的主要教学理念和基本教学模式进行推广、应用,福鼎市实验小学各教研组紧密结合现有教学状况,围绕一个基于省教改"融·创教学模式",进行跨校区单元同步教研资源的设计与应用模式研究,启动远程同步示范课教学以及远程同步教研备课、评课,远程为赤溪小学、贯岭小学、福鼎市实验小学潮音岛校区等校学生上课。由本人指导片区乡镇新教师的一节音乐欣赏融合课《金蛇狂舞》,作为推广课例首次在片区教研活动中亮相。本曲是聂耳改编创作的民族管弦乐,旋律采用三段体结构,节奏特征明显,通常在节日期间使用。例如,在2008年北京奥运会开幕式上,当姚明带领运动员进入体育场时,背景音乐重复着《金蛇狂舞》的主题旋律,似乎在呼唤着人们澎湃的激情。音乐强烈地烘衬着北京奥运会作为世界人民共同庆贺的喜庆气氛和浓厚的中国特色。2012年中央电视台春节联欢晚会上,王力宏、李云迪协作演奏一曲《金蛇狂舞》,让观众们热血沸腾、百听不厌。在2013年中央电视台春节联欢晚会上,雅尼和常静配合默契地协作演奏《琴筝和鸣》,第三部分就是经典片段《金蛇狂舞》,为世界展示中国传统蛇年文化的特点。今天,笔者以《金蛇狂舞》为例,针对县域教育高品质发展背景下探究使音乐欣赏教学"活"起来的方法进行剖析。

(一)"视觉参与法"和"联想与想象法"打开创作大门

在欣赏音乐的过程中,我们总能从一些音响效果中唤起联想和想象。比如,听到乐队全奏强劲音乐时会想象到暴风骤雨,听到某种乐器独奏的微弱声音时则会联想到一个人独处的孤独。由于我们每一个人的生活经历、文化修养、个性特征的不同,每个人听到的音乐感受也不尽相同。"联想与想象法"这种方法最适用于标题

性和描述性的音乐,同时也是一种将音乐元素和音乐结构以视觉形式呈现出来的好方法。这种教学方法,教师可以通过引导激发学生对音乐展开充分想象和联想,并且鼓励学生,让他们迸发出独到的见解。我们在课程知识点设计中,将"螺丝结顶"(图1)这一音乐创作手法和学生生活中经常看到的海螺的形状(图2)做比较,采用了"视觉参与法"和"联想与想象法"配合图示欣赏音乐,边听边对照,耳听目视,引导学生有方向地欣赏,为学生后期了解音乐创作思路打开了大门。为突出教学重点,使用卡片来加强学生的注意。这样的好处是:引导学生有方向地欣赏,使学生听之有物。该图可以根据音乐发展的顺序,由长到短以视觉形式一目了然地表现音乐的元素和结构,通过图形让学生对作品一下子就有深刻的音乐印象。这一设计,也是这节课设计的一大"亮点"。

图1

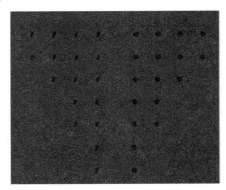

图2

(二)"聆听法"和"律动法"提升感知音乐能力

音乐是听觉的艺术。所以,"聆听法"是所有音乐欣赏课中不能忽视的最重要的手段,是音乐欣赏的根本途径。

1.初听全曲

初听一般能激起我们的联想与想象,内心与音乐产生一丝共鸣。在这一阶段,教师应着重培养学生对音乐形式因素的总体直觉。但是,学生不可能在第一次聆听之后就能很好地了解作品。所以,必须让学生反复聆听,通过一点点地分析音乐要素,最终使学生了解音乐塑造的音乐形象。

2.分段欣赏

分段欣赏的任务,是在学生初步体验音乐的基础上,引导学生记忆音乐的主题,听辨音乐的情绪、速度、力度及不同乐器演奏出来的音色等要素。通过引导学生边聆听边思考在乐曲里听到了什么声音、联想到什么场面,可以进一步了解音乐的旋律、节奏、节拍、音色、音区、速度、力度、和声、体裁、织体、调式调性等,最终理解音乐的内涵。在导入环节,教师将"律动法"结合到主题音乐教学中,设计"拍身体部位""对答"等节奏鲜明的声势动作互动,大大降低了对学生表演技术难度的要求,让所有的学生都能自信地参与。看得见的成功和体会得到的快乐能让课堂氛围变得轻松而生动,学生在潜移默化中获得知识与技能,学习也就变得容易多了。在学生不断聆听熟悉音乐的基础上,运用律动和"乐器参与法"加入互动,不仅培养了学生的音乐感知力和音乐反应能力,还促进了学生学习的有意注意能力的提高。

3. 整体聆听

在分段聆听的基础上,教师利用"情境创设法"与整体聆听相结合,巧妙地创设了"逛庙会"与来自家乡沙埕镇的民俗活动情境,引导学生身临其境,升华情感体验。《金蛇狂舞》旋律热情昂扬,极具节日的喜庆特点。教师播放主题旋律时,课件呈现的是海滨小镇沙埕元宵节独特的民俗活动,视听结合,给了学生不一样的体验。在设计本课前,我在沙埕中心小学林校长的引荐下,前往沙埕镇卫计文体中心民俗文化馆走访学习,向国家级项目沙埕铁枝传承人刘端富馆长求教。刘馆长向我们介绍了展馆里沙埕民俗活动的相关情况,并生动地解说了民俗文化宣传片。这次访问,为我提供了许多关于这堂课的重要资料。正如刘馆长所说:"让家乡的非遗沙埕民俗文化走进课堂,让更多的孩子领略中华优秀文化魅力,是一件十分有意义的事情。"情境的创设,是教师对低年级学生课堂设计进行教学的非常重要教学环节。如果没有情境的铺垫,很难想象学生们在教室中安静地听完近5分钟的乐曲。此课的情境创设,就紧紧围绕音乐本身,图谱设计也直指音乐形象——"螺丝结顶",即使简笔画不太擅长的我也能轻松运用。

4. 反复聆听

所有的细节设计,都是为了更好地理解音乐的整体形象。因此,最后必须将完整聆听和分段聆听结合起来,才能真正有效落实教学内容。音乐是需要反复进行聆听的,只有对音乐越来越熟悉,才能产生更深厚的感情。听着、听着,学生们会像老朋友一样欢迎它。聆听、聆听、再聆听,只有不断地聆听,才会感知音乐、认识音乐、理解音乐,进而产生共鸣。

(三)"编创法"和"合作法"迸发群体合作火花

除了刚才说的这些欣赏方法,"编创法"和"合作法"也是在欣赏教学中常见的教学方法。编创音乐教育不仅仅限于传统乐器,还可以是人声、自制乐器等。在学生对作品有了较深的理解和体验后,便可让学生尝试自己讲故事,一边还能用发声的器材来创作音乐。我们可以通过叠加的方法,抽丝剥茧地运用编创法引导学生进行学习。首先,能充分激发学生对音乐学习产生兴趣,并且在创作和讨论中能增强并发展学生的合作意识,对培养提高学生的想象力和创造力有深刻的意义。整堂课下来,教师最期待的就是这一部分学生的创作成果。每次在班上随堂试上,不管是城区的孩子还是沙埕中心小学的孩子,都会或多或少给我们带来一些惊喜。甚至有的同学在课后两三天以后会突然跑到我的面前对我说:"老师,我又想到一个表现'螺丝结顶'的方法啦!"……小朋友们热情融入课堂的样子至今历历在目。热情挥舞着的红绸带、活蹦乱跳的小球、随律动拍打着的节奏棒,还有我们沙锤先生和串铃小姐的帮忙,让整堂课堂生动有趣。同时,这个活动也让小朋友们集思广益,发挥想象,创作出最有创意的声势动作来表达我们的"螺丝结顶"。(图3)最让我欣喜的是,每当我再一次走进校园,上过我课的孩子们就像小尾巴一样跟着我。小朋友内心的单纯可爱,让我迫不及待想要再和他们走进课堂,了解民族音乐带给大家的魅力。

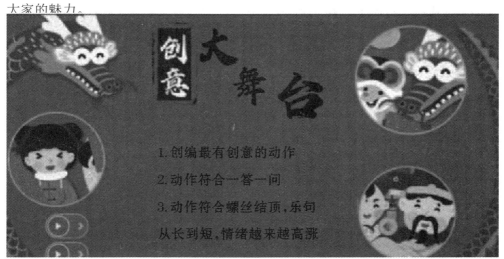

图3

实践证明,当孩子投入创作时,热情很高,充满成就感。"星多天空亮,人多智慧广",不正是对中国几千年文化积累所产生的集体智慧的高度赞扬吗?在许多情况下,音乐是一种团体活动,但也是人际沟通的一个环节。音乐欣赏中经常需要运用到这种"合作法"。比如,合奏乐曲主题,课堂动作模拟乐队中不同乐器的演奏……学生通过各种形式的合作,把学习过程放在各种交流中,也让学生在民主和谐的氛围中自由思考,激发认同、碰撞、吸收的快乐合作能力。

其实,让音乐欣赏课"活"起来的方法和手段举不胜举,笔者本文所介绍的也仅仅运用了几种最常用的。在实际教学中,没有一种固定的教学方法可以适用于任何地方。因此,作为一线音乐教师,我们应该注意不要用一种教学方法否定另一种教学方法,也不要照搬一种教学方法而不做任何改变,更不是稀里糊涂地将所有方法一股脑儿的、管它有用没用地全盘都用,最重要的是方法的选择和使用一定要得当。任何一种教学方法都可以相互结合,相互掌握,进而成为一种新的教学方法。只要肯动脑筋,愿意承认别人的优点并学习别人的优点,做到集众家之长于一身,再结合自己的特长、性格特点、学生的实际情况,就一定能探索出属于自己的独门绝技,并为课堂带来更为理想的教学效果。

三、提升县域音乐教师教学能力的实施办法

2011年出版的新课标中明确提出:音乐欣赏是培养提高学生审美教育能力的主要发展途径。教师要从多个不同角度激发学生的音乐认知与感受,帮助提高学生走进音乐的主题教育内涵中的能力。由此可见,大家逐渐认识到欣赏教学的意义所在以及它的重要性。但是,目前我们的欣赏教学水平与一线城市相比还是整体偏低,艺术的氛围还是不够浓郁。再者就是从城乡地域发展来看,也还是不太平衡。近几年,笔者也到比较偏远的一些乡镇去支教,和当地的音乐老师在聊到这件事情的时候,他们说道:在平时上音乐课的时候,能够把歌曲教会已是非常困难,更谈不上采用多种方法让学生在多彩的音乐世界里聆听和发现、探索和挖掘,品味音乐所呈现的丰富情感。为此,可在音乐名师工作室的名师引领下,促进各县域教育教学交流,为送教下乡、送培下乡提供高品质的学习内容;采取片区研修和集中研修相交叉的方式,由学科专家组成员引领各学校以课堂为主阵地,强强联手,强弱帮扶,形成区域教研联盟,促进校际教师的交流和学习。

四、结语

围绕教育科研工作的初心和使命，结合县域教育特点和教学实际，立足"知行合一"的工作思路，顺应时代发展，改革传统课堂，挖掘学生潜能，培育全面个体；聚焦学科核心素养，探索打造高效课堂，促进县域教研共融发展，促进音乐教师专业化成长，是我们矢志不渝的教育追求。未来，在教育、教学和课程的改革之路上，我们会竭力采撷人间之宝藏，相信终能遇见浩瀚的星辉。

参考文献：

[1]邱磊,李达.用生命的母语做教育——陶行知与杜威教育思想对比研究[M].上海:上海社会科学院出版社,2018.

[2]黄虹.一幅色彩斑斓的民间喜庆风俗音画——民乐合奏曲《金蛇狂舞》赏析及教学建议[J].教育导刊,1997(S6).

[3]伍娜.与你同"聆"——小学音乐欣赏教学设计[M].成都:四川文艺出版社,2014:12-30.

以党建为引领，奋力推进学校教育高品质发展

——漳州市第一外国语学校（漳州八中）的办学实践

黄志勇*

福建省漳州市第八中学（以下简称"漳州八中"）创建于1990年，是一所年轻的公办完中校，2012年4月被福建省教育厅确认为福建省二级达标校。2020年5月21日，漳州八中获漳州市教育局批准，加挂"漳州市第一外国语学校"校牌，擦亮外语特色金字招牌，深入探索办学新模式，不断开拓教育新视野。学校教育的稳步发展，得益于学校党委根据学校实际提出的"党建引领，突出特色"的发展战略。

漳州八中坐落于漳州市城区东北隅，地处城乡接合部地带，学校周边环境开发滞后，一条洋筠东路将学校校区一分为二，给学生管理和学校发展带来诸多难题。地理位置影响生源结构。随着城市各类公、民办校的发展，大量优质生源不断流失。生源短板进一步从侧面限制教师专业发展，加上过去一个阶段学校对教师发展问题的忽视，最终导致大量教师资源外流。因此，学校发展一度陷入僵局。基于这样的发展困境，漳州八中党委毅然提出"党建引领，突出特色"的发展战略。近年来，学校坚持以党建为引领，学党史、悟思想、办实事、抓特色、谋发展，破解一个个发展难题，不断实现新突破、取得新成就。

一、以党建为引领，激励干部担当作为

（一）双向选择，竞聘上岗，促进干部队伍可持续发展

漳州八中始终坚持党管干部，研究、讨论、通过了《漳州八中教研副组长竞聘教研组长岗位竞聘方案》，通过双向选择、竞聘上岗，先后选拔竞聘了10名中层干部、12名教研组组长和6名年段长，促进了干部队伍年轻化、可持续发展。

---

*作者单位：福建省漳州市第一外国语学校（漳州市第八中学）。

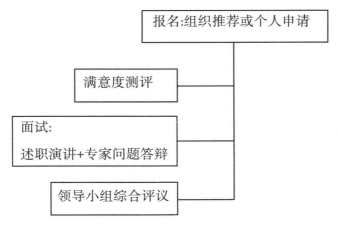

报名:组织推荐或个人申请

满意度测评

面试:
述职演讲+专家问题答辩

领导小组综合评议

漳州八中干部、教研组组长竞聘流程

（二）学党史,悟思想,激励干部担当作为

通过党史学习,激励干部担当作为。党委、党支部、党员、教研组、思政课老师、班主任多方协作,全员行动,突出特色,把党史学习教育同为群众办实事解难题结合起来,切实开展"学党史"活动,推动学校各方面发展。

2021年1月19日,漳州八中初中党支部书记韩杰辉为全体党员上题为《回首过往 砥砺前行》的"中国发展史"专题党课;高中第二党支部宣传委员为全体党员上"改革开放史"专题党课;高中第一党支部党员教师范兰英为全体党员上"党史"专题党课。

2021年3月16日下午,漳州八中党委以"学党史,悟思想,办实事,开新局"为主题,召开党史学习教育动员大会。

2021年3月23日,漳州八中党委副书记廖伟东为学校"一三五工程"学员开展《中共党史专题·马克思主义中国化》专题讲座,激励教师们感悟初心使命、激发奋斗动力。

2021年7月1日,漳州八中党委书记、校长黄志勇为党员教师上了题为"重温党的百年光辉历程,深刻感悟党的初心使命"主题党课,带领大家重温党的光辉历程,讴歌党的丰功伟绩,激发党员同志的自豪感和使命感,号召党员同志继承党的优良传统、发扬党的优良作风,不忘初心、牢记使命。

2021年8月27日,学校分党支部召开党史学习教育专题组织生活会。会上,支部书记代表支委对本支部党史学习教育的情况进行总结;每位党员认真查摆自身在党史学习教育中存在的差距和不足,开展批评与自我批评。

2021年10月11日,学校召开党委中心组学习会议,党委书记、校长黄志勇组织学校领导干部学习闽南日报社论《将蓝图写在大地,用实干成就未来——热烈祝贺漳州市第十二次党代会胜利闭幕》《"五个带头"——张国旺在市委十二届一次全会上提出这样要求!》,认真学习漳州市第十二次党代会精神。

同时,学校通过举行庆祝建党100周年主题党日活动暨"七一"表彰大会,开展党委书记讲党课等系列活动,不断坚定干部理想信念。

近年来,在党建引领下,干部充分发挥带头作用,举校同心,以高度的责任感和积极的行动作为,陆续解决了校园一分为二、校园规划建设、学校特色发展等问题。

二、以党建为引领,推动教师专业发展

(一)启动"党建135工程",专家领航,助推教师成长

针对近年来学校教师队伍结构年轻化发展的现实,为促进青年教师成长,漳州八中党委积极推行"党建135工程",提出"面上普及、分层推进、团队领先、整体发展"的教师发展目标,为青年教师职业生涯发展定下"一年入门(站稳讲台),三年成型(教学能力达标),五年成熟(成为教学骨干)"的发展规划,通过创新培养方式、搭建发展平台、开展岗位大练兵活动,将党建优势转化为推动教育改革、提升教育教学质量、促进优质办学、实现创新发展的源动力。

"党建135工程"启动以来,学校共邀请7位漳州市学科名师来校为青年教师开展讲座,从党史学习、专业成长、生涯规划、学科素养提升等方面领航青年教师成长。越来越多的青年教师在学习中逐渐明确自身职业生涯发展的方向,深扎教学岗位,沉心教学研究,用一篇篇论文、一次次获奖,记录下自身思考、成长的轨迹。近两年,学校教师在CN期刊上发表的论文数量、申报的课题数量、在各级各项比赛中获奖的数量均逐年增加,青年教师在成长为学校教育教学骨干的道路上稳步向前。

(二)师徒传帮带,助力先进教学经验传承

在党建引领下,学校在青年教师培养上始终高举传承的旗帜,坚持"青蓝工程"的优良传统,通过师徒结对子,为每一位新入职的教师搭配一位教学经验丰富的骨干教师作为师傅,让更多优秀教师的教学育人经验在传承中进一步细化和发展。

初中语文组康艺萍老师是一名新入职的年轻教师,通过师徒结对子,与初中

语文教研组副组长江雅华老师建立了亦师亦友的伙伴关系。师徒二人携手，从构建语文学科真实情境的角度出发，面向学生开展了诸多丰富多彩的综合实践活动，如"最美汉字"手抄报征集活动、"新闻当事人"最佳小记者招募活动、"我为祖国应援"、"品读经典，重走长征路"活动、"少年当自强"跨学科融合演讲活动等。在江雅华老师的精心指导下，康艺萍老师逐渐褪去青涩，在2019年中小学优质课评选、2020年关键问题讲解"微课"评选、2020年中小学作业设计评选、2021年中小学优质课评选等活动中，均取得了十分出彩的成绩。近两年，通过师徒结对子，学校教育教学岗位涌现出越来越多的教坛新秀，他们的成长反过来不断促进着各教研组创新、创优的激情和活力。

（三）以赛促研，以研促教，激励青年教师专业成长

近年来，学校多次举办青年教师比武大赛，邀请漳州市各学科带头人、名师担任评委，青年教师在多学科的碰撞、切磋、交流中不断砥砺和成长。同时，学校分别开展了以"核心素养下的课堂教学改革"和"基于教学评一体化的课堂教学模式改革"为主题的岗位大练兵和校级公开课活动，诚邀市直兄弟校专家、教师前来观摩交流，助力教师专业发展。

在党建引领下，通过多方面的培养、激励、促进，近年来，学校各学科教师在教学教研上屡获佳绩，用努力进取耕耘出属于自己的职业幸福感。近两年，学校教师共在CN期刊上发表论文120篇，实现13个省级课题和19个课题立项和结题；在技能大赛、"一师一优课"、优质课等比赛中，获得省优14个、市优46个；在实验说课、作业设计、三优联评、研究性学习中，获得国家奖项1个、省优8个、市优65个；获得1项教学成果市级特等奖。

三、以党建为引领，促进学生全面发展

立足"立德树人"根本任务，学校坚持"全面发展，突出特色"的办学思路，促进学生德智体美劳全面发展。学校坚持德育为先，利用重要纪念日等时间节点，通过开展主题宣传教育活动，组织社会实践活动、青年志愿者活动、经典诵读活动，引导学生厚植家国情怀，树立生命意识，发现生活精彩。

（一）体育特色发展，引导学生在强健体魄的同时激扬青春、彰显个性

学校在抓好日常体育课教学工作，保障学生日常体育锻炼的基础上，创新体育课形式，开展课间阳光体育跑操活动，每年举办运动会、跑操比赛、篮球赛，让运动

成为学生的习惯。同时,以年段、班级为单位,组织有兴趣和特长的学生开展篮球、武术、啦啦操、街舞等个性化的课余运动,有声有色。

(二)以美启智,以美育德,引导学生在艺术的陶冶与创造中发现生命之美

学校在保障学生日常美术、音乐课的基础上,成立美术社团、合唱团,通过文艺汇演、艺术作品展等形式,引导学生用绘画、音乐、戏剧张扬青春风采。同时,学校还通过开设校本课程——《拾遗·漳州》,让漳州传统"非遗"走进校园,将漳州布袋木偶、棉花画及剪纸艺术带入课堂,引导学生发现中华传统艺术之美。

(三)劳动教育,为学生成长赋能

学校通过主题宣传教育、特色班会、主题板报评比等形式,引导学生树立尊重劳动、热爱劳动的风尚。通过采茶制茶活动、粽子年糕制作活动、"废物再利用"创意手工活动、"以花为礼·感恩母爱"插花活动、"播撒希望·收获欢笑"植物种植活动等丰富多彩的形式,让学生亲近劳动、参加劳动,感受劳动的价值和魅力。

(四)保障教学质量,开发多元智能,培养兼具文化基础与国际视野的新时代人才

教学质量是学校发展的生命线。在"双减"政策背景下,"向45分钟要质量"更是学校课堂教学变革的主线。学校在每学期开学初定期开展推门听课、教案抽查;期中考后定期开展教学常规检查,通过检查结果反馈、优秀教案、作业展示,弘扬严谨求实的教风。

同时,为适应新时代育人需求,培养具有国际视野的人才,学校与厦门外国语学校建立姐妹学校关系,多次组织教师前往厦门外国语学校交流,跟岗学习外语办学、教学先进经验;与闽南师范大学外语学院签署协议,共建教学实习基地,沟通外语教学科研与实践,支持学校办成外语特色学校。同时,学校还与漳州市人民政府外事办公室积极对接,开展多方面的共建交流活动。比如,对接友城,开展合作交流,打通学生出国留学渠道;协助聘请外教,提升学校对外交流水平和国际视野。

(五)开展课后延时服务,促进学生全面发展

为保障"双减"政策落地,学校多措并举,以提高教学质量为本,全面提升服务质量,通过开展课后延时服务,开设多样化的社团活动,丰富学生课余生活,促进学生综合素质提升;通过不断完善课后延时服务配套功能,为学生提供食堂配餐服务,帮助家长解决接送难题,切实减轻学生课业负担,充分发挥学校育人主阵地作用。

四、以党建为引领，彰显学校办学特色

在党建工作的引领下，学校形成了两大办学特色。

（一）擦亮"金字招牌"，彰显外语办学特色

漳州八中开设小语种特色课程；探索和开发多样化的"外语+"课程；积极"请进来"和"走出去"，拓展外语特色办学视野，创新外语教学模式；开设丰富多彩的第二课堂活动，营造浓厚的外语学习氛围。

1. 立足真实生活情境，开设多彩"外语+"课程

学校英语教研组不断探索和创新英语课程内容，融合视听、影视资源，引入学生喜闻乐见的话题和形式，开设了"英语趣配音""外语戏剧表演""外语歌曲演唱""外语演讲""外语诗歌朗诵"等"外语+"课程，让学生在充满趣味的活动中克服外语学习的障碍。

2. 开展第二课堂活动，综合提升学生外语素养

为了让课后延时服务更充实、更多彩，切实达到服务学生和家长的目的，学校各年段通过开展英语角、外语社团、第二外语活动，吸引对外语感兴趣、有特长的学生参与到外语听、说、读、写、唱、演等活动中，在活动中切实提升外语综合运用能力。

3. 创新外语特色班级设置，开展有针对性的分层教学

学校在初中开设英语实验班，在高中开设创新外语班和小语种特色班，为有外语特长和兴趣的学生开展针对性教学，让学生在外语学习上也能获得个性化发展。

2020年挂牌以来，学校举办的历次英语节、外语节，精彩纷呈，在师生家长中反响热烈；各年段因材施教，开设外语演讲、外语戏剧、第二外语选修、电影配音等特色"外语+"课程，让学生对每天的外语学习都充满期待。

（二）重视"多元发展"，打造艺体办学特色

学校重视学生多元发展，鼓励学生在艺体方面个性化发展。

学校坚持"文艺并重"理念，探索出"专业+文化"的全优模式，高一、高二夯实专业基础，与清华美院对接，开展课后延时服务，对艺体方面有特长的学生进行培养，专业课与文化课两不耽误，让更多的孩子有机会考上顶尖艺术名校。

在发展体育特色方面，学校在抓好日常体育课教学工作，保障学生日常体育

锻炼的基础上,创新体育课形式,举办秋季运动会暨体育健康节、篮球联赛,让运动成为学生的习惯,让"拼搏、超越"成为学生的信念。

漳州八中是"全国青少年校园篮球特色学校""首批福建省中学体育特色学校"。2020年以来,学校高中篮球队、初中篮球队参加漳州市篮球联赛均位居前三名;初中男、女足球队均居市直选拔赛第一名;在漳州市第十四届田径联赛中,多位同学获得400米、800米、铅球、自由泳等项目比赛的第一名;初二学生林泱岑在漳州市运会游泳比赛中荣获三金一银;初三学生邱祺缘在第十四届全国运动会女子平衡木决赛中获得铜牌。2021年11月16日,经过激烈角逐,由漳州八中组队的教育系统篮球队获得漳州市第十四届运动会篮球比赛行业组冠军。

学校每年招收篮球体育特长生,以"体育+文化"的培养模式,通过专业学习指导和体能训练,助力有体育兴趣和特长的学生走进国内知名体育学府。

党建引领,党员示范,教师爱岗,学生文明。近年来,在党建引领下,学校教育在高品质发展的道路上稳步向前,先后获得"福建省文明校园""全国青少年校园篮球特色学校""首批福建省中学体育特色学校""漳州市办好初中教育先进校、信得过学校""先进基层党组织"等荣誉称号。

参考文献:

[1]陈厥祥.党建引领高校事业发展的实践与探索——以浙江医药高等专科学校"党建+"品牌创建为例[J].宁波职业技术学院学报,2018(4).

[2]张庆坦."党建+师德建设"引领下的师生共育教育机制建设[J].现代教育,2019(8).

基于县域现状对构建
"县域高品质教育体系"的思考

王志红*

习近平总书记曾在多种场合提出建设高质量教育的重要意义。在党的十九大报告中,习近平总书记强调"建设教育强国,是中华民族伟大复兴的基础工程"。党的十九届五中全会上,也明确提出"建设高质量教育体系"这一需求。这些都充分表明了,高质量的教育体系建设是我国教育强国的最基本举措,是国家教育的最基本保障。因此可以认为,建设高品质教育体系,不但是时代发展的需要,也是国家发展和人民发展的强大支撑。

据第七次全国人口普查数据显示,我国城镇居住人口为90199万人,占总人口的63.89%;而乡村居住人口约为50979万人,占总人口的36.11%。与2010年相比,乡村居住人口减少16436万人。在城镇化建设取得历史突破的同时,也就意味着各类资源都更加倾向于城市,而乡村和县城的资源较少,导致城乡差距明显,教育失衡。

一、高品质教育体系建设的背景和意义

(一)建设高品质教育体系,是基于新时代发展的要求

改革开放以来,我国的国际地位不断提升,这也对各种高科技人才的需求不断加大。在培养人才和传承文化以及国际交流中,高品质的教育有着重要意义。人才是推动社会进步的战略性资源,而教育的先进性和全局性是培养人才的最佳战略。因此,建设高品质教育体系是顺应时代需求的产物,同时也是基于我国发展越来越好的前提下对人才和教育的更高要求。

*作者单位:福建省南安第一中学。

（二）建立高品质教育体系，是解决城乡差异的重要举措

当前，我国城乡差异明显。而随着城镇化进程的加快，也势必会导致县城和乡村的教育资源失衡。在全国建立高品质的教育体系，可以更好地满足人民的需求，培养更多适应当下形势的人才，减少城乡差距，培养更多国际化人才。

（三）建立高品质教育体系，是对世界格局的深刻认知

当下，国际间的竞争日益加剧。教育强国，不但需要培养更多的人才，还需要在教育体系上与国际接轨。我国目前的教育形态和体系，已经无法满足日益增多的教育需求。因此，需要从根本上进行改进。建立高品质教育体系，是对世界格局的深刻认知。

（四）建立高品质教育体系，是素质教育的重要举措

我国在很长一段时间里都以应试教育为主，应试教育以试卷形式和分数作为学生才能的主要衡量标准，这就使得我国教育严重偏离"多样化人才培养"这一主题。现阶段，各个学校与政府部门对素质教育的推动工作也日益关注。通过近几年的探讨与研究，素质教育的重要性已经开始获得社会各界的广泛认同。而从应试教育与素质教育之间的博弈中，我们可以发现，通过改革观念，以更加优质的教育理念和体系对学生进行培育，才是教育的最终目的。因此，建立高品质教育体系，是对素质教育的补充和延展。

随着经济的发展，市场对人才的要求也越来越高，这就需要各个教育体系进行转型升级，不断强化教育需求，改善教学条件。对于县城来说，开展高品质教育体系建设意义重大。

首先，是推动县城教育转型发展的必要之举。县城的教育水平不及城市，这也是我国国情所造成的。但是，市场人才需求是相同的。这就要求县城的教育同样拥有城市的战略眼光，对县城高中教育进行升级，打造高品质教育体系建设，明显提升教育水平，实现县城教育与城市同步发展，切实让学生有更好的教育环境，提高其竞争力。

其次，是对教育创新的多渠道探索。县城教育方式单一且同质化严重，已远远不能满足人们的需求。开展高品质教育体系的建设，是对多样化教育形式的探索，有利于县城区域加强教育建设，以及构建现代化、多元化的教育体系，突破县城人才培育的壁垒，为县城优质、特色教育发展创造有利条件。

最后，是对人才培育的最高要求。县城的高品质教育体系建设，无论是对教师还是学生来说，都是提升其水平的最好途径。良好的教育，有助于学生形成独立自主性和个性。县城目前的人才培育模式无法适应时代的需求。因此，从人才需求来看，县城需要更加高品质的教育体系。而优秀的教师，也需要更好的发展空间，与未来接轨。

二、我国县城教育现状及不足

随着素质教育的推进，学校对学生各种能力的培养也更加的体系化，无论是硬件设施还是软件设备的使用以及师资力量的投入，都在逐年加大。随着科技的进步和发展，对高科技、多媒体产品的使用也逐渐普及。但就目前来看，城乡差异依然明显。

城市的学校更加注重学生多方面能力的发展，而县城或乡村还是以"走出去"为唯一出路，因此应试教育的痕迹依然明显。现实中，县城高品质学校建设在人、财、物等方面的钳制明显，学校硬件设施等标准化建设有待进一步完善，教师队伍中人才队伍建设中的文脉传承、职业倦怠、家庭负担等问题仍有待进一步妥善解决。特别是实现办学目标的课程体系这一跑道，更是陈旧破败，有分数没文化、有课堂无课程等问题亟待解决。

以县城高中教育为例。2020年，全国高中阶段共有学校2.44万所，招生1504.00万人，在校生4127.80万人，高中阶段毛入学率91.2%。由于各个地区的教育水平差异、经济水平差异和城镇化进程等问题，县城的高中优秀教师和学生不断流失，导致县城高中的教育质量不断下滑。而在以升学率为评价指标的背景下，县城高中的竞争力不断被弱化。在这样的教育形势下，导致了两个结果：一是人民对县城当地的教育丧失信心，有能力、有条件的会把学生送到城市或者拥有更优质教育条件的学校上学；另一方面，由于学校竞争力不强，导致招不到也留不住优质教师。

这种现象，被业内称之为"县中塌陷"。造成这一现象的原因，主要有以下几点：

（一）教育教学质量不稳定，与名校的差距扩大

县城与城市之间由于教育质量的差距，与名校距离扩大。以前与国家一、二线城市是等距离赛跑，但随着各个区域教育力度的加大以及城镇差异化的增加，中心

城市的教育素质以及教育力度优势明显,与县城的距离逐渐拉开。其次是由于教育水平的差异,导致优等生向着更高层级进行发展,县城普通高中的竞争力逐渐减弱。

（二）教育发展资金缺乏持续性支持,学校建设滞后

相比于城市来说,县城高中的教育资金缺乏可持续性支持,学校建设相对落后,学校无论是师资还是教学质量以及硬件设施,都弱于城市,从而导致学生综合素质较弱、优质生源流失。

（三）县城的发展受经济因素制约,教育资源不平等

造成县城高中竞争力不足的原因,主要是经济发展水平的制约。区域经济发展的差异也同样表现在教育领域,各种教育资源不平等投射导致县城高中教育水平低。县城高中无论是办学条件还是教师的待遇和保障,相较于大城市来说,都处于弱势。县城的教育经费主要都投资于教育硬件建设,而县城的学校却很难给教师们提供更多的工作机遇和发展平台,导致优秀教师外流,学生也更倾向于教育资源更好的城市或学校。

（四）受城镇化影响导致优秀生源外流

随着我国城镇化进行的加速,伴随而来的是城乡教育的失衡。而城乡教育资源的差异,也让人们对城镇越来越向往。在县城或乡镇的教育市场调研中,笔者发现,初中考高中的阶段,成绩优秀的学生有可以进入城市优质高中学习的机会,而成绩一般的学生会留在县城本地上学。这种现象在多个县市都普遍存在,优秀生源向城镇进军,而普通生源无法支撑起学校的升学率,从而导致这一系列的连锁反应。

（五）软硬件设施等办学条件滞后

县城的学校,无论是教育环境还是入学环境,都与城镇有不小的差异。从硬件上来说,县城学校的硬件设施较为简单。由于经费问题,学校会将教育经费更多地投入到比较"刚需"的教学硬件采购中去,而针对素质教育中的体育、音乐、美术等设施都较为欠缺,这也是城乡学校学生差异明显的原因。且随着科技的发展,很多城市的教室都配备多媒体教学,拥有最先进的科技,但是县城的高中在这一方面还是较为滞后的,有些学校甚至配备了也不会用,从而导致资源的严重浪费。

（六）素质教育、五育并举推广困难

对于县城的学生来说，特别是比较贫困的县城，"走出去"是唯一的出路。因此，应试教育还是目前县城教育的重点，从而忽视了其他的德智体美劳发展，导致学生"走出去"之后常常会有自卑心理，无法更好地融入城市。

综上所述，县城建立高品质教育体系意义重大。对于学校来说，想要得到长远发展，需要提升竞争力，以此招收更多的生源和优质教师。这就需要县城的学校从根本出发，领悟教育的内涵，培养更多高素质人才。

三、县域教育高品质发展的建设路径

教育公平，不但体现在各个教育资源的平等，还体现在各个教育体系的先进性上。无论是城市还是县城，教育的公平性就是要在新的时代背景和历史形势下，创建更好的教育体系，以培养优秀人才为己任，减小城市与县城学生的差异化，实现全面发展。

县城教育高品质发展，主要从以下几个方面建立：

（一）建立高品质的教育体系

邓小平同志曾经提出："教育，是要面向现代化，面向世界，面向未来。"因此，建立高品质的教育体系，不但要着眼于现在，还需要有更好的前瞻性，面向未来。在教育强国的战略下，县城的教育需要从师资、课程、管理、资源等多个路径出发，建立更加符合时代的教育体系，让学生全面发展。

高品质教育体系的建设需要县城的学生重塑形象，拉近与城市学校之间的距离。比如在课程体系上，需要与时俱进，对个性化教学和教育质量进行评估，引导学生向更好的学生看齐，建立完整的教学体系。学校致力于追求高品质教学，势必能够让学生得以更好地发展。这其中，可以从教学模式、教师的工作思维和学校资源建设等多个方面出发，打造高品质的课程体系和课堂，让学生与国际接轨。

（二）加大信息化2.0建设，以此支撑教育高品质

高品质教育，首先要从学校出发，在学校的规划上体现高品质，要坚持教育的基本内涵，从根本上提升办学质量，将素质教育落实到方方面面，做到"以人为本"。通过各类软硬件设施的投入和开发，在提高学生学习兴趣的同时，还应该注重每一个学生不同的特性，使其在学校得以全面发展。

教育现代化的核心是信息化建设。随着各类信息技术的发展，学校的竞争力

还体现在各种信息技术的投入上,以信息化推进课程体系的建设、可见展示、学习方式的转变,让学生拥有更多的创造力以及了解和认知外界的途径,实现教育创新,提高教学质量。

(三)打造高品质的师资团队

教师,是高品质教育的核心。县城的高中竞争力变弱,大部分原因都是由于师资力量减弱。因此,学校需要充分认识到教师的重要性,把加强教师队伍建设作为学校发展的重点,并通过各类举措来落实教师待遇,从教师的个人发展、职业发展、福利待遇等出发,在持续提高教师素养的同时加强教师的黏性,确保教育高品质发展。

教师需要有更加先进的教育意识,通过不断学习和深化,了解信息化教育体系和各类多媒体的应用,并引导学生思考,向好的学校和教育看齐。而学校也需要给予教师更大的空间和展示的机会,同时通过各类培训等提高教师的自身素养和职业水平,加强教师梯队建设。在打造高品质教师团队的同时,通过各项举措来留住优秀教师,并吸引更多教师加入。

(四)打造高品质的育人模式

教育是"以人为本"。高品质的教育不但是要提高全民的学习热情,更要打造差异化。县城的高品质教育体制构建还体现在育人模式上,应把"立德树人"当作学校教学的根本任务,从坚定培养学生理想、厚植爱国情感、提高道德涵养、扩大知识面、培育奋斗精神、提高综合素养上下功夫,争取建立更优质的人才培养体系,以推动学生德智体美劳的发展。

县城学校可通过引入优质的教育资源,针对学校发展,采用"联合办学"等形式,与国际化的教育资源进行对接。同时,通过各类多媒体教室的开设,让学生通过网络及各类信息技术的应用,更加了解外界,将教育落实到每一个学生的身上,改变传统的教学方式,让学生全面发展。

(五)整合各方社会资源

高品质教育体系的建设,不是一个人、一个学校的事,而是需要社会各界共同参与、共同发力,汇集国家、政府、学校、家庭、社会的力量,共同建设一个良好的教育氛围。政府要发挥自身优势,对高品质教育体系的建设给予相关政策支持和资源保障。学校是教育实施的主体单位,想要使得教育资源最大化,需要汇集学生、老师等力量,配合教育政策和现代化发展进程,打造更好的教育体系。社会作为舆论监督和资源补充的用途,也要为高品质教育的建立献计献策,才能够使高品质教育体系的建设形成一个良性循环。

五、结语

时代在快速发展,教育也应顺应时代变化。未来的教育,肯定也会体现出新时代的特点,这就需要国家、政府、学校、教师有更好的创新意识。未来的高品质教育是面向世界的教育,需要与时代与国家发展相匹配。这就需要教育工作者不断地实践和创新,才能够真正做到让人民满意,实现教育的高品质发展。

小学生习作失真成因及对策研究

吴邦芳[*]

随着时代的发展、科技的进步,教育事业也在探索中不断前行。为了适应社会的需要,我们的人才培养方案也在与社会所要求的人才接轨,希望培养出德智体美劳全面发展的社会主义接班人。小学是儿童发展的新起点,儿童认知能力的不断发展以及对新事物的好奇,对帮助儿童建立积极的人生观和世界观有着重要的意义。在此关键期,需要社会、教师及家长的积极配合、合理引导。语文则是小学教育中培养孩子积极的世界观、帮助学生打开心灵之窗的重要途径,其中习作更是帮助孩子学会表达自己的重要方式。可是纵观这几年来一线教师的反应,在小学的相关阶段,不知什么时候在习作中渐渐形成了一股不正之风,学生的习作内容与生活实际偏离甚远,导致内容空泛、情感失真。这些现象严重侵害了学生的思维品质,不利于学生习作能力的培养,更对学生的价值观造成消极影响。因此,及时制止这一现象的发展迫在眉睫。

一、习作失真概念判断

(一)真的含义

许慎最早在《说文解字》中认为,"真"的含义是"真,仙人变形而登天也"。《西游记》"自古道,真人不露相,露相不真人"中的"真"为名词,引申为"本性,原本面目,原迹,实相"。《汉书·杨王孙传》"吾欲蠃葬,以反吾真"中的"真"为形容词,指"原本的,固有的,符合真相的"。《玉篇·匕部》中提到"真,不虚假也"。后人形容君子如玉,正是看中玉身上的这种品格。"真者,所以受于天也,自然不可改也。"认为:真,是天然的,自然为真。《古今韵会举要》中"真,实也,伪之反也",把"真"相对于"伪"。

——————————
*作者单位:福建省南平市政和县铁山中心小学。

后世人提出"去伪存真",正是由此而来。《庄子·田子方》"其为人也真",形容人的品格高尚、为人真诚。《庄子·渔父》中也曾提到"不真不诚,不能动人",指情感要真挚自然,才能够打动人。由此可见,中国自古对"真"的研究颇深,极看重真的品格,形成了对真的传统认识,即真实或真诚。"真"代表人的心灵纯净与美好。

(二)习作"失真"的判断

我们这里所探讨的失真,不是针对想象作文或是童话作文的体裁,而是指在平时写实习作和日记中学生描述的场景与实际生活场景不符,情节浮夸与学生的心理年龄不相符。同学们的习作中出现大量的相似情节,缺少自己的所思所感,有人云亦云之嫌。而且有些同学为了追求习作的立意深远,编造不符自己的生活体验能得出的收获体会,故意煽情,给人乏善可陈之感。这类习作,我们就把其归为失真范围。在此,我们追求的是使学生能够对生活中的事物如实描述,在生活中多观察、勤思考、爱学习,写自然的话,抒发自己的真情实感,符合儿童生活阶段的童真童趣,培养其习作的热情和良好的习作习惯。

(三)新课改对小学生习作的要求

新课改在小学的不同阶段,对习作提出了不同的要求。在低年级阶段,要求对写话产生兴趣,写自己想说的话,写对周围事物的认识和自己的感想。在中年级阶段要求能够细心观察身边事物,写自己喜闻乐见、印象深刻的事,能够写简单的应用文。在高年级阶段要求明白习作的作用和意义是为了自我表达及与他人沟通交流,在写作中要突出个人的独特感受。其中更是提出要能写简单的纪实习作,要求表达自己的真实情感,表达内容具体生动。因此,真实习作具有非常重要的意义。

二、习作失真的危害及原因分析

(一)影响学生的个性思维发展

语文是一门人文学科,有利于培养学生个性思维品质和交际能力。其中最重要的一点,是它能激发学生的个性特征。斯宾塞的教育观点,正是由此而提出教育的目的是培养学生的个性特征。而习作就是培养学生表达自我、发扬个性的有效途径之一。但是,现今"失真"的习作教育更多时候是一种模式教育,教师在教育中时常从大人的思维和观点出发,没有关注学生的个性化特征。例如,在教写记叙文的时候,部分教师就过于关注文体的教学,强调时间、地点、人物、起因、经过、结果,然后套入情节。这种教学方式固然高效,但也使学生在习作的过程中形成固定的思维，他们更像是一台台被生产出来的机器，为了完成教师布置的作业，编造一个个虚幻的故事，用自己活泼的天性换取一个个鲜红的100分。而后果可能导致学生在习作中不仅照搬其他人情节，严重者连观点态度也抄袭，没有自己的思想内容。这样不仅容易导致学生习作能力下降，不利于学生的个性发展，长久以往还容易养成学生的懒惰性格，在"失真"的道路上愈行愈远。

（二）导致学生习作兴趣的丧失

心理学指出，兴趣对个体有极大的作用，它通常使人对某件事产生积极的探究意味，并在从事这件事的过程中获得良好的体验。所以，不少人说"兴趣是学生最好的老师和原动力"。如果学生对习作产生强烈的兴趣，就会乐于在习作中表达自己，写真心话，写感兴趣的话。但是，如果学生在"失真"习作中找不到文字表达自己的愉悦，感受不到情绪上的放松和心理上的满足，这样的习作必然没有发挥出习作的真正内涵和作用，是不能带给学生积极、正面的作用的。当学生的习作变成看家长、老师的脸色，成为应付作业和取得高分的工具时，在文中写假话情节，表达假情感，表现得积极向上，展示自己的优良品质，而在生活中却做着损人利己的事情——当写文和做人不能和谐统一时，给学生带来的感受一定是不良的，使学生对习作逐渐失去兴趣，更在习作中学会撒谎，对学生的心理造成伤害。最后在听到习作两个字内心就充满厌恶时，又怎么能写出自己的心里话？在这种环境下，在对习作失去兴趣的同时，还有可能对学习也失去信心。

（三）不利于学生健全人格的形成

首先，我们有必要先明白一下人格的概念。人格是指决定个体的外显行为和内隐行为并使其与他人的行为有稳定区别的综合心理特征。通常包括气质、性格、认知风格等。可以说，人格影响一个人的外在行为模式，即影响人与环境。尤其是与社会环境的互动模式，具有复杂性、稳定性、独特性和整体性的特点。而人格的形成虽然有一部分原因来自先天特征，但是经研究表明，后天对一个人的人格形成具有更大的影响作用。心理学家的大量调查结果表明，家庭和学校对儿童健全人格的形成具有重大的积极或消极的影响。而在5到12岁这个关键期，儿童的大部分时间都是在学校中学习。因此，学校教育对儿童人格的形成具有直接的影响。其中，学校教育中的语文学科就是培养学生品德和价值观的最有效的途径，这种潜移默化的影响将伴随着儿童人格形成的全过程。其中，习作课程对培养学生的思维和表达能力具有重要作用,是语文听、说、读的落脚点,是学生心灵的诉说、与外界沟通交流的窗户,连接学生的生活和学习。如果在儿童才开始学习习作,表达自己天真烂漫的想法时就被告知"你这样写是不对的""我们应该这样写……某某同学就写得很好……"以一种权威的语气去命令学生,给学生安上成人的思路,这样不仅使学生写"失真"的习作,还会在不知不觉中扼杀学生的自我表达能力,学生学会说大人们想听的话、说不出错的话,出现千篇一律、千口一腔、情节雷同、态度观点相似的习作。当习作成为禁锢学生思想的囚牢,习作成了学生的主导,学生在习作中学会表达成人的观点,写别人想看的"虚假"习作时,不仅不利于表达真实的自己,还将影响学生形成诚实的品质,侵害学生的心灵,不利于学生健全人格的养成。学生作为未来社会主义事业的接班人,如若从小就学会撒谎、造假,势必会对将来社会信用体系造成严重的消极影响。

三、小学生习作失真的原因分析

(一)学生自身的因素

处于小学中、高学段的学生,正是思想和身体发展较为关键的一个时期。根据我们的调查,这个阶段的习作失真问题最为严重。由于学生年龄小,阅历不足,在习作上没有太多自己的见解,难谈自己的感受,容易凭空捏造、闭门造文。其次,接触过多的新媒体,对网络上的信息缺乏辨别的能力,缺少对自己独立写作能力的开发,或是缺乏学习的兴趣,面对繁重的学习任务,更是产生厌恶的心理,自然而然写"真实"的习作对他们而言更是难上加难。

(二)教材方面的因素

现今不少小学教材已经跟不上时代的发展。一届学生从小学到大学毕业,小学还在用当年他们学习过的那套教材。这说明小学教材的更新换代速度太慢,不能与时俱进。在与学生进行沟通的时候,发现他们对一些课文的观点是人云亦云的,包括对一些课文的分析,没有一点自己的看法,完全就是照搬老师上课讲的重点。例如,当20世纪90年代的人学习《我的伯父鲁迅先生》的时候,能够切实体会到当时的社会环境和生活状况,再加上对于鲁迅先生的事迹早有耳闻,自然能理解为什么伯父会说他的鼻子是被黑暗的墙碰扁了,也能够深刻地理解鲁迅先生的爱国情怀,进而激发自己的爱国热情。而一群生活在和平年代的孩子们,要让他们在一两节课中去体会这种情怀和精神确实是很难的。这节课对他们而言,不仅是抽象的，更是乏味的。教科书作为教师传授知识的工具、学生学习的榜样，出现了与学生现实脱节甚远的现象，值得引起我们的注意。我们应该时刻关注社会的发展，把适合学生当前学习的价值观渗透到教学中来。例如，寻找一些贴近时代和现实的事迹，用视屏影像的方式让学生去用心感受、参加讨论，相信更能引起学生情感上的共鸣，使学生有话想说，自然能写出具有真情实感的心里话。

（三）教师方面的因素

教师教学引导不当，也是学生写作失真的重要原因。在当前的学校教育中，一些教师过于注重教材和"教学成果"，当学生有不同的见解时会自动否定。比如前段时间很火的一个问题："弯弯的月亮像什么？"学生的答案五花八门，像镰刀、妈妈的眼睛、香蕉等等。可是教师的批改却是"错误"，令人大跌眼镜的原因是书上已经说了弯弯的月亮像小船。孩子的想象力就这样被扼杀在教师标准化的答案里。其次，教师在中、低段习作教育中，要帮助学生清楚地认知文体，区分童话作文、想象作文、平时练习作文、写实作文的区别，在习作时要提示学生注意表达自己的真情实感。教师要具有不断反思自我的能力，明白很多时候学生身上出现的问题可以在教师身上找到影子。

（四）学校方面的因素

虽然我们强调素质教育，也取得了很大的成效，在很大程度上规范了教育行业；但是，当前学校对学生成绩的关注还是高于对学生本人，学校把学生的成绩看成是教师是否认真工作的绩效，以升学率作为教师是否能升职加薪的筹码。在这样的体制下，教师在教学中很难去真正实施素质教育，素质教育的内涵得不到真正的展现，对于学生习作失真的问题也就睁一只眼闭一只眼了。

（五）家庭社会方面的因素

当前，我国教育发展迅速，已是教育大国。然而，在学术圈不断有人爆料假博士、论文抄袭事件等，造成学术气氛越来越差，加之社会上的一些不诚信之风，人们对此司空见惯。儿童正处在身心快速发展阶段，充满好奇心和对外界的模仿，这些对儿童的影响极坏。而不少家长也在揠苗助长，给孩子报不少的学习班，使得孩子过于早熟，没有充分体会到习作带给的满足感和快乐感，而是不断揣度别人的观点、态度。在这样大的氛围中，学生很难去表达自己的真情实感，而是投入到家长和社会等等的期望之中，过早地失去了童真、童趣。

四、小学生习作失真问题的矫正策略

(一)真实习作,兴趣先行

良好的学习兴趣,是学生学习的关键要素,也是学生学习的向导。第一,让学生写感兴趣的话题,学生才会有话可写,这是"乐写"的前提。第二,培养学生课外阅读的能力,拓宽知识面。书读百遍其义自见,自然而然就有了自己的观点和见解,这是写作的"垫脚石"。第三,教师在课堂上应切合实际地引入新的课程资源,激发学生的学习兴趣,鼓励他们说自己想说的话,提升学生自我表达的欲望,使学生在学习中获得愉悦的感受,提升对自我的认同感,养成"习作之乐"。

(二)素材积累,源于实践

众所周知,小学是学生最乐于表达的一个时期。那么,学生为什么会无东西可写? 很大程度上是学生缺少习作中的素材,而这单单靠教师的讲解和书本上的知识是不够的。因此,必须靠学生自己去感受、积累。第一,组织丰富多彩的校园活动,比如朗诵比赛、接力比赛、分享一本喜欢的图书等,使学生乐于参与,并能得到自己的心得体会。第二,充分利用课程资源,比如自然科学课等,让学生去接触自然,切实感受四季的变化,感受鸟的叫声、泉的歌唱等,帮助学生积累生活中的素材,培养学生的观察能力和分析事物的能力。

(三)动力引擎,因材施教

部分教师在教学中为了班级的进度,或是为了掌控班级以便更好管理,往往忽视学生的个性特征,使他们失去学习的信心。孔子在2000多年前就提出因材施教的教学原则。对待不同个性特征的学生,教师应该去适时引导。比如,在写四季这一习作中,有学生就提到:"我不喜欢季节,我喜欢美食。"教师应及时鼓励并组织学生围绕这个话题展开讨论:"那四季中有没有哪些美食呢?"有同学说:"我最喜欢春天的野菜!""我喜欢夏天的草莓!"同学们围绕季节中的美食热烈地讨论起来。教师继而又引导学生,说明季节与我们息息相关,四季中不仅有美景也有美食,还有更多的东西等待同学们去发现,让大家写四季中自己最感兴趣的话题,自由命题,写出有个性化的习作。这样结合教学机智,逐步满足了不同学生的学习需要,也激发了学生的学习兴趣。

(四)家长同行,教育合力

教育绝不是学校一方面的事。家长是孩子的第一任老师,在孩子的成长过程中起到的作用无疑是巨大的。在孩子习作的过程中,家长要合理引导并培养孩子观察生活的能力,让孩子从手机和电子产品、动画片等中走出去,参观大自然、博物馆等,多鼓励孩子与人沟通,保护好孩子的好奇心。同时,不要过分与孩子强调分数的重要性,要加强对孩子个性特征的培养,促进孩子的身心和谐发展。

（五）良好的社会氛围是最好的润滑剂

社会是个大环境,首先应该将教育的关注点转到"人"身上,健全人才选拔制度,评价学生要从多角度出发,不仅要关注到结果,还要重视过程中的表现。关注怎样使学生更好、更健康的成长,而不是以学生的成绩论学生的好坏、教师水平的高低。其次,要多宣扬真善美,特别是诚信问题,对造假之风加以打击,发扬中华民族传统美德,开设国学课程发扬诚信之风。帮助学生树立讲真话的意识,认识到在习作中讲假话是对自己不负责任并会产生坏的影响。学生是模仿性很强的群体,因此需要多采取正面的教育,让学生想写话、敢写话、写自己想说的话。

总之,要帮助改善学生习作失真的问题,要尽可能地激发学生的习作兴趣,创建更多的实践机会,培养学生留心观察生活的能力。教师在这个过程中要充分利用教学理念和资源,及时鼓励和引导,结合社会各方面的资源,为学生今后的扬帆远航打好基础,从根源解决习作失真问题。

参考文献:

[1]杨瑞.小学生习作"失真"的成因及对策研究[M].重庆:西南大学出版社,2009.

[2]刘洪蒨.小学生本真习作的个案叙事研究[M].宁波:宁波大学出版社,2015.

[3]杜海英.让写实作文"实"起来——小学生习作"失真"现状分析与对策研究[J].福建基础教育研究,2011(12).

[4]顾小双.在"真作文"中发展学生习作素养[J].语文天地.2018(33).

[5]袁育林.小学生习作"失真"的成因及对策研究[M].长沙:湖南师范大学出版社,2011.

小学女生健美操教学中的情绪教育

梁萝杰*

引言

随着科学认识的不断提高和发展,人们能够很清楚地认识到:在学生的成长和学习过程中,情绪具有很强的影响力,其与理智互相作用,达到增强或抑制学习的效果。所以,在如今的学习型社会大环境里,人们会更加关注在开发学生智商的同时,应当重视学生情绪情商的培养。因为在信息化速度日趋加快的社会大环境下,人际间的互动愈发频繁,那些高情商且能善于控制自己的情绪的人,才更容易拥有更多的成功机会,才更容易在社会生活中"以情动人",并在积极情绪动力的推动下采取适当的行为表现得更好、更优。本文选取情绪教育这一主题,以南平市建阳区实验小学女生健美操教学实践为事例,通过文献法、观察法、访谈法等调查方法,重点结合健美操课堂教学的特点进行探讨,重在探讨在小学女生健美操教学中应如何运用情绪教育的方法与手段,能够主动调节学生的学习情绪和学习积极性,达到进一步提高健美操课堂教学的效果。

一、情绪概念及内容

情绪通常包含了一个个体对于不同事物是否可以满足他或她的需求的自身态度的体验,某种程度上反映了每个个体与社会之间的某种关系,体现了人类的精神面貌、人类的社会情感,构成了一种独特的高层次情感。高度的社会情感可以分为三个部分,即理性意识、道德意识和美感。道德感是指学生在日常社会生活中对待好与坏、荣誉与羞耻关系的一种情感体验。从社会生活的各个方面,都可以反映出道德感。它体现了人在面对集体、个人与个人之间的微妙关系,在面对工作、学习、

---

*作者单位:福建省南平市建阳区实验小学。

生活等方面也可以反映出来。而理性是人们在智力活动过程中的情感体验,体现在满足人们对待知识的需求,以及对于真理的追求上。审美的感受是在审美过程中因需要而产生的一种经验,是审美观念能否得到满足的体验。美感能够使人兴奋、愉快、积极、乐观,充实了人们的心理及日常生活。

把情感因素与智力因素相结合,可以让学生在很轻松愉悦的气氛中,从最初的兴趣转变成为热情以及认真的思考,从而达到提高学习效果的目的。

情绪在日常的教学中不仅可以作为信号,而且还可以作为动态影响等。信号是可以通过面部表情去表达出来的。情绪动机的积极作用,是在对学生认知行为的促进和调节作用上体现出来的。

二、健美操教学为情绪教育提供有利条件

小学生正处于世界观、人生观、价值观形成的最佳时期,也是情感发展的一个非常重要的阶段。他们充满精力,好奇心强,对新事物态度开放,可塑性强。这对于他们的情感发展带来了非常大的动力,但同时也带来了巨大的困惑和疑虑。这个时期是否能进行有效的情绪教育,将直接影响到每个学生今后的人生发展。

然而目前的基础教育常常轻视学生情绪因素的培养,过于强调智力教育和竞争,使一些学生出现考试恐惧、焦虑、厌恶学习等负面情绪,大大影响自主学习的积极性。由于现在的学生大多是独生子女,家长们期望值都很高,在日常生活中大多家长可能只关注到了对子女学习方面的培养,而情绪教育往往成为家长教育的盲区。

健美操教学可以锻炼学生坚忍不拔的意志、艰苦奋斗的精神,增强学生人际交往的能力,从而更好地发展情绪教育。

健美操集音乐、舞蹈和集体操于一体,通过运用徒手、手持轻便器械和专业器械进行训练,从而达到健身、健体和健心的目的。健美操锻炼能激发积极的思考和情绪,对焦虑、抑郁和困顿等不好的消极心境有明显的改善作用。它不仅着重"美"而还着重"健",把美与体育融于一体,进而陶冶美好的情操。

柏拉图曾说:"精神美与肉体美的和谐统一是最美的境界。"我们所推崇的健美操,蕴含着人体与美的良好结合与和谐统一,可以通过长期的健美操训练来实现。

三、健美操教学中进行情绪教育的方法

(一)通过教学方法磨炼和感染学生学习的意志

意志,是指个人有意识与目的地确立自己的目标、分配自己的行动、突破不同的困难和险阻来达到自己目标的一个心理过程。人们在健美操运动中通常会有一个明确的目标——身体美。对于没有接触过体操、舞蹈的人来说,刚开始练习健美操会面对很多难题,比如自身柔韧性差、身体僵硬不协调。如若克服困难,坚持练习下去,意志力会得到增强。一套健美操的练习时间至少得安排在50至60分钟。要达成强身健体的目的,就需要运动过程中有适当的身体负荷。那么,学生就必须要有一定的耐力和坚韧的意志力去完成这个练习。健美操中的动作很多都需要刚柔并进,如练习踢腿,既要快、有力量,又要踢得高且富有韧性,同时面露笑容,动作自然且朴实,从而提高学生的自信心和坚韧的意志力。观察和研究健美操运动,会发现大部分练习者都具备较强的韧性,他们身上散发着一股劲,哪怕是再难完成的动作也总是面带微笑,轻松自然——这就是自信和有意志力的体现,是长期坚持练习和教育的因果。

在教学过程后的交谈调查中,经访问的学生就有不同的感受。有位学生说:"我感觉自己喜欢健美操,但又感觉不喜欢。什么原因呢?喜欢,是因为练习健美操能够锻炼身体,有利身心健康。但是高难度的动作,拉韧带很疼,这使我有一种痛苦的感觉。但又有一种不可抗拒的能量在鼓舞着我,让我学会了坚持,并且也告诉我坚持下去就会胜利。就是依靠着这种持之以恒的意志继续前行,不管遇到什么问题,我也不害怕了。"因此,良好的意志品质是在不断教育和学习中逐渐形成的,而不是自我生成的。

(二)健美操训练对小学生情绪调节的启示

健美操具备其他项目不可替代的情绪调节和心理疏导功能。练习健美操没有激烈的竞争压力。健美操能让人感到的是一种酣畅淋漓的自由伸展及跳动下的兴奋和快感,让人的全部身心不由自主地融入那愉快有力的节奏里面,随着振奋人心的律动,将成百上千个舞蹈动作一气呵成,还能一直保持精神焕发、情绪高昂。它能很好地调整学生的情绪,培养美好的情感。

健美操是在不同音乐旋律的伴奏下进行的一种体育训练。通过健美操训练,不仅可以促进学生身体各方面的发展,而且对他们的情绪状态有很好的调节作用。

在南平市建阳区实验小学二年级一班的健美操教堂上,一名女学生这样说:"它使我充满了活力,拥有了健康。练习健美操以后,我开始有了笑容。没多久,那些让我伤心难过的事就都抛到了脑后。"二年级三班的一位女学生也同样认为:"健美操那欢快的音乐让我的心情变得快乐。特别是在跳热身操的那一段,我觉得我像一位快乐美丽的小天使!"这些访谈后学生的想法和阐述,表明了通过欢快活泼的音乐旋律、渲染欢愉的动作练习使学生沉浸在美的旋律之中,很快地释放了学生在日常学习上的紧张和焦虑,整个身心都得到了全面放松、调节,学生的精神面貌和气质都会在其中很好地得到改善和提升,这会培养他们更朝气蓬勃及奋发向上的精神。大家都了解的是,人处于长期的压力下不但会引发不同的心理疾病,还有许多身体疾病也与长期精神压力相关。健美操可以有效缓解和调节心理压力,预防各种身体疾病及心理疾病的发生。

(三)营造师生融洽关系,活跃课堂氛围

师生关系良好,课堂气氛和谐,学生会对健美操实践感兴趣。情绪是积极的、向上的,也可能是消极的、使人衰弱的。改善学生的运动能力,情绪好的就学得快、领悟深,高难度的练习动作学习起来也不会太吃力;但如果情绪不好,就容易出现学习困难、思维迟缓,甚至连平常可以轻松练习的动作也做不到位,一般情况下能克服的问题、能突破的障碍也会攻克不了、突破不成,从而造成练习动作技术基础不完善。或会因为近期有不愉快的事情,情绪一直很低落,注意力无法集中,练习过程中很容易出现动作不够流畅、不准确,或者无法完成动作。这个时候,就非常需要教师耐心地分析出学生练习动作完成不好的原因,恰当地指出正确动作和错误动作的对比示范并加以指导和激励学生,学生才能够集中注意力,去仔细琢磨练习动作的诀窍,重新打起勇气和信心去认真完成所学的动作。假设老师没有合理鼓励而是指责、嘲讽学生,这样就很容易伤害学生的自尊心和学习积极性,让他们丧失自信心,进而产生消极、逆反的心理,对老师产生反感,进而对健美操课产生抵触,滋生厌恶等不良情绪情感。

在我们的日常教学,中这样的事例也是很常见。例如,南平市建阳区实验小学三年级三班林雨欣同学说道:"我记得有一次,在星期三下午被同班的一名男同学用脚踢了一下,正好健美操课程也开始了。当我正皱着眉头走到健美操训练室,我就心情很不好,没有心情上课了。就在这个时候,我听到热烈欢快的音乐旋律,

听到老师边跳边喊:'加油!你们跳得真棒!'身上挨的那一脚早就忘在脑后了。这就是我喜欢健美操课的原因。我觉得它就是我生活中不可缺少的一部分。"因此,师生在人格上是平等的,是一种正常的人际关系,在情感、意志、思想等方面应该是平等的尊重和理解。学生与教师沟通后,情感是相互影响的,会增强教师与学生的心理共鸣、情感共鸣,能促进认知相似性、情感兼容性、心理互动。健美操课堂上气氛欢快活跃,教与学、训练的情绪非常高涨,学生都处于积极向上的心理状态下,认知能力可以得到充分提升,学习和练习效果更上一层楼,从而促进学生、老师积极进取,一起探索,共同创新,让学生能创造性地应对不同的环境,增加情绪教育的意识。

(四)积极挖掘健美操课堂的情绪教育因素,激发学生积极学习的适宜动机

健美操动机的培养,是指运用多种多样的教育手段以及方法,把社会和教育的需要转变成为学习的需要。怎样将学生对于健美操热爱的潜在动机转化为外在动力?在课堂上,强调健美操练习的特有审美形态与审美价值,着重突出其外在形体、愉悦身心、锻炼意志及表现自我等,把健美操的美感增加到每个教学环节中。充分利用健美操教材上的优势,激发学生情绪,陶冶学生情操。

选择和编排适合这个年龄段,有欢快的节奏感、美感及韵律感的健美操课堂,让学生积极学、喜爱学,显得较为重要。每节课都应该有新的教学内容、新的目的和要求,从而不断地激发学生的学习劲头。改进和丰富教学方式,采用积极有效的手段和方法,用生动的语言和不一样的"密码"来激发学生高涨的学习情绪,用交流"波段"操练和分配学生的相互评论、赞赏来吸引大家的目光,从而达到提高学生的学习能力。为了提高学生的积极性,激发学生正确持久的学习动机与动力,还可以通过模拟日常成绩评价的方法提高学生的学习兴趣。

(五)积极鼓舞学生参加观看健美操表演,增强学生自信心、表现欲和社交能力

健美操表演的主要意义,在于在表演中体现自身的价值和魅力。学生在观看中陶冶情操、促进健美操活动的开展和后期推广,达到学生表现自我的需要。在教学中,教师开办活动、场合以及节日庆典等组织学生进行表演,可以培养学生的自信心,还能激发学生的表现欲望。

南平市建阳区实验小学三年一班周倩同学在观看过表演后就说:"我很喜欢健美操,它让我有了勇气去站在舞台上展现自己,把优美的舞姿给大家欣赏,我也想跳健美操!"

由于健美操表演是一种集体运动,在集体场所进行,学生体会到个人与集体互相配合表演,有助于增进学生之间情谊,结交更多朋友,还可以很好地解决独生子女合作精神不够好的问题。健美操动作与快节奏音乐的完美结合进行表演,能让同学们精神焕发、陶冶学生的情操、缓解学生学习的压力、愉悦他们的身心。健美操还能弘扬中华民族文化、文化艺术,增进学生社会交往,使学生在人际交往中去分享自己的快乐与体会,拓展学习和生活的空间。

四、结语

要想通过情绪教育对健美操进行更好的教学,使教育教学任务顺利完成,提高教学质量,教师就应善于借助情绪教育的环节,运用合理的教学方法和手段,了解学生情绪的变化,采取各种合理的手段,使学生在学习健美操过程中提高自信心、意志力,通过健美操训练更好地调节好小学女生的良好情绪,积极参与教学活动中,去营造师生融洽关系,为教学创造活跃的课堂气氛。

参考文献:

[1]曾玉杰.发挥体育学科优势促进心理健康教育[J].体育学刊,2003(5).

[2]章志光.心理学[M].北京:人民教育出版社,2002.

[3]王玉秀.情绪调节及情绪调节教学模式理论对体育教学的启示[J].辽宁体育科技,2005(1).

[4]史琳.浅谈大众健美操对儿童身心健康的影响[J].体育科学研究,2005(1).

[5]王洪.健美操教程[M].北京:人民体育出版社,2001.

[6]金文慧.论健美操社会化的优势及发展思路[J].安徽体育科技,2005(1).

[7]钟利.浅析健美操与高校校园体育文化[J].体育学院学报,2005(1).

浅谈初一心理课堂纪律管理的具体方法

*杨广墅**

因为心理健康课程大多时候是以游戏为主的,初一学生情绪易放不易收,课堂活跃度很容易高涨不下,因此造成了课堂秩序频繁吵闹、难以管理甚至失去控制的情况。在初一的心理课堂上,如何让课程有秩序地进行下去,是每个执教初一心理健康课程老师倍感头疼的问题。

在本篇文章中,笔者就以自己的工作经验和教学反思为基础,浅谈一下初一心理健康教育课堂管理规则的建立和实行机制。

一、打好秩序基础:立下规则,并频繁展示、强调所立规则,做到有"法"可依

初一新生新学期刚开始的第一节心理健康课,学生一方面彼此之间比较生疏,另一方面也需要观察老师,所以课堂纪律正常来讲是比较良好的。这个时候就是心理健康课宣布课堂规则的最好时机,千万不能错过了。执教老师在为班级授第一节课时,就要严肃和学生强调所立的课堂规则,如保持安静、上课期间不许随意离开座位、尊重老师和尊重发言的同学、不在他人发言时插嘴等。有必要的话,也可以和学生约定好甚至演练几遍需要他们安静下来的信号,如教师缓慢倒数五秒、拍手示意等。

等到第二节课和之后的课程期间,学生因为彼此熟悉了,也摸透了老师的路数,所以纪律会相对涣散。这个时候,当我们感觉到课堂纪律需要管理时,就可以重新搬出这些规则,并再次跟学生强调具体细则。也可以在之后每堂心理课上课前进行纪律规则强调。具体方法是:在PPT上把这些规则用文字的形式表达出来,

---

*作者单位:福建省南平市第一中学。

授课中发现纪律需要维持时调出来展示强调;或授课之前调出写有规则的PPT,面容严肃地和学生再进行一次纪律约定,结束后再开始授课。以上这两种方式都可加深学生对心理课课堂规则的印象和重视的态度。

需要注意的是,这些规则要事先考虑清楚,条数不要太多(要不学生记不住,自己强调也不方便),但是覆盖方面要尽量全面。如果说学生的行为会影响到课堂秩序,但是在规则当中并没有体现的话,教师第一次处理时的态度不能太强硬,否则学生会觉得不服气,反而影响后续纪律。面对这种情况,笔者推荐的处理方法是:教师在第一次处理时注意态度不能太强硬,甚至可以柔和些,尝试着商量(和全班学生讲明其中利害关系)把这个行为也列入规则限制当中。若有学生再犯时,即可名正言顺地严肃处理。这样做到了"有法可依",学生会更容易接受。

但如果学生的行为越过了底线,如涉及挑战老师(如不打招呼就随意走动或私自出班门)或存在安全隐患的行为(如拿着剪刀等利器互相打闹)时,执教教师一定要第一时间严肃处理。这个时候态度就不能太温和了,一定要板下脸和学生说明这件事情的严重性,并警告其下次不能再犯。

综上所述,在立规则上,教师要做到遵守有"法"可依、对事不对人、将道理阐述明白和维护底线等技巧。

在打完"立规矩"的基础后,若课堂秩序问题还屡禁不止的话,又该怎么办呢?这种情况下,笔者推荐使用卢梭提出的"自然后果法"来管理课堂纪律。

二、有技巧地处理课堂秩序问题:"自然后果法"在心理课堂中的运用

"自然后果法"教育方式由法国教育家卢梭提出,具体内容为:如果孩子犯了错,造成了不良的后果,让他自作自受,亲身体验并承担自己所犯错误造成的不良后果,从中接受教训。

如何将它具体运用到心理课堂当中呢?因为心理健康教育相对于考试学科来说,并没有实质性的教学进展要求,所以教学压力相对来说会较轻。从这个角度看,"自然后果法"非常适合心理健康课堂。我们可以在课堂纪律失控的时候,停止授课,一言不发地搬出笔者前文所说的PPT上的规则页,而后只需静静站在讲台上用目光扫视喧闹的学生,嘴上不说一句话。

经过笔者大量的实践证明,学生会自己慢慢安静下来——对于初一的学生而言,教师这样的行为也是一种信号,他们很快就会知道教室的纪律情况让教师做出

了以上行为,大部分的同学会停下手上的事情,安静地坐在位置上看着讲台上的教师。这里插一句题外话,这种方法对于高中学生而言反而并不那么适用,教师明确提出安静的要求反而更有效果。这就是两个学段看待教师不同态度了,初一学生会更偏向于敬畏与害怕。

这里需要注意的是,执教教师在学生自主安静下来之后,不要立刻继续上课,而是继续维持现状,并用眼神示意他们在座位上面静坐。一直到这样安静的状况维持了5—10分钟之后,等到学生们明显觉得惶惶然的时候,教师再郑重开口解释何为"自然后果"。

解释语言可以是:因为刚刚课堂纪律的失控,导致我们这10分钟里并没有正常的上课。大家也知道,我的心理课是下课铃一响就下课的,这就意味着我们的课堂白白没了10分钟。很遗憾,虽然老师接下来准备了很多有趣的内容,甚至还有几个小游戏,但因为大家刚刚的秩序失控,所以这些内容你们应该是没机会全部体验了。(这也是笔者为什么说"自然后果法"很适合心理课堂的原因。换作别的学科,因为学科压力的原因,是没法做到这一点的。而对于心理课堂而言,让学生认识到"自然后果"也不失为一种有意义的教育。)

以上的话语,即所谓的"自然后果",能让学生们了解到,因为他们的纪律失控,所以他们损失了10分钟美好的心理课时间。通过这么一个教育过程,学生们也逐渐能够明白他们此时此刻的所作所为会对未来的自己造成并不想要的影响。

类似的教育再重复发生几次(安静的时间可随着严重程度而变化,最好不要少于5分钟),且每次教师都强调一下"自然后果"的理念,如"很遗憾,这节课你们又因为纪律问题而损失了5分钟的游戏时间,希望下一次你们在心理课上不要再有这类行为出现了",心理课堂的纪律会逐渐得到控制,学生会愈来愈重视心理课堂的纪律问题,最终的成果就是教师一停下来,学生很快也会安静下来了。

因为心理教师除了上心理健康课之外,还需要负责学生的心理咨询,这就要求我们教师不要凶巴巴的、难以接近。可如果我们平常管理课堂纪律的方式是用教师的威严去压制学生,很可能学生就会对我们又敬又怕,这样就会不利于心理咨询工作的开展。所以,笔者还是建议执教者尽量使用"自然后果"这样较为温和的方式去处理课堂纪律问题,尽量避免用教师威压去压课堂纪律,而是用这种"自然后果"的方式教育学生,让学生在第一时间意识到自己这个行为很可能会造成什么样的后果,从而让他们有意识地自己自动维护秩序。笔者并不建议心理教师对于课堂纪律的问题总是采用严肃处理的方式。不过,凡事皆有例外,就算是心理教师,也是有需要严肃处理、展现教师威严的时候。比如上文提到的课堂上出现了学生挑战教师尊严和可能危及安全的行为的时候,就必须用严肃的态度去处理。

三、课前准备是重点——论课程设计对课堂纪律的影响

上文提到的是在课堂进行中如果发生纪律问题的话,我们可以采用的处理手法。接下来我们来讲讲,在课堂准备中,我们又可以做哪些事情来避免可能会出现的纪律混乱问题呢?

(一)遵循"有趣、有序、有意义"三点要求,从心理课程的设计理念上避免雷区

心理课最重要的三要素就是有趣、有序、有意义。

首先要有趣,才能够抓住学生们的注意力,让学生们珍惜这节心理课。

其次是有序,其含义是指这个课堂是要在有秩序的情况下进行的。如果吵吵闹闹的话,那它就是一个失败的课堂,是没法顺利进行下去、没法达成教学目的的课堂。

有意义的意思是学生在这堂心理课上是要有收获的,不能是全然无意义地参与了一节课。

其实,课堂秩序得到保证的秘密,就包含在这三个要素当中。只有我们的课程设计足够吸引学生的注意力,让学生们很珍惜这堂课,我们前面所提到的"自然后果法"才能够得以实施。

有意义,学生就会进行反思和思考,而不是对外瞎起哄,学生本身也会对教师更加敬佩和尊敬,对心理课也会日益重视,继而会更加关注教师的一举一动,最终的结果也是会利于维持心理课课堂秩序的。

所以,心理课程的课堂设计是很重要的,要从这三点设计理念出发进行设计,并自己反省一下:对学生来说,这样的教案设计是否是有趣、有序、有意义的?

(二)环节设计中要避免同一时间段同时进行多个进程,做到每一个活动都有文字说明版

在课堂设计的细节方面,我们也需要去斟酌每个环节,避免出现因课堂设计而出现的纪律问题。比如,笔者曾经在上一门课的时候,同一时间让学生进行两个任务:一方面,让学生把小纸条从后往前传;另一方面,发出指令让想上来玩游戏的

同学主动举手——这就直接导致当时的课堂非常混乱,有人在传纸条,有人在举手,而且大家都在说话。笔者在课后教学反思的时候,总结出会出现这一秩序混乱场面的原因:是笔者的课程设计失误造成了学生要在同一时间段同时进行多个项目,有的同学可能边传纸条边举手,有的同学可能在传纸条的时候没有认真听老师之前的布置,他们就很疑惑不知道该干什么,只能去问其他人(笔者那时的指令只有口头版的,没有PPT文字版的);有的同学一看课堂秩序有些失控,就趁机去打闹、讲话……所以说,在课堂设计上面,心理教师要尽量做到一个时间段只让学生做一件事情,并且要重视PPT文字说明的重要性——把课堂的活动要求、说明等用文字的形式呈现在PPT上,帮助学生清楚、及时地了解课堂上的活动细节。

总结来说,就是在教案设计中,要考虑环节设计上是否会造成纪律混乱、文字说明是否到位,避免在课堂设计上出现漏洞,导致课堂纪律问题。

四、避免正面冲突,善用咨询技巧——班级"刺头"的巧妙处理

如果做到前文所提到的内容的话,基本上整个班级的总体纪律大致是可控的了。但是有个问题,就是一个班级里或多或少都会存在一些"刺头"。面对这样的学生,如果我们在课堂上面跟他直接"硬碰硬"的话,容易吃亏、落下风,进而导致课堂进程无法继续,甚至教师的威严也会有损。最好的方式就是避免在课堂上面跟他们正面冲突。

与"刺头"交锋,主要得放在课后。至于如何具体交锋,需要因人而异。不同性格、不同情况,我们要采取的方式是不一样的。就和心理咨询一样,面对每一个来访者,我们都需要量身为他们定做咨询策略。在此笔者跟大家简单分享一下曾经和这类学生接触的一次经历。

笔者曾经遇到的这名学生,在笔者第一次站上他们班的讲台时,就坐在下面大声评价笔者的外貌,神情间很是不屑。正式上课的时候,也会有公然挑衅的行为。当时笔者的做法是在课堂上把他挑衅的话用开玩笑的方式圆回来,也不怎么过多地去关注他,正常授课。下课后,笔者在第一时间私下叫了一名学生,让他帮忙把这名"刺头"学生邀请到走廊来同老师谈谈。

具体谈话主要围绕他对老师是否有什么意见展开。这名学生神情间倒也没有什么敌意,更多的是一种虚张声势的无所谓,眼神躲闪着并不与笔者接触,只回答"没有啊"。笔者见他并不愿意跟我交流,态度柔和地问了几句之后,便把他放回

去了。

通过这短暂的接触,笔者粗略判断出他应该属于典型胆汁质。当天晚上,笔者手写了一份少年版艾森克人格问卷(也是为了进一步确定我的猜测,方便日后和他接触),并且画了一些比较可爱的插图,指导语上也以想让他帮笔者一个忙的名义说明了想拜托他填一下这份问卷的意图。大功告成后,第二天笔者趁着他们跑操的工夫,偷偷溜进他们教室,把这份手写的、诚意满满的问卷折起来放在他的桌上。

巧的是,第三天中午放学的时候,我们在楼梯口巧遇。笔者发现他看到我的一瞬间眼睛亮了亮,整个人对待我的态度完全不一样了,眼神和我四目相对时完全没有了之前躲躲闪闪的样子。他甚至主动跑过来和笔者打了招呼,并告诉我问卷他已经做完了,让我在原地等一会儿,他回班级去拿。

没等多久,他快速从楼梯上跑下来。那张问卷被折叠得整整齐齐的。他双手呈上将它递给我,并且带着一丝羞涩地同我说了声"老师再见",而后就跑远了。(事后我统计了他的问卷,果然是典型的胆汁质。)

自那之后,他对笔者的态度明显改变了,上课虽然说并不是每节课都会认真听课,但没有再出现公然同笔者叫板的行为。之后还有一个小插曲,就是在那一个学期快要结束的时候,笔者带了一些小礼品来奖励表现良好的同学。当时笔者有额外给他准备了一份奖品,以感谢他曾经帮过我的"小忙"。他当时满脸的受宠若惊,当着全班的面甚至还红着脸低下了头。

通过处理这位"刺头"学生的经历,我总结出了一点,就是对于这类学生,不要用课堂教学的时间和他们"硬碰硬",而是要充分利用课后时间,因人而异地进行接触和感化。

真诚,是心理咨询极为重要的一个品质。在与"刺头"学生的接触当中,它同样也是极为实用和必要的。

以上为笔者结合自身实践经验和心理学理论基础以及心理课堂的特点,整理出来的几点在初一心理课堂纪律管理中比较实用的具体方法。有别于传统授课方式的管理办法,相信这样充满心理咨询智慧的管理模式能帮助更多心理课堂实现教学目的,并且有助于课后心理咨询工作的开展。

参考文献：

[1]李鹏.品卢梭"自然后果法"教育理念,谈班级和谐管理[J].才智,2017（28）:201.

[2]陈亚莉.让儿童在自然中感悟真理——卢梭德育思想的现实意义[J].黔西南民族师专学报,1999(3):52-57.

坚持问题导向　构建"说理"课堂

叶清芳*

新时代小学数学课堂发生了深刻变革,教师要从以知识为中心转向以学生发展为中心,由"关注教"向"聚焦学"转变,坚持问题导向,紧紧围绕构建"说理"课堂,实施深度教学,让学生在自主学习中探究数学定理、法则、算理等知识的产生,揭示数学结论背后的本质,做到"知其然"也"知其所以然",不断提升学生学习能力,适应时代发展要求。在教学中,笔者主要从六个方面构建"说理"课堂。

一、提炼核心问题,激发"说理"愿望

美国数学家哈尔莫斯说:"问题是数学的心脏。"问题的驱动,可以促进学生的思考。教师要善于设计思考性强的核心问题,避免细碎浅层问题,从而激发学生说理的愿望,掌握数学知识的内涵和本质。

例如,北师大版小学五年级上册《轴对称再认识(一)》一课。根据本课的教学目标及学生的实际,教师提炼了3个核心问题:"1. 下面这些图形,哪些是轴对称图形? 2. 图3(平行四边形)是轴对称图形吗? 3. 下面图形的对称轴有几条?"学生围绕这3个具有引导性、启发性的问题,通过折一折、画一画,小组合作交流,正确地判定一个图形是否是轴对称图形,准确地画出轴对称图形的对称轴。在教学中,教师引导学生提出关键性的、能够揭示数学知识本质的核心问题,学生在回答时需要完整地说出整个思维过程,推动学习更加深入、领悟更加透彻,说理能力也随之提升。

又如,北师大版一年级下册第五单元《青蛙吃虫子》一课。教师问:"两只青蛙一共吃了多少只害虫?"当学生列出56+30解决这问题时,教师接着问:"56+30等于

---

*作者单位:福建省南平市建阳区实验小学。

多少？该怎样计算呢？小青蛙比大青蛙少吃多少只害虫？"当学生列出56-30解决这个问题时,教师问:"怎样计算呢？"以上两个问题具有引导性、启发性,学生围绕这两个问题,通过小组合作,摆一摆、拨一拨、画一画、写一写,理解两位数加减整十数的算理与算法。围绕核心问题的对话说理,不仅在于使学生明晓道理,还在于通过说理,激发学生自觉的学习愿望,促使其更具深度、广度地进行思考与学习体验。

二、留足时间空间,引导充分"说理"

自主探索与合作交流是学生学习数学的重要方式,有利于学生深刻领会新知蕴含的道理。教师要留足时间与空间去探究,既要把自己的想法和道理说明白,还要让学生听明白。所以,课堂上教师要尽量少说,把时间留给学生,这样能更有效地培养学生的思辨能力,提升学生的学习能力。

例如,北师大版五年级下册《有趣的测量》一课。课前,教师准备了透明的长方体水槽、小水桶、马铃薯(石块)、尺子等。上课伊始,创设曹冲称象的情景(渗透"转化"的思想)。教师问:"什么是马铃薯的体积呢？(指马铃薯所占空间的大小)怎样算？"先让学生独立思考,再让小组交流讨论,在操作前形成共识:由于马铃薯是不规则物体,体积无法运用长方体或正方体的体积公式来计算,必须通过转化的方法,把马铃薯的体积转化为水的体积进行计算。实验时,要注意水必须没过物体;先测量长方体容器的长和宽,再倒入一定的水,测出水的高度或在水位上做记号;然后放入马铃薯,再测量现在水位的高度或对现在的水位做记号;之后,学生计算出马铃薯的体积。学生在自主探究中明白其中的道理,体验学习的奥妙。

又如,北师大版三年级上册《小熊购物》一课。根据图中的信息提出问题:"胖胖买1个蛋糕和4个面包应付多少元？"接着,让学生利用已有的知识独立尝试解决问题。随后,教师提出:"算式中既有加法又有乘法,先算什么？再算什么？理由是什么？"留给学生足够的时间与小组成员交流讨论。学生一致认为"乘加混合运算"解决的是两种不同物品的总价,即把两种物品的总价相加。其中,蛋糕的总价是已知的,面包的总价未知,题中提供的信息是一个面包3元(每份数),买4个(份数),因此要先算出面包的总价,就要用乘法算式4×3计算。不论是面包的总价+蛋糕的总价(算式为:4×3+5),还是蛋糕的总价+面包的总价(算式为:5+4×3),都要把面包的总价先计算出来,然后再与蛋糕的总价相加。在交流讨论的过程中,学生领悟了"乘加混合运算"要先算乘法后算加法的道理。

三、规范描述语言,引导精准"说理"

语言是说理的工具。然而,学生的说理意识和说理能力不是一朝一夕能够形成的。特别是低年级的学生,年龄小,语言表达能力较弱,常常言不达意,影响了教学效果。针对这些现象,教师要扶一把,给学生一个模板,采用填空式说理,耐心引导学生运用规范性的语言对话交流,在准确"说"的过程中,逐渐揭开"理"的面纱。

例如,教学北师大版一年级下册第四单元《认识图形》一课。教师组织小组合作学习,用"印一印"或"描一描"的方法,把立体图形中不同的脚印搬到纸张上。学生汇报时,叙述的语言是不完整的,如有的说我印出的是圆,却忘了说是从什么物体上搬下圆的;有的说这个图形是用三棱柱描出来的,却没有说清是哪种图形……因此,教师在学生汇报前,要引导学生用"我从( )体上印(描)出( )形"来叙述。这样,学生"说理"的思路更加清晰、语言更加精准简洁。

又如,北师大版二年级上册第五单元《课桌有多长》一课。在问题串3:"量一量你的铅笔有多长? 想一想,它们这样量对吗?"在学生观察、思考、交流讨论之后,教师引导学生这样叙述:"我判断是( ),理由是( )。"采用这种填空式的方法,让学生先和同桌充分地交流,再请小老师在全班同学面前汇报。有了前面的铺垫,很多孩子就有了底气。经过多次引导,学生们有了一定的语言积累,知道了怎么说具体、说准确、说完整。进而循序渐进,从扶到放,让学生自己学会走路,学会如何用恰当的语言表述自己的所思所想,进而达到说得精、说得新、说得有价值。

四、注重数形结合,引导直观说理

数形结合有助于直观明理。它是利用数和形两者间的对应关系,相互转化、分析、解决数学问题的思想方式。教师要将数形结合思想与方法贯穿到教学中,通过以形助教、以数辅形和数形互换等方法,让学生在学习过程中直观形象地找出数学知识的内在联系,解决具体问题,准确有效说理,从而把握概念本质,掌握数学规律。

例如北师大版四年级上册《近似数》一课。课前大部分学生对"运用四舍五入法取近似值的道理是什么"以及"什么情况下运用四舍五入法"都不是十分清楚。教材创设2009年国庆庆典的场景,引出问题:"18000平方米,称'近2万平方米',这里的'2万'是如何得到的?"教师请学生在1万至2万的数线图上标出18000的大致位置。学生观察发现18000与2万更近,因此把18000看作近2万。接着再问:

"如果把1万至2万的数线平均分为10份,每个点上的数字是多少?"再让学生观察,哪些数离2万近,哪些数离1万近。从而得知,16000至19000离2万近,因此16000至19000看作近2万;11000至14000离1万近,因此11000至14000看作近1万;15000在1万与2万的中间,为了答案的唯一性,数学家把15000近似数看作近2万。在以往的教学中,学生对保留到万位为什么只要看千位,不要看百位、十位、个位感到不理解。通过数线图引发学生思考:10000到11000之间有哪些数呢?11000到12000之间有哪些数呢……19000到20000之间有哪些数呢?通过思考发现:10000到11000之间有10001—10999,11000到12000之间有11001—11999……19000到20000之间有19001—19999,它们之间的百位、十位、个位上的数字都是一样的,从而深刻地理解为什么保留到万位只要看千位,不要看百位、十位、个位,从而理解保留到哪一位只要看它的下一位即可。

五、开展游戏竞赛,引导有效说理

兴趣是一切认知和学习的原动力。素质教育理念要求以点燃学生对世界的普遍兴趣和可持续发展能力为核心内容。教师在教学中精心设计游戏、竞赛等活动环节,可以激发学生主动探究的兴趣,在愉悦而又紧张的游戏竞赛中自主学习、寻根究理,循序渐进、深度说理,让学生在说理的过程中,思维脉络逐渐清晰,数理知识逐渐明确,从而内化知识、提升能力。

例如北师大版三年级上册《货比三家》一课。在练习中,教师创设男女生翻牌比赛环节,看谁翻出的数大谁就赢。通过"锤子、剪刀、布",选出女队先翻牌。教师问:"先翻哪张牌呢?"生答:"先翻整数那张牌,因为要先比较整数部分的大小。"当女生翻出5时,教师问:"男生要翻出几才能获胜?"生答:"比5大。"当男生也翻出5时,教师接着问:"能比较出大小吗?"生答:"不能。"游戏继续往下进行,最后男生获胜。教师又抛出问题:"怎样移动小数点或数字,女生才会反败为胜呢?"学生的兴趣再次被点燃,开动脑筋积极思考,在完成游戏的过程中,深刻理解并准确掌握小数大小比较的方法,讲清谁大谁小的道理。

六、运用模型思维,引导深度"说理"

数学模型对解决生活中的实际问题起着重要的作用。这就要求教师要引导学生在进行探究性学习的过程中科学合理地、自主有效地建立数学模型,学会深度"说理"。

例如,教学北师大版一年级下册《开会啦》一课。教师问:"11位同学准备开会,只有7把椅子,还缺几把椅子?"学生先尝试通过画图解决,再与同桌交流。学生汇报时,教师引导:学生数与椅子数相比,学生数(多、大)叫(大)数,椅子数(少、小)叫(小)数,从大数(学生数)里面拿走与小数(椅子数)相同的部分,剩余的部分就是大数比小数多的数量,也是小数比大数少(缺)的数量。

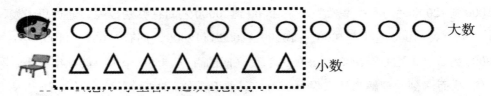

大数-小数=相差数。

大数、小数、相差数之间的关系是一种重要的数学模型,是小学阶段学生较难理解的数量关系。教学时可以借助图形帮助理解,构建比较容易理解的模型,再抽象出数量之间的关系,在后续已知大数、相差数求小数或已知小数、相差数求大数的学习中借助这个模型,学生就容易掌握解题的方法,不会看到多就用加、看到少就用减。从模型的角度来组织教学,学生借助数学模型来说清解题的思路,从而准确解决问题。

综上所述,教师在构建深度学习的"说理"课堂中,坚持问题导向,留足时间空间,引导学生主动探究、自主学习,在究理、明理、说理中不断提升学习能力与数学综合素养。

参考文献:

[1]陈淑娟.核心问题引领下的说理课堂[M].沈阳:辽宁大学出版,2021:170.

[2]罗鸣亮.做一个讲道理的数学教师[M].上海:华东师范大学出版社,2016.

[3]牛献礼.素养导向下的深度学习[J]小学教学设计,2020(3).

初中文言文创作教学实践

——以《湖心亭看雪》为例

李鸿建*

语言学家王力在《古代汉语》中指出:"文言是指以先秦口语为基础而形成的上古汉语书面语言以及后来历代作家仿古的作品中的语言。"如此,文言文即是古代书面语组成的文章,它也是中华传统文化的重要载体,体现着文脉的传承。上古的神话传说瑰丽烂漫,先秦诸子的自由思辨汪洋恣肆,秦汉辞赋铺陈华美,唐诗深厚宽大,宋词精工细巧,元曲酣畅明达,明清小品娴雅简约,衍流成清晰纵贯的文化脉络,期间文人志士浩瀚如星辰,他们抒发个体际遇的文章感怀融入了大流之中,构建出宽博丰满的文化体系,而这灿烂的文化与文言文始终紧密地结合在一起。文言文在初中部编版语文教材中选录42篇,约占教材篇目总量的29%,在体量上也凸显其重要的地位,但在实际的教育学中往往囿于形式、特征而深陷泥泽。

一、初中文言文教学的现状

文字被创造的伊始,就被赋予了独特的意蕴。字形和字义在悠长的时空环境里不断发生着演变,促成文字义项的丰富多重,语用环境不同,文字的意思可能就不同。而由文字连缀而成的句式结构也漫随时代的变迁,呈现不同的形式。因此,文言文的语言系统和现代语言系统存在着较大的差异,使得学习的过程变得复杂而困难,容易因为陌生而产生隔阂感。其次,文言文的涵盖面广,不仅是语言现象的呈现,还包具着文章体例、思想文化内涵和审美情感特征等抽象的范畴,其博大深厚的底蕴需要学生结合阅读经历、生命体验和价值标准达成契证,而这一方面

---

*作者单位:福建省漳州第一中学。

恰是初中学生所欠缺的。

以教而论,文言文教学常落于固定的教学模式和守旧之藩篱。环节式教学使课堂呈现破碎而割裂,程序性和可复制性逐渐催生枯燥感和倦怠感,没有变化和意外的课堂是缺少文字鲜活感和人性温度的。虽然学界也提出了诸如主问题教学法、一语立骨法等方法,但文言文的教学仍需要更加立体,课堂呈现也应更丰富多元,使文言文的长期教学灵动而深刻,促成学生独特的阅读体验和审美感受。于是乎文言文的创作教学作为阅读与写作综合一体的教学方式得到重视和深入实践。

二、文言文创作教学的意义和理论依据

文言文的创作教学是过程性的实践教学,将阅读与创作紧密结合、两者相辅相成。借助创作的目标,引导学生阅读、积累和练习,过程中注重学生阅读品质和创作能力的培养,突显了语文课程综合性与实践性的性质,体现着工具性和人文性的统一。它的创新性和必要性在于积极地创设文言文的语用情景,弥补了时空的差距。又是因果同时,文言文创作即是目标、是过程,也是提高文言文基本能力、培养语文核心素养的基本方法。其理论基础源自以下几个方面:

(一)群文阅读策略和学习任务群理念

"群文阅读"表示为"1+x",其"围绕着一个或多个议题,选择一组文章后,由教师和学生围绕议题展开阅读和集体建构,最终达成共识的过程。"即以一带多,关联其他文章,展开立体式的自主阅读。在群文阅读中进行的语言实践,是拓展阅读教学的一种新形式,对提高学生的语文素养具有十分重要的意义。文言文创作教学基于此策略制定梯度性阅读目标,以课内文言文为本,带动课外文言文的阅读,关联研究性学习,渐次深入,最终实现文言文的创作。以学习任务群为导向的实践活动,为群文阅读的实施提供了路径,它突破单一、固定的教学模式,以期消除学生学习的倦怠感和恐惧感,唤醒学生对文言文的热忱之心和敏感性,使之真切地沉浸于文言文广阔的世界中。

(二)班杜拉模仿理论

教育学家班杜拉提出人类的行为是通过观察和模仿习得,并将其分为4个过程:注意、保持、再现和动机。文言文创作教学也基于一定的模本进行模仿学习,从阅读积累到模式创作再到自主创作,反映了模仿学习的基本过程,利用其理论,科学合理地组织教学能为创作教学的有序实施提供保障。

（三）对接语文中考命题

2022年福建省中考语文试题命制采用"综合性活动"串联起"积累运用"的题块,注重试卷的整体性和关联性。在文言文字词义的考察中,首次以方法提示呈现,如关联教材、借助语境选择义项、参考词典等,注重关联课内课外知识和培养学生的逻辑推理能力。文言文创作教学的达成,对接了语文中考命题要求,课内与课外文本交互并进,以活动探究为基,引导思考和想象,促进思维的发展。

三、初中文言文创作教学举隅——以《湖心亭看雪》为例

文言文的创作教学模式,可以解构为"选""读""译""写"循序渐进的过程。"选"即选择课外的文本作为课文的伴读材料,是创作教学的准备工作;"读"是群文阅读的实践体验,是文言文创作的基础和前提;"译"即"文白互译",侧重于"白话文翻译为文言文"的导向训练,是文言文的创作的基本方法,最终达到"写"的目标,即创作。三个过程并非独立,而是紧密地交织于创作教学中,只是在实践的不同阶段有所侧重。

（一）选文原则

阅读文本的选文方案从课内文言文出发,延伸到课外的文言文的作品,选取的文章透露着教学的导向,应贯彻几个原则:一是契合性原则。课内文言文与课外文言本不能脱节,要以契合点建立起联系,这种联系可以是主题的契合,也可以是内容的相似,或是写作手法的相同,抑或是同一作家作品的互相补充与支撑,不一而足。二是适切性原则。选择适合学生能力水平、能激发兴趣点的课外文本,讲求形式多元,兼顾写人、记事、状物、咏史等多种题材的呈现。三是梯度性原则。横向的梯度表现在学生的个体水平差异,这就要求选文的分层,是学生都能从文本中汲取到相应的养分。纵向的梯度体现在一个周期的学习中对学生能力水平增长的预期,文本难度也顺势上升。

现笔者以九年级张岱的《湖心亭看雪》一文为例,对群文阅读的选文进行分析。

明人张岱,原本出生于官宦世家,过着布衣悠游地生活,他自称为"纨绔子弟,极爱繁华",曾言"好精舍,好美婢,好娈童,好鲜衣,好美食,好骏马,好华灯,好烟火,好梨园,好鼓吹……"随着明朝的覆灭,其半生的繁华靡丽和风月声情都化作了尘烟影事,弥散成空。世事的巨变与际遇的浮沉,钩沉着生命的执着深情和自省。明亡之后,张岱以回忆重现湖心亭赏雪的经历,展现出深杳朦胧的意境和"荡尽

尘滓、独存孤迥"的情怀。

《湖心亭看雪》是一篇出语自然、清新畅达的简练小文,学生的阅读不会有文义的障碍,但在体会审美意境、理解隐淡哀愁背后思想内蕴等方面,限于文字表达和厚重的历史背景会有所窒碍。《陶庵梦忆》是张岱小品文代表作,收录了不少回顾明朝生活的经历和见闻,这些"前尘影事"反映出明代的社会生活和风土人情,是研究明朝历史的珍贵资料。其间写景、写人、叙事笔触细致,寥寥几笔,声色立见,具有很高的艺术成就。选文时可以借助是中作品对《湖心亭看雪》内蕴进行佐证和支撑,形成对人物生平、语言风格、思想情趣等方面立体式的感受。《蟹会》《菊海》《鹿苑寺方柿》体现张岱对往日纵情的伤悼,《金山夜戏》《龙山雪》《闵老子茶》传达明代文人的出尘雅韵,《范与兰》《濮仲谦雕刻》《柳敬亭说书》《张东谷好酒》里展现明代尚奇的风尚和人物的鲜明个性,《西湖七月半》《三世藏书》流露出浓浓的故国之思。可以按阶段选取文本并根据难度进行排列,形成完整的阅读计划。

(二)创新阅读方案

文言文群文阅读要突破教师串讲的畛域。一方面需要勾连课内的文本,从语词、句式、手法等方面同课内的文章建立起联系,促成记忆的唤醒和联结,另一方面要以任务形式组织阅读活动的,从中培养学生自主探究的能力。阅读方案的创新,最普遍的是借助活动的形式,为阅读教学打开新的局面。

1.使用文言文助读卡片

在阅读文言文之前,有时需要为学生扫清阅读的障碍,助读卡片的意义在于它可以将大量的信息做集中的呈现,可以化身字典,呈现复杂字词的义项,可以变成链接介绍背景和作者生平,也可以进行技巧的点拨以及文本的引申,其作用不是简单呈现知识点,而是提供了用以解决问题、激发思考的必要素材,更不等于教师课堂的给予和学生一味地接受,其过程是自发的探究过程。助读卡片还可以指向任务型阅读,由若干个任务组成,指引完成阅读实践,例如设置重点实词的归纳和整理、摘抄有创意的表达、或进行片段的仿写和艺术的评价,它的形式多样,又可以整合起来并贯穿于阅读活动的过程中。

2.开展分享交流会

分享交流会是检验学生学习成果、进行评价反馈的一种活动。可以设置一定的主题进行探究式的学习,如以"《陶庵梦忆》里的明代风俗"为题,学生能在《龙山放灯》《世美堂灯》里找到元宵节的旧俗,也能从《西湖香市》里感受端午的热闹繁华,《葑门荷宕》里描绘的苏州荷花节……交流会的开展,可交由学生组织,主持人选拔和讲解员分工,幻灯片的制作和背景音乐的融入,都锻炼了学生的合作探究意识,最终使文学的阅读和创意的表达紧密结合。

3. 朗诵活动

诗文的吟咏是教学活动的主要过程,也是人和文本交互融合、产生共鸣的过程。朗读由语调、语速、轻重读、停顿与拉长等声音形式构成,也通过品析语言文字,结合生活情景和过往经验,揣摩人物情绪波澜,在大量的情感体验中产生契合。在文言文的阅读中可以设计丰富多样的朗读方式,例如:大声朗读、配乐朗读、无句读朗读等。

(三)优化思维的"译"程

现代语言系统和文言文语言系统的交互有赖于"译"的过程。学习文言文传统方法是把文言文转化为现代文,以现代语言系统印证文言文的语言系统,其过程涉及学生的思维锻炼。心理学认为:思维指人脑对客观事物的本质属性与内在联系的概括的、间接的反映,它是借助语言实现的,能揭示事物本质特征及内部规律的理性认知过程。语言是思维过程的载体,不同的语言系统和语言结构,导致了对客观世界的不同看法。从亚里士多德到法国本威尼斯特等一批学者都在研究中证明了语言与思维存在着密不可分的关系。语言对思维的影响主要体现在语言的结构上,这点在中西方不同语言环境中表现尤为明显。中国古代汉语里并不具有明显的主谓形式,句式和语序也存在明显的差异,这就要求在阅读时要生起文本的情境,并对句子形式进行分析和推理,才能转化成符合现代汉语表达的形式。这种复杂的思维过程,有效促进思维品质的发展。

文言文创作教学所进行的思维过程是逆向的。由白话文"反译"为文言文,对思维品质提出了更高的要求,需要调取丰富的知识积累,从阅读经验中模仿和创造,过程艰难且漫长。文言文能直译为白话文,白话文也能反译为文言文,二者的通达性是一致的,这样的"译"程,是对文言文语言结构的熟稔和内化,发展的是对语言的敏锐性和使用准确性。《陶庵梦忆》中写人叙事常发议论和抒情,透露着情绪的抒发和理趣的表达,使双向的"译"程更具深度。

（四）创作与修改。

"译"的过程已经初涉了文言文的创作，只是在体例上和手法的运用上没有作明确的要求和规范。而真正的文言文创作，需具备整体的意识，要求谋篇布局、构思技巧和表情达理，有别于单纯的"翻译"。创作更要在语言的使用中并不断深化，使文言文成为自发的语言的习惯和系统。文言文的创作可以依照教学内容，限定不同的主题和文体，例如阅读《蟹会》《鹿苑寺方柿》时，可以以"闽南荔枝"为创作主题，贴近学生的生活实际，不至于因无话可言而捉襟见肘，还可以要求模仿范文写出抒情或议论的句子，甚至在风格上做出要求。随着创作活动的深入，不同文体和主题的写作也会逐步得心应手，转而倾向于个性的表达。

文言文的创作也包含修改和体悟的过程。文言文的语言特征为词简意丰，张岱的文字更是登峰造极，有"米家山水"般质朴天真和空幻朦胧，常常意在言外，体现着作者深厚的文学修养和文字功夫。要达到这般的境界便要在语词上美化修饰，表达上精益求精，追求文言文的实用语境，在分析、比对和自我扬弃中上合于"文之道"。

四、结语

文言文的教学虽面临着诸多的困难和局限，但当阅读与创作、创作与综合性活动碰撞一起，确实也能激发出一些耀眼的火花，而这恰恰是打破文言文教学窘境、舒展新局面的关键。只有让阅读有拓展延伸，让创作有支架支撑，学习活动有任务导向，才能使文言文的学习具足动力和活力，在古典文学一途走向更远。

参考文献：

[1]王力.古代汉语[M].北京：中华书局，2007.1.

[2]中华人民共和国教育部.义务教育语文课程标准[S].北京：北京师范大学出版社，2022.1.

[3]于泽元，王雁玲，黄利梅.群文阅读：从形式变化到理念变革[J].中国教育学刊，2013（6）.62-66.

[4]张岱著，林邦钧注.陶庵梦忆注评[M].上海：上海古籍出版社，2014.4.

[5]闽试教育组.中小学教育综合考试大纲解析[M].厦门：厦门大学出版社，2020.182.

初中语文作文层级教学法探究

邝兴弟*

引言

　　展开分层教学是因材施教的基础,也是确保课堂面向全体学生的有效方式之一。但是,从当前的作文教学情况来看,我们主要采取的是多写、多练的方式,导致很多学生根本不喜欢写作,并且认为写作比较难,根本不愿意写。可想而知,写作教学效果也是达不到预期的。所以,为了改变当前的作文教学现状,也为了提高学生的作文写作质量,我们将层级教学法与作文教学进行了融合,目的就是要通过恰当的分层以及不同教学方法的应用来为学生综合素养的提升打好基础,同时也为学生语言组织能力的提高作出贡献。本文笔者从作文教学的现状入手,通过有效的分层来为学生的发展打好基础。

一、初中语文作文教学现状

　　当前的初中语文作文教学现状不容乐观,师生双方存在诸多问题。在学生方面,存在以下问题:第一,学生对作文的态度不端正,消极应对作文任务。第二,学生阅读情况不佳,阅读习惯和写作习惯差。学生沉迷于游戏、漫画、故事书,很少抽出时间耐心阅读古典文学或名著,没有日常进行练习、写日记、看日记、摘录的好习惯。第三,学生的作文能力很弱。学生缺乏素材积累和日常练习,在写作时只是在规定时间内勉强凑够字数,几乎什么也说不出来。在教师方面,存在以下问题:第一,教师作文指导思想没有改变。教师受到应试教育的影响,只注重教授学生阅读技巧,没有让学生对生活进行仔细观察,教师的作文教学训练模式单一乏味,缺乏时效性。而且,教师的作文指导不够充分,写前评论题目的构思、大纲的布局、文章

*作者单位:福建省南平市松溪县郑墩中学。

中素材的选择和布局、写后作文的修改和文章的提高等作文指导往往不能预先设定,作文讲评也多为"马后炮",教师在学生作文基础薄弱、文章水平差异明显的教育现状面前也多为乏力。第三,作文教学评价尚未形成系统标准和梯度设计。教师没有对学生的个人特质和创作状况进行持续的过程性评价,这就限制了学生能力的提高。

二、层级教学法对初中语文作文课堂的重要性

(一)充分照顾不同发展需求

不同的学生有不同的学习基础,其对新知识的接受程度也有较大差异。如果教师在实际教学工作中仅使用一种教学方法,提供的是完全一样的教学内容,那么必然只有一部分甚至可能只是一小部分学生可以适应教师的教学节奏,而其他学生只能被动地学习到其中的某些知识、获得某些能力素养的提升。有的学生甚至可能完全跟不上课堂教学,对于自己在这节课上到底要做什么、能够取得什么样的成长感到迷茫。这种课堂显然是不合理的,也是不公平的。

而在层级教学法的帮助中,教师肯定要对学生的学习基础和实际学习能力进行分层,随后有序开展一系列写作教学活动,各个层次学生的学习需求都能在这样更有针对性的教育活动中得到满足,是对传统初中语文写作教学工作的全面优化。另外,分层教学对于师生来说也是一个重新全面彼此了解的好机会。教师可以更为深入地了解学生的特点,学生则能够由此去感受教师对他们的关心,通过教师来完善自我了解,明白自己的优劣势所在,今后可以与教师形成更好的配合。所有学生的写作能力都会因此而取得适合他们自己的进步。

(二)满足初中写作教学需求

除了照顾到不同学生的发展需求之外,层级教学法还能够满足初中语文写作教学本身的需求。写作教学是初中语文课堂中最困难的领域之一,但又是其中必不可少的组成部分。无论教学的困难是否来自学生自身的特质,只要写作教学不能达到新课程标准的要求,都只能证明教师教学上的失败。而且,学生未来也必然会因为此时写作能力的提升不足而面临各种难以预料的困难,比如跟不上高中语文写作教学的节奏,甚至在此时就直接放弃了参与文字输出类工作的人生道路。

而采取层级教学法,并不是将学生单独地分为不同的层次,而是根据语文科目的特点和不同学生的具体情况来安排教学工作,包括教学内容、目标、计划等。

在帮助学生夯实写作能力基础的同时,循序渐进地丰富写作材料、提高写作难度,以"小步快跑"的形式不断提升初中语文写作教学的实际效果,带领学生去突破学习的重点与难点,让学生感受到写作带来的成就感。最后,在师生的共同努力下完成教学目标,提高教学质量,充分体现出初中语文学科对学生全面健康成长的重要意义,实现语文学科的价值。

三、在初中语文作文教学中运用层级教学法的策略

(一)明确分层标准,促使学生准确练习

写作教学在初中语文的教学体系中,其实是存在一定难度的。因为与其他的教学环节不同的是,写作是需要学生自己进行文字的编排与内容的敲定,并且需要满足一定的字数,使用一定的技巧来点缀文章。对于许多的学生们来说,欠缺这样的耐心。因为写作确实需要一定的耐心,能够从落笔开始专心地进行文字的编织,用词语与成语等词汇来构成流畅的文章。而且完整的作文需要中心主旨,以及一定的文字结构。许多学生在写作过程中容易因各种问题而产生抵触的情绪,从而影响写作学习的积极性。所以,在初中语文写作教学中,针对学生在写作中出现的问题,教师要及时了解,并深入进行分析研究,剖析学生在作文学习中的习惯以及方法,结合学生自身的能力、特点提出方法帮助学生解决问题。而学生对于作文的学习是有着不同的习惯以及能力的,因此教师在教学中应该采用层级教学法,结合学生的兴趣、品格,以及学习能力等多方面的参照,进行分层标准的明确化管理,将学生们进行合理的分层。并且在作文教学中,教师要让学生产生一定的兴趣,不断地去积累写作的素材,积累写作的内容与经验,从而促使学生在作文练习中能够更加从容地下笔,不再觉得写作是一项令人头疼的学习活动。

比如在《春》的教学之后,教师可以让学生以自己心中的春天为主题,进行写作练习。首先,教师要进行合理的分层,将学生分层A、B、C三组,A组学生进行基础的关于春的词汇积累与摘抄,B组学生进行段落仿写,C组学生以自己对于春日的情感以及欣赏来进行写作,去描绘春天的景象。在分层教学中,最重要的就是对学生的分层管理。教师在教学之中务必要明确分层的标准,将学生按照一定的标准进行分层,从而促使学生进行练习。

(二)学生分层,鼓励学生创新

每个学生都有其独特性,学生间的差异是客观存在的。推广层级教学法,

并不是要消除学生之间的差异性,而是循序渐进地引导学生、鼓励学生,积极设立适合各个层次、每个学生个性发展的学习方案,鼓励每个学生都能在自己学习的基础上实现创新。由于层级教学法发展不平衡,导致某些教师认为层级教学就是简单地将学生分为三六九等,按照作文得分对学生进行排位。这种教学思维是错误的、片面的、不客观的。在初中语文作文教学中,层级教学的基础是依据学生掌握的写作水平和写作能力进行分层,同时根据不同类型作文的特点进行灵活分层,最大限度地让不同层面的学生得到充分发展。层级教学法本着学生自愿、共同协商的原则,有针对性地对学生进行分层教学。教师可以根据学生之间的差异性,按照比例进行分层。例如,可以按照写人记事类作文、状物类作文、写景类作文依比例分为三层,分层后可以将学生组织成四人合作学习小组。学生间互帮互助,有效地促进了学生之间的合作学习,营造了活泼生动的课堂气氛,把学生的潜力充分地挖掘出来,可培养学生的创新意识,推进学生全面发展。

（三）将指导内容分层

想要快速提升学生的学习效率,在指导方面应予以一定的重视。针对性指导内容,可以快速地帮助学生找到创作文章过程中存在的问题。找准问题对症下药,才能保证其写作水平的有效提升。在对学生进行指导的过程中,教师要充分展示出学生的主体地位,尊重不同能力学生之间的差异性,展开分层次教学,以此来不断地提升学生的写作水平。在实际教学中,可以引导其自由选取题目,提供充足的时间和空间,逐渐提升对作文的热情度,减少抗拒感,打破传统教学模式对学生的约束,发散思维能力,加强创新意识,提高学生的创意表达能力。

如在人教版八年级上册的语文教材《学写传记》的内容中,教师可以为学生提供两个方向,一个是为自己写传记,另一个是为身边人写传记。由于学生生长的环境不同,基础能力有所差异,因此在教学活动中,教师应注重引导其发展自己的特点,根据他们的想法,提出针对性的教学建议。对于能力较差的同学而言,写他人的传记较为简单,因此教师可以鼓励他们写第二个题目,通过观察身边人的一举一动,引导其使用一些写作技巧记录下来。而面对能力较强的学生,可以让其随便选择,但建议选择第一个题目——带有一定难度的题目更能激发他们的创新意识,提升学习效率,保证教育质量。

(四)评价分层

作文评价与作文评分分不开。作文评分首先要在同学之间评分。教师要教给学生评分方法,首先要看字体,要看纸面,然后教师进一步评论,最后在教室评注。在相互评价的同时,教师要把握评价时机,要求学生写自己想说的话,写自己熟悉的人和事,表现自己的真实感情,表现自己独特的觉悟。在此基础上,对不同层次的学生和分层任务的完成情况进行评价。如果学生在自己的水平上达到或突破相应的目标,应该得到肯定和表扬,逐步提高学生的创作热情。学生的积极性提高,就会喜欢写作。喜欢写作,就会有所进步,写作水平也会得以提高。

例如,在作文教学中,教师可建立教学框架,包括学生讨论、学生构想、名篇佳作、名家构想等,围绕框架开展四个活动。教师先行指导评价优等生后,鼓励他们一对一地指导后进生。教师对于后进生主要以激励为主。也就是说,四个活动从浅到深,从技法学习到实践运用,动员各个层次的学生。那么,在实际的评价过程中,我们该如何进行分层呢?对于学生写出的好文章,我们除了要肯定文章的优点之外,还要说明文章中存在的问题,这样才能让学生明确哪里存在问题,才能知道改的方向;对于中等水平的文章来说,我们需要一一将问题提出来与学生进行交流,明确文章中的问题点以及造成出现问题的原因;对于比较差的文章,可以让学生学习示范文章,教师与学生一起写一篇好的文章,让学生在感受写作乐趣的同时提高写作质量,进而在充分发挥评价作用的同时为学生的发展打好基础。

(五)既要因材施教,又要照顾全体

在初中语文写作的层次教学中,教师要明白,分层只是为了提高教学的效率和质量,并没有改变教学工作是面对全体学生的这一基本特点。也就是说,教师既要从分层的角度出发,去考虑和适应学生的个性;又要把握住初中阶段学生的普遍特点,去照顾学生的共性,引导每个学生积极参与写作教学。在具体的做法上,教师应平等对待所有学生,在分层目标已经明确的情况下,只要达到了自己所在层次的目标,不管其究竟属于什么层次,都要给予充分的肯定,否则就进行批评。

例如,在初中阶段的第一个练习"热爱生活,热爱写作"中,其主要目的是帮助学生将写作与自己对生活的观察和感受联系起来,让学生涌现出对于写作的兴趣。这一教学目标是原则性的,适合全体同学。区别在于:层次水平较高的学生对生活的观察能力和语言组织能力更强,层次水平较低的学生在这两方面则稍弱。所以,

教师可以对全体同学提出相同的原则性写作要求。比如,都是写一篇介绍生活环境的作文,但能力较高的要求更细、更高,必须写出特点;能力层次较低的,要求只要能够合理组织语言,不出现明显错误即可。

总之,初中语文写作的层级教学应该渗透到写作教学的各个环节中去,应该是教师在教学过程中时刻考虑到的基本出发点。相信只要大家能够准确把握初中写作教学以及初中生的需求与特点,一定能够提高教学效率和质量,打造出更加高效的语文写作课堂,更好地推动初中生的全面成长,为他们的未来创造更多的可能。

参考文献:

[1]赵爱民.分层递进法在初中语文作文教学中的实践分析[J].家长,2021(12):155-156.

[2]姜培强.初中作文如何进行分层次教学[J].青少年日记(教育教学研究),2019(4):204-205.

[3]刘霞.对初中语文作文分层教学的思考[J].语文教学通讯·D刊(学术刊),2017(9):19-20.

[4]韦存和,陈玉剑.建构作文层级框架 巧设写作训练微点——初中作文"层级·微点"教学法的实践和思考[J].中学语文教学参考,2017(11):30-32.

[5]黄萍.初中语文作文教学中如何进行分层次教学[J].现代阅读(教育版),2013(3):108-109.

[6]张燕.分层教学 分类指导——关于初中语文作文教改初探[J].新课程(教育学术版),2007(6):30-31.

激发大班幼儿歌唱活动兴趣的策略研究

张晓婷*

艺术来源于生活,而又高于生活。歌唱在生活中应用广泛,传递着人类的情绪情感以及对生活的态度。幼儿在歌唱活动中天真、充满童趣、欢畅的歌声,不仅能提高幼儿的肺活量,有益于身体健康,还能提高身体的感官能力,加深对歌词的记忆。同时,在歌曲的创编和肢体的表达中,丰富其想象力和创造力;在歌唱的发音过程中,提高语言的连贯性、发音的标准以及感知音色的强弱、快慢等。

当前,幼儿教育倡导德智体美劳全面发展、五育并举的教育举措,让我更加深刻认识到,兴趣是最好的老师,提高幼儿歌唱活动的兴趣将更好地推动幼儿美育的发展。

一、当前歌唱活动的现状

在当前幼儿园的歌唱教学中,教师充当着传递歌声的角色。但是很多时候,教师都把这种快乐当成一种任务,缺少一种爱的氛围,使幼儿缺少学习的兴趣和热情。教师往往带着一种任务,机械地进行教学,教师唱、幼儿跟学(有时结合教学图谱),然后全班一起唱,最后分组唱或者分角色唱,有时请幼儿边表演边唱。这样就造成了只有部分幼儿学会了歌唱还有表演,一部分的幼儿因为没有兴趣,总是乱喊乱唱、扯着嗓子唱。有些幼儿只是充当观众,并没有学会表演和歌唱,最后导致班上只有少数的小朋友体验到歌唱带来的快乐。这不符合幼儿音乐课堂教学的目的,我们应该改变目前的这种教学模式。首先,应该让幼儿园的小朋友们在和谐的环境中、愉快的气氛里学习,这样才能激发孩子们学习音乐的兴趣。研究者选择从培养大班幼儿的歌唱兴趣这个角度来研究,一方面是源于研究者对歌唱的兴趣,

*作者单位:福建省政和县第二实验幼儿园。

希望通过观察和研究能找到更好的方法;另一方面是希望为以后组织幼儿歌唱活动做准备。在幼儿园的歌唱活动中,歌唱成为很重要的活动内容。在历年来的工作经验中发现,一节生动有趣、充满生气的歌唱活动,需要教师采取有效的策略。在这方面,研究者作为老师仍有较大的改进空间。

二、对象与方法

(一)研究对象

政和县第二实验幼儿园大三班37名幼儿与两名带班教师。

(二)研究方法

1.观察法

在观摩过程中,对大班带班老师组织的歌唱活动进行观察,进行现场跟踪和记录。观察内容包括大班带班老师组织歌唱活动所采用的方法、幼儿的歌唱兴趣、教学的效果。

2.案例分析法

对带班教师组织的歌唱活动进行观察和记录。

三、结果与分析

本研究对两名带班老师的歌唱活动组织指导进行了真实记录。通过每周一次的歌唱集中活动的观摩和真实记录,发现大班教师在组织指导幼儿进行歌唱活动中,在激发幼儿歌唱兴趣上还有很大的进步空间。幼儿在活动中的表现参差不齐,有的十分感兴趣,在歌唱时十分投入,还能加上自己喜欢的肢体动作来表达自己的想法;而有的幼儿只能坐在位子上跟着钢琴唱歌,缺乏情感。从音色节奏的掌握程度上看,不同发展水平的幼儿在歌唱中对音色以及节奏的掌握程度都相差较大,呈现出一定的对比性。

原因有以下几点:

(一)教师在组织歌唱活动时,多数采用"开门见山"式,缺少新意

可以看到,在进行数学等活动教学时,教师常常为抓住幼儿的注意力、引发幼儿的兴趣而设置故事情境进行导入。但在歌唱活动中,教师往往采用"开门见山"式,直接省略了导入。如在歌曲《尝葡萄》和《义勇军进行曲》的歌唱活动中,两位老师的导入极其简洁:"今天我们要学习一首新歌曲,歌曲的名字是……"接下来,教师按着歌唱的步骤进行教学。这样的活动导入缺少情境,在进行教学之前,很多

幼儿就已经坐得东倒西歪,甚至开始讲话。显然,这样的导入不足以抓住幼儿的注意力,在活动的开始就没兴趣,从而使课堂的教学效果大打折扣。如果教师在活动前结合故事情境进行导入,加入生动的语言和动作,幼儿会很快被吸引,那进行组织活动会比较得心应手。

(二)歌唱表演时动作过多,幼儿肢体动作与歌唱难以协调

进入大班阶段,幼儿的肢体协调有了很大的提高。教师在歌唱教学中融入表演,但有时表演过多就变得适得其反。例如,在歌唱活动《中国人民解放军进行曲》中,老师为了让歌曲丰富,融入了很多表演,几乎每一句歌词都有动作,幼儿在表演的过程中明显吃力。有些肢体不太协调的幼儿无法跟上歌曲的节奏、做出相应的动作,更别说把动作做到位,最后呈现出的表演效果就是动作不整齐。同时加入歌唱,就出现大部分幼儿只能表演,不能同时歌唱。这时,教师已经很难把控了。有的幼儿很兴奋,有的注意力不集中,还有个别兴趣不高的孩子不愿意表演。研究者认为,在组织教学中采用的方法,要符合幼儿的生理发展特点和年龄的适宜性。过多的表演不能增添活动的效果,会给幼儿增加难度,这样的学习便不是快乐的。幼儿的天性就是玩,要让他们在活动中感受到玩的乐趣。

(三)歌唱教学方式机械化

在歌唱活动中,教师采用的教学方式一般如下:第一步,教师清唱,然后请幼儿跟学。第二步,教师唱一句,幼儿跟唱一句。有时为了帮助幼儿记忆歌词,会结合教学图谱。第三步,往往教师幼儿一起合唱。第四步,分组唱,或者分角色唱。如果时间充裕,有时请幼儿上去边表演边唱。如果改变这样机械化的教学,增设幼儿与幼儿之间互动的一种模式,会有更好的效果。通过鼓励,让幼儿积极表演歌唱,选择自己喜爱的伙伴一起歌唱表演,这样可以提高幼儿的歌唱兴趣,同时也能够促进幼儿之间的互动。

(四)课堂氛围不够轻松、活跃,教师带着任务感教学

这方面表现得尤为突出。在幼儿歌唱表演时,教师会纠结于幼儿的某个具体动作、某句歌词,然后进行不断地纠正。在这种反复的过程中,幼儿会觉得疲劳,并产生厌烦、反感的心理。因此,教师应该问问幼儿的感受,针对不会的幼儿进行部分指导,无须让每个幼儿重复这样的动作。寓教于乐很重要。如果想着达到教学目标、完成教学任务,只会将学习的氛围变成教学的氛围。因此,教师在活动中的观察,以及适时调整教学的策略,也非常重要。当幼儿不感兴趣时,教师应该及时调整教学的方法,做到既关注全体幼儿又关注个别幼儿,以幼儿为主体地位,让幼儿在活动中快乐学习。

四、对策与建议

(一)以多种形式引入教学,结合一定的情境性,并进行正确的发声练习和演唱

幼儿都喜欢在游戏中和故事的情境中展开活动。对于具有故事性、情境性的歌曲,教师可以通过这种形式将歌曲变得故事化、富有情节性,这样方便幼儿对歌词的理解。大班的幼儿声带发育已经相对稳定,声音清脆明亮,气息能力增强。有些孩子为了引起老师和同伴的注意,总是喜欢大声唱歌,越是高音越大声喊叫,结果用了错误的方法去发声和演唱歌曲,不但声音难听,还会扯坏嗓子。因此,教师常说"要用好听的声音唱歌"。

那么如何让幼儿做到发声自然流畅呢?研究者认为,可以在歌唱之前通过吸气呼气的训练,来稳定幼儿的气息和情绪;歌唱前可以选择先用正确的普通话朗诵歌词,然后在演唱的过程中保持轻声歌唱。有些幼儿在歌唱中没有跟着教师的琴声,一句还没弹完,就着急地唱下一句,结果老师总在追赶着幼儿的速度,幼儿也没有用心倾听听歌曲的节奏、旋律。因此,教师带唱的时候,可引导幼儿在每句唱完后"稍稍休息"换气一会,再接着下句歌曲的演唱,引导幼儿学会听琴声来歌唱。

(二)让幼儿感受音乐的快乐,选择贴近幼儿生活的歌曲,欣赏一些表演视频

幼儿大多都喜欢旋律优美、轻快活泼、节奏感强、歌词容易记忆的歌曲。因此,教师在选择歌曲的时候不能选歌词复杂、旋律起伏大、不容易掌握的歌曲,最好是贴近生活且幼儿熟悉、喜爱的歌曲,这样可以提高幼儿的兴趣。比如,《小狗抬轿》就是根据流行歌曲的曲调改编而成的,唱起来朗朗上口,歌曲情节生动有趣,小朋友都很喜欢。平常在教学活动后,可以选一些歌唱表演的视频让幼儿欣赏,感受歌唱带来的快乐,多听多看,提高节奏感和对歌词的记忆力。

(三)了解歌曲的背景、由来,将知识延伸到教学之外

每一首歌曲都有它表达的情感和意义、由来。例如大班的歌唱活动《尝葡萄》,大部分幼儿只知道它是新疆歌曲,但对新疆人的风俗习惯、舞蹈特点都不了解,这在学习表演动作的时候就很难到位。如果在学习歌唱表演之前,通过视频短片、图片、知识讲解等方式让幼儿了解歌曲的由来,增加对各民族特点的认识,会增强

幼儿对歌曲的好奇心,增加知识的了解,将歌唱活动升华、延伸到课堂外,贴切我们的生活,从小培养幼儿对各民族的热爱和认同感。在表演时动作不必太多,应将重点放在歌唱中,表演次之,避免"本末倒置"。有些教师在上歌唱活动中过于强调表演形式,容易将歌唱活动上成音乐欣赏活动或是韵律活动。因此,教师心中对于活动目标的定位非常重要,切不可脱离活动目标。

(四)教师传递快乐,营造和谐氛围

教师的教学态度,往往能影响幼儿学习的热情和兴趣。在组织歌唱活动的教学过程中,教师展现出良好的教学态度,带着愉悦的心情,幼儿也能感受到愉快的情绪,并进一步增强幼儿的兴趣和热情。在教学过程中,教师的语言和动作应生动有趣,和幼儿进行积极互动,认真地倾听幼儿的想法,在重点、难点的地方巩固学习。歌唱活动中情境的导入,教师富有激情和饱满的精神,同时和幼儿融入一起,能有效提高课堂气氛。此外,在创编动作上无须过多的动作形式,干脆、利落、简单的动作更能提高幼儿学习的信心和热情,让幼儿在和谐、融洽的氛围里感受歌唱带来的快乐。从另一面来说,在很多的教学活动中,教师会因为幼儿在歌唱活动中出现的问题而批评幼儿,很难和幼儿平等的分享、交流,这使得幼儿没有兴趣学习歌唱,有些幼儿甚至不张嘴唱。在问到哪些地方难唱时,往往幼儿也都说会,这导致他们没有真正学会歌唱。因此,教师应该以支持者、合作者、引导者的角色进行师幼互动,充分调动幼儿的学习兴趣和主动性。

总而言之,大班教师在组织幼儿歌唱活动的过程中,幼儿给的回应能让我们感受到幼儿是否有兴趣歌唱,歌唱的效果也显而易见。因此,教师不仅要提升自己的歌唱能力,提高自我的音乐素养,还要通过辅助的方法来激发幼儿的歌唱兴趣,为幼儿建立一个好的歌唱氛围,让幼儿在一个和谐、轻松的歌唱环境中快乐地歌唱。

五、结论

本研究利用政和县第二实验幼儿园大三班37名幼儿与两名带班教师为实验对象,分析大班幼儿在歌唱活动中的表现以及活动兴趣程度。在学习借鉴指南和相关参考文献下,初步分析了影响大班幼儿歌唱活动兴趣程度的原因,总结出一些激发大班幼儿歌唱活动兴趣的策略,为今后进一步研究幼儿歌唱活动的学习能力提供了重要依据。

六、结束语

音乐是一门艺术。在所有的组织活动中,我们可以感受到歌唱的魅力、感染力。幼儿用他们稚嫩、天籁般的声音,将每个跳动的音符赋予鲜活的生命力。在他们听到教师歌唱的那一刻,一双双圆溜溜的大眼睛认真地看着教师,那渴望的眼神让人深刻而难忘。这一切都在传达着他们热爱音乐、热爱歌唱的讯息。那么,身为教师的我们,有什么理由懈怠呢?我们要努力为孩子们寻找最佳的学习方法,丰富活动的趣味性,让幼儿不再为学习而学习,真正体现幼儿"玩"的天性。为此,我们要提升自我的能力,在张嘴歌唱的那一刻就应该让每个音符准确、动听,将幼儿的注意力吸引过来;同时,反思在教学过程中出现的问题,争取在每一次的活动中"添新意",将歌唱活动"推陈出新",在实践的道路上与幼儿一同成长。

巧用猜想与假设提高课堂效率

卓丹丹*

一堂优秀的科学课离不开猜想与假设,即根据学生自身已有的经验和已知的事实为基础,对未知的事物所出现的现象进行推测性或假设性的判断,分析和推理后作出准确的判断。

对于猜想与假设,笔者认为可以理解为:学生能应用已有知识和经验对所观察的现象作假设性解释,能区分什么是假设、什么是事实。

一、利用课堂提问来引发猜想

大多数科学课教师都爱提出与实验相关的假设性问题,用以激发学生产生实验探究的兴趣,并制定详细实验的计划。例如在上《生的食物与熟的食物》一课,笔者向学生提问"如何辨别生的土豆和熟的土豆?"时,学生们回答积极踊跃——有的回答通过用手摸的方式,生的硬,熟的比较软;有的回答通过眼睛看,生的颜色较浅,熟的颜色较深……学生通过各种各样的观察方式告诉笔者他们的发现,这说明学生对一些生活中常见并且熟悉的食物非常了解,并且能够运用已有的知识进行思考、辨别。这时,笔者向学生提问:"为什么要吃熟的土豆?生的土豆为什么不能食用?它们有什么本质的区别吗?"从而把观察土豆的外部特征自然而然地延伸到内部特征的变化上。对于学生来说,这个问题超出了他们的知识范围。大多数学生依靠猜想来提出假设性的回答:"生的不容易消化,而熟的容易消化。""生的食物营养价值高,熟的营养价值可能就降低了。""熟的土豆含有的水分少,生的土豆水分多。"……学生有各式各样的猜想,有的猜想是正确的、合理的,而有的猜想似乎不大合理。正是因为有这些猜想才让科学课堂更加丰富、富有活力。大多数教师

---

*作者单位:福建省福鼎市实验小学。

在学生提出一部分猜想时,习惯对正确、合理的猜想予以肯定并加以细致的说明,对于不合理的猜想就直接予以否定,忽略了学生提出某些猜想时的合理性。从某种意义上说,科学就是在不断地探索中得出结论、验证结论,实验结论就应该在不断验证的过程中、经历长时间的反复实践而得出。

二、在教学中强化猜想与假设

首先,应改变教学方法,培养学生猜想的意识。传统接受式的教育就是不断地灌输、以填鸭式的方式将知识点直接教授给学生,教师总是习惯通过以授课的方式不断分析知识点的内容让学生慢慢理解,从而得出科学结论。这种传统的授课模式并不适合科学的发展,不能充分调动学生的课堂积极性。笔者更倾向于创新性课堂,让学生通过对已有知识的回顾,或者利用以往的认知,启发他们解决眼前遇到的问题。当问题无法解决时,学生自然主动学习,查阅相关资料或从多种途径来解决问题,培养他们解决问题的能力。合理的猜想与假设能帮助学生梳理已有的知识体系,建立新的探究方向。

在《食物在体内的旅行》一课的教学中,笔者让学生思考:"当食物进入口腔后,会经过哪些消化器官?"学生对于人体内部构造不太熟悉时,都会先询问消化器官有哪些、主要的消化器官是如何进行工作的等。笔者给学生分发了一张空白的人体消化器官结构图,介绍了主要的消化器官,让学生根据消化器官的作用,利用消化器官卡片,在空白的人体消化器官结构图上进行排序,让学生排列出自己认为合理的消化路线。学生排列后出现的结果都不一致,笔者不急于评价,先让学生在小组内探究、分享:为什么自己这样排列?你认为这样排列合理吗?小组内其他同学有什么不同的意见?分享讨论后,各小组派代表阐述本组排列的消化器官路线图。经过一轮简单的讨论,此时出现的路线图大致相同,只有个别消化器官摆放的位置有些许差别。这时笔者出示正确的人体消化器官结构图,让学生根据结构图进行重新摆放,口腔—食道—胃—小肠—大肠,食物经历这样的消化被我们的身体吸收和利用。在讨论和探索的过程中,学生的猜想与假设就得到了巩固。

其次,教师身份也应随之改变。教师上课时尽量避免一板一眼的授课。若没有营造出一种良好的学习氛围,没有激发起学生积极探究的兴趣,气氛严肃呆板,学生自然不敢大胆提出自己的猜想与假设。在探究活动中,教师可以与学生积极交流,充分投入学生的话题中,成为帮助学生学习的组织者、引导者,构建和谐、平等的师生关系。同时,鼓励学生畅所欲言,大胆提出不同的意见,表达自己的见解。学生的猜想与假设合理时,教师要及时进行表扬和鼓励,让学生认识到猜想的重要性。当学生的猜想出现错误或偏差时,教师可适当引导其思考后纠正,尽可能做到不马上否定学生的猜想,以积极的引导来帮助学生思考。

三、丰富教学活动激发学生猜想

课堂的时间只有40分钟。若只是依靠课堂上短时间的思考来锻炼学生的猜想能力,是远远不够的。课上的每一分钟都格外珍贵,课后可以多花时间去思考探索。每一次思考都能得出不一样的结论。因此,课堂上教师尽量不作出过于准确性的总结,留有空间让学生课后思考探讨,等待下节课总结延伸会更加妥当。同时,可以利用多种形式的实践活动,充分调动学生猜想与假设的能力,让猜想成为创造的基石。若连想都不敢想,如何推陈出新呢?大胆猜想、合理假设,猜想毕竟是猜想,不能作为事实的结论。我们需要引导学生提出合理的猜想并找到支撑猜想的有力证据,不能凭空进行想象和胡乱猜测,引导学生进行有理有据的科学猜测而不是盲目的假设猜测,要与学生进行充分的沟通,让他们明白实事求是的重要性。

在《校园里的植物》一课的教学过程中,笔者让学生拿着科学活动手册,带上文具,到校园中寻找自己喜欢的植物进行绘画。在绘画前笔者并未提醒学生绘画的过程中应注意哪些事项,笔者想看看学生在绘画过程中可能会出现哪些问题。一年级的学生善于观察与发现:"老师,我发现这棵树的叶子是交错生长的。""老师,这棵树的树干是分开的,有2个……"学生发现的问题很多。笔者反问道:"你能把自己的发现赶紧记录下来吗?"学生纷纷蹲在草坪上进行绘画。回到课堂上,笔者展示了几个学生的作品。有的学生只画叶子,有的学生画出整棵树的大致模样,有的学生记录了大树周围的小草……观察寻找校园中的植物后,学生的问题颇多:"老师,有的植物掉落了一粒一粒黑色的小果子,这些果子重新埋在土壤中,会产生新的植物吗?"笔者鼓励孩子回家后大胆尝试,种植小果子观察。"老师,同一个地方的两棵树,为什么一棵长得壮,一棵特别瘦弱呢?瘦弱的小树是不是遇到了什么问题?"笔者建议学生每隔一段时间去观察这两棵树,观察它们的位置、阳光、雨水都有哪些相同或不同之处,每观察一次就记录下自己的发现,一段时间后再与老师进行交流。

六年级《形状与抗弯曲能力》一课中,学生需要测试用纸折叠成各种形状与其抵抗弯曲的能力。测试前,笔者要求学生大胆假设、勇于创新,纸可以怎样进行折叠,承重效果统一用规格相同的垫圈进行测试。同时,要求对折叠出的形状先进行记录,对各种形状的优缺点进行简单的思考。学生的猜想特别丰富,将纸进行充分的折叠,折叠出的形状各异,有些形状在教材中并未出现,从一张纸到多张纸重合叠加进行承重与抵抗弯曲能力的测试。通过反复的测试,学生能较快地理解:当纸的宽度在减少的同时厚度在增加,增加纸的厚度来增加抵抗弯曲的能力。当提出瓦楞纸时,学生大胆提出假设:瓦楞纸的内部是"V"字形,还能用其他形状来增加纸的承重能力吗?笔者让学生尝试用多张纸进行叠加组合,内部尝试各种形状来代替"V"字形,从而达到测试效果,当出现可以代替"V"字形的结构时充分对比两者之间的区别。学生通过大胆尝试、创新改进,虽然用普通纸的效果不及硬纸板来得坚硬,但对于学生的自主性探究多了一份趣味性。正是因为有这些猜想,才让纸折叠出的形状丰富多样起来,虽然有些形状不太合理,但经过尝试总会有不同的收获,学生也能通过实践剔除一些不太正确的形状假设。

四、培养学生合理猜想的能力

学而不思则罔。让学生自主猜想、合理假设,猜想多了,不成熟的、不合理的、较为幼稚的一些猜想也随之而来。教师作为引导者,不可能时时在一旁指导。这时就需要学生自己去判断,作出科学合理的推测。有计划、有目的性地完成实验探究,通过不断的验证、反思,将错误的猜想摒除,留下合理、可验证的假设性问题,进行下一步的讨论研究。就拿《运动与摩擦力》一课为例,学生通过利用拉动砝码盒中的砝码个数,来测量物体的摩擦力。物体重则摩擦力大,物体轻则摩擦力较小。在这一实验中,当教师提出如何利用砝码来测量摩擦力并进行测量时,不少学生提出用0个砝码、1个砝码、3个砝码等这样的梯度进行测量时,笔者并未提出反对意见。这时,其他组的同学提出了自己的想法,可以用1个砝码、5个砝码、10个砝码这样的大梯度数据进行测量,更能明显体现数据之间的差距。对此,笔者也不作出评价。笔者要求学生自己尝试,小组内进行实验,自主合理分配砝码数量。不少学生通过验证能得出差距较为明显的数据,也有小部分的同学结论虽然一致,却并未发现明显且具有规律性的数据。这时,再让全班进行讨论:如果进行二次实验,你认为还有哪些地方需要改进?通过不断地研究讨论,学生能得出统一的结论。

所以,教师无须刻意去反对学生的假设性问题——能提出梯度数据,说明整体思路没有偏离;个别细节没有注意时,让学生通过实验发现。小实验大发现,可以利用简单的实验让学生自主探究。尝试失败后再及时作出补充和修正,比当场纠正更有说服力。

完成一项简单的任务,做好一道练习题,努力背诵一篇课文,都会让学生的成就感和满足感倍增。在充分验证得出实验结论后,不少学生会对科学现象、未知事物充满无穷的探索欲。教师能做的,就是在学生探索知识的道路上及时的引导,做学生的引路人,让学生真正去参与探究。合作探究学习能激发学生的求知欲,当提出的猜想经过梳理后,猜想则更加合理,假设也更缜密。

学生通过讨论、画图、记录等方式,将猜想和假设的问题进行分析。在经历猜想与假设时,学会联系已有的知识、结合生活经验进行梳理与表达。让学生通过力所能及的方法去验证,能及时对小组其他同学的猜想和假设进行评价和思考,主动寻找解决问题的方式方法,能制定可操作性的实验计划并加以实验验证。通过全班交流后,让学生学会与原有猜想进行对比,明确方向,学会反思、学会改进。这就要求教师具有较强的综合素质能力,能环环相扣,通过合理的方式对学生加以引导。学生不是一张白纸,他们有自己的生活经验。如何帮助他们掌握通过已有的知识来获取新知识的能力,这才是教师需要思考的问题。各种猜想和假设都可以是不确定的。只有通过大胆的假设、合理的研究,制定出相对应的计划、小组成员间相互分工合作,积极参与、搜集大量相关的证据去验证猜想,将搜集到的信息进行处理、分类并重新整合,动手实验后得出相应的结论,敢于表达交流自己的想法,及时作出相应的反思评价。当学生养成良好的学习习惯后,课堂上的学习效率将会大大提高。笔者认为,这也是我们提升学生科学素养的一种方式。

参考文献:

[1]罗敏玲.浅谈小学科学教学实施新课程标准的难点与对策[J].广西师范学院学报,2004(1).

[2]陈轩.小学科学教育专业课程的设计思路[J].常州师范专科学校学报,2004(3).

[3]徐明.浅谈低年级小学科学教学中科学游戏的组织[J].当代教育科学,2005(13).

[4]贾东立,李桂林.论小学科学课堂教学优化设计[J].教育实践与研究,2005(1).

[5]范荣欣.让课堂变得丰富多彩——网络环境下的小学科学教学初探[J].教育实践与研究,2006(2).

[6]张爱勤.小学科学教学的多样化评价[J].大连教育学院学报,2007(4).

[7]弓志云.论小学科学教师专业化的实现途径[J].教育实践与研究(小学版),2008(1).

[8]漆炬.加强实践作业教学·提高小学科学质量[J].教育实践与研究(小学版),2008(5).

[9]张卫芳.论小学科学探究教学中教师的"扶"和"放"[J].湘潮(下半月),2008(6).

[10]卢雅珍.开放:小学科学教学的新使命[J].新课程研究(基础教育),2008(11).

[11]杨金桂.浅谈如何提高学生的实验能力[J].中国校外教育(理论),2008(1).

[12]李志忠.对农村小学科学实践教材开发的几点思考[J].新课程研究(基础教育),2009(1).

小学生课业学习习惯调查分析

傅文香*

引言

课业学习习惯,是在学习过程中经过反复练习形成并发展的,是一种个体需要与教师教学有关的自动化学习行为方式。良好课业学习习惯的养成需要教师、家长、学生共同努力,从而有利于学生更加轻松、更有效率地学习。

一、问题的提出及研究的意义

众所周知,在小学教学实践中,很多学习成绩较落后的学生并非是智力因素,更主要的影响因素是课业学习习惯。他们往往具有不良好的课业学习习惯,比如课前不预习、课后不按时完成作业、上课注意力不集中等。笔者在对这些学生细致观察的同时,也与学习成绩较好的学生进行了对比,发现学习较好的学生几乎都具有较良好的课业学习习惯,几乎都能做到课前预习、作业及时完成等。由此可见,良好的课业学习习惯对学生的学习起着至关重要的作用。

在实习期间,笔者也对教师在培养学生良好课业学习习惯方面做了观察统计,发现大部分教师都采取了一些培养措施。比如,某小学五年级的一位语文老师在每天的作业布置中,其中一项就是课前预习。同时,学生良好课业学习习惯的养成与学校、家庭具有相当大的关系,小学阶段是培养良好课业学习习惯习惯的重要阶段。

本文所探讨的课业学习习惯,主要是指小学生课前预习、课上认真听讲、课后及时完成作业、及时复习这四项,同时提出一些可行的实施策略,以期促进小学生良好课业学习习惯的养成。

---

*作者单位:福建省龙岩市北城小学。

二、小学生课业学习习惯调查分析

(一)小学生课业学习习惯现状调查

本文主要采取问卷调查法。由于小学一至三年级学生的年龄太小,对自己的认识尚未全面,难以形成固有的学习习惯,所以问卷选取了北城小学四、五、六年级的学生作为调查对象。

本调查共发放问卷400份,回收问卷305份,回收率为76.3%,均为有效问卷。根据文献研究,本次调查内容主要围绕课前预习习惯、上课习惯、家庭作业完成习惯三个方面来设计,以选项A、B、C为三项评分等级,分别记为3分、2分、1分。统计结果如下表。

		人数/百分比	人数/百分比	人数/百分比
上课习惯	注意力集中情况	经常 125 人/41.1%	有时 155 人/50.8%	很少 25 人/8.1%
	发言情况	愿意 155 人/50.8%	偶尔 140 人/45.9%	很少 10 人/3.3%
	听课情况	很有兴趣 175 人/57.4%	没感觉 100 人/32.8%	没兴趣 30 人/9.8%
家庭作业 完成习惯	怎么完成作业	主动完成 135 人/44.4%	他人督促 160 人/52.3%	不想完成 10 人/3.3%
	拖交作业情况	从不 205 人/67.2%	有时 90 人/29.5%	经常 10 人/3.3%
	抄袭作业情况	从不 190 人/62.3%	有时 110 人/36.1%	经常 5 人/1.6%
	遇到困难怎么办	自己解决 90 人/29.5%	别人帮忙 210 人/68.9%	不管 5 人/1.6%
课前预习习惯	课前预习情况	每次都会 140 人/46%	偶尔会 130 人/42.6%	从来不会 35 人/11.4%

1.课前预习习惯

调查结果显示,每次上课之前都会做好预习工作的学生约占46%,较大部分的学生能坚持做好预习工作;课前偶尔预习的学生也占了42.6%之多,这部分学生不能做到长期的坚持预习,时而预习时而中断;从来不预习的学生占了11.4%,占的份额还是较多的,说明这部分学生没有养成预习的习惯,需要好好培养。不能做好课前预习工作,究其主要原因是:小学生没有良好的自我执行能力,不能严格要求自己;教师对布置下去的预习任务没有落实到位,没有一个较严格有效的监督办法;家长没有意识到预习的重要性,对孩子的学习监督放松。

2.上课习惯

上课习惯主要是从上课注意力集中情况、发言情况和听课情况三个方面着手调查。调查结果显示，经常能做到上课注意力集中的学生约占41.1%,注意力有时集中的学生占了50.8%,而8.1%的学生在上课时很少集中注意力。这一组数据反映出来的问题比较明显，有时集中注意力和很少集中注意力的学生占了总份额的大部分，说明现在的小学生在培养认真、专心听课方面取得的成效还是比较低的，需要教师、家长和社会在这一块付出较多的心血，还需继续努力。

上课发言情况方面，调查结果显示，有50.8%的学生愿意在课堂上发言,45.9%的学生偶尔发言,3.3%的学生很少发言。这一结果还是比较乐观的，过半的学生愿意积极发言，这得益于现在教师不断鼓励孩子积极说出自己的见解、鼓励大家思想交流、多种形式鼓励学生发言等。此外仍有45.9%的学生偶尔发言，这就要求教师还需加大激发学生的发言热情，多多探讨教学方法，更大程度激发学生的上课热情。而3.3%很少发言的学生，可能存在着性格内向等问题，需要老师、家长给予更大的激励。

在听课情况方面，结果显示，对课堂很有兴趣的学生占了57.4%之多，占了大半部分，但是仍有32.8%、9.8%的学生对听课没感觉、没兴趣。对听课没感觉、没兴趣，必然导致学生在课堂上无法坚持认真听课，这也会影响学生课后作业的完成。所以，我们要对学生听课情况有所重视，从教师、学校、家长等方面努力培养起学生听课的兴趣。

3.家庭作业完成习惯

在这次问卷调查中，"怎么完成作业"这一问题结果显示，仅有44.4%的学生是自己主动独立完成作业的，而52.3%的学生回答是在家长或他人督促下完成作业的，更有3.3%的学生对作业的态度是不想完成。这一结果说明，现在小学生对家庭、他人的依赖程度大，需要他人监督才能完成作业;较少学生能主动独立对待自己的作业。而且也可以看出，大部分学生对作业还是有一种厌恶心理，认为做作业不是一件快乐的事，不想主动去完成。

调查结果显示，从不拖交作业的学生占了67.2%,62.3%的学生从不抄袭作业，这些学生能坚持做到按时交作业、能自己完成作业，对老师布置的任务有一个较好的态度。29.5%的学生有时拖交作业,3.3%的学生经常拖交作业,36.1%的学生有时抄袭作业,1.6%的学生经常抄袭,这部分学生可能对自己的学习较没信心,完成作业困难较大,而且家长、老师可能对他们的作业关注度较低,导致他们拖交作业或抄袭作业成了"习惯"。

做作业时遇到困难找别人帮忙的学生占68.9%,自己解决困难的学生占29.5%。找别人帮忙的一个重大好处就是可以借用他人的资源,但同时也存在着依赖他人的心理。而自己解决困难的学生,有较强的克服困难的决心。此外,还有1.6%的学生遇到困难的态度是不管。

通过对以上调查结果的分析,发现小学生课业学习习惯总体存在以下几方面问题:课前预习习惯方面,较大部分的学生没有养成坚持课前预习的习惯。上课听讲习惯方面,大部分学生只能做到有时集中注意力,无法经常做到集中注意力;上课发言不够积极的学生也是普遍存在的;虽然过半的学生认为对上课很有兴趣,但是对上课没感觉、没兴趣的学生也不在少数。家庭作业完成习惯方面,过半数的学生需要家长或他人督促才能完成作业,主动独立完成作业的学生占了少数;而且,拖交作业、抄袭作业的学生也存在一定的份额。

(二)小学生课业学习习惯的影响因素分析

1.个体因素

小学生是一个特殊的群体,这些孩子年龄小,本性贪玩,对学习缺乏较明确的认识,无法像成人一样要求自己把任务达到较高的程度。缺乏自制力,无法严格管理自己,是小学生的一大特征。这一因素影响着小学生的课业学习习惯。比如,在对小学生为期近12周的观察中,笔者发现,大半部分的学生对于预习都敷衍了事,没有认真对待;他们完成的几乎都是词语部分,而对于思考题等涉及文章主题的问题则很少会提前去解答。

小学生自身的个性特征,也是影响课业学习习惯的一大因素。有些学生较内向,不爱发言,不爱积极思考问题,这会影响学生的上课习惯;有些学生作业态度差,缺乏自信,认为自己是"差生",导致"破罐子破摔"——他们只是把作业或复习当作一项艰巨的任务,只求完成了不被父母或老师责骂,而不追求作业质量或是自己对知识的掌握。

2.教学因素

教师的教学策略、教学态度、教学水平、人格魅力等,对小学生良好课业学习习惯的养成具有一定影响。比如,上课时学生注意力分散,有经验的老师会及时引导,引起学生注意力集中,或是及时调整自己的教学策略,组织活跃学生思维的活动,调动学生的积极性。

再如,布置作业时,有些教师缺乏较全面的考虑,每天给学生布置一两样作业,而不认真思考这个作业对学生有什么好处、适不适合他们做等,作业量不断增加,重复性、机械化严重。这样会导致学生作业量大,负担重,对作业失去兴趣,学生自然无法及时独立自主地完成作业。

3. 家庭因素

家庭是学生生活的重要场所,父母的学识、对学习的态度、经济、夫妻关系、家庭教育等都会对孩子的课业学习习惯的形成起到重要作用。

课前预习、课后复习、作业完成往往是学生在家里完成的。对于小学生而言,需要家长的监督。家长往往会监督孩子完成教师布置的作业本上的作业,但是对于预习、课后复习等非作业本上的作业则没有足够的重视。

与上课听讲有关的不良学习习惯因素包括:首先,有些学生家庭可能经济较困难,在给孩子营养补充方面比较缺乏,这也是有些小学生注意力不集中的一个生理因素。其次,有些家庭不和睦,学生在家里情绪差,导致上课不能做到认真听讲、不爱思考问题。最后,家长跟孩子的关系不和,有些孩子可能与家长消极对抗,故意不认真听讲。还有一点就是家长对孩子的教育不当,没能在家庭教育中从小培养他们的学习习惯。比如,有些家长准许孩子边写作业边看电视,长此以往会导致孩子做事情注意力不集中。

三、养成良好课业学习习惯的策略

(一)在学校教育中养成良好的课业学习习惯

教师是教学的主导。特别是在小学阶段,教师的鼓励与引导对小学生养成良好的课业学习习惯起着非常重要的作用。

1. 教师对学生的培养

教师自身的素养与教师如何培养学生具有很大的关联。教师首先要提高自身的素质,这样才能教育好学生。在培养学生良好课业学习习惯时,教师要严格要求学生,每次可布置一个任务,任务要明确。教师在布置任务时要交代清楚具体的要求、学生该怎么做,当学生达到任务要求时要适当给予奖励。

针对课前预习,教师每天要明确自己第二天上课的内容及对学生的要求,及时布置课前预习任务,并制定预习监督机制。比如,在讲授《松鼠》前,布置预习任务:"朗读课文,并思考作者是从哪几个方面介绍松鼠的?"第二天上课时,教师首先检查学生的预习情况:"通过昨天的预习,谁能来说说课文是从哪几个方面介绍松鼠的?"老师的做法对学生课前预习习惯的培养势必起到积极的推动作用。

对学生课上认真听讲习惯的培养,要求每位教师做到关注每一位学生,做到眼观四路、耳听八方;当学生注意力不集中时,要能提醒学生,唤回学生的注意力;当课堂沉静,学生思维不活跃时,要及时改变自己的教学计划,适当设计一两个小活动,动静结合,活跃学生思维;当学生不爱发言时,要积极鼓励学生大胆地说出自己的想法。比如《我们的民族小学》一文,引导学生理解"窗外十分安静……"一句,体会正因为同学们读书的声音非常好听,所以树枝不摇了、鸟儿不叫了、蝴蝶不飞了、猴儿也来了。教师设计情景表演:几个小朋友分别扮演树枝、鸟儿、蝴蝶、猴子,请"它们"做评委,其他小朋友有感情地朗读第二、三自然段,如果读得好的话,"它们"就如课文所示,围拢过来静静地聆听。活动生动有趣,很好地激发了学生学习的兴趣,使沉静的课堂变得活跃。

对学生课后及时完成作业、及时复习习惯的培养,需要老师制定监督机制,可让同桌之间互相检查和老师抽查相结合,对学生形成一定压力,促使其养成复习功课的习惯。教师对作业的布置要精心设计,不能随便抓起课后练习册就让学生做,可针对学生学习的情况,有选择地布置其中有代表性的习题。全面撒网会使学生对课后作业产生畏惧心理,及时完成作业自然就成了一件困难的事。比如,一位教师根据学生学习成绩的不同,把全班分为小草组和小花组——针对小草组学生学习较弱的情况,布置作业时,选择较多的基础题;而针对小花组学生学习能力较强的状况,布置较多的提高题。

2.教师之间相互配合

由于每个教师对学生的要求不同,对学生布置的任务必然有所不同,往往造成学生学习任务较重,学生良好课业学习习惯养成要耗费较多的时间、人力等。这就要求班级内部教师之间要相互协商,共同制定培养计划,共同布置任务并监督学生完成,以便学生课业学习习惯的培养与巩固。如厦门市前埔南区小学五年级一班语文、数学、英语三科的老师共同制定了一份班级学生习惯培养计划,其中一项就是每一时期共同布置一项习惯培养任务,如课前预习。实践证明,该班级学生的课业学习习惯普遍好于其他班级。

班主任与科任教师要加强配合。班主任工作面广、任务重,很多工作靠班主任一人的力量是无法完成的,这就需要各科任教师的配合。比如,班上的一位学生喜欢语文课,数学科教师反映该生做数学作业敷衍了事。这种情况,需要班主任加大对该生的教育。但是仅仅靠班主任的教育是不够的,也需要数学老师对该生的积极引导,使其树立学习数学的兴趣。班主任和数学老师共同努力,才能更好地改变该生的现状。

3.家校联合

许多学生自制力较差,在学校有老师管着,但是一回家,家长对孩子监管较弱,在学校刚培养起的习惯便荡然无存了。这种情况下,小学生的良好课业学习习惯很难培养起来。因此,必须家校联合,共同致力于学生良好课业学习习惯的培养。教师和家长要及时联系,互相交换学生在学校和家里的表现、作业完成情况等。家长与教师之间的联系可以形式多样,不一定要正式的见面或电话沟通,现在科技越来越发达,可以使用QQ、微信等。聊天要言简意赅、就事论事,这样不仅传达了消息,而且不占用时间。实践发现,现在很多小学教师都建立了班级QQ群,家长、学生、教师都可以在群里面与他人交流,了解更多的信息。

在学校与家长的联合方面,首先,学校要努力为家长提供一个学习的平台,家长可以从中学习到更多教育方面的知识,纠正错误的教育理念,提高教育子女的理论知识。比如学校举办的"家长学校",它有自身的规章制度,家长可通过参加"家长学校"来提高自己的教育理念。其次,家长要摆脱对学校的依赖,只有家长的努力和学校的共同培养才能使学生更好地成长。比如,一些好动的孩子,在校教师已经给予很多关注,但因缺乏意志力,不能很快形成好的听讲习惯。因此,需要家长在家里引导孩子坐姿正确,鼓励孩子,表扬孩子的进步。

(二)在家庭教育中养成良好的课业学习习惯

1.从小抓起,坚持不懈

父母是孩子的第一任老师。孩子学到什么样的知识、养成什么样的习惯等,都与父母有着重大联系。童年时代是人发展的关键期,这个时期形成的习惯将会对整个人生起到一定的影响。研究表明,3—7岁是孩子良好行为习惯养成的关键时期。如果把握住这个关键期,孩子从小具有良好的行为习惯,对于良好课业学习习惯的形成必然起推动作用。因此,父母对孩子良好习惯的培养要从小抓起,要抓住孩子童年可塑性强的特点。此外,习惯的培养不是一朝一夕能完成的,需要长期的不断重复,要坚持不懈直到习惯成自然。比如,培养学生的观察力,家长在生活中要有意识地培养孩子这方面的能力,可以让孩子观察一幅图或者猫狗等动物的活动;培养孩子的阅读能力,父母可在孩子幼儿园时期每天给孩子朗读一篇故事,随着孩子识字量的增多,慢慢指导孩子阅读文章等。

2. 榜样示范,言传身教

小学生的活动范围,最主要的就是学校和家庭。在学校里,大家都有统一的作息时间,上课、休息都有明确的规定,小学生在学校受到的习惯培养是相似的。但是回到家就不一样了,每一个家庭之间有不同的氛围。如果是一个爱好读书的家庭,孩子必然也会受其影响多看书。而一个经常打麻将的家庭,孩子即使在做作业,也无法真正静下心来思考学习上的问题。父母的一言一行,无时不在影响着孩子。因此,每一个父母都应该认真审视自己,给孩子树立一个正面的、积极的形象,用自己的实际行动与孩子共同成长。比如,家长做事认真仔细,在检查孩子作业时能细心地查看孩子的作业,耐心地纠正错误并讲解。父母的态度无形中影响着孩子,孩子做事情也会学着父母细心、耐心。

3. 鼓励进步,积极引导

小学生自我执行能力较差,受外界的影响较大,因此需要父母的监督。父母可以征求孩子的意见,共同制定一张家庭学习时间表,如几点开始做作业、几点休息等,培养孩子做事的计划性。同时,需要父母经常性地和孩子一起执行家庭的时间计划表。如,孩子做作业的时候,你可以看看书,让孩子知道"他不是一个人在战斗",这也可以及时帮助孩子解决学习上的困惑,给孩子更大的学习热情。当孩子取得进步时,要适时给予鼓励;当孩子考试失利、成绩下降的时候,要分析总结失败的原因,指出下一步奋斗的方向,给予其信心。家长每天还须督促孩子的预习、复习、作业等,要适当检查孩子的功课,妥善处理好孩子学习与玩乐休息的时间。例如,一位家长开家长会,老师反映孩子上课时注意力不集中,经常看窗外,无法静下来听课。该家长听到后非常伤心,但是为了鼓励孩子,回到家便跟孩子说:"老师表扬你最近上课越来越能认真听课了!"第二天上课,这位孩子听得格外认真,不再看窗外了。

四、结论

良好的课业学习习惯是学习的一项重要习惯,对学生学习起着重要作用。而培养这种习惯,需要家长从小关注孩子的成长,注重良好习惯的培养;需要学校教师的努力——学校是一个有目的、有计划培养人的地方,教师对学生良好课业学习习惯的培养起着不可忽视的作用;还需要社会各方面的支持,为学生形成良好的课业学习习惯提供一个有利的环境。只有这样,孩子才能更好、更有效地形成良好课业学习习惯。

参考文献

[1]于金华.良好的学习习惯是提高学习效率的保证[J].中小学教育与管理,2004(5).

[2]曾庆庆.培养学生学习习惯的几点思考[J].职教论坛,2002(16).

[3]李晓丽.小学生学习习惯的调查[D].重庆:西南大学,2008.

[4]刘锌.小学中低年级学生学习习惯养成的行动研究[D].北京:首都师范大学,2008.

[5]牛春红.抓住学生的心理特征培养良好的学习习惯[J].兰州学刊,2001(3).

[6]孙云晓.养成好习惯是一生的功课[J].少年儿童研究,2005(12).

[7]尹振水.培养良好学习习惯是提高学生自学能力的关键[J].北京教育,1996(5).

[8]杨秋菊.农村初中生不良学习习惯的形成及其对策研究[D].苏州:苏州大学,2008.

[9]叶圣陶语录汇编[M].苏州:苏州教育出版社,2002.

"沉浸式"教学为学生深埋爱党爱国的种子

叶章辉*

一、教材设计有特点

2021年秋季,在全国各小学三年级集中安排学习了《习近平新时代中国特色社会主义思想学生读本(小学低年级)》(以下简称"《读本》")。《读本》是立德树人、培根铸魂的重要教材具有如下特点:一是教材编写突出小学生年龄特点。小学低年级学生以直观思维为主,对抽象的、全面的理论感知了解有难度。《读本》采用讲故事和"儿童化"的语言,图文并茂、形象直观地呈现教学内容。如讲述《美丽中国是我家》时,以爱国为主线设计了认识国家领导人、国旗、国歌、国徽、国土、物产等内容,这些内容从学生的生活视角出发,图文结合,联系生活,通俗易懂。"生活化""儿童化"是《读本》的亮丽特点。教学时,教师可以采用直观教学方式,晓之以理,动之以情,感之以爱,充分调动学生的内因,发挥教材应有作用。二是教材主题鲜明,简明扼要。《读本》最大的特点是围绕学习习近平新时代中国特色社会主义思想这一主线,突出爱党爱国教育主题,对学生进行思想政治教育。教师应该准确把握这一特点,运用情感、评价、理解、体验、激励等内化手段,培育学生社会主义核心价值观。三是教材编排尊重儿童认知。《读本》以学习新思想为主题,整合、编排学习内容,围绕主题选择知识、创设情境,将学习内容有机融入学生实际的生活领域以及逐步丰富的实践活动中,通过活动唤醒经验、反思生活,运用经验探究和解决主题学习问题,达到爱党爱国情感体验和强国有我的主动行为参与的目的。教学时,教师按照学生道德形成的知、情、意、行的发展过程,按照培育学生社会性发展的要求,结合具体教育主题,由近及远,由浅入深,引导学生认识和践行习近平新时代

---

*作者单位:福建省松溪县渭田中心小学。

中国特色社会主义思想,让学习做到"可见、可信、可感"。

结合《读本》的特点,教师在实际教学中应该以人为本,直观教学,重点运用对比强化、数据强化、情境强化开展"沉浸式"教学。

所谓"沉浸式"教学,就是教师主动抛开"以教为主,学生跟进"的课堂模式,选择符合学生年龄特征、思维特点的直观、生动、有趣的教学方式,让课堂"活"起来,让师生"动"起来,促使学生身临其境、沉浸其中、主动参与、学思体悟,提高《读本》教学的实效性。

一是运用对比强化,让学生沉浸《读本》学习,体悟力量。

《读本》时间跨度大、信息量大,光靠教师知识讲授,缺乏吸引力、浸透力。因此,在《读本》学习教育中,笔者针对小学生年龄特点和思维特征,多用对比强化教学,让孩子从内心深处感受祖国的强大,感受中国共产党的伟大,学习新思想。首先,事件对比。比如教学《没有共产党就没有新中国》,笔者制作了一份"中国有了共产党"的视频,画面突出建党之前中国社会一片黑暗,劳动人民衣不蔽体、食不果腹,居无定所,到处流浪——那悲惨的情景让学生动容。笔者提醒学生:这就是旧中国的样子,这就是旧社会底层人民的苦难。救亡图存路在何方?无数仁人志士苦苦探索,始终没有办法找到。是谁让人民站了起来、富了起来、强了起来?紧接着,让孩子观看了解中国共产党成立之后自觉以国家独立、民族复兴为己任,带领中国人民推翻三座大山,建立人民当家作主的共和国;在短短几十年中,使中国成为世界第二大经济体,中华民族骄傲地屹立于世界民族之林。通过画面比较建党前后国家的面貌,学生有感有思。接着引导启发学生说体会、谈感受,学生稚嫩的语言无一不流露对中国共产党的敬佩之情,使学生直观明白中国共产党为什么能、为什么行、为什么伟大的道理。其次,人物对比。讲到抗日战争,把学生熟悉的小英雄王二小英勇抗日和国民党大人物汪精卫投敌叛国的表现做比较。笔者先播放汪精卫及国民党军队投敌的画面,告诉学生,日本侵略者占我国土、掳掠同胞,国难当头,国民党很大一部分人为一己私利卖国投降,中华民族面临亡国灭族最危险的时候;然后,播放《英雄王二小》故事视频,让学生谈谈对王二小英勇事迹的感受。当学生沉浸在小英雄感人肺腑、荡气回肠的情境中,笔者接着提问:"在凶残的日本侵略者面前,王二小为什么不怕牺牲?"学生很快答出:"因为他一心为了保护别人,保护父老乡亲。"从学生的回答,笔者知道他们对人民、对国家的认识已经上升了。

笔者紧接着再问："在外敌入侵、民族危亡的时候,为什么国民党有那么多人选择屈膝投降呢?"学生想了想回答说:"因为他们只想到自己,没有为别人牺牲的精神。"对于学生的回答,笔者非常满意。笔者再次追问:"王二小一个13岁的小孩子,是怎样成长为一名不怕牺牲、机智勇敢的小英雄的呢?"这个问题有些难度,学生回答得不够全面。笔者顺势总结:"因为有了中国共产党深入敌后发动群众,把像王二小这样的千千万万的老百姓组织起来,形成一股气势磅礴的抗击日本侵略者的洪流。无数优秀党的儿女用鲜血和生命捍卫国家独立、民族尊严,成为民族救亡的中流砥柱。一句话:如果没有中国共产党,中华民族可能已经灭亡了;没有中国共产党,也就没有我们今天的美好生活了。"最后,国情对比。再如教学《党和人民心连心》,讲到2020年新冠肺炎疫情阻击战,把中国和美国在抗疫中的不同表现做比较。笔者充分运用图像媒体技术,展示在中国新冠肺炎疫情最严重、最危急的关头,党中央顶住压力,壮士断腕,封城封村,无数共产党员冲锋在抗击疫情的生死一线,在短短月余控制新冠肺炎疫情的蔓延和扩散,使社会经济迅速步入正轨;全国人民上下一心,团结拼搏,取得抗击新冠肺炎疫情战役的阶段性胜利。同时,利用多媒体技术,介照美国直到现在日增感染人数十万,每天两千余人死于疫情感染,成千上万的家庭面临疫情威胁,不计其数的老人无人照顾,无数穷人无钱治病在家等死,无数儿童因感染新冠肺炎离开人世——这一幕幕、一桩桩人间惨剧就发生在美国。中、美两国的不同表现,引起孩子极大的震撼。没有岁月静好,只是我们有幸生在一个伟大的国度,有幸得到伟大祖国的庇护。经过强烈对比,孩子们纷纷发言,谈感想,爱党爱国之情溢于言表。不比不清楚,一比就知道,今天的美好生活是无数革命先辈流血牺牲换来的,来之不易;今天的幸福时光是党带领人民奋斗出来的,需要赓续奋斗,在他们幼小的心灵埋下爱党爱国、强国有我的种子。

运用对比强化直观教学的内容和形式还有很多。比如教学《美丽中国是我家》时,为了让学生直观感受祖国的地大物博、物产丰富、风景如画,可以运用图片进行北国风光和南海风情对比,也可以把东方之珠和青山绿水进行对比等等,在这里就不一一列举。总之,在实际教学中自觉运用对比强化,可以让学生直观感受感知,加强情感体验,自觉提升思想认识。

二是运用数据强化,让学生参与《读本》学习,升华情感。

灌输千遍不如数据出现,讲授万次不如数字一次。让数据说话,用数据强化,在《读本》学习教育中是非常实用且有力的教学方式。教材非常重视用数据说话。比如教材第二讲《一心跟着共产党》第二部分"党和人民心连心"描述川藏线上的"英雄信使"其美多吉，讲他在海拔3500米以上的"雪线邮路"上行驶了140多万千米，相当于绕地球赤道35圈。这些数据充分说明其美多吉不怕苦、不怕累，默默奉献、艰苦奋斗的优秀品质，值得铭记，值得学习，要努力继承和发扬。叙述军民鱼水情，记述山东人民为支援前线共做军鞋315万双，做军衣122万件，碾米碾面11716万斤，动员参军参战20万人，救护病员6万人，掩护革命同志9万人——这一组组数据直观再现人民群众真心拥护中国共产党，真心盼望在党的领导下过上美好生活，真心希望解放军好、人民子弟兵好的血浓于水的军民鱼水之情，让人动容，令人震撼。除了用好教材的数据，教师还应收集整理有关数据进行教学，让数据真真切切帮助学生了解祖国的巨大成就，感悟中国共产党的伟大力量。比如教学第三讲《走进新时代》，可以引用这么一组数据：从1978年到2020年，中国国民生产总值从3600多亿元增长到101.6万亿元，中国成为第二大经济体、第一大工业国；中国居民人均可支配收入从171元增长到32189元，增长了187倍，贫困人口减少7.4亿人，成为世界经济发展的稳定器和动力源。这些数据足以说明中国发展之快、变化之快，人民幸福，国家富强，中华民族正阔步向前，昂首行进在复兴之路上。这些数据足以告诉我们的孩子一个道理：只有共产党，才能发展中国。

三是运用情境强化，让学生体验《读本》学习，内化提升。

《读本》的主题内容以学习习近平新时代中国特色社会主义思想为主线，教育学生爱党爱国，做社会主义事业接班人，集中体现党史、新中国史、改革开放史、社会主义发展史的主要发展历程，是一部以深化对习近平新时代中国特色社会主义思想的系统认识为核心的思想政治学习课程。《读本》学习主题以学生活动作为基本结构。教学通过一个个指向鲜明的探究活动，引导学生对各个事件和不同时期历史知识进行探究和反思，体悟历史知识蕴含的革命精神与革命道德，通过不同时期历史事实这个载体的共情共鸣，达到思想认同、价值认同、精神认同的目标。首先，用语言表达进行强化，如闻其声，提高沉浸度。生动形象的语言能够使学生身临其境、兴致盎然，真切感受到意蕴。教材直接引用习近平总书记的讲话有12处和两封习近平总书记给少年儿童的回信，比如第5页"爱国，不能停留在口号上，而是要把自己的理想同祖国的前途、把自己的人生同民族的命运紧密联系在一起，扎根人民，奉献国家"第19页"我将无我，不负人民"、第23页"大自然充满乐趣、无比美丽，热爱自然是一种好习惯，保护环境是每个人的责任，少年儿童要在这方面发挥小主人作用"等等。教学时，教师可以和学生一起聆听习近平总书记铿锵有力的原声讲话，再引导学生声情并茂地朗读，让学生体味领袖心系人民、心系国家的伟大情怀，使学生如临其境、如闻其声、如见其人，切实感受到领袖的风范。听完朗读之后，教师再加以绘声绘色的解读表述，使抽象文字变得生动形象。寥寥数语已胜过千言万语，让学生久久沉浸在情境之中，体悟领袖魅力。其次，用图像媒介进行强化，如见其面，提高沉浸度。图像媒介包括板书、画图、挂图、幻灯录像、电影等。巧用图像媒介，可以把《读本》中的实情实景具体直观地展现在学生面前，使他们获得对革命历史事件最直接的感知与领悟。如教学《习近平爷爷心系人民群众》一课，为了使学生感知总书记关心关爱人民群众的动人场景，有的老师就把总书记在不同时期、不同地方关心人民群众的情境剪辑成"习近平总书记关心人民群众"的音像，让学生认真欣赏音像中的场景，感受人民群众发自内心的自豪与激动。那感人的场面、亲和的情景、激动的人潮，总书记坚定有力的话语，再配上舒缓亲切的背景音乐，使学生在感觉上获得了前所未有的震撼，引发内心深处对领袖、对祖国、对人民的热爱之情。教材提供了大量的插图、挂图，便于学生直观、生动理解知识、感悟精神。教师可以多方面、多形式运用，再配以各种音像资料，如了解新时代国防建设可以播放"70周年国庆阅兵"、了解新时代科技成就可以剪辑"中国航天梦"音像等等，让学生对《读本》理解得更直观、更全面、更动感。最后，用实情实境进行强化，身历其境，提高沉浸度。教学中仿制《读本》中情节、故事、实物、模型、标本、教具及收集到的有关历史物件、日常用具等直观形象的事物，可以让学生自主参与、自主搜集，表演展示，交流感知，既可以激发学生参与的欲望，帮助学生集中注意力，激活形象思维；又可以突出重点、突破难点、强化共情，产生理想的教学效果。如教学《党和人民心连心》，课前安排学生编排小小课本剧《生得伟大 死得光荣》，学生依据自己对刘胡兰故事的理解与感受，围绕刘胡兰在敌人的铡刀下视死如归、坚贞不屈的形象，演绎敌人的残忍和刘胡兰的伟大。一部小小的课本剧，让学生真实感受到共产党员不怕牺牲、坚持信仰的伟大精神，形象生动，极富感染力。教学《新时代新征程》时，可以开展"生活物品展览会"，展示老一辈用的、玩的、住的、行的各种旧物件，或实物或图片或模型，让学生真真切切感受生活的变化，体验社会主义制度的优越感。如教学《好少年在行动》,可以就如何做新时代好少年,让学生结合自己的实际情况谈体会、说做法,录制成小视频,让其他学生直观感受身边同学对做新时代好少年的学习和行动,引领更多学生好好学习,不负期望。

《读本》是学生学习习近平新时代中国特色社会主义思想的重要教材,培育新时代有理想、有本领、有担当的新一代的重要载体。作为执教者,应该巧用、善用直观强化教学,运用学生最熟悉、最喜爱、最直接的方式方法开展活动,加强体验,沉浸感知,动之以情,晓之以理,寓情于理,情理结合,进行科学的"沉浸式"《读本》教学,习近平新时代中国特色社会主义思想学习就能卓有成效。只要我们身怀党心、倾注爱心、经常关心,就可以让新思想的星火点燃每一个学生的心灵之火而且不断燃烧,让每一个微光变成明亮,让明亮的更加闪烁。我们坚信:新时代新思想代代传,永放光芒!

参考文献:

[1]陈佑清.教学过程的本土化探索——基于国内著名教学改革经验的分析[J].当代教育与文化,2011(1).

[2]高本光.学理分析:让习近平新时代中国特色社会主义思想学生读本学习深度发生[J].福建教育(德育版),2020(9).

红色文化融入中学思政课堂教学

——学好党史,走好人生路

张书*

引言

红色文化是社会主义文化的重要构成内容,对中华民族的进步和发展有着重要意义。将红色文化融入中学思政课堂教学中,是对中学思政课堂教学的改革创新。红色文化的融入,可以帮助中学生对党史进行全面了解,感悟中国共产党在解放战争时期、改革开放时期等各个时期的先进精神,使红色文化融入学生的脑海和血液里,在今后的人生路上实现更好发展。

一、红色文化内涵

(一)红色文化

红色,是中国红。在党史学习过程中,说到红色文化,就不由自主联想起红军长征、延安精神、井冈山革命根据地等内容。红色是每一位中华儿女血液中流淌的颜色,也是中华儿女对于祖国热爱之心的颜色。在革命战争时期,中国共产党领导无数革命英雄用鲜血和身躯共同铸造了中国特色社会主义精神。在时代不断发展进步下,红色文化内涵更加丰富,并逐渐成为中华民族所特有的精神产物,它传递着中华人民对于祖国的热爱,是党的领导下中国不断繁荣富强的代表。

(二)红色文化的特点

1.科学性

中国共产党始终坚持实事求是、用实践检验真理的思想路线,反对并且否定

---

*作者单位:福建省政和县第二中学。

封建迷信思想,因此红色文化具有很强的科学性特点。正是由于红色文化具有理论和实践相统一这一特点,才使得红色文化在不断探寻真理、不断实践的道路上呈现出连续性特征。此外,唯物辩证法作为红色文化的思想核心,要求我们能够发现和认识规律,并主动探寻人类社会发展本质。

2.民族性

红色文化并不是在短时间内出现的,它经历了长久的发展历史,并随着历史发展、沉淀才逐渐成为中华儿女的精神和情感寄托,因此还具有民族性。例如,红军长征、抗日战争、延安精神等这些历史,都传递着优秀的中华民族文化。而加强红色文化的传播和发展,使其成为人们的价值观念,是社会文化发展的根基。弘扬和传播红色文化,是对红色文化中精神内涵的深度挖掘。

3.教育性

中国共产党始终将党史学习作为一项重要工作。而党史的学习,就是对红色文化的传承和发展。将红色文化融入中学思政课堂教学当中,可以借助思政课堂发挥红色文化的育人优势,是新时期对红色文化传承和发展路径的创新。受到红色文化的影响,中学生可以坚定自己的政治信仰和思想价值观念,提升对中华文化的认同感和民族自信心,对学生成长发展而言有着重要意义。

二、红色文化融入中学思政课堂教学的重要性分析

(一)符合中学思政教学的立德树人教育思想

中学思政教学是对立德树人教育思想的践行。对于学生来说,思政课堂教学会对学生今后进入社会产生重要影响,思政课程学习可以让学生以客观和正确的思想价值观念来分析和评判事物。红色文化凝聚了众多革命英雄的精神和英雄事迹,具有很强的感染力。将红色文化融入中学思政课堂教学当中可以让学生更容易理解教学内容,这种贴近学生实际生活的事迹也更加能够引起学生的情感共鸣,对于思政课堂教学质量的提升和党史学习都有着不错的效果。此外,红色文化融入思政课堂教学,是对思政课堂教学内容和形式的一种创新,也是对红色文化弘扬和传承路径的创新,对当代中学生思想道德情感和认知在实际生活中的践行有着重要意义。

(二)帮助中学生树立正确的价值观念

红色文化中有中国共产党的发展历史,是无数共产党人为国家、为人民所奋斗

的民族主义精神的升华。红色文化代表着革命先辈的革命精神和崇高理想,是中国最为珍贵的精神财富。现阶段,以红色文化作为中学思政课堂教学基础,对学生思想价值观念的形成进行引导,可以帮助他们树立正确的世界观、人生观和价值观。红色文化是最为珍贵和优秀的教育资源,在思政教学中探寻与红色文化相关的元素,可以在课堂中营造良好的红色文化氛围,使思政教学与红色文化进行充分融合,让学生更好地感悟红色精神文化,并成为红色文化的传承者。

(三)有利于提升中学生的文化自信和民族自豪感

文化作为每一个国家和民族发展的灵魂,其发展情况一定程度上可以代表一个国家的发展情况。一个国家和民族是否繁荣昌盛,与文化的繁荣昌盛有着密切联系。可以说,中华文化繁荣昌盛,中华民族繁荣昌盛的目标便可以更快实现。发展具有中国特色的社会主义道路,就要调动中华人民对于文化的创造力,将文化作为强国重要工具。红色文化的发展和传承,对中国特色社会主义事业的建设有着积极推动作用。现阶段,社会对于人才的需求已经不单单是高专业能力和知识储备这两种,还需要具有正确的价值观念,要求人才能够认可民族文化,并且有着良好的民族自信心和自豪感。红色文化融入中学思政课堂教学,有利于促进文化的创新发展,学生通过红色文化的学习就会认识到社会主义文化的先进性,进而有利于提升中学生的文化自信和民族自豪感。

三、红色文化融入中学思政课堂教学存在的问题

(一)中学生对于红色文化缺少共鸣

现阶段,很多中学都会组织学生参加一些红色文化宣传学习活动;但是有一些学生在红色文化活动参与过程中很难与红色文化产生共鸣,整个过程表现得比较冷漠。这主要是因为现在的中学生很多都是家中的独子或是独女,从小生活在家人的关爱下,没有切身体会过物资匮乏,没有经历过满是硝烟和战争的生活,因此无法对红色文化产生强烈共鸣。此外,对于中学生来说,他们主要在课堂上学习党史相关内容。而随着中学生学习压力进一步增加,在课堂上教师只关注课本知识的教学,所以对于党史内容的教学和串讲比较少,学生对于党史的了解也非常少。尽管学生也可以通过网络来了解这方面内容,但是受到多方面因素限制,很难有过多时间和机会通过网络了解党史内容,所以在学校组织的红色文化宣传学习活动当中表现得比较冷漠,难以产生情感共鸣。

（二）思政课堂教学过于关注理论教学，忽视实践教学

就目前来看，中学思政课堂教学中，教师将思政教学重点放在理论性的红色文化内容讲解上，教学方式也是讲授式的教学形式，导致思政课堂教学内容和形式过于单一，对课本教学内容进行照搬照抄导致课堂缺少趣味性，学生在课堂上也表现得不活跃。虽然教学手段在不断更新，很多现代化的教学技术也运用到课堂当中，但是在中学思政课堂教学当中，教师却没有对这些现代化的教学技术进行运用。红色文化是中国共产党在多年实践和探索中不断形成的。而当前的思政课堂教学只是限制于理论内容教学，缺少实践教学，学生就无法在实践活动中对理论内容进行深入理解。此外，思政课堂教学应当将学生作为教学主体，这样学生才可以充分参与到课堂教学中。这种讲授式思政教学形式难以让学生真正感悟红色文化的价值意义，对学生的影响也比较小。

（三）思政实践教育形式过于单一

上文提到中学思政课堂教育过于关注理论、忽视实践教育，而一些开展思政实践教育的学校还存在实践教育形式过于单一的问题。受到学校教育经费、实践活动开展场地以及时间等多种因素的限制，在思政实践活动中，仅有一部分中学可以组织学生来到革命圣地或是纪念馆来参观。而实践教育活动的开展效果，还会受到教师对革命知识理解和认知的影响。如果教师对于这方面知识了解不全面，就会导致红色文化实践活动成为一次游玩活动。此外，还有一些中学生没有机会去革命圣地进行实践学习。为此，有的学校会让学生利用假期时间自行安排去革命圣地进行参观和学习，学习后提交一份学习感悟即可。这种实践教育形式，让学生误以为实践教育并不重要。中学思政实践教学形式过于单一，导致红色文化在思政教学的融入中难以发挥有效作用和价值。

四、红色文化融入中学思政课堂教学的策略

（一）转变思政教育观念

要想让红色文化有效融入中学思政课堂教学中，使红色文化的作用和价值得到充分发挥，就要先转变思政教育观念。作为中学教学管理者，要认识到思政教学和红色文化之间的关系，认识到红色文化的融入对学生成长发展的积极影响。在学校中要营造红色文化氛围，可以在校园中多宣传红色文化相关内容，使红色文化不仅在思政课堂中融入，也可以融入学生日常生活当中。

（二）注重红色文化在思政课堂的融入

中学思政课程是学生了解和学习红色文化的主要方式，学生的学习效果一定程度上会对社会主义事业建设造成一定影响，作为中学思政教师应当给予充分重视。以往思政课堂的教学方式和教学内容都过于枯燥乏味，学生在课堂上的积极性也比较差，难以和红色文化产生深刻共鸣。所以，教师要转变思政课堂教学形式，转变红色文化的融入形式，可以在互联网中收集一些有关红色文化的视频资料或是电影让学生观看。这样新颖的思政课堂教育模式能够激发学生的兴趣和积极性，并且以视频或是电影观看的形式可以让学生对红色文化有着更加直观的体验，学生通过革命英雄事迹可以更好地感悟红色文化魅力，对于提升思政课堂教学效果和学生对于红色文化的认知有着双重效果。

（三）在实践活动中融入红色文化

通过实践活动，学生可以更加深刻地感悟红色文化所传递的精神内涵，进而使红色文化得到更好的传承和弘扬。为此，中学要重视思政实践活动的开展，并且要丰富实践活动形式，结合学校自身实际情况，在能够保证学生安全的前提下，组织学生一同参观红色革命圣地或是革命纪念馆，让学生在实践活动中真正体会并自行感悟红色文化。此外，还要对校园内的实践活动内容进行丰富。例如，可以在学校内举办红色文化宣传活动、红色故事宣讲活动、红色文化板报制作等，让学生在丰富多彩的实践活动中，将红色文化理论知识运用于实践当中，树立正确的思想价值观念。

（四）借助网络平台促进红色文化的融入

现阶段，中学生的思想发生了很大转变。要想在思政课堂教学中让学生了解红色文化内容，就要结合时代发展对红色文化的融入方式进行创新。在互联网时代下，红色文化的融入可以通过网络平台来实现，借助现代化教学技术使红色文化学习方式得到创新。通过现代化技术的引用，学生对于红色文化学习的参与热情也可以得到激发，而且有利于学生对红色文化进行深度学习，彰显红色文化时代特征。为此，教师可以结合中学生喜好采用新媒体短视频的形式或是网站的形式让学生了解红色文化，并让学生参与到红色文化宣传和学习当中，提升学生的参与感，借助网络平台提升学生认知，并实现红色文化的传承和发展。

（五）在红色文化节日中开展思政教育

红色文化是历代革命英雄的精神文化。为更好地将红色文化融入中学思政课堂教育当中,教师可以在红色文化节日时开展思政教育。例如,可以在英雄烈士纪念日、国庆节、建党节、建军节等重大节日时开展思政教育,在这种浓郁的红色文化节日氛围中让学生更好地感悟这些爱国主义精神和为人民服务的精神。如此,不仅可以丰富思政课堂教学内容和形式,还可以让学生对这些节日有更全面和深入的认识。

五、结语

红色文化是中华民族所特有的文化,对社会主义事业建设有着独特的意义。红色文化融入中学思政课堂教育中,是对红色文化的传承和弘扬,是对中学思政课堂教学内容和形式的丰富和创新。但就目前来看,红色文化在中学思政课堂的融入还存在诸多问题,很多学生无法对红色文化产生深刻共鸣;思政实践教育缺失、实践教育形式单一等问题,导致红色文化难以和思政教育进行有效结合,难以对学生产生深刻影响。针对这些问题,学校要转变思政教学思想,创新红色文化融入思政课堂教学和实践教学的方式,使学生在思政课堂中认识到红色文化的重要性,并将红色文化根植于心中。

参考文献:

[1]肖霞,陈为旭.红色资源在中学思想政治课堂中的应用研究[J].绿色科技,2020(19):230-233.

[2]范泽云.红色文化融入中学生思想政治教育的路径研究[D].郑州:郑州大学,2020.

[3]李思卓.广西红色文化资源在"文化生活"课中的应用研究[D].南宁:广西民族大学,2019.

[4]胡灵杰.红色文化融入中学思想政治课堂路径探索分析[J].文化产业,2018(20):48-49.

[5]梁娜娜.红色文化融入当代中学生社会主义核心价值观培育研究[D].信阳:信阳师范学院,2018.

自主性游戏为基点推进幼儿发展评价的研究

费建彬*

著名教育学专家苏霍姆林斯基说:"教师的教育素养在很大程度上取决于教师是否善于在儿童的脑力劳动和体力劳动过程中,在游戏、参观、课外休息时间内观察儿童,以及怎样把观察的结果转变或体现为对儿童施加个别影响的方式和方法。"我国2012年颁布的《幼儿园教师专业标准(试行)》要求教师"能有效运用观察、谈话、家园联系、作品分析等多种方法,客观地、全面地了解和评价幼儿"。在开展幼儿园自主性游戏活动时,教师需要科学把握幼儿的主体性发挥与有效评价之间的关系,利用评价激活幼儿的内在潜力,促成幼儿在游戏中充分结合自己的经验,形成更有创造性的游戏内容与游戏形式,这样才能真正发挥自主性游戏的作用与价值。在开展评价的过程中,我们需要通过观察了解幼儿,适时介入启发幼儿,及时反思发展幼儿,形成完整的评价过程,让幼儿成为游戏的主人,让评价成为幼儿发展的动力。

一、观察性评价发展自主性游戏行为

观察性评价是指教师基于全面的观察,对幼儿的年龄特征、游戏中自主性的水平以及自主性游戏中表现的兴趣进行全面了解和把握,在掌握幼儿的实际情况后开展的评价形式。利用观察性评价可以让教师了解更真实的幼儿,进一步发展幼儿的自主性游戏行为。

(一)明确观察目标,确定评价方法

幼儿在自主性游戏活动中的发展是多方面的,教师也不可能在每次的活动指导中面面俱到地过多、过快地推进幼儿能力的发展。因此,需要制定详细而明确的

---

*作者单位:福建省福鼎市双岳幼儿园。

观察目标,从多次观察中了解幼儿的层次和能力,这样才能做到让评价有的放矢,为教师选择科学的评价方法提供依据。在不同的区域游戏活动中,幼儿自主性游戏的兴趣和侧重点不同,发展的能力也不同。教师应抓住不同区域的自主性游戏重点,设计不同的观察目标,选择适宜的评价方法。另外,幼儿的能力水平不同,观察的目标也应有所区分。

例如,在开展自主性建构游戏活动时,教师应把握建构游戏活动的重点,包括幼儿对材料的操作兴趣、幼儿生活经验的迁移能力、幼儿的建构水平、幼儿与同伴的交流意识等,再结合主题活动的实际需求,设计明确的观察目标,就可以让评价方法更有效。如开展"我们的小区"搭建游戏时,教师将观察目标制定为:能够结合自己生活的小区进行搭建;能够自由搭配低结构材料;在操作材料时,能够掌握合围、架空等搭建方法。有了目标,教师就可以进行明确的观察,在发现幼儿可以在搭建过程中引入生活元素时,给予及时的描述性评价,让幼儿获得正面引导,知道在搭建中引入生活元素能更好地实现搭建效果,对幼儿起到正向引导的作用。

通过明确的观察目标,教师的评价方法更有针对性,通过激活自主性让幼儿在某一方面的能力获得持续性的发展,同时逐渐向其他的领域不断渗透,不但激发幼儿的游戏热情,更能使幼儿形成点、线、面式深度发展。

(二)丰富观察材料,掌握评价依据

观察性评价需要借助丰富的外部材料,为教师提供更加真实和多样化的依据,让教师能够从中得到足够多的"证据",证明自己的评价方法和评价形式是否有效。教师运用的材料越丰富,掌握的幼儿实际情况也就越全面,也更有助于教师在开展评价前后针对幼儿的发展情况进行对比,让教师了解观察性评价是否对幼儿在游戏中发挥自主性、是否对幼儿的发展起到很明确的作用,也更有助于教师及时调整评价方向,使评价更有助于幼儿在自主性游戏中的发展。

例如,在开展自主性阅读游戏活动时,教师首先结合自己的观察需要,翻阅和搜集理论性资料,包括幼儿的自主性阅读水平、如何激发幼儿自主性阅读游戏的兴趣、如何运用有效的观察方法捕捉幼儿自主性阅读游戏的行为并运用何种理论进行分析等。在了解相关理论后,准备观察的物质材料,包括观察工具、观察量表等,教师通过手机等录像设备对幼儿的自主性阅读游戏过程进行记录,在后期的回顾或者在拍摄的过程中及时捕捉幼儿的兴趣。如幼儿在阅读《骑鹅历险记》时,读到了有趣的环节,于是想要将这个环节用道具和其他的材料表现出来。教师及时捕捉到幼儿的兴趣,了解幼儿在阅读活动中生成的偶然性行为,于是在游戏过程中给予幼儿正面的表扬和支持,让幼儿可以循着自主阅读游戏中的发现和兴趣,生成持续性的表演活动,进一步提升了幼儿在阅读活动中的语言表达能力、理解能力,让幼儿可以对绘本进行更通透的阅读。

随着信息技术的不断发展,教师可以运用的观察材料越来越多,也可以借助互联网的海量资源,不断丰富自己的观察理论与观察方法。借助这些科学有效的观察材料,可以让教师在真实有效的观察中获得更多评价依据,让评价更加精准地促成幼儿的发展。

(三)及时捕捉信息,丰富评价内容

幼儿的天性就是活泼好动、好奇心强,因此在自主性游戏活动中往往会不断地在发散性思维中想到新的玩法或者表现出不确定性的发展。教师需要通过有效的观察及时捕捉幼儿的这些信息,快速进行分析,把握其中的教育契机。这就需要教师在活动中不断强化自身感官,用看、听、问、答等方式捕捉幼儿的生成性想法,分析运用何种评价内容可以进一步放大幼儿的正面游戏行为。借助这种有温度的观察,幼儿可以通过与教师进行人性化的交流,感受到来自教师的支持,进一步发展幼儿的探究能力和学习能力;教师也在动态的观察中,借助自身的感官切身感受幼儿的行为表现。

例如,在开展户外自主性游戏活动时,教师发现一名叫小然的女孩子在操作滚筒和垫子。她想要将垫子搭在滚筒上,但是一开始没有成功。教师在观察后,决定不进行干预。小然在进行三次尝试后,找到了正确的方法——她将垫子的一端放在滚筒的下面,然后转动滚筒,并将垫子与滚筒贴合;当转动到一定的高度时,她用另外一个滚筒固定垫子,最终成功将垫子移到滚筒的上面,并用两个滚筒进行支撑。教师在整个过程中虽然没有干预,但是一直在观察,通过观察小然的行为、表情,捕捉到重要的信息。当幼儿在自主性游戏中始终保持积极探索的状态时,教师无须进行干预,幼儿会凭借自己的毅力最终获得成功,并且获得印象深刻的体验,教师的不主动干预反而给了幼儿自主挑战的机会。

很多时候,观察是为了更好地了解幼儿,捕捉幼儿的发展信息。如上述的小然,教师可以在评价的时候补充更多内容,如她是一个"很有坚持力和毅力的孩子"

"主动积极思考的孩子""乐于挑战的孩子"等。教师可以根据这些评价的内容,为同类型的孩子提供更有挑战性的自主性游戏,不断发展幼儿的这些良好品质。

二、过程性评价推动自主性游戏水平

过程性评价是指在开展具体的活动中,教师及时捕捉幼儿的游戏兴趣和偶然的自主性游戏行为,激发幼儿的游戏兴趣,让幼儿可以在游戏中充分发挥创意,促成幼儿在自主性游戏中的深度学习与深度探索。

(一)指向性评价让发展更有针对性

在开展自主性游戏活动过程中,教师针对幼儿游戏水平的发展情况,为幼儿提供指向性的评价,基于对幼儿的了解和理解,让幼儿可以在兴趣和激励的引导下,获得更有针对性的发展。教师可以引导幼儿有指向性的合作、表达,运用等待、倾听、回应、建议等评价形式,促成幼儿某一方面或者某几方面的游戏水平的提升与发展。

例如,在开展自主表演游戏《小熊盖房》活动时,孩子们在最初的游戏活动中处于比较混乱的状态,有的幼儿为自己挑选好道具后就直接到小舞台上面进行表演,其他幼儿会突然冲上去打断表演,小观众也在欣赏的时候被一些道具或者玩具吸引,影响小演员分心。教师基于观察后对幼儿开展指导性评价,在游戏中途被打断的时候,先请幼儿说一说自己在游戏中遇到了哪些问题,然后让幼儿自己思考如何解决这些问题。教师以问题评价的方式为幼儿提供思路和启发,如"哪些小朋友是小演员?""小演员的准备是否很充足?""你们觉得在游戏中是不是只有小演员这个职务就足够了?"等。通过教师问题指向性的评价,幼儿开始思考如何利用分工合作的方式维持有效的表演游戏秩序。最终,幼儿基于大家的讨论分配了小演员、道具师、售票员、保安、小演员等角色,制定了各自的任务和游戏的规则。在随后的游戏中,幼儿各司其职,整个游戏流畅有序,孩子们体验到分工合作的愉悦,进一步发展了与合作相关的社会行为。

在自主性游戏中,教师可以基于幼儿在某一方面发展的缺点、不足,进行有针对性、有指向性的评价。而评价不一定要采取叙述的方式,也可通过问题评价的方式引发幼儿的反思,针对幼儿在游戏中的表现提供全面的评价,以引导反思的方式促成幼儿正面行为和能力的发展。

（二）偶发性评价让游戏更有体验性

偶发性评价与指向性评价是相辅相成的过程性评价形式,基于自主性游戏活动中幼儿的随机表现与生成开展有效的评价,让幼儿可以关注到自己在游戏中的表现,不断激活幼儿在自主性游戏中思维的活跃性,促成幼儿对游戏活动持续而深入的思考,不断激发新的创意。教师基于幼儿在活动中规则表现、技巧展示、情感呈现等方面表现出的具有代表性的行为进行评价,通过建议、提问、提示等评价,让幼儿关注自身行为,促成幼儿在游戏中丰富体验,让幼儿学会如何在游戏中与同伴进行友好互动、如何借助材料呈现自己的想法、如何通过遵守规则使游戏顺利进行。

例如,在益智区的自主性游戏活动中,教师为幼儿投放了各种棋类游戏活动。其中,飞行棋受到了孩子们的欢迎——因为飞行棋的游戏形式比较灵活,幼儿可以随时根据自己的游戏需要和游戏发现调整规则和玩法,不断激发幼儿自主思考的行为,提升幼儿游戏水平。一次活动中,楠楠与航航选择了飞行棋。在一开始,他们按照原来的规则进行游戏,通过投掷骰子的方式决定自己步数,并且按照格子里面出现的标志与符号以原有的规则行进、后退或者原地不动。过了一会儿,楠楠发现材料区里有一些小旗子和一些小的路障标志,便将这些玩具和材料拿了过来,与航航商量新的规则。楠楠想到,可以用旗子代表不同的国家,让小棋子跳到不同的国家;还有一些小路障,可以为游戏增加一些难度。教师在捕捉两个幼儿的讨论后,为幼儿提供了启发性的评价。教师向楠楠和航航提出问题:"这个旗子代表什么国家?你们想好小棋子在这个国家里会有什么新的规则和玩法吗?"两名幼儿开始想到,可以让小棋子来一场"说走就走的旅行",在新的国家里进行新的历险。孩子们找到了地图,并且翻阅百科全书,初步了解各个国家的基本情况和一些特色文化。这一次有趣的棋类游戏,也吸引了其他小朋友,大家开始了一场有趣而华丽的冒险。通过教师的评价指导,幼儿不但在游戏过程中引入了新的玩法和创意的规则,还学会了很多知识,累积了丰富的经验。

教师的偶发性评价,可以为幼儿的自主性游戏注入更多的活力,也让幼儿在游戏中大开眼界,形成丰富的认知,进一步获得趣味性的游戏体验,让幼儿对游戏的探索兴趣更加浓厚。

（三）支持性评价让指导更有预见性

《3-6岁儿童学习与发展指南》中指出，"支持幼儿在接触自然、生活事物和现象中积累有益的直接经验和感性认识。"在活动中，教师作为一个观察者与支持者，应给予幼儿必要的评价，并在幼儿形成新的探究点的基础上给予支持。支持性评价让教师的指导更有预见性，也让幼儿的发展更加有方向。通过教师有力的支持，幼儿在自主性游戏中的需求也能够得到满足。

例如，在开展自主阅读活动时，幼儿对绘本中的"恐龙"产生了兴趣，想要搜集更多关于恐龙的信息。教师为幼儿提供支持性评价，鼓励幼儿大胆表达自己知道的恐龙、自己感兴趣的恐龙有哪些，了解恐龙的哪些秘密和知识。对于幼儿的回答，教师给予"你的观察能力可真强""你平时一定非常关注恐龙的知识"等细节上的评价，激发幼儿的观察与探究能力，为开展更深入的生成性自主探索游戏活动打下良好的基础。通过这样的活动，幼儿更加自发地探索关于恐龙的一切，并借助多样化的游戏形式展示出来。教师追随幼儿的脚步，鼓励幼儿与同伴分享关于恐龙的一切，孩子们争先恐后地将自己家里的恐龙玩具或者绘本带到幼儿园。

教师的支持不只是材料与环境上的支持，更多的还有来自精神上的支持。教师的正面评价和鼓励，对于幼儿的发展来说往往起着更深刻的认知上的影响，让幼儿知道自己的行为被教师关注和支持，也能更好地激活幼儿内在的探索欲望。

三、阶段性评价迁移自主性游戏经验

阶段性评价是指在开展自主性游戏的某一个阶段或者在每一次自主性游戏结束之后，为幼儿在这个阶段中的表现提供一定的评价，让幼儿可以在积极有效的评价过程中，形成对游戏的回顾与反思，累积丰富的游戏经验，并在之后的自主性游戏中可以有明显的游戏经验迁移行为，进一步促成幼儿新旧经验的交替，丰富新经验。

（一）定期式评价让发展看得见

定期式评价可以针对某一个连续性的主题活动中幼儿的表现，通过对幼儿在某一个阶段性的连续性发展和提升，教师可以看到幼儿的发展曲线，并进一步推测幼儿的发展趋势。定期式评价让幼儿的发展一目了然，也让教师对幼儿的自主性游戏活动指导更有方向，以便查缺补漏，完善指导策略。

例如，在《我爱剪纸》自主艺术游戏活动中，教师在为幼儿展示各种剪纸作品以及技能时,幼儿产生了很大的兴趣。教师在与幼儿进行充分讨论的基础上,形成了活动主题脉络,以动物、植物、建筑物等为内容,以折叠剪、阴阳刻等技巧形成不同的主线,引导幼儿在参与剪纸游戏的过程中,通过由简单到复杂的模式,逐渐掌握丰富的剪纸内容与技能。在这个过程中,教师通过对幼儿在不同阶段的剪纸表现,发现幼儿的兴趣,提升幼儿的技能,并且结合幼儿的发展趋势,为幼儿投放更加多元化的材料和游戏形式。如教师基于对幼儿的整体评价,将多媒体白板设备引入剪纸游戏中,让幼儿利用白板的触屏功能进行剪纸图样的设计,进一步促成幼儿对剪纸的操作兴趣。

定期式评价可以让教师为幼儿不断调整活动的形式,让幼儿在兴趣的基础上,从游戏中发现更多趣味性的元素,融入自己的生活经验与游戏经验,在发展的过程中体验成就感。

(二)总结性评价让经验得提升

教师可以从幼儿的自主性游戏中发现不同幼儿的个性与品质,在观察幼儿自主性游戏活动的表现过程中,通过总结性评价分析幼儿在某一个活动中的表现情况,从幼儿的整体发展对活动的方向进行调整。教师需要针对观察的内容,分析幼儿自主性游戏中行为的原因,通过连续的观察与反思,捕捉幼儿发展的闪光点或问题所在。在完成观察记录之后,教师需要进一步结合自身的专业知识,对幼儿在活动中的行为进行整体和个别分析。在观察当中,教师主要通过持续性地观察与记录,最终对幼儿进行客观的评价与判断。

例如,在开展户外自主游戏活动的时候,教师通过对活动进行总结性评价,分析幼儿在活动中的典型案例——幼儿在活动中普遍表现出对平衡滚筒的兴趣,但是在能力方面存在不足,很多幼儿尝试了一次失败后就放弃了探索。教师将幼儿的表现以案例的形式进行分析,通过连续地观察幼儿并了解幼儿的实际运动水平和能力后,为幼儿提供了较为简单的游戏方式——由教师将滚筒进行固定,然后请胆子稍微大一些的幼儿在上面进行演示。教师通过动作、眼神和语言的评价,让幼儿受到鼓励。在游戏告一段落后,教师会给予幼儿小勇士勋章,激励更多孩子参与游戏活动中,并设计了"创意小达人""合作小明星"等评价方式,让幼儿获得更多的评价,激发幼儿在更多方面的发展。

在这个过程中,教师对幼儿的反应进行记录,针对幼儿时不同评价方式的接受程度以及在评价鼓励下的积极性开展评价调整,让每一个幼儿都可以通过有效评价获得提升。

(三)反思性评价让游戏获延续

反思性评价不只是为了让教师对活动进行反思和后续调整,同时也引入幼儿对游戏活动的回顾与反思,教师针对活动开展情况的反思性评价,开展批判性的自我调节。教师引导幼儿对游戏活动进行反思回顾,也可以帮助幼儿学会归纳整理经验,为后续更加深入开展游戏活动提供一个思路。

例如,在开展建构游戏"火箭升空了"时,教师在游戏结束后,先让幼儿进行一个反思性的评价,让幼儿进行同伴间的评价和自我评价,说一说游戏中自己的搭建思路和想法,品一品同伴用了哪些材料和什么样的搭建方法。在幼儿进行反思后,教师基于幼儿的反思开展活动评价,总结幼儿在活动中提出的想法,分析活动中还有哪些可以改进的地方,在下一次的活动中为幼儿提供更加符合兴趣和需求的支持与策略。

反思性评价可以帮助教师与幼儿共同推进自主性游戏活动的效果。幼儿的反思能够促成其生活经验和游戏经验的发展,进一步学会将旧的游戏经验融入新的问题情境中,尝试用创造性的思路解决问题。而教师的反思则可以为幼儿提供更加宽泛的空间,引导幼儿不断向"最近发展区"靠拢。

在一日生活的自主性游戏活动中,我们将幼儿的游戏行为与评价融为一体。通过评价,不但可以反映幼儿整体发展的状况,同时也可以作为一种助推力,在理解和支持幼儿发展的基础上,采取有效的措施保持幼儿学习力的持续性发展。因此,我们要不断学习科学评价的理论,提升评价水平,不断丰富和创新评价的形式与内容,将评价作为重要的引导环节纳入自主性游戏活动中,为幼儿开辟在自主性游戏中与环境、材料、同伴相互作用的新途径。

参考文献:

[1]汪彩萍. 幼儿园大班幼儿自主性游戏的观察、支持与引导实践研究[J]. 基础教育课程,2020(10):27-33.

[2]何桂金. 论幼儿园自主游戏的持续性开展[J]. 教育观察,2018(10):87-88.

[3]樊丰富.自主性游戏开展:误区、本质与策略[J].内蒙古师范大学学报(教育科学版),2018(6):36-39.

[4]周静.自主性游戏组织指导策略初探[J].科学大众,2009(4):86.

[5]陈建华.如何在游戏中评价幼儿的发展[J].学前教育研究,2017(5):67-69.

[6]陈琦.在自主性游戏中建立幼儿的发展评价办法[J].华夏教师,2017(6):84.

[7]谢鑫,钟亚琴.在幼儿自主性游戏中重构教师的专业能力[J].教育科学论坛,2019(14):77-80.

[8]单平姣,彭冬萍.自主游戏促进幼儿社会性发展的价值、困境与策略[J].郑州师范教育,2021(5):44-48.

[9]刘晓萍.探索幼儿园自主游戏的实施途径[J].才智,2020(5):71.

[10]蒋灏.幼儿园自主性体育游戏之我见[J].科学咨询(教育科研),2019(4):128-129.

紧握"课题"抓手　绽放"科研"之花

——漳平市教育科研基地三年工作回眸

廖鸿河　刘晓芳*

一、建设科研基地缘起

教育科研是教育发展和创新的必由之路,是促进教育内涵发展和特色发展的阵地。在教育教学改革不断推进的时代背景下,漳平市提出了"质量一流,内涵深厚,特色鲜明,人民满意"的教育目标,在改善办学条件、提升教育内涵和特色办学等方面做了积极努力,也取得了一定成效。但是,漳平市是一个仅有20多万人口的小县城,现有高中2所、初中18所、小学108所、幼儿园39所。从总体来看,学生素质、教师专业水平与其他地区存在较大差距,教科研工作相对滞后,在教科研思想认识方法、手段层面的广度和深度方面仍然存在诸多问题和不足,未能发挥出教科研的最大作用。为了更好落实国家、福建省相关教育发展规划纲要精神,走教育科研兴教之路,进一步提升教育教学水平,为漳平教育的内涵发展、均衡发展和特色办学发挥助推作用,2018年,漳平市分管教育的陈文东常委带领漳平市教育局、漳平市教师进修学校相关同志到福建省教育厅、福建省教育科学研究所讨教良方,认识到科研工作在新时代教育的重要作用,明确漳平市发展科研工作的必要性。2018年5月,漳平市教育科学研究工作领导小组成立,同时请福建省教育科学研究所专家郭少蓉主任、冯云主任一行到漳平市考察指导。在福建省教育科学研究所的信任和扶持下,2018年9月,漳平市及下辖的漳平第一中学等8所学校被确立为福建省科研基地和基地校。以此为契机,漳平市进一步提升教育整体水平,建立、

---

*作者单位:福建省漳平市教师进修学校。

健全科研管理体系,推动教育高质量发展,发挥科研工作的前瞻性、基础性和保障性作用。

二、抓好教科研的探索

(一)完善科研机制,创设良好氛围

1.组建组织机构,建立组织保障

为进一步规范漳平市教育科研工作的组织规划、管理和服务,不断提高教育科研工作的水平和实效,2018年5月,成立漳平市教育科学规划领导小组,漳州市教育局局长担任组长,漳平市教师进修学校领导和相关人员作为领导小组成员;在漳平市教师进修学校设立教科室,专门负责全市教育科研的规划、管理、服务和指导等工作;各基地校及其他学校设立专门的科研管理部门(即教研室或教务处),全面负责学校的教科研工作,形成了漳平市教育规划领导小组——漳平市教师进修学校(教科室)—片区或共同体—学校四级管理、服务网络,为教育科研工作提供了组织保障。

2.规范科研管理,提高科研实效

一是为进一步规范科研工作,出台了《漳平市基础教育课题管理办法》,修订了漳平市课题相关表格,主要有《课题立项申报表》《课题论证活页》《课题开题报告》《课题研究方案》《中期检查表》《课题研究人员变更申请表》《课题延期结题申请表》《课题研究报告》《研究成果一览表》《结题鉴定表》等,对课题的确立、论证、审定、立项、实施、结题验收、成果推广作出明确的规定,用制度管理科研,提高科研管理的规范性和科学性,力争实现科研管理制度化。二是加强对基层学校课题的指导与服务。发挥教研员的引领和指导作用,教研员做到人人都参与课题研究、人人都有实验学校、人人都有联系的课题研究团队。三是实行龙岩市级以上课题的报备制度,将其纳入统一管理。

3.建设基地学校,培育骨干力量

共设立了8所科研基地校,即漳平第一中学、第二中学、第三中学、实验小学、城关小学、桂林逸夫小学、永福中心学校、第二实验幼儿园,覆盖了中小幼三个学段,也覆盖了城区、农村。为发挥基地校的龙头作用,提升基地校的教科研实效,漳平市加强对科研基地校的建设管理,要求学校制定科研规划、工作计划,做好本校教科研的管理和指导、材料归档等工作。同时,在各级各类的课题申报和论文汇编

中对基地校加以倾斜,以促进基地校科研工作的良性发展,有效培育了教科研骨干力量。

4.建立评价机制,鼓励争先创优

在学校管理层面,通过评优评先评价引领,规范和激励学校及教师积极开展教育教学研究。在每年中、小学校长目标管理评估的量化中,专门制定教科研管理的评估要求。其中,在教研活动情况、课题研究、论文发表情况等方面,逐年增加了评估赋分比例,引领、规范了学校对教科研工作的认识和工作推进。在教师培养方面,将科研工作纳入各类评优评先活动中。例如,在各级优秀教师、名师、教坛新秀、学科带头人的推选中,都将教科研的工作纳入考核范围,主要表现在承担学校教研活动情况、承担公开课讲座情况、课题研究情况、论文发表情况、指导学生和教师的情况、教师个人获奖情况等。同时,出台《漳平市名师、教坛新秀管理办法》,提高了名师、教坛新秀履职过程中的科研要求,充分调动了教师参与科研工作的热情。

(二)开展学习培训,提高科研能力

1.把握良好机遇,寻求高端指导

自成为福建省教科研基地以来,漳平市紧紧依靠福建省教育科学研究所这棵科研大树,主动联系专家,寻求科研管理和课题研究的高端指导。在福建省教育科学规划立项课题的开题、中期、结题关键环节组织集中研训活动,先后5次邀请福建省教育科学研究所的领导和专家就如何开展课题研究工作、论文写作等开展讲座,并实地对各课题的研究进行指导,受训人数达600多人次。在专家的引领和指导下,漳州市更新了教科研理念,学习了科研方法,大大提升了教师的教科研能力。

2.采取多种方式,搞好教师培训

一是注重教师高端培训。实行"专家引领、骨干跟进、全员行动"的教师培训模式。实施教师课题研究能力提升工程,3年来共邀请福建省、龙岩市教育专家吴明洪、郭少榕、吴荔红、冯云、陈建超、杨清、连文达、任勇、胡和春、黄仁辉等来漳平市讲学;组织校长、教研员和骨干教师走出漳平,到福州及省外国家课改试验区重庆、上海、北京、长春等地参加学习、观摩、培训等活动。通过学、导、训、研等多措并举,校长、教研员和骨干教师开阔了眼界,有效提高了教育理论水平和科研能力。其中,漳平市教师进修学校的分管领导带领教科室干部及学校科研骨干教师分别

参加了福建省教育科学研究所在泉州、福州、厦门等地的四次相关培训和课题教研活动,开阔了眼界,有效提高了课题研讨的理论水平和研究能力。

二是开展教师暑期培训。根据漳平市教师的现状进行提前谋划,利用暑期通过委托培训的形式引进福建省广播电视大学和福建教育学院专家团队到漳平市授课培训,组织中小学优秀班主任评选活动、中小学心理健康教育、新教师岗前培训、书法培训、中小幼校园长任职资格培训等,每年参加培训的中小学教师达400多人次,每次培训内容都有科研方面的内容。通过高端培训,不断提高了中小学教师的专业水平。

三是注重教师网络培训。积极做好教师信息技术应用全员培训,提高教师信息化运用水平,建立"互联网+"教研模式,促进信息技术与学科教学的深度融合。开展了教师网络空间建设专题培训,积极开展信息技术送教下乡及课题研讨、教师网络空间建设评选、三优联评、小学生电脑制作等活动,在多所学校开展市级"智慧校园"建设试点工作。同时,筹措资金,与中国知网建立合作关系,为全市中小学3000多位教师提供了免费的账户;并充分利用知网开设的网络线上培训,引导教师积极参与科研学习,运用科研信息技术平台,提高教师的科研能力。

(三)以课题为抓手,助推教学提升

"教而不研则浅,研而不教则空。"漳平市充分认识到教科研工作对教育教学发展的重要性,分析教育教学实践中不断出现的新情况、新问题,关注教学问题,以课题为抓手,扎根课堂,积极开展各级各类教科研活动,助推教育教学质量提升。

1.搭建研讨平台,提升研究品质

为扎实开展课题研究工作,提高研究实效,提升课题研究品质,漳平市为省级课题搭建平台,每个省级课题每学期组织一次市级集中研讨活动。三年来,共组织34个省级课题76场次研训活动,开设研讨课200多节、讲座60多场,通过一系列的研训活动,用课题带动教研,以教促研,有效地推动教育教学改革和学校教学质量的提升。

2.搭建名师平台,发挥引领作用

根据《漳平市人民政府办公会议纪要》(〔2017〕3号)精神,为激励青年教师积极工作,认真钻研业务,尽快提高教育教学水平,促进青年教师专业成长,组织评选出漳平市名师84名、教坛新秀60名,并制定出台《漳平市名师管理办法(试行)》《漳平市教坛新秀管理办法(试行)》,对名师、教坛新秀实行动态管理。名师和教坛新秀每年进行考评,三年为一个管理周期。组建了第二轮名师工作室40个。每个名师工作室由龙岩市或漳平市名师担任领衔人,成员为10—15人,都设立一个课题,积极开展课题研究、课堂教学研讨、送教下乡等活动。以名师工作室为平台,将一批优秀教师聚集在各个名师工作室中,开展教科研活动。通过发挥名师的示范、引领、辐射作用,推动了学校的校本教研工作,培养了一批骨干教师,形成了一支有较强研究能力的课题研究带头人。

3.建立教研网络,提高教学效果

建立"市—校际—学校"三级教研网络,进一步发挥按"强弱搭配、以强带弱"组成的3个小学共同体和3个中学教研协作片的作用,同时把按学科建立的全市40个名师工作室均匀分布在教研协作片和教研共同体中作为"支撑点"开展教科研工作。三年来,中小学教研室结合名师工作室和区域教研(小学建立共同体、中学建立教研协作片)活动,要求中小学教研员的工作重心下移,立足一线、深入课堂,开展了多种形式的课堂教学研讨、课题研究、送教下乡等活动,就课堂教学进行深入研究,提高了课堂教学效果质量。学校以教研工作为抓手,积极开展下校视导活动,指导学校开展教学研讨、校本研修、课题研讨等活动,提高课堂教育教学的有效性和实效性。在关注每一所学校的同时,把工作侧重点放在薄弱学校。教研员通过深入学校推门听课、与教师探讨交流及反馈指导等方式,为教师的专业成长提供帮助,合力推动区域教育的优质均衡发展。

三、取得的成果与影响

三年来,在福建省教育科学研究所领导、专家的关心和指导下,漳平市以课题研究为抓手,教科研工作开展得有声有色,学校和教师更新了观念,准确定位科研的地位和作用,营造了浓厚的科研氛围,促进了教师的专业成长,推进了学校的质量提升和内涵发展。

(一)氛围浓厚,课题研究成果丰硕

随着福建省教科研基地建设的不断推进,参与课题研究和发表论文已成为教师的自我需求和自觉行动,参加科研的人数和质量都有了较大的提高,教科研成为学校发展的重要抓手。学校树立"问题即课题"意识,分析学校管理和教育教学实践中出现的新问题,确定研究方向,积极申报各级各类课题。截至2021年3月,

共有教育科研课题314项,其中国家级立项课题3项、福建省级课题47项、龙岩市级课题27项、漳平市级课题237项。（附《2018—2020年漳平市课题立项情况汇总表》）

2018—2020年漳平市课题立项情况汇总表（单位：项）

类别 年份	全国教育规划办	中央电教馆	福建省教育规划办	福建省教育厅	福建教育学院	福建省电教馆	龙岩市教育规划办	漳平市级
2018	2	1	12	2	2	0	6	64
2019			11	2	2	1	17	80
2020			11	2	1	1	4	93

（二）以研带训，促进教师专业成长

漳平市重视教师培养工程，采用多元形式对教师进行专项、主题培训，发挥教研活动的培训功能，以研带训，引领教师在参加各种教研、科研活动中通过专家引领、实践研究、自我反思和自我完善，达到自我提升的目的。三年来，教师教科研能力得到大幅度提升，成就了一批具有科研能力的骨干教师队伍，在各级各类比赛中喜获佳绩。在福建省第二批中小学教师信息技术应用能力提升工程优秀应用成果评选活动中，漳平市共有22件获得优秀应用成果奖。2018年8月，组队参加龙岩市第四届中小学、幼儿教师教学技能大赛，共有33人获奖，其中一等奖4人、二等奖13人、三等奖16人。2020年8月，组队参加龙岩市第五届小学、幼儿园教师教学技能大赛，共有15人获奖，其中一等奖4人、二等奖5人、三等奖6人，获奖率达92.3%。在2018年"一师一优课"晒课及优课推荐评选活动中，漳平市"一师一优课"优课评选活动取得佳绩，被评为龙岩市级优课22节、省级优课19节、部级优课6节；在2019年"一师一优"课优课评选活动中，被评为龙岩市级优课34节、省级优课13节、部级优课4节；在2020年"一师一优课"优课评选活动中，被评为龙岩市级优课31节、省级优课9节，大批教师成为名师、学科带头人等。（附《2018—2020年名师骨干汇总表》）

2018—2020年名师骨干教师汇总表（单位：人）

名师类别	特级教师	福建省学科带头人	龙岩市名师（含名校园长）	龙岩市学科带头人	龙岩市教坛新秀	漳平市名师	漳平市教坛新秀
人数	2	5	37	60	11	84	60

（三）以教促研，推进教学质量提升

时 间	活 动 内 容	参训人员（辐射情况）
2018年9月	"福建省教育科研基地（校）"授牌仪式暨2018年度省级立项课题开题研讨会议	福建省教育科学研究所、龙岩市教育局、中共漳平市委、漳平市教育局领导参加，福建省教育科学研究所专家到会指导，福建省科研基地校漳平8所中小学相关校长、教师参会
2019年3月	福建省教育科学"十三五"规划2019年度课题开题论证研训活动	福建省教育科学研究所专家到会指导，各立项课题全体成员参加活动
2019年12月	开展全规办《基于具身认知的语文教学案例研究》课题研训活动	福建师范大学专家到会指导，《基于具身认知的语文教学案例研究》课题组成员及相关子课题组成员参加活动
2019年12月	福建省教育科学"十三五"规划2018年度立项课题中期论证研训活动	福建省教育科学研究所专家到会指导，各立项课题全体成员参加活动
2020年4月	福建省教育科学"十三五"规划2018年度立项课题结题验收研训活动	福建省教育科学研究所专家到会指导
2021年1月	2019年度立项课题中期论证会	福建省教育科学研究所专家到会指导
2021年1月	2020年漳平市基础教育教学研究立项课题开题研训活动	各立项课题主持人及核心成员参加活动
2018～2021年每学期	省立项课题漳平市级研训活动（共计76场次）	省立项课题各课题组成员参加活动

三年来,漳平市立足教学实际,扎根课堂,以课题研究为抓手,创新教研活动模式,开展了一系列教科研活动;以活动为载体,着力于发现、研讨和解决教学问题,总结经验,形成科研成果,并推广应用;以研促教,教师教学方式和学生学习方式发生了巨大的变化,课堂中教师的主导地位和学生的主导主体地位得以凸显,有效地推动了教育教学质量的提升,教科研助推教学的作用逐渐凸显,教育教学质量稳步提升。高考连年佳绩,近五年的龙岩市理科高考状元有四次落户漳平第一中学,本科上线率、万人口上线率居龙岩市中上游水平;高中会考中,各学科合格率达省平均水平以上;中考方面,龙岩市普通初中教育教学管理"五率"(初中学生三年巩固率、中考全科及格率、中考单科及格率、中考得分率、中考低分率)2019年、2020年跃居龙岩市第二;小学在福建全省质量监测和龙岩市抽测中成绩稳步向上,位居龙岩前列;幼儿园保教质量名列龙岩市前茅。

(四)特色办学,助力教育内涵发展

开展福建省教育科研基地建设系列活动,为漳平市学校的内涵建设和发展赋予了新的动能。一方面,扎实推进中共漳平市委提出的打造"翰墨校园"的校园文化建设工作,积极营造浓厚书香氛围、墨香氛围,分别组织了漳平第二中学墨香校园现场会,漳平市实验小学书香、墨香校园现场展示活动,漳平第三中学墨香校园现场会,漳平第三中学、芦芝中学全市"大阅读"现场会活动等等。另一方面,加强"一校一品"建设,挖掘各校实际和办学特色,形成校校有特色、校校有亮点的内涵建设(例如,漳平市实验小学加强科技创新学校建设,桂林中心学校、逸夫小学、铁路小学加强足球特色学校建设,漳平第二中学加强艺体特色学校建设,漳平第三中学加强足球特色学校建设),学校根据自身特色每年举办展示活动(例如,漳平第二中学文化艺术节、漳平市实验小学科技节等),丰富了学校内涵,推动了学校特色办学发展。

四、问题、反思及今后展望

(一)问题与反思

2018年9月至今,漳平市科研基地建设与科研工作取得了一定的成绩,但在教科研工作中还存在一些问题。

其一,教科研工作虽然深入开展两年多,但是教师老龄化严重,在很大程度上影响了教科研工作。青年教师的科研兴趣很浓,积极性很高,但缺乏教科研能力。

总的来说,教师教育科研的能力还不够强,课题研究的质量与品位有待提高;教师对课题研究时效性与实效性的认知有待增强。

其二,部分学校领导还存在"讲起来很重要,做起来就次要"的现象,学校对科研工作的推进未能发挥较大作用。学校教科研部门在如何为教师专业化发展提供便捷的通道、搭建展示的平台,促进他们快速成长与成名方面,还有待提高。

其三,成果推广应用成效不凸显。部分课题还存在"重立项,轻研究",成果的提炼层次不高,形式比较单一,科研优秀成果较少。

其四,如何使中小学、幼儿园教师在尽可能短的时间内进一步融合,形成合力,做好中小衔接、小幼衔接等工作,致力于教科研基地校(园)工作,值得进一步探讨与研究。

其五,虽然被设立为福建省教育科研基地,但科研工作的顶层架构设计较弱,科研专业管理队伍较薄弱,研究团队的教科研研修经验不足、理论基础不够扎实、思维逻辑不够清晰,都需要得到更有效的专业指导与引领。

(二)今后的展望

在以后的工作中,要从以下几方面坚持做好教育科研工作,做好基地校的建设,促进学校特色发展、均衡发展、内涵发展,办"质量一流,内涵深厚,特色鲜明,人民满意"的漳平教育。

1.继续完善教科研保障机制

继续建立和完善教科研组织机构,增加科研干部力量,明晰市、校科研部门的工作职责,营造科研氛围,加大科研投入,完善教科研工作的考评、奖励与表彰制度,促使学校加大科研经费扶持力度,激发教师科研热情。

2.追求教科研工作研究品质

教科研工作的终极目的是研究教育工作中急需解决的现实问题,为教育实践和教育改革服务。为此,一要关注学生的成长,聚焦课堂,把核心素养融入教学实践中;二要关注各学段的衔接,充分整合学校、区域教育资源,加强学校管理、文化建设和内涵发展,促进教育发展再上新台阶;三要扶持和服务上级立项的重点课题、区域性改革推广课题和教育行政推行的教育教学改革项目,推进课堂教学改革和学校文化建设;四要落实高考及中考改革,开展适应新要求的毕业班教学与考试评价的相关研究。

3.提炼课题研究成果,推进教学成果的推广和应用

立足市情、校情,引导学校探寻有价值的研究课题,加大课题管理和指导力度,做实课题研究,积极总结、提炼研究成果,开辟多条渠道、多种形式课题成果推广道路,积极申报优秀教学成果。

4.加强教育科研骨干队伍建设,充分发挥骨干教师的引领作用

组织专门的科研培训,培养中青年教师科研优秀人才,成就科研骨干,提高他们的科研水平,以带动广大教师全面深入开展教育科研工作。

春风浩荡满目新,砥砺奋进正当时。展望未来,我们将坚持以习近平新时代中国特色社会主义思想为指导,贯彻落实习近平总书记关于教育的重要论述精神及全国教育大会、全国基础教育工作会议精神,全面贯彻党的教育方针,落实立德树人根本任务,深化教育教学改革,以建设漳平教育强市为总目标,以教育科研为抓手,以提升教师队伍素质为重点,以提高教育教学质量为核心,扎实、有效、深入开展教育科研工作,让科研之花洒遍漳平教育大地,使科研成果挂满每个校园,为推进漳平市基础教育改革与发展提供有力支撑,促进漳平教育优质均衡发展,办好人民满意的教育。

浅谈小学科学社区课程资源的开发

虞燕琳*

一、研究意义

小学科学社区课程资源具有研究的意义,主要体现在:通过对小学科学社区课程资源的特点进行梳理,明确其分布范围和价值,在实践中积累经验,及时进行探讨对经验归纳总结,有助于加深对课程资源的内涵、本质的理解,有利于丰富课程资源理论,有助于明确课程资源的内容,有助于促进校本课程的建设。能充分利用社区课程资源,对激发学生的学习兴趣、发挥学生的主动性,培养科学素养、实现科学启蒙,有重要意义。

小学社区课程资源的开发还具有实践意义,主要表现在对学校、教师、社区三个方面。目前,我国经济、文化等方面发展不均衡,在课程资源上表现得较为匮乏。增加对社区课程资源开发与利用的研究,并使其得到有效利用,将为学校在校本课程的开发上提供重要素材,还可以为教育管理者和决策者在合理有效分配课程资源上提供参考性意见。

对于社区而言,小学社区课程资源的开发,是课程资源开发的主阵地,是主要渠道。加强社区课程资源开发研究,有利于获得社区家长的配合,形成良好的沟通协作;同时,能够充分发挥社区多种资源的利用,特别是可以发挥人力资源体系的价值。

二、小学科学社区课程资源开发的主要内容

要认识一个事物,我们首先要将其分类。课程资源包含广泛,多种多样。学者们对分类的研究,大部分都集中在以下这几种观点。

---

*作者单位:福建省南平市建阳区实验小学。

（一）按照课程资源的功能特点划分

按照功能特点划分课程资源，可以分为素材性资源、条件性资源两大类。素材性课程资源是指构成科学课程的直接要素来源，如科学知识、科学方法与方式、科学技能、科学经验、科学情感态度和价值观等因素。条件性课程资源作用在课程资源上的影响，很大程度上决定着课程资源的范围大小和水平高低，包括人力、物力、财力、时间、空间、媒介设备等等因素。

（二）按照性质不同划分

按照课程资源的性质不同，可分为自然课程资源和社会课程资源。社会之中的各个部门、各类科技展馆、博物馆、社会人士、家长等都属于社会课程资源。而自然课程资源范围就非常广泛，如山川河流、动物植物等。

（三）按照其他标准划分

课程资源还可以根据空间不同，分为校内课程资源和校外课程资源；按照存在方式，也可划分为显性课程资源和隐性课程资源。

按照形态划分，可分为物质形态课程资源和精神形态课程资源。以物质形态存在的，如少年宫、名胜古迹、广播网络、教学设备等。校风、学风、价值观念、社会道德风气等，都属于精神形态的课程资源。还可以按照生成时间为依据，划分为预成性课程资源和生成性课程资源。

三、小学科学教育中社区课程资源开发与利用存在的问题

（一）对于课程资源的认识过于片面化，社区课程资源存在较大误区，忽视校外课程资源的开发

《义务教育小学科学课程标准》指出，课程资源存在于生活环境的方方面面，无时不有。从空间上可划分为学校资源、家庭资源、社区资源三类。为了使孩子们的科学探究学习能具有广阔的思维背景，科学课程不能局限于单纯的教材，必须开发利用多种多样的课程资源。而校内的课程资源，在时间、空间上具有相对较大的开发利用优势；校外的家庭课程资源与社区课程资源在利用上需要考虑学生安全等问题，相对薄弱很多。另一方面，由于我国在教师配置上的缺失，相当一部分乡镇、农村等教育薄弱地带科学老师大部分都由语文、数学等主科老师或者代课老师兼任。这样，科学老师对科学课程资源的认识就非常片面化，甚至一部分专业科学教师不能清晰地认识到自身是重要的课程资源，更对课堂之外、学校之外的科学课程

资源没有清晰的认识。其中值得强调的是,在许多课程资源开发利用方面相对成熟的地区,由于较为容易取得家长的配合,更愿意开发利用家庭科学课程资源,对于社区课程资源的开发利用则不多。

(二)社区课程资源开发后在实际中运用率低下

目前中小学普遍存在这样一种现象:资源为了开发而开发,并不具有实践利用的价值;或者是开发利用上有很完备的计划与程序,但由于管理和资源上的因素,在实际运用上运用率低下,比如学校在图书馆、实验室上管理相对集中,并不经常向学生开放或有时没有面向全体学生开放。

笔者在某市实验小学学习,并参观了学校的生物科技馆。在一层的一侧教学楼,利用四间教室,建设成了一个学校内小型科技馆,里面涵盖动物、植物标本、化石、闽南地区的地理模型等丰富的科技资源,资源配置相当完备。在科技馆的内部墙上还挂有很多濒危动植物的介绍展板。

这是一个非常好的体验场馆,克服了空间、时间的限制。学生可以在学校内获得丰富的知识,也容易因势利导开展科学课程。但是,自笔者去实习开始到结束的一学期,科技馆并没有开放过,要进入科技馆也要到专门的管理教师处取钥匙。在课余时间,笔者从六年级某班同学中了解到,他们只有在三年级的时候组织过一次参观。而二年级、一年级的学生基本不知道这一科技馆的存在,更没有运用到实际的科学教育教学上。

(三)社区课程资源开发形式单一

目前,各学校主要是通过课堂渗透、主题活动来开发课程资源,但教师多把课程资源开发局限在课程和学校之内。笔者实习的某市实验小学有在学校建立名为"开心农场"的种植体验基地,由科学组的老师负责,带领学生种植蔬菜水果等,组织学生观察蔬菜水果的生长过程。学校科学课程资源的开发主要是这一个项目,而结合社区资源开展的日常活动相对较少。目前,在社区课程资源上,学校大多也就是组织学生参加社区活动或邀请有关专家举办座谈,以报告的形式为主,很少利用其他资源,或让学生参与其他的实践活动。

(四)忽视了对学生的兴趣培养

现代认知学派学者皮亚杰说:"一切有效的活动必须以某种兴趣为先决条件。"我国古代教育家孔子说:"知之者不如好之者,好之者不如乐之者。""乐之"才能"

乐学"。现在我国科学课程的实施还不成熟,相当部分的地区又没有专业的科学教师,教师普遍采取科学教学方法是"教教材";在科学课程这种需要以学生为中心的课程上,采取的是应试教育的方法,没有开发课程资源,不能结合地域特色做课程的开发者和建设者来调动学生学习科学的兴趣,往往造成这样一种现象:学生在刚接触科学课程的时候表现出浓厚的兴趣,但是随着年纪的增长渐渐认为"书上都有"而失去兴趣。

四、小学科学教育中社区课程资源开发与利用的策略

(一)开发社区课程资源要加强社区上层组织建设

近年来,教育部门逐渐在强调小学科学的重要性,建议学校开发社区课程资源来丰富科学课程,但是学校领导往往还是不重视,这对教师开展社区资源的开发工作会产生巨大的阻碍作用。

经费也是社区课程资源开发能否成功的一向重要因素。学校中的教育经费主要是依靠财政拨款。在各个地区、各个学校经费如何使用,主要还是由学校领导统一规划。如若学校领导重视科学课程,认识到社区课程资源开发在科学课程开展中的重要作用,那每次制定经费预算的时候就会将这一因素考虑进去,给科学课程资源开发所需的资费。学校可以建立"课程资源开发利用专项资金",采取申请审批制度,这样必然能提高科学社区课程资源的开发质量与效果。

(二)建立学校与社区沟通合作的长期机制

小学科学课程社区资源开发与利用要求社区与学校是相辅相成、互为依赖的关系,社区要实现可持续发展不能离开学校这个文化中心,而学校要开发社区资源不好脱离社区这个沃土,这就要求社区与学校都要建立相互尊重、互惠平等的关系。在19世纪的美国就建立起了家长教师联谊、社区顾问委员会和社区学院等机构,北欧、日本也建立了诸如民众中学和民众公馆这种机构,这样有利于联系学校与社区。在社区资源开发的过程中,自然而然就要利用到工厂、农场、田园、科技实验基地、高新企业、植物园、动物园、图书馆、科技馆、博物馆、少年宫、农技站、大专院校、科研院所等,这就要求促进学校与社区沟通。

(三)增强教师开发社区课程资源的意识与能力

在社区课程资源开发的过程中,科学教师处在核心地位,是开发过程的领头羊,利用过程中的组织者、建设者。因此,教师社区课程资源开发的意识与能力就

显得尤为重要。在意识上,就要求教师要有正确的课程资源观与正确的课程资源策略。特别是在策略上,首先教师要采取多种手段提高自身的相关知识素养和专业素养,提升自己的教育思想与教育理论,并努力将这些理论运用到实践中去,及时记录下实际运用中存在的问题,及时反思改进。同时,也要在教研活动时大胆提出自己的新想法和问题、困难,紧密联系同事,充分发挥集体的力量。

在社区课程资源开发的过程中,还必须要有教师相应能力上的配合。那么,如何提高教师社区课程资源开发能力呢?第一,要把握教师对于课程资源开发能力的构成要素,包括计划设计能力、收集与处理资源能力、资源遴选与鉴别的能力、资源整合能力、组织协调能力、探究和解决问题的能力、评价能力等。第二,要全面提升教师的这些能力,教师要自觉树立正确的观念,将目光置于社区这一广阔的背景之中。

(四)建立社区课资源开发机制,并寻求利用求多种途径

要使社区课程资源能够有条不紊地永续发展,学校管理者应该从以下几个方面来建立完善开发机制:首先,要促进学校与社区在观念上的交流与对话。其次,学校要以相应的法律、法规和政策为依据发挥社区优势。再者,还需要建立一定的组织机构。最后,要给予科学课程足够的重视,努力调动教师的积极性。

利用多种途径开发利用社区课程资源,主要有以下三种途径:一是学生走进社区策略;二是社区人士走进学校策略;三是学校社区联合策略。

学生走进社区活动,可以是科学老师联合几个班级结合具体的教学内容将学生带出课堂走进社区进行的现场教学,也可以是学校统一组织的科学教育类活动。以苏教版五年级下册第二单元中的《建桥梁》这一课为例。科学组可以组织五年段的老师,调整课时,组织学生用一个下午的时间将几个班级编为一组,带领学生到校外参观桥梁博物馆或者实地考察桥梁建筑,布置好思考问题,组织学生写好研究报告,在课外的现场参观中渗透《建桥梁》这一课的三维目标。同时,学校也可以到科研机构、科技馆、发电站、污水处理厂等开展学生实地学习活动。

社区人士走进学校策略要求学校组织社区人士、家长等人员参与课程计划的安排,也可以聘请社区科技人员担任校园的科技辅导员,邀请家长中的科技工作者或者在科学方面有热情、有能力的家长来学给学生定期开展科普讲座。在学校举办科技活动时,联合社区的人力资源,参与到统筹计划实施过程中来。

2013年,兰州城关区兰大社区联合学校开展科技节活动,兰大社区、兰大职小联合举办了以"飞向科学梦想"为主题的科技节活动。

2016年,满洲里环保局和社区、学校联合开展关爱社会、关爱自然、关爱他人系列活动,同学们从中懂得了"帮助他人快乐自己"的意义。通过社会多方参与,让绿色理念和环境保护的宣传教育深入人心。

这些活动向我们展示的都是非常好的形式,但要避免形式化的现象,少一点作秀,多一点务实,把焦点聚集到学生的身上。资源开发是当今课程资源改革的重要环节,是新时期基础课程改课的重要环节。在当今以科学为生产力的大环境下,各国对科学课程的关注日益提高,发达国家更是将课程资源的开发放在首要位置。我国在科学课程资源开发上起步较晚,社区课程资源更是薄弱。小学科学社区课程资源开发与利用具有十分重要的意义,对培养科学素养、实现科学启蒙有深远的影响。所以,作为教育工作者,更应将注意力放在课堂以外,将发展计划落实到教材以外,以更长远的眼光看待小学科学教育。

参考文献:

[1]徐萍.小学科学教育中社区课程资源的开发与利用研究[D].大连:辽宁师范大学,2011.

[2]赵艳丽.小学科学社区课程资源的开发与利用中存在的问题及对策探究[D].长春:东北师范大学,2010.

[3]魏献策.论社区课程资源的开发与利用[D].福州:福建师范大学,2007.

[4]刘克健.小学课程资源的开发与利用[D].南京:南京师范大学,2007.

[5]杨玲玲.新疆小学科学社区课程资源的开发利用现状及策略研究[D].乌鲁木齐:新疆师范大学,2015.

[6]赵婷.小学科学校外课程资源开发与利用研究[D].长春:东北师范大学,2013.

"诊断"真问题,让幼儿园教研有"质"起来

周志英[*]

众所周知,教师是立教之本、兴教之源。这一论断得到学校管理者的一致认同,也成为管理者日常管理中为之努力建设的目标之一。踏进学校就能听到管理者滔滔不绝介绍引领教师走专业化的新路径,但是在网络上依然看到教师体罚幼儿的案例层出不穷,使得幼儿教育一次又一次被质疑专业性。《中共中央 国务院关于学前教育深化改革规范发展的若干意见》中论述教师队伍建设滞后、保教质量有待提高、存在"小学化"倾向等。为什么一直在谈提升幼儿园师资素质,可绝大多数园所却无法改变这一状况呢?不难发现,在幼儿园日常管理中,师资素质提升常常结合主题讲座、师资培训、会议点评、常规教研来解决,然讲座讲解师资重要性多了,互动与教师匹配实例少;会议评析现况多了,交流实际解决方法少了;教研关注师资能力环节多了,真正解决教师个体存在"真问题"少了。由此可见,幼儿园教研活动与师资素质提高背道而驰,教研质量不容乐观。笔者借助医学诊断原理开展诊断式教研,诊"真问题",促教研走向优质,从而追求与教师思想、言行的同步,追寻"问题"背后原因,追溯解决问题的策略。

一、比较诊断式教研与传统型教研的异同,找寻影响教研实效的根源

教研活动是促进幼儿和教师发展,解决实施课程中遇到教学疑难问题的活动。纵观幼儿园教研,有学校大教研、年段教研、班级教研、课题教研、案例式教研等。教研活动的开展可谓是百花齐放,有体验式教研、互动式教研、游戏性教研等,虽然教研方法提法不一,但大致以研训相结合促进教师专业发展。目前,绝大多数的教研流于形式,按照事先预定的教研计划按部就班地进行。这样的教研有宏观目标,

---

*作者单位:福建省厦门市第四幼儿园。

有完美的教研记录，却与教师需求有一定距离，教研内容或高了或低了，缺少教师参与的积极性，缺乏教师之间的智慧碰撞，缺失教研意义，更谈不上教研有效。诸如此类的传统型教研全面铺开，请专家、教研员来园指导和园所自我研讨成为主潮流。教研改革中针对传统的教研模式也顺应提出了有效教研、教研关键点等观念。在这一场一场教研改革中，"诊断式教研"的出现冲击了传统型教研。

在对比两者不同中发现，传统型教研内容重在评析教育实践，基本按原有计划进度进行；组织形式以全员研讨、小组研讨、你听我说、你问我答为主；研讨过程通过文章学习引领，预先计划安排；特征以部门负责人评析进行。而诊断式教研内容基于教师教育教学"真问题"，通过自主讨论、共同商讨，形成共识；研讨过程深入剖析活动案例各环节，具有不可预知性，将随着参加人员参与研讨而变化，特征自我诊断、骨干教师诊断、专家诊断。例如，在"家园沟通"教研中，传统型教研通常学习一篇关于家园沟通策略的文章，各位教师举例班级家园沟通的经验做法，主持人总结方法并提出要求结束教研。而在诊断式教研中，提出一个新的概念为"门边对话"，围绕这一主题，分组讨论提交"门边对话"的形式有哪些，并就"门边对话"的内容精准确定进行针对性辩论，从分享成功的例子与失败的实例中归纳门边对话的策略，在园长主题发言"门边对话的艺术"，通过概念界定、特点、益处、准备、建议中完成，教研活动已结束。而"门边对话"每一种策略都深深刻印在教师心中，教师们带着这些策略落实于日常实践中。"门边"诊断却意犹未尽，犹如一个"小火苗"点燃教师在家园工作中不断探索的进程。

由此可见，传统型教研就当下怎么教和怎么学进行，诊断式教研从追溯活动的过去、现在、未来揭示教育"真问题"背后原因。

二、掐准诊断式教研开展的关键要素，开启架构教研优化的平台

诊断式教研以幼儿园为基点，针对教师在教育教学过程中出现的问题、困惑，通过"诊断"与集体研讨的方式，共同解决问题或疑难，充分调动教师的研究欲望与兴趣，促进教师自我思考、集体学习、团队智慧碰撞，持续推进教师"研"意识和专业能力，达到共同成长的目的。此教研开展借鉴医学诊断学、教育病理学及心理咨询学等原理，研究教育教学病理现象，作出判断与鉴定，确定教育策略，解决教育实践问题、疑难。因而在诊断式教研开展中，要明确诊什么、谁来诊、怎么诊，更好地思考诊断的结果如何解决、推进、深化、提炼。

(一)明确诊断对象,使教研内容有意义

每一场教研活动都有研讨内容,研讨内容符合教师刚需尤为重要。主要由以下两种:

一是教师个体诊断。在教研中表现为引导教师或邀请专家对自身教育实践情况进行"诊治",即分析、筛查、评判、提升。在"美术区环境更好地支持幼儿多元发展"教研中,让各班教师谈利用美术区环境支持幼儿多元发展做了哪些尝试。各班教师畅所欲言,丁丁老师提出提供多种辅助材料,如矿泉水瓶、牛奶瓶等,促进幼儿想象力的发展;璐璐老师选择有利于激发幼儿多元创造力的美术区活动内容和材料,如粗头针、线等,让孩子们自由创作,促进手眼发展。接着,两位评析老师分别从材料、工具以及美术区的延伸谈了自己的做法。又以教师自由组合方式,分三组用不同方式进行记录,一组用海报、二组用鱼骨图、三组用思维导图进行记录。紧接着,从10个做法中找出有效措施。以上片段教研足以说明:让教师个体诊断,谈自身教育实践,巧妙调动教师主动"研问题",形成共识,教师有了参与权、话语权、表决权,真正成为教研主人。

二是幼儿活动诊断。注重幼儿的行为和学习过程,聚焦幼儿做了些什么,关注幼儿的主动性、积极性和创造性,观察幼儿的深度学习方式。在自主餐点环节教研中,通过观看幼儿生活活动实录,教师根据《思明区幼儿园一日活动保教工作细则》要求去观察幼儿活动情况,每位教师用便签纸进行记录阻碍幼儿发展的问题,用评估细则对照幼儿活动片段,汇总餐盘摆放位置适宜、取餐点规范流程、餐具大小等实际问题。在此基础上,后勤部门介绍收集的餐具款式供研讨人员对比、筛选。此环节教研内容来自幼儿真实情景下"真问题"诊断,在反复实践、研讨中助力幼儿成长,成就教师发展。

综上所述,诊断式教研的内容来自教师日常组织教学中亟待解决的问题,教研过程中教师之间教育智慧的碰撞,没有以往管理者的预先"预设",成为真教研、真研究。

(二)制定教研预案,使教研过程有价值

诊断式教研区别于普通型教研的关键在于改变一个人定主题、一个人做准备、一言堂等做法,预先进行教研预案的预设,发动参与教研人员去收集关于教研主题下的一切有利教育教学实践资源,在诊断专家、研讨人员职责上详尽安排,保证

教研有效开展。

一是收集聚焦教研主题。教师是教研中的个体。根据多元智能理论,每位教师在专业知识、专业能力、专业态度上都大不相同,各有所长。因此,教师在组织教学中遇到的困惑也大不相同,教研需依据教师在日常保教过程中遇到的所惑、所疑等进行,诊断教师个体成为教师专业发展的关键。同时,还可以从日常观察、个别访谈、教师上报、专家建议上提炼教研的焦点、疑点、难点,做到每次教研有重点、有计划、有步骤,达到事半功倍的效果。

二是甄选参与教研人员。参加教研的人员发展水平不同、认识结构不同、理解能力不同、所带班级孩子发展状况不同、家长支持程度不同等,大家各抒己见,营造良好教研氛围。在"美术区支持幼儿个性发展"教研中,教师们讲述日常美术区中常见方法后,提出"谈谈这些措施中哪些做法是有效的?"对共性问题,分别由已有这方面经验的薇薇、娟娟老师上台介绍。对美术环境概念这一困惑,大家共同研讨——有的教师说美术区环境是三维空间的创设,有的教师提出展示幼儿作品的版面和架子上的材料也算是美术区环境,还有教师认为美术环境除了有美术墙的创设还有美术区氛围的营造。更有一部分教师不同意以上教师提议,道出不同的见解,认为美术区环境应包括校园环境的创设墙面环境的创设、美术室的创设、美术区域的创设等。还有教师说一切可以供幼儿自由欣赏和创造的环境就是美术区环境,包括整个大厅操场、楼梯以及幼儿园的各个角落。教师们争论不休,整个教研场面无一闲人。

三是确定每场教研方式。从共研的时间长短、地点、类别上进行选择,为诊断式教研顺利进行做好前期准备工作。例如,幼儿自主餐点组织的教研,可以在班级现场进行研讨,便于适时调整餐具摆放、取放行走路线、观察幼儿反应等。生成课程《柚子熟了》的教研,可放在课题室进行,方便教师收集资料后再进行研讨。组织活动观摩研讨的教研,便可放在观摩活动后的实际地点进行,有助于研讨者再现研讨过程,解决问题症结。总而言之,不同教研内容应因地制宜进行组织。

四是把好问题陈述。在诊断式教研过程中,问题是教研过程的导向,更是教研活动的指向。由此,做好"病情"(即问题)的准确陈述是关键。在《师幼互动有效指导》教研中,李老师利用日常与幼儿互动的小视频作为"病情"陈述依据,通过小视频展示他与幼儿互动的全过程,幼儿对教师大量提供的建构美术墙面的玩具不感兴趣，拼贴出来的造型单一和具象。教研中，在听完李老师的陈述再观看视频后，诊断问题为"提供方框玩具数量与颜色比例失调、提供版面大小与建构主题不吻合、教师指导单刀直入干扰性语言多"等，给予处方为四种颜色的方框玩具适量提供、拓宽建构的美术版面、提供与建构主题相关的图片、图书分别放在所属的区域里、教师重在观察并进行适量的开放性语言互动。此"处方"开出，促进了幼儿大胆想象、敢于创新，让幼儿成为环境的主人。在整个教研中，重视教师问题陈述的准确性和完整性，以问题为导向，探寻"病情"（即问题）的背后原因，确诊"病情"的处方，围绕主题共同碰撞，达成一致。

三、掌握诊断式教研的策略，深推构建优质教研模式

诊断式教研借助医学原理上的望、闻、问、切进行观察、倾听、访谈、调查，分析问题症结，齐力解决。教研过程、教研水平与参会者对主题认知结构紧密相连，一个有质量的教研来自教师对主题的深度学习，在互动中才能产生新的知识点、改变新的认知结构。在研讨实践中，"诊断"作为手段，以"把脉""会诊""切诊"等医学方式迁移教研环节中，"真问题"得到甄别，解决措施得到落实，形成以下三种诊断模式。

（一）切中要害的"把脉式"教研

在组织中，把脉教师、幼儿、环境及材料等，在把脉中分析问题所在，把准教研的方向。例如，大二班教师提出组织《柚子熟了》活动，教师摘下5个柚子准备和幼儿分组一同探索"柚子的秘密"，在把脉教师提供活动设计、柚子树环境中给出建议：第一，让教师将活动移到户外柚子树下进行。第二，活动定位尝试了解采摘柚子的多种方法。第三，与幼儿园人员分享采摘柚子的乐趣。这样的"把脉指导"，让活动发生翻天覆地的变化，让幼儿身临其境到校园柚子树下环境进行认知，幼儿在实地场景中激发摘柚子的兴趣，有的幼儿搬梯子，有的幼儿请来高个子保安叔叔帮忙，还有的幼儿用棍子敲下柚子，更有幼儿用不同工具在装柚子……幼儿在数柚子、运送柚子及赠送保安、厨房人员、其他班幼儿中学会交往，感受分享快乐。在把脉活动的全过程中，从教师组织、师幼互动中，再次给予建议：第一，大二班教师继续组织探索"柚子的秘密"的活动，引发幼儿表达表现。第二，分享班级教师组织"柚子来了"活动。第三，厨房人员、保安、办公室老师如何分享柚子。第四，采摘班级幼儿回家后如何与爸爸妈妈分享柚子。整个活动从一个班一个室内的小活动

发展到实地教育活动、班级互动活动、校园联动活动、家园协作活动。把脉式教研通过"望、闻、问、切"找到"个体病因",找准"真问题",落实问题解决的策略。

（二）群集力量的"会诊式"教研

通过教师之间共同商讨与判断,形成共识,不断深化教研,主要有核心研究组会诊、骨干教师会诊、业务副园长会诊、园长主持会诊、专家会诊等方式。例如,大班艺术活动《丝巾的畅想》,聘请专家组织骨干教师对此活动进行会诊,在诊断教研中观看活动过程,聆听执教教师反思和观摩教师感想,提出问题"如何定出只属于此活动的目标?""如何让教师成为活动支持者?"丝巾飘落下来,除了动物外还可以是什么?"等,骨干教师提出应发挥辅助材料利用率,园长诊断活动各环节互动时间不宜等,针对性总结动物的特征有利于幼儿在造型动物中奠定基础,专家诊断后出处方"活动目标定位要有针对性,丝巾飘落下来不一定是动物,将第一、第二环节进行相融,以创设森林情景式导入让幼儿自主发现中感受造型美,提供材料应围绕有针对性动物的材料进行等"。这样会诊,促进教师掌握艺术活动设计的关键点,帮助教师树立艺术活动让幼儿自主自由表达的理念,让幼儿真正成为艺术活动中的主人,达到发现美、感受美、表现美、创造美的目的。群体会诊凝聚集体智慧共同分析"病因",研讨"病理",达到事半功倍的效果。

（三）触动深思的"切诊式"教研

以切片式诊断形式开展教研,一般用于对活动设计环节的理解。例如,大班艺术活动《说唱STYLE》,就教学策略这一内容进行切片式教研,第一层师生问好融入适宜性,第二层师幼互动中说唱表演融入自由度,第三层教师示范创编青蛙过程中将节奏谱直接改为青蛙节奏图谱,第四层融入绘画方式记录幼儿创编歌词……每一层切片诊断,助力教师步步理解活动环节的有效性。在教研过程中切片式诊断,令教师深度透析教材,聚焦真问题,真正成为活动的支持者。

随着幼教改革深入,幼儿园的各项工作需要拥有专业知识深厚、专业能力强、团队合作好的教师共同协作,幼儿园的各级教研需要教师形成共识,诊断式教研聚集专业人士,用专业态度、专业理论、专业能力去研"真问题"、去磨"活动组织"、去培"教育行为"。通过专业引航、骨干教师带动、教师自我驱动,形成厚积薄发的教研力量,层层深入助推教师专业成长,给予教师专业的提升和理论的引领,促进教师之间专业合作,不断走向优质教研,发出育人的亮彩。

参考文献:

[1]王新年.有效教研案例研究[M].郑州:大象出版社,2017:189-190.

[2]孙瑞欣.校本教研的7个关键点[M].重庆:西南师范大学出版社,2013:135.

[3]黄豪.园本教研中教师共同体文化的发展现状与构建路径[J].学前教育研究,2019(11):35-49.

[4]马灵君,赵洁琼.聚焦问题的案例式教研 促进幼儿建构经验的发展[J].早期教育,2019(10):26-27.

[5]喻兴艳.看、记、说、化、探寻园本教研的新路径[J].早期教育,2019(5):21-22.

[6]严碧芳."会诊式"教研值得推广[J].福建教育,2016(3):14.

[7]虞永平.幼儿园教研需要革命性转身[N].中国教育报,2017-11-5.

以美育人，以文化人

颜秀贵[*]

一、清晰办园目标，为高品质发展导航

《国务院办公厅关于全面加强和改进学校美育工作的意见》中指出，美育是审美教育，也是情操教育和心灵教育，不仅能够提升人的审美素养，还能够潜移默化地影响人的情感、趣味、气质、胸襟，激励人的精神，温润人的心灵。中共中央办公厅、国务院办公厅《关于全面加强和改进新时代学校美育工作的意见》提出，将学校美育作为立德树人的重要载体，坚持弘扬社会主义核心价值观，强化中华优秀传统文化、革命文化、社会主义先进文化教育，引领学生树立正确的历史观、民族观、国家观、文化观，陶冶高尚情操，塑造美好心灵，增强文化自信。习近平总书记在2019年全国教育大会上发表重要讲话时强调，要全面加强和改进学校美育，坚持以美育人、以文化人，提高学生审美和人文素养。

晋江市安海实验幼儿园地处千年文化古镇，又是一所百年老校，具有深厚的文化底蕴。

其前身是1879年由教会创办的慈幼幼儿园，1952年由政府接管，2017年升格为晋江市市直幼儿园。学园现为"一园三区"集团化管理的办学格局。多年来，学园坚守闽南优秀传统文化的传承，依托多个省、市立项课题关于闽南文化的专题研究，积极探索美育教育改革与实践，走出一条科研兴园、特色强园、美育亮园之路。近年来，学园更是根据镇情、校情、学情实际，提出"培根润心 幸福成长"的办园理念及"具有乡土情怀、中国精神、国际视野的安幼学子"的培养目标，办一所"扎根本土、面向世界，创建师幼成长的幸福乐园"的共同愿景；同时，深挖古镇、老校优秀的

*作者单位：福建省晋江市安海实验幼儿园。

传统文化资源，扣紧时代脉搏，梳理、提炼出"文化滋养乡情，美育点亮人生"的办园特色。

二、鲜明办园特色，为高品质发展奠基

一直以来，学园注重传统文化的弘扬与传承，将富有闽南及安海传统特色的文化引进校园，如安海小吃、民间民俗、民间游戏、闽南童谣、民间工艺等本土资源，与幼儿园课程进行融合，深入探索幼儿园传统文化传承的途径，创新适合幼儿的现代化教育手段形式，逐步推进幼儿园传统文化美育教育。

（一）创设"闽味"文化，营造美育氛围

1.园所美育文化有闽味

环境在教育活动中有着不可低估的作用。作为一种隐性课程，环境在开发幼儿智力、促进幼儿个性发展等方面发挥着重要的作用。为使这所古朴的校园焕发新的活力，我们遵循"精致+特色"的原则，充分利用校内厚实的文化底蕴，挖掘校外丰富的优质资源，将闽南传统文化引进校园，精心创设具有闽南特色的班级文化、区域文化等，形成了优美、和谐、健康、向上的文化氛围。如一号梯的楼梯文化主要以民俗、小吃、童玩、手工艺为主基调，三号梯主要以闽南民间手工艺来装饰，四楼空间营造颇具安海特色的三里街景观、美食一条街等安海闽南民俗特色。铸英分园面积虽然小，但我们因地制宜、精心创设，力求做到校园处处是风景，彰显着鲜明的育人功能，让文化浸入学园环境、渗入幼儿生活，从而达到润物细无声的作用。总园区地处千年名桥安平桥畔，园所文化仍然延续老园闽南文化，户外设计以安海闽南文化名胜古迹为基调，将富有闽南安海浓郁文化特色的五里桥、三里街、石井书院等景观作为幼儿感受安海文化及游戏的活动场所，将"攻炮城""捉鸭"等喜闻乐见的安海民俗活动融入户外体育游戏活动中。总、分两园的园所文化精致有特色，充满浓浓的闽南味。

2.六大区域馆室有特色

为了使活动开展扎实有效，我们通过分园整体环境的规划，充分利用闲置空间，在铸英分园四楼，结合六个区域特点，创设了彩扎灯、扎吉花、编竹篾、妆糕人、珠绣、剪纸等六大民间手工艺区域馆室。每个馆室风格各异，突显手工艺特征，同时根据幼儿能力差异，投放不同难度的材料，制定入区规则，营造氛围，让孩子们在景中感知、景中生情。

3.手工艺区域文化有创新

随着教育现代化的加速发展,2018年,我们将交互式一体机引进校园,为每个班级、区域活动室添置了交互式一体机,为师幼在美育教育实践中提供直观、形象的教学手段。特别是在手工艺区域配置了一体机,为幼儿在闽南民间手工艺区域活动提供便捷化的学习方式,营造浓郁的现代信息技术氛围。

(二)夯实教育科研,推进美育实施

1.开展幼儿本位的美育园本教研

为了加强研究力度,使保教改革更具实效,结合《3-6岁儿童学习与发展指南》(以下简称"《指南》")精神,我们以小团队的形式,扎实开展以美育为主的园本教研。每个团队有针对性地对自己所管辖的区域、项目进行研究,每阶段召开园本活动分析总结会,每小组不定期召开小组会议,针对区域中出现的重点、难点等展开研讨,每次活动做到有分析、有记录、有总结。另外,我们也重视案例分析在课题研究中的作用与意义。在研究过程中,教师们围绕某一个研究重点,持续观察、分析幼儿在区域游戏中的学习行为,并进行识别、回应、记录、反思,从而形成一篇完整的活动案例,并在案例分析交流会上与全体成员交流、分享,从而实现幼儿为本,有效推进美育教育的实施。

2.凸显本土文化的美育课题研究

一是坚守闽南文化传承。学园作为福建省"审美与快乐"幼儿音乐教育课题研究基地园,从闽南童谣入手,并把它融入幼儿园的早操,以唱、跳的形式广泛流传。同时,将民间趣味游戏与当代幼儿生活相融合,积极探索民间体育游戏。2010年起,从民俗节日、民间工艺、民间体育、安海小吃等四个方面入手,借助市级立项课题《本土资源在幼儿园的开发与利用》,充分挖掘本地区适宜幼儿园的教育资源,逐渐探索出一条具有乡土特色的园本教育之路。2016年7月起,在《指南》的指引下,先后申报并确立福建省、晋江市等多个立项课题,开始对民间手工艺区域游戏的专题研究,由传统的集中授课转化为更适合幼儿发展的混班式区域游戏,扩大幼儿交往空间,让幼儿通过与环境、材料、同伴的积极互动,来实现传统文化的传承及学习品质的培养。

二是着力闽南文化创新。随着教育改革步伐的不断推进,学园在"纲要"和"指南"精神的引领下不断思索:如何延续幼儿园的本土文化特色,通过美育教育的

改革与实践，让幼儿自由、独立、主动地加入传承和发扬本土文化的行动中，由此获得身心的主动发展。在国家倡导"教育领域要实现信息技术与教学的深度融合"这一大背景之下，我们寻求到一条创新途径：探索在幼儿园本土工艺传承活动中，将美育教育有效融合现代化信息技术，加深幼儿对传统文化的认识，促使幼儿更好地获得优秀的学习习惯与学习品质，同时提升教师的信息化应用能力与水平。由此，学园确立了《信息技术在幼儿园民间手工艺活动的运用研究》《交互式电子白板在幼儿园民间手工艺活动的运用研究》两个市级立项课题，依托课题研究为核心载体，跟紧教育改革的步伐，进一步探寻园本课程的发展新篇。

3.开发适宜的美育园本课程

一是普及化的园本课程。在不断的研究和探索中，学园教师勤于思考、敢于探究，在长期持续的传统手工艺传承教育研究中总结出不少宝贵的经验，开发编印了《幼儿园民间手工艺区域游戏指导用书》《幼儿园园本活动实例汇编（第三辑）——民间手工艺主题活动专刊》《幼儿园民间手工艺区域游戏案例分析集》《幼儿园民间手工艺区域游戏论文汇编》等教育参考用书，供全园教师学习、使用，为美育教育的实践提供指南。

二是信息化的园本课程。在园本课程的组织实践中，学园以幼儿为本，根据幼儿不同年龄特征与发展水平，收集、制作适宜幼儿学习和操作的数字资源，及时整理、归纳，按难易程度分为"易、中、难"三等级，匹配小、中、大班幼儿使用，开展切实可行的园本课程研究实践。比如，大班以"混班自主性民间手工艺区域游戏"为主，在六个民间手工艺区域中分别投放了一台平板一体机，并创建各工艺信息资源库，让幼儿自主操作一体机，感受、自主学习工艺技能；中班以"单一式民间手工艺区域游戏"为主，教师制作相应的互动课件，在集体活动中，幼儿通过图片、视频及互动软件中的游戏操作，了解工艺内容，突破技能难点的学习，体验各种民间手工艺活动的乐趣；小班以"简易技能融入日常游戏"为主，从各工艺技能中筛选适宜技能融入区域，再结合一体机、投影仪、微信、希沃助手等软件功能，于区域引入、分享等环节进行操作演示，引导幼儿初步感受活动乐趣、习得工艺技能。特别是新冠肺炎疫情停课期间，学园充分发挥信息技术的优势，将线下民间工艺活动转为线上亲子工艺体验，抓住契机延续学园美育教育。首先是"微信助力—班群宣传"，通过微信群向家长、幼儿推送学园手工艺活动照片集和电视台采访视频，宣传家乡传统手工艺和学园传承活动开展情况，激发参与手工艺活动兴趣；其次是"微课指导—亲子体验"，推送适合不同年段的工艺微课视频，配以教师线上指导，开展大、中、小班亲子工艺体验活动，家园携手，最大限度地形成了教育合力，实现特殊期间的美育教育目的。

（三）发挥示范辐射，推广美育成果

1.示范辐射，全面推广经验

作为福建省级示范性幼儿园、晋江市美育实验基地园、晋江市闽南文化传承基地、晋江市第二批研修基地园及片区龙头园，学园充分发挥示范、辐射作用，引领和带动区域内幼儿园及教师共同成长。学园名教师（含培养对象）共有16位，积极与校内及片区基层校交流，进行师徒结对，指导年轻老师成长；选派多位骨干教师到安海镇第二、第三、第五公办幼儿园支教引领；与安海镇第三幼儿园结成拉手园，5位名教师成为晋江市陈白鹭名园长工作室及晋江市4个名师工作室核心成员；接受安海、内坑4所基层幼儿园来园对口跟岗学习，选派骨干教师指导其创评晋江市示范园；先后接待来园参观学习的人数达400余人次，承办10多场次开放观摩及教学展示活动，5人次教师在省、市美育活动展示中作经验分享。其中，省级立项课题《民间手工艺在幼儿园区域化活动的实践研究》结题成果获评良好，并作课题成果分享；园长撰写的《深度融合信息技术，打造现代化教科研队伍》荣获泉州市校长论坛征文优秀奖，并在晋江市名教师展示活动中作经验交流，积极向幼教同行推广学园美育教育改革实践的阶段成果。

2.媒体关注，扩大社会影响

为更好地精耕"乡愁文化"品牌，推广美育改革成果，由晋江市电视台精心制作的《老闽南》栏目组曾先后5次走进学园，录制了《百变妆糕人》《一花一世界——扎吉花》《欢喜来拜年——"扎吉花"活动回访》《"彩扎灯"专辑》等节目，并在黄金时段展播。电视台的录制与专访记录宣传了学园在传承民间手工艺中作出的努力及初步取得的成果，弘扬了老闽南优秀的传统文化，有力地推广了学园的美育教育成果，在社会上引起强烈反响。

3.合力传承，提升文化自信

为了更好地推广、展示美育实践成果，学园通过定期邀请民间老艺人入园、走进民间作坊等各种机会，发挥"大手拉小手"作用，让民间手工艺得以传承。

2018年5月，学园举行首届"闽南文化进校园"系列活动，并在4A景区安平桥生态公园举办了"扬传统文化，播爱心之举"幼儿自制民间手工艺义卖活动。活动现场，六大民间手工艺区域现场制作，呈现了各种精美、琳琅满目的自制手工艺品，吸引了大批家长、孩子和社区民众。大家纷纷慷慨解囊，买下了自己喜欢的手工艺自制品，更作为一种爱心义举，体验了"成人之美"的幸福感。2019年5月，隆重举办"闽南风·古厝情"民间手工艺幼儿作品展暨省级课题成果展览活动。学园于2019年5月27日至6月5日期间，将民间手工艺幼儿作品搬上儿童节的舞台，通过创设大型的"古厝情"意境，在古香古色的情景中展示幼儿创作的民间手工艺作品，让幼儿、家长、社会各界人士通过展览感受到民间手工艺传统文化的魅力，旨在保护与传承、创新与延续，以特殊的方式欢庆"六一"儿童节。师生、家长及社区的共同参与，极大地宣传了闽南优秀传统文化，也展示了学校美育教改的初步成果，大大地提升了文化自信。

（四）推进幼小衔接，为高品质发展助力

当前，在国家"双减"政策背景下，我们开始思考如何建立幼儿园与小学科学衔接的长效机制，全面提高教育质量，促进儿童德智体美劳全面发展和身心健康成长。今后，学园将以福建省幼小衔接试验点学校为有利契机、平台，借助泉州市学前教育教学研究基地学校平台申请泉州市级立项课题《幼小衔接特色课程的开发与实践》的研究，特别是依托学园与安海中心小学为结对试点校（园）以及晋江市"十五"联动校（小学）对幼小衔接进行双向性、系统性研究，努力让幼小真正做到无缝衔接。

教育新发展之男教师对促进幼儿个性发展的研究

王琪琪*

前言

当今,由于经济社会的发达、科技水平的提高、文学艺术的发达、知识门类的丰富,中国高等教育各项事业获得很大的发展。在这当中,我国人民也对各项教育事业十分关注,自幼努力培育孩子成为风尚。在这个潮流中,人们往往强调让儿童掌握技术特长,而忽略了对儿童品德情操、言行举止、习惯和意志品质的培育锻炼。而这,又恰恰是关乎我国国家富强、民族兴旺的头等大事。

高等教育是一个宏大的社会教育系统工程,起着弘扬人类文明、传承中华民族文明、推进国家经济社会发展向前的重大功用;同时,肩负育人育才的重担——这就给进行教学工作的教师提出了更高的教育标准。而在这系统的整体教学工程中,幼教工作就是整个系统的关键。就一个国家、一个民族来说,教学工作就是基石。就教学事业来说,幼儿是社会基础的基石,是整体教学工程系统中的奠基石。教学是强国,育才是国家贡献。所以,要做好幼儿教育,幼儿教师的作用是举足轻重的。

但是现如今的幼教中,男女师资配比严重失调,女多男少的教学现状造成幼儿的心理状态女性化,从而使孩子产生懦弱、犹豫、不安等各种心灵缺陷,进而直接危害孩子身心的健全和发展。由此可见,阳光、独立、果断、勇敢的个性品质是幼儿个性培养与发展中不可或缺的元素,而这在男幼儿教师身上可谓体现得淋漓尽致。所以也可以说,男教师在幼儿教育中起着无法取代的重要角色,可以推动孩子的个性发展。

---

*作者单位:福建省福鼎市秦屿中心幼儿园。

一、男幼儿教师引起关注的原因

中共中央、国务院高度重视中国幼儿教育的发展。《国家中长期教育改革和发展规划纲要 2010-2020 年》明确提出,到 2020 年全国基本普及幼儿教育的发展目标。这是我国在 2000 年全国基本普及义务教育以后,为达到更高层次的普及教育目标所作出的又一重大决定。在幼儿园发展目标的同时,人们也要发现当前中国幼儿园教学中面临的一个最严峻的问题,就是教师男女比例的严重失衡。

男性幼儿教师的缺乏,可以说是一个全球性的社会问题。日本男子幼师比率大约为 7%,美国幼儿园师资中男子教师大约占了 1/10;在幼教比较成熟的德国,男性教师的比率为二成。在中国,男幼师的"存活率"还不足万分之七,男幼师被戏称为"极品大熊猫"。《中国教育报》2005 年 3 月的一份调查报告显示,目前我国男女教师的比率是 0.3∶9.7,在大连的比率是 0.05∶9.95,在武汉市的比率是 0.6∶9.4。在业内认为幼儿教育技术较为成熟的深圳,比率为 0.04∶0.96。

幼儿教育对一个人的生命发展来说是十分重要的。所以,幼儿园老师的主要角色也是至关重要的。从幼儿发展来看,尤其是幼儿性格的发展完善,以及非智力因素与心理品质等方面,教师的主要角色也不容忽视。而随着时间的推移,以及人类社会关于幼儿教育理论的进一步深入更新,男教师在幼儿园中的主要地位与角色也日益被社会提及与关注。而本文中所指的男性,大致上包括了两种,一是指负责幼儿教育的男性老师,二是指负责幼儿教辅的政府人事、电教、后勤保障等方面的男性工作人员。但无论哪一类人,男性教师在幼儿园的主要角色都已形成一个很大的社会共识,被幼儿教育专家、幼儿父母所认同与接纳。

更多的幼儿园管理人员在招聘的过程中,特别注意全园职员男女的搭配与分布,在经济条件许可的情况下,尽量招聘一些男职员,为幼儿园带来更多的"阳气"。如浙江省温州市一家颇有影响的幼儿园,曾登出广告重金招聘男教师,着力寻求提高师资水平的突破口,希望能够发挥男幼儿教师阳光、独立、勇敢的个性优势,改善幼儿的个性弱点,促进幼儿个性的全面发展。

二、男幼儿教师的教育优势及弱点分析

男幼儿教师也是幼儿教师队伍中的特有人群。从总体上讲,由于男教师的培养机制还没建立,也就不会产生关于男性教师的规章制度和优惠政策。但即便如此,男性教师也仍然存在着。由于男性教师长期在幼儿园工作,给幼儿园带来了

新鲜的生命力,也得到了幼儿园老师和小朋友们的喜欢。因此,家长也就普遍认为幼儿园里必须有男教师了。和女性教师比较,男教师具有其优点,也有其不足。

(一)男幼儿教师的教育优势

1.男幼儿教师的个性特征有利于促进幼儿个性全面和谐发展

我国研究幼儿认知发育和大脑功能发展的专家指出,在幼儿园中聘请男性教员是一个非常重要的做法。他说,幼儿的心智、性格等发展的关键期,是在儿童进行模仿练习的时候。而假如男孩子们在这一阶段接触的都是女教师,那小朋友们就会有更加女性化的情况,以至自立能力很差、意志力淡薄、没有探险精神。确实,对比其他阶段的教师们,幼儿园的教师对幼儿产生的影响最大、最重要——因为幼儿园时期的儿童往往会不自觉地效仿身边的大人,而男性教师坚韧大胆的行为往往会潜移默化地影响儿童,进而对儿童人格形成产生良好的影响效果。

人们都清楚,男性拥有独立、自信、顽强、英勇、果断、进取等精神上的好品德。而幼儿在和男教师的交往、游戏、活动过程中,就潜移默化地体验了男性的好品格,也会不自觉地学会其行为举止。于是,在幼儿园,男教师就可以协助男幼儿效仿、掌握男性的"阳刚之气",进而产生良性的人物心灵认同感。反之,假如男幼儿长时间在妇女人群中生存,极易出现"妇女化"的情况,如遇到困难的事就哭鼻子、做事时没有男子汉气度等等。而男教师在幼儿园里就能传递男子汉的品格,也能使男孩子们展示出男子汉的形象。当幼儿不小心摔了一跤,女教师很可能会上前抚摸,以表达出焦虑、关切或怜悯。而男教师则会带着赞许的神色和语调说道:"没关系,勇敢点,自己爬起来!"这样就可以培育幼儿英勇、忍耐、顽强的品质了,这对男孩子的健康发展也是必不可少的。所以,男教师有助于幼儿建立健康、公平的社会角色意识,进而促使幼儿个人全方位和谐的发展。

2.男幼儿教师是孩子社交技巧培养的主要来源

男教师参与儿童的教育以及和儿童的互动,对于儿童的社会性需求的满足、社会性技巧的培养有着至关重要的意义。由于儿童独立人格、生活自理能力的增强,与外界交流的需求也日渐增加,需要拓宽交际范围和内涵,不再适应于以往的交际方法和圈子。所以,男教师作为儿童的主要游玩伙伴,可以拓宽儿童的交际范围,适应儿童的社会性需要。同时,男教师与儿童的互动,可以让儿童学会更多、更丰富的社会性技巧。当儿童与男教师在游戏活动中反应积极活跃时,其在与伙伴的互动中就会颇受青睐。因为男幼儿教师影响着学生的人际交往态度，从而使他们学会正确理解、辨别他人的情感和社会信息，学会去调节自身的行为反应，也因此促使了学生们在人际交往中表现得更为积极、主动、自信和活跃。

3. 男幼儿教师独特的知识结构有利于促进幼儿智力发展

男幼儿教师对小孩的思考方法、人格形成和解决问题的方法等教育具有重要影响。男幼儿教师偏重史、地、哲。就教学方面来说，在专业知识的传授上，男教师在某方面的专业知识面通常较女教师更加宽广。同时，在史、地、哲上，男教师通常精于女教师，这样就可以促使幼儿身心全面发展。有研究者通过对某些地方男女幼儿教师的教育过程加以考察与分析发现，男教师在幼儿园教学中给孩子讲述得更多的是历史传说故事、各地民情习俗、英雄人物等，女教师则通常给孩子听童话、念童谣，涉猎史、地、哲较少。由此可见，男教师可以丰富孩子眼界、扩大孩子知识面，进而提高孩子智慧的发挥。

（二）男幼儿教师教育的弱点分析

当然，"金无足赤，人无完人"。不管是女教师还是男教师，都各有优点，也不同程度地存在着缺点、弱点。所以，为了更好地开展有效的幼儿园教学，我们就需要认识男性教师在幼儿园教学中的不足，以便扬长避短。

1. 男幼儿教师在教学上比较粗心

男性教师在具有男性的优势的同时，也存在着粗心的缺陷，在课堂上较为粗心，也不太善于制作教学学具和材料。在对孩子艺术素质的训练方面也有不足，因为跳舞、唱歌、弹琴对于男性来说是弱项。此外，男教师不太注意维护课堂秩序，让幼儿园领导和幼儿家长非常担忧教学质量问题。

2. 男幼儿教师在保育方面不够耐心

孩子是一个独特的族群。当孩子进入幼儿园生活、上学，我们在重视教学的同时，对保育工作也是不可或缺的。但从中国传统观念看来，呵护人似乎一直是女人的专利——女教师感情细腻，对小孩的呵护能够细致周到；小孩在哭闹的时候，更需要充当妈妈的角色。但是，男教师在这方面表现较"弱"，部分父母也由于上述因素而不相信男教师，这或许会妨碍家园工作的顺利开展。

3. 公众文化意识的模糊及政府政策支持不足

文化的主要功用之一便是界定事物，也是界定了事物的功用与意义。特别是对于公民文化意识的传递,更需要社会大众所认可的定性的、概念化的文化知识。比如,一般人都觉得男人比女人更适合当兵、女人比男人更适合做幼教工作等。但其实,人文范畴的内容中无不浸透着上层建筑的思维以及政策法规和体制,而每一个社会文明的形成都具有深层次社会政治学说。所以,一旦国家政府要形成某种新型的政治制度或某机关机构要实施某种体制,首先做的便是运用有利的社会大众媒介,实现人文意识的传递。因为幼儿园男性教师终究是在男性职业中不被社会或公众传统文化所大量宣传的,政府和有关主管部门又不会制定特殊的优惠政策和机制,去支持或帮助这个产业的发展和普及,这也必然会造成从业人员中极少的男性教师因为家庭和社会的各种因素而去改换自己的工作岗位,另寻生计之道。

三、男幼儿教师对促进幼儿个性发展的策略

在剖析了男性教师的优点和缺点以后,我们作为教育者,在认识男性教师已经成为一种需要但目前还仅仅作为一个尝试的状况下,应该发挥男人的优势发展教育,促使孩子全面和谐发展。我们可从以下几个方面入手。

(一)避短扬长,发挥男性优势,弥补自身不足

男性教师在认识自身优点的同时,要将自身的优点充分激发起来,努力以男性的自信、开朗、勇敢来影响孩子。同时,还必须借鉴女老师的成功经验,改掉粗心的习性,对人认真,对事多一些耐心、细致,做到对每件事情都要精益求精。我们也应该清楚了解到:男性参与幼教,绝不仅是用来填补女教师的缺失,更是一项开创性的教育工作,使教育工作更加完美。

(二)努力塑造自己的亲和力

亲和力也是教师所必需的一个素质。假如一位教师的亲和力很强大,那么,其在教学工作中就能很迅速地和家长、孩子缩短心灵上的距离,并能很轻易得以施展。也因此,他们就会"亲其师,信其道",会"爱屋及乌",就会由于喜爱一个教师而喜爱其所参加的教学活动。所以,男教师要时时保有一颗童心,以正面的心态去感染孩子,注重自身的语言行为,对孩子要平易近人、要亲切,具有一种包容之心。如此,男教师才能从根本上赢得孩子的信赖与喜爱。

(三)确立对孩子们的爱心,以及对教育事业的贡献爱心

爱心、耐心、童心,是所有幼儿园教师都必须具备的素质,同时也是所有男性参加幼教岗位、成为幼儿园教师的起码要求。人们讲女性对儿童的爱是崇高的、无私

的,男性的爱心是沉静的,以独特的教育方法影响着儿童。所以,男性教师在幼儿教育中就要将这些羞于表露的、疏于张扬的却又巍峨持重的爱心全部献给儿童,不断地去认识儿童、发现儿童,并学习用孩子的眼睛看世界,克服自己的缺点。既然选定好从事幼儿教育,就要全心全意地投身到幼儿教育事业中去,对孩子们多一份耐性,更加细致,对自己多一份责任感,使幼儿教育事业越来越精彩。

(四)加强政策倾斜,优化教师队伍

相关行政部门应该着力研究有关优惠政策,进一步加大政策倾斜,以吸纳更多的男性教师参加幼儿教育工作。笔者觉得,当前政策的倾斜情况,可着重从下列三个方面来考察:一是在录取、教育政策上的倾斜。高等学校、幼儿师范学校在教师遴选与教育过程中,对有志于参加幼教工作并达到参加幼儿教育工作基本条件的男性,应当主动制定各项政策和举措,如进行筛选、推荐、择优入学、适当下降分数线、降低费用或提高教师津贴等,引导其自由选择学前教育专业。二是在教师社会经济待遇保障上的倾斜。男性不喜欢当教师的因素不少,其中一个主要因素就是教师的薪水、福利待遇都太低。所以,各级幼儿教育的领导机关不但要在政治上积极关怀男教师,也要从经济待遇上实行倾斜政策,以改善男教师的工资和待遇水平。三是注意通过各种渠道有计划地吸引各类男性人员,如文学、体育、医疗、电子信息技术等方面的科技人员来园工作,增加幼儿园男教师的比重,促进幼儿体、智、德、美全面发展。

(五)加大宣传力度,引起社会广泛重视

男教师不愿意参加幼教工作的一个主要因素,就是社会舆论。所以,就必须通过多种形式,特别要加强对广播电视、报刊等社会热门媒介的宣传,广泛深入宣扬男性教师参加幼教工作的重要性和紧迫性,以帮助公众迅速地转变传统,让男性与女性共同负担起这个工作事业,男女教师优势互补,共同促进幼儿的全面发展。

在我国社会主义市场经济高速发展的新时代,学前教育已越来越受到重视。人的心理塑造过程是立体的,对孩子的教育不仅是生理上的,更应是心灵上的。而男教师也必将对孩子的心灵发展产生正面的、无可替代的影响。因此,我们有理由认为,男教师涉足幼儿领域将是一种必然的趋势。同时,伴随中国经济社会的发展、幼儿教育改革的深入,男性教师也将在幼教领域中呈现出自己的魅力,从而开辟幼教的新纪元。

参考文献：

[1]袁建霞．男"阿姨"的心里话[J]．学前教育研究,2003(2).

[2]林玉琼,万中．我国幼儿园男教师的配置现状及分析[N]．中国教师报2003.08.

[3]黄倩媛．为幼儿园男教师喝彩[J]．教育导刊(幼儿教育),2006(7).

[4]李勇,王永峰．论幼儿园男教师对"父亲缺位"现象的弥补[J]．社科纵横(新理论版),2008(1).

[5]钟铧,刘敏,徐立明,张兴峰．论男幼儿教师的个人价值及其实现[J]．文教资料,2006(24).

[6]唐丽．男幼儿教师如何看待幼教这一职业——一位男幼儿教师的个案研究[J]．天津市教科院学报,2007(3).

小片区管理下结伴型教研联动的实践与思考

陈雅静　刘玉斌[*]

实施义务教育小片区管理,是教育管理模式的改革和创新,是实现义务教育优质均衡发展的迫切需要,是更好满足人民群众对优质教育需求的有效途径之一。为了打破小片区校际点多面少、管理差异、水平悬殊、不良竞争等因素所带来的问题,厦门外国语学校附属小学(以下简称"厦外附小")作为片区负责校,根据《思明区教育局关于印发思明区小学片区管理工作实施意见的通知》《思明区教师进修学校2020-2021学年小教室工作意见》等文件精神,与片区六所兄弟学校迅速结盟,以结伴型教研联动机制为研究切入点,积极探索区域、片区、学校三方有机结合的可持续发展的教研联动模式,充分发挥片区负责校的牵头作用,调动片区盟校的优势资源,切实发挥小片区结伴协作的力量,促进小片区教研联动生态的形成。

一、小片区结伴型教研联动的研究背景

(一)教师需求

调研结果显示,片区教师队伍中女性教师占比较大,受家庭、教学工作量等因素的影响,她们对外出培训并不热衷,尤其是还要面对班主任工作协调、调代课、教学进度调整等诸多不便。此外,区域内外教学模式存在差异,短期的外出培训虽能带来暂时的专注学习,但是不利于继续教育的系统性和连续性。因此,节约、便捷的结伴型教研联动成为片区教师专业发展的应然选择和实际需求。

(二)制度保障

《思明区教育局关于印发思明区小学片区管理工作实施意见的通知》中明确指出片区负责校、片区学科组长的工作职责,要求片区负责校制定片区工作管理实施

---

*作者单位:福建省厦门外国语学校附属小学。

办法、片区工作管理相关制度,赋予片区负责校管理权限,提高了片区负责校的责任感和使命感,形成片区管理保障机制,便于片区结伴型教研联动机制的落实和推进。此外,《思明区教师进修学校2020-2021学年小教室工作意见》的出台,加大了片区教学研究工作的统筹协调力度,指明了各片区将在思明区教师进修学校的指导下开展质量监测、教师研修、主题教研等活动。各级文件为小片区结伴型联动提供了必要的制度保障。

(三)发展瓶颈

过去的片区管理主要是行政统筹,缺乏区域联动协作机制,资源不能共享,教师专业发展的多样化需求得不到满足。片区负责校重在上传下达,片区管理盲目、应付、低效。此外,学科教研大多由片区教研组长根据个别教师的开课需求而组织安排教研活动,缺少对片区学科发展的长远设计。此外,学科组长在组织和协调工作上毫无经费、费事费力,难免滋生"多一事不如少一事"的心态。行政制度不力、组长动力不足、资源配置不均等瓶颈,制约着小片区教研工作的开展。

(四)划片调整

此次小片区划分打破以往所遵循的区域就近原则,以各校在上一届思明区教学优质奖的评审情况作为划分小片区的参考依据,从源头上保证各片区总体教育教学质量均衡。在尊重片区存在校际差距这一现实问题的基础上开展结伴型教研联动,有利于正视和缩小片区各校的不均衡。

二、小片区结伴型教研联动的路径和方法

(一)需要共同

联动,原意是指若干个相关联的事物,一个运动或变化时,其他的也跟着运动或变化,即联合行动。结伴型教研联动,指在区域内同级别组织之间开展伙伴式的教研活动。这种方式适用于小片区教研活动的开展。没有共同的内在需要,外在结伴便是务虚的。伙伴合作是基于相同的内在发展需要而共同启动的。从发起到运作的整个过程中,合作主题是平等的双主体或多主体的伙伴关系。在结伴型教研联动机制下,厦外附小片区不同的教师团队基于内在发展需要,以自觉、平等、互补、合作为原则结为学科教研、教学管理、专题分享等多方成长伙伴,以多主体的伙伴关系抱团参与研修实践活动。

（二）文化共构

小片区管理要良性而持久发展，高素质的教师团队和杰出的精神文化是动力源。因此，凝练共性文化成为关键。打造文化、共同的价值追求，便是形成同质行为。为了促进异校结盟，帮助各校从观望困惑、适应接受走向协作认同、发展融合，厦外附小片区率先抓牢精神文化建设，凝练"七彩光联盟"片区盟校组标，将七所学校的校标绘制在一起，充分发挥片区团队文化的导向、规范、责任、凝聚作用。"七彩光"图形中间是圆形，代表同心聚光；外围七道彩光，向外发散光芒，寓意是照亮自己也照亮他人；"光"字形似行走的人，蕴含着七所学校携手同行。"七彩光联盟"组标犹如一道无声的召集令，立刻将七位伙伴的手拉在了一起。

（三）理念共学

课程改革是基础教育改革的核心，是全面推进素质教育、提升教学质量的关键。根据思明区教师进修学校小教室的学年工作意见，如何促进"人工智能背景下学科教与学方式的变革"，是片区全学科教师亟须面对和更新的教学理念。厦外附小片区倡导各校优势学科展开对人工智能领域的研究和实践，先是集体到所在片区小学观摩了人工智能与数学学科的融合实践，然后跨片区全方位学习人工智能课程建设的主题研讨。在初步形成对人工智能与学科融合的理念之后，厦外附小作为片区负责校，积极引领，借力福建省教改示范校展示活动，从语文、数学、英语、综合实践、科学五门课程同步变革创新、融合人工智能，采用行动研究的方式，组建片区备课团队，精心打磨五节人工智能融合课例，构建人工智能融入小学各学科教学的切实可行的操作模式。与此同时，由五位学科骨干教师详细跟踪数次行动研究的过程，形成学科类专题讲座，科学系统地向片区乃至区域教师诠释了人工智能理念所孵化的各学科创新实践的意义。

（四）问题共研

问题导向是小片区结伴型教研联动的先决条件。作为片区负责校，厦外附小组织片区联盟校在首次碰头会中亮家底、找问题、谋发展。在收集合理化诉求的过程中，发现片区各校的共性问题：受新冠肺炎疫情影响，一年级新生在大班段基本上采取居家学习，前期的幼小衔接浅显不足，为一年级新生良好学习习惯的养成留下隐患。抓好一年级学生学习习惯是片区各校的共同愿景。常人的思路是通过学习习惯检查抓落实，而厦外附小校长刘玉斌高位引领，提出"一年级常规课堂优质化"的新思路。其中,常规,即教学常规;优质化,即让优良的教学质量成为常态。常规课堂优质化,即向40分钟要效益,走向高质量的课堂。学期末,片区"一年级'常规课堂优质化'七彩光联盟分享会"启动。在一年级常规问题导向下,七位校长亲临分享会现场,关心和指导工作,教务处、德育处、段长、班科任教师形成合力、结伴同行,由片区各校所组成的近百位老师团队参与、跟进和落实工作,在互相学习、深度交流的过程中分析了各校的优缺点。据统计,片区共有一年级39个班级、1691位学生参与了此次常规课堂展示活动,是一次片区联动机制下全员卷入式分享交流。常规课堂优质化分享会更新了常规思路,解决了现实问题,产生了实际效果。分享会的最后一站安排在片区盟校中的唯一一所民办小学,切实发挥了片区负责校的作用,以常规课堂为突破口,帮扶薄弱校、民办校。

(五)管理共融

由于七所盟校形成"和衷共济、同心致远"的基本共识,在结伴型机制下,活动前,由负责校协同片区教研组长围绕思明区教育局、区教师进修学校的工作要点,结伴策划、制定方案,学科成员进行专题学习、组织备课准备;活动中,片区组长、导师组织安排、下校指导、跟进研究,成员参与活动、反思梳理,在专题讲座、课例研究中,按照预先设定的程度和主题观察彼此的教学,观察后给出建设性的意见;活动后,成员在片区组长、导师的指导下收集、优化和整理专题资源,实现策略互补和资源再利用、再整合。结伴型机制能帮助片区教师缓解来自人际、专业、家庭等方面的焦虑感,在保证教师日常教学工作的同时提高研训时效,还能促进教师走出学校教研组,与小片区内名师、伙伴近距离抱团,全程参与行动研究,对教学进行共同探讨和决策。最为关键的是,管理共融形塑了教师合作共赢的愿景,破解了片区学校管理差异的难题,推进了片区优质资源全覆盖,形成了强弱互动、共同发展的良好态势。

(六)资源共享

结伴型教研联动加强了小片区学校间和教师间的交流合作,最大限度地实现教学资源和人力资源共享,促进学校与教师共同发展。以命题岗位练兵活动为例,由片区负责校发布试卷模板和拟卷要求,各校骨干教师以高度的责任心投入试卷编拟,共同聚焦试题的时代性、准确性,从而涌现出一批优秀的命题成果,提高了质量分析的信度和效度,为片区积累了宝贵的教学资源。而在不断改进和优化这些命题资源的过程中,片区学科带头人、教学能手、骨干教师优势互补,成为共享的人力资源,教研状态由"一些人行走"转变为"一群人行走"。

(七)团队共生

义务教育均衡发展的关键是学校均衡,学校均衡的关键是教师均衡。实施小片区结伴型教研的初衷是促进片区教师均衡,缩短教师教育教学能力上的差距。在结伴型教研联动中,教师个体和团队的分工与协作,是在互相能动作用的基础上经过共生关系和竞争关系而完成发展的。而学科教研组分工协作方式使得团队节省了反复学习、重复劳动的精力,形成了"结伴—分化—再结伴—再分化"的良性重组过程。以片区学期主题教研为例,重点根据学科的最新发展动态,创造性开展主题明确、针对性强、形式多样的教学研讨活动,并利用文件中"片区学科教研活动每学年1—2次可视作区级活动,活动中教师讲座、公开课可开具区级证明"的利好政策,指导学科组长将一批有一定水准的片区教研活动升级为区级活动,刺激教师专业成长的内驱力。比如,语文学科的"文本解读与板书设计"、数学学科的"走向深度学习的说理课堂"、英语学科的"解读教材童趣"、体育学科的"核心素养视角下小学体育教材与游戏的教学研讨活动"、道法学科的"基于核心素养建构的课堂教学策略"等,最大程度改进和优化教师之间知识结构、专业技术特长、思维方式、科研能力水平,发挥众人所长,汲取众人智慧,大家结伴互助、取长补短。尤其是促进青年教师抓住成长黄金期,锁定成长轨迹,跟紧学科前沿。数据显示,仅3个多月,厦外附小片区借力负责校统筹升级的区级公开课有13节、讲座有4场,积极而良性的小片区教研生态逐渐显现。而在努力打造优秀编内教师的同时,也不忘拉上各校的一批"螺丝钉"——编外教师。他们甘为人梯、默默奉献,在学校的推荐和片区教研组的帮助下,部分成员成功迈出第一步,完成区级讲座,提振了精气神,与片区教师共同成长。

三、小片区结伴型教研联动的意义和思考

思明区作为厦门教育的强区之一,其优质教育资源始终是社会热切需求和高度关注的焦点。原有的小片区管理存在形式化、单一化、固定化等问题,不能满足优质教育均衡发展的需求。而成熟区域要保持优势和再创新高实属不易,需要借力小片区结伴型教研联动机制构建可持续发展教研联动生态,促进教育均衡,推动公平发展。区域范围内的薄弱学校、民办学校与优质学校教研联动管理,可以使

结伴学校之间规避恶性竞争,催发抱团发展,突破提质瓶颈。结盟仅3个多月,厦外附小片区各校基本达成和衷共济、同心致远的共识,犹如片区标志上的七彩光,已照亮片区联动生态——个性与共性兼具、高频"抱团式发展"。各校在一次次联动中找准方向、找到资源和伙伴,有更多的教师获得实质提升,有更多的学生享受到优质而均衡的教育,对于实现教育公平、提高区域教育质量具有重要的现实意义。

参考文献:

[1]宋海英,张德利.学区视角下教师继续教育模式的改进[J].教育研究,2013(10):103-110.

推进深度学习研究　　促进教学质量提升

——政和县积极推进深度学习视阈下的教学改进和教研改革实践研究

吕岩森*

贯彻落实"双减"政策要求,主战场在课堂,关键在于提高课堂效能,要持续深化教学教研改革。政和县教师进修学校申报的课题《深度学习视阈下的教学改进和教研改革实践研究》列入福建省中青年教师教育科研项目基础教育研究专项课题。该课题组通过组织开展全县"教研共同体"片区教研、各学科学术年会、学校教学开放周、教研员下校教学视导等活动,积极推进深度学习视阈下的教学改进和教研改革实践研究。课题组提出,以深度学习理念引领学科课堂教学改进,围绕教学目标、内容、活动、评价四个关键要素,探索导向深度学习"教—学—评"课堂教学范式,探索导向深度学习的初中课堂教学优化策略、教研活动组织策略,以期促进县域教学教研水平提高,助推打赢教育教学质量"翻身仗"。

表1. 基于深度学习的深度教学模式教学环节表

	教学要求	教学意图	达成目标
教学设计	立足高阶思维发展,确立核心素养导向的教学目标	引导学生深度参与	发展学生思维品质,导向高阶思维,学会知识迁移,培养关键能力,培育学科核心素养,提升价值观,落实学科课程育人功能。
课堂活动	创设生活化情境,拓展教学资源,组织探究性教学	引导学生深度学习	
教学过程	设计挑战性任务,形成认知冲突,促进课堂生成	引发学生深度思维	
教学评价	持续性学习评价,开展多维度评价,调节学习过程	激发学生深度思考	

*作者单位:福建省政和县教师进修学校。

一、立足高阶思维,明确深度学习方向

义务教育新课程标准(2021版)的修订亮点之一,就是基于培育核心素养目标。而深度学习,则是实现核心素养和提高教学质量的基本路径。教师在教学设计时,首先要确立核心素养导向的学习目标,把握核心知识的整体性,引导学生深层次理解,提升学生思维品质和关键能力,从深度学习走向深度教学。

(一)教学目标体现高阶思维发展

如数学学科要把数据分析、运算推理、批判评价、决策创造等能力设定为教学目标,从思维形式、思维水平、思维品质等维度培养学生发现和提出问题的能力、分析和解决问题的能力,发展学生数学学科核心素养。语文学科要注重通过语言学习提升学生思维品质。如学习梁启超的《最苦与最乐》时,应引导学生领会作者平实而又略带书卷气的语言表达风格,从中理解作者对责任与苦乐关系的辩证认识——"人生应当勇于承担责任,而不能逃避责任",感受作者的思想品格和价值追求,引导学生勇于尽责,并在尽责任的同时感受人生的快乐。

(二)注重学情分析与教材研究

深度学习课堂要凸显学生主体地位,让学生能动地参与教学。在导向深度学习教学设计时,要以生为本、以学定教,要让学生有"活动"的机会,启发学生通过实验、讨论、合作等方式亲身体验知识的形成、发展过程,让知识鲜活、有温度,从而内化为学生自己的知识储备。如物理学科教学,针对课标和学科课程本身的特点,确定教学重点,站在学生的角度来思考问题,找出课堂教学的难点,依据教材中"观察与思考"栏目进行教学设计,组织学生提出疑问、实验探索、现象分析、实验论证等环节,培育学生科学思维能力,落实学科教学目标。

二、创设生活化情境,引导学生深度学习

(一)基于学情,深度拓展课堂教学资源

教师要从教学内容的深度开发入手,丰富教学素材,注重信息整合,设计引领性学习主题,促进学生主动地进行知识建构。这要求教师要深刻地把握学科的整体知识结构,深刻认识学科核心素养的发展要求,要基于学生学习经验,评估学生的知识背景,掌握学习情况,了解深度学习的路径,制定适合学生发展的课程内容,让学习内容更有价值,增强课堂教学实效。

（二）任务驱动，创设探究问题情境

初中各学科核心素养落实，要求课堂教学与学生的生活巧妙链接，通过创设真实问题情景，多样化呈现信息及问题，通过"情境导入、情境再现、情境升华、情境迁移"等环节，让学生在真实情境里，通过自主与合作学习，迁移所学知识，解决实际问题，内化知识与品德素养。

深度学习是强调从问题开始的教学，学科核心素养是在问题解决中得以体现的。只有将问题置于真实情境，立足于真实情境的问题解决，才有助于让深度学习契合认知规律。教师应时刻关注社会上的热点信息或校内外发生的与学科知识相关的话题，从中找到合适的素材以承载每节的知识；将问题创设置于真实的情境中，运用观察和实验、生活中的典型事例，唤起学生的感性认识，引发学生共鸣，在开放、动态的学习环境中促进知识的建构。

如道德与法治学科关注社会生活，精选时政素材，有机结合教学内容，引导学生深度学习、合作探究。在讲解"坚持改革开放"内容时，教师收集整理"十三五"时期重大成就和"十四五"规划的多媒体资源，组织学生体验探究学习：从幼有所育、学有所教、劳有所得、病有所医、老有所养、住有所居、弱有所扶等方面，真切了解到改革开放给中国带来的影响、给中国人民带来的福祉，领悟到"改革开放是决定当代中国命运的关键抉择"；从对外开放持续扩大，共建"一带一路"成果丰硕，领略"中国已成为影响世界的重大力量"；从"十四五"时期经济社会发展主要目标，明确"经济发展进入新常态""改革只有进行时，没有完成时"；从2035年基本实现社会主义现代化的远景目标，真切领悟"党的奋斗目标""发展的根本目的"等。开发整合教学内容，让学生在已有知识结构的基础上建构新的知识体系，使学生拓宽思维广度、走向深度。

（三）关注生成，组织情境探究性教学

教师要创设真实且有意义的教学情境来促进学生深度学习，促使学生积极思维、有效思维。教师要关注捕捉课堂动态生成，及时引领点拨，激活创造性思维与批判性思维，发展学生高阶思维。

表2. 深度学习情境教学创设及要求表

情境教学环节	具体要求
情境设计	贴合教材知识,贴近生活,营造生活化情境,合理运用有效资源,突出教学重点,突破教学难点。
情境导入	创建任务,引导学生自主学习、探究学习、合作学习,发现和解决问题,培育学生学科核心素养。
情境再现	创设具体化模拟情境,引发"认知冲突",激发深度思考,通过抽象的思考、推理、论证得出结论。
情境升华	引导学生评价学习情况,在总结反思下梳理积累,促使学生自主构建知识,培养关键能力。
情境迁移	拓展任务,建立抽象知识与现实世界的联系,引导学生在知识拓展迁移下学以致用,落实学科育人功能。

三、设计挑战性任务,引发学生深度思维

基于深度学习的深度教学,要引领学生积极主动学习。教师要精心设计具有挑战性的任务,让学生深入思考、深度探究,形成创造性学习成果,让学生对学科核心知识有更深刻的理解,获得学科知识、方法和思想。

在教学实践中,教师可以依据"最近发展区"来设计基础性问题,还要设置挑战性问题,即指向高阶思维、有思维张力的问题,引导学生在探究和问题解决中、在思维碰撞与互动交流中推进学习,层层深入,获得知识技能,培养关键能力和必备品格。如在语文课学习传统名篇《木兰诗》时,有教师抓住一个"美"字进行品读训练,由浅入深地完成教学任务:其一,品读体会古乐府诗的"音韵美";其二,细读文本描述,感受"形象美";其三,领会文章结构,认知"布局美";其四,课后拓展,布置学生以"美"为主题,各抒己见,畅谈对文章的综合感悟。

教师要注重构建学习共同体,引导学生深度合作学习,互学互助。对知识进行的"层进式学习"和"沉浸式学习",让学生得以主体性地发现问题、质疑释疑、生成问题,教师进行智慧的点拨引领。在中考第一轮基础知识复习时,教师注重从知识的讲授走向知识的生成,布置学生运用思维导图的方式,对整块知识形成一个相互连接的有机整体。通过课堂上展示分享、小组研讨,进一步梳理知识,厘清并完善知识体系图。在这一过程中,学生要学会提炼关键词,明确知识的内在逻辑,并进行推理演绎,从而进一步提高自身结构化思考问题的能力。

四、注重迁移与运用,激发学生深度思考

深度教学要立足于学习者的发展需要,创设和提供新的知识和概念应用场景,

将新知识与学生现有的知识结构进行联结,引导学生对知识进行深度加工,实现经验和知识的转化。如物理课,在学习"蒸发带走热量"概念时,拓展"人的皮肤汗液蒸发会带来什么感觉?""相同量的水放在不同形状的容器里,它们蒸发的速度会一样吗"等新的问题,用迁移的方式引领学生思考,运用知识、技能解决新的问题,构建知识网络。在数学思维训练课时,可通过简单的例题,让学生探究这类问题的诀窍在哪里。通过试错、讨论,学生们逐渐掌握精髓,理清思路,后面逐层增加的难题都被他们一一解决。在编新题的环节,学生们更是拓展思维,"一题多变",脑洞大开。语文教学对有关文学作品的学习,不应该仅仅停留在作品中人物关系的分析上,还应关注作者与作品、作者与作品人物之间的关系,在深化文本主旨的同时拓展文本表达的张力;同时,还可组织学生进行练笔仿写等。英语教学需要基于深度的语篇分析,关注学生语言能力的发展,还要联系学生生活实际和实现文化性回应,引领学生实现意义建构。

此外,教学是一项"留白"的艺术,要发挥学科育人功能,根据知识的特点和学生思维发生的需要,教师学会放手,在适当地方"留白",留给学生创造思维发展的空间,引导学生自己去思考、探索、应用。

五、持续性学习评价,激发学生深度反思

深度教学是师生在具体教学情境中动态生成的互动关系。在深度学习课堂中,教师通过持续性评价、多维度评价,有利于了解教学目标达成情况、调节学习过程,引导学生深度反思学习,开展沉浸式、层进式的学习。

通过多元评价,真实反馈学生学习状况。课堂上,教师应贯穿过程性多维评价,及时将评价结果反馈给学生,启发引导学生自我评估,反思学习、改进学习;要做好活动评价、迁移问题,激励学生持续进行深度学习,提升学习能力,确保学生所获得的学习成效和所达到的能力层次。

政和县教师进修学校《深度学习视阈下的教学改进和教研改革实践研究》项目组立足政和县域实际,以深度学习理念为指导,以教师行动研究为驱动,以课堂教学变革为抓手,对基于深度学习的深度教学实践进行总结提炼,基于模式但不止于模式,创设富有生命活力的生本高效课堂,促进课堂教学提质增效,为教育教学质量提升作出了积极贡献。

参考文献：

[1]刘月霞,郭华.深度学习:走向核心素养(理论普及读本)[M].北京:教育科学出版社,2018.

[2]钟志贤.促进学习者高阶思维发展的教学设计假设[J].电化教育研究,2004(12):21-27.

[3]何玲,黎加厚.促进学生深度学习[J].现代教学,2005(5).

[4]郭华.深度学习及其意义[J].课程·教材·教法,2016(11):25.

[5]吴秀娟.基于反思的深度学习实验研究[J].远程教育杂志,2015(4):67-68.

（注：本文系福建省中青年教师教育科研项目（基础教育研究专项）立项课题"深度学习视阈下的教学改进和教研改革实践研究"（立项批准号:JSZJ20148)的研究成果之一。）

基于小学数学多元素材的阅读教学管见

张肃*

数学阅读,是指个体凭借已有的知识积累和生活经验,调动潜在的思维能动性,通过阅读一切包含数学知识、方法、思想、精神的文字、符号、图画、表格等材料,并运用数学的观点和方法认知、理解、汲取知识和感受数学文化的学习活动。随着对数学阅读的不断认识可知,数学阅读的过程是学生感知、理解、分析、整合阅读素材的过程,是学生进行数学活动、思考数学问题、获得数学知识或方法的过程,是学生独立自主探索未知事物的过程。因此,良好的数学阅读能力可以提高学生析问题的能力,提高学生理解生活中各种素材信息的能力(如商品说明书或股市信息等),提高学生自主学习的能力。在数学阅读过程中,学生的思维品质和情感、态度、价值观得到了发展。同时,无论是习得的方法还是积累的经验,都将内化成学生的能力,运用到个体的社会实践中,逐步形成和发展数学学科的核心素养。

因此,数学阅读也越来越受到教师、家长的重视。然而,数学阅读的教学相对空白,教师们也存在比较多的困惑:学生没兴趣,怎么培养?学生没方法,怎么"给予"?学生没思考,怎么启发?基于以上的问题,笔者从数学阅读素材视角出发,通过对阅读素材分类梳理,探索数学阅读方法来促进学生对不同素材阅读能力的提升。

一、非连素材串联,从零散汇聚整体

非连素材是指前后内容相对独立、各自表述不同类型事物的阅读素材。要想通过阅读来整体把握问题,要将非连阅读素材串联成一个整体,兼顾问题的各个方面,使其能够完整地表达含义或解决问题。下面以数学阅读拓展课《旅游攻略》

---
*作者单位:福建省厦门第二实验小学。

为例,谈谈如何通过串联非连因素为整体来综合分析并解决问题。

(一)在多类素材中整合

《旅游攻略》一课是以三个大学生利用假期从上海来厦门制定旅游攻略旅游为背景,阅读素材首先是旅行社的攻略。攻略包含行程安排、报价、备注三部分信息。这样多类信息放在同一个阅读文本中,需要学生将多类素材整合成一个整体,去思考旅游攻略的优劣。行程中有出行的时间和日程计划,日程计划要结合报价才能客观地呈现出性价比,学生在阅读中提取信息确定攻略的可行性。在行程和价格都合适的情况下,同时兼顾注意事项,里面涵盖出发的时间、地点、联系人和出行须知等信息,看目标是否可以达成,最后敲定方案。选择前应谨慎、详细地集合多类素材信息,确保出行人和方案能相互匹配。对多类素材进行整合并能综合性地考虑问题,是学生应该具备的未来生活的核心素养之一。

(二)在同类素材中优化

课中还设置了制定两日自由行攻略的教学环节,供阅读的素材是描述同类事物的信息素材,其中含有上海—厦门网上订购机票的信息、厦门居住酒店的信息,请学生结合出行者的实际情况制定自由行的方案。在同类的信息里,要根据出行人数以及客观条件进行选择,比如哪次航班在价格和时间上有优势,哪些酒店居住条件好、游玩距离适当、价格便宜。只有结合实际情况制定出的方案,才能在实施的时候给出行人便捷、愉快的旅行。在综合分析和考虑问题后,最终优化出适合出行人的方案。

(三)在问题解决中聚能

无论是在多类素材中整合,还是在同类素材中优化,依据的基本元素是实际的数据信息。学生以各种数据为基础进行比较、计算、选择,都有依靠真实数据推结论的意识,不是凭感觉、凭自我喜好随意安排,而是在客观数据的前提下综合个性的因素作出最后的选择。在这样的素材阅读和解决问题中,学生汇聚了数据分析能力、整合与优化能力、综合分析能力。这些能力都是学生在未来社会生活中必须具备的能力。

二、连续素材并联,从相似引申差异

连续素材是指前后内容存在关联的一系列阅读素材。阅读这样的连续素材,要平行考虑素材间的关系,引导学生在相似信息中发现不同、关注差异,针对差异做细致的对比和分析,加深对关键因素的理解,从而更加合理地解决问题。以数学阅读拓展课《用数据点外卖》为例,谈谈如何并联处理连续素材。

(一)同中求异,理解关键信息

在生活中点一份饮料,我们会从不同的维度去搜索外卖的排名。案例中分别以"评分最高""销量最高""距离最近"三个维度进行了搜索,呈现出饮品店铺的不同排名。同样是从高到低的三种排名,要依据哪组数据排名信息来选择饮品店呢?教师请学生根据生活经验说自己的看法,学生认为评分最高的不一定最好,因为"评分最高"要与评价总人数相结合才能凸显分数的准确性、客观性。在这里,学生理解了"评分最高"这个关键信息的完整含义。教师再提问:"你认为这几家店销量高的原因是什么?"学生根据自己的亲身体验,猜测肯定是"好喝"或"服务好"或"价格低"等正面因素。看来"销量最高"是选购商品时一个很重要的依据,可参照性较高。那是不是"距离最近"就毫无价值可言呢?当然不是,在赶时间时也会选择离目的地最近的店铺。因此,"距离最近"也有自己的优势。在点一杯外卖饮料的过程中,三个关键信息都有各自的特点和含义,要能在同样的从高到低的排名中理解信息的本质和外延,再结合实际情况综合性分析和应用信息,才能"成功"解决问题。

(二)异中诉别,内化关键信息

在全面理解关键信息之后,就可以利用关键信息综合解决问题。课中有这样的问题情境:教师去北京旅游时需要点一份外卖当午餐,可是并没有决定吃什么。在用"评分最高""销量最高""距离最近"三个维度进行搜索时,得到了不同类型午餐的排名。教师提问:"选择哪种外卖当午餐呢?"学生结合数据,给出了自己的分析和选择策略。有同学认为:"金鼎轩"和"京味斋"在"销量最高"和"距离最近"的排名里榜上有名,说明这两家店的销量高,又有距离上的优势;难得的是"金鼎轩"在近万人评价的基础上评分也很高,应该是首选。也有同学认为:北京烤鸭是北京著名传统小吃,并且"全聚德"也是烤鸭知名品牌,评分也不差,去北京肯定点烤鸭尝尝……面对这一现实情景,不同的需求就是不同选择的道理。鼓励学生通过这些数据进行分析考量,在不同排名的对比中"说"出关键信息的差别,并能结合实际情况多角度、综合性地分析数据,最后作出"合理"选择,是高于数据分析能力的又一种在数学阅读中形成的能力。

（三）用中育能，发展核心素养

结合具体情境的综合性分析数据，培养了学生的数据分析意识；而在更灵活的问题情境中应用，能够帮助学生形成解决多种问题的综合能力。课上，教师的最后一个问题是："疫情防控期间，在剩下一个小时时间的前提下，网上购买口罩和酒精消毒液，结合网络购买信息，如何选择商家？"解决这样的问题，需要学生结合生活中的网上购物经验，和已有的商家的价格信息，加上对网上购物关键信息的理解以及问题的实际情境综合分析利弊。学生最终选择的是评分较低的九鼎药店，理由是：在价格跟时间优势不相上下的前提下，九鼎药房是15元起送，而鹭燕大药房是20元起送，选择九鼎药房在满足需求的前提下，刚刚好解决问题，若选择鹭燕大药房则有浪费的嫌疑。学生讲得有条有理，游刃有余地运用了关键信息造成的差别进行了合理选择，无论思维品质、关键能力以及情感、态度与价值观都得到了一定的发展，也在一定程度上培养了学生言说表达的能力。

三、主题素材通联，从课内延伸课外

主题素材指独立的、完整的、围绕一个知识进行文本描述的阅读素材。主题性素材往往基于课内知识向外拓展，以课内已有知识结构为研究的基础，以方法结构为研究手段。将课内外相关联的内容汇聚融通，帮助学生深刻理解知识背后的本质，建立更加完整的知识体系。笔者以数学阅读拓展课《认识二进制》为例，谈谈主题素材阅读如何进行课内外内容的通联。

（一）在课内素材中建结构

十进制是目前数学学习使用的计数方法，其基本计数原理是位值制（一个数字在不同位置上所代表的值不同）和进位制。十进制的内容在课内教学时并没有单独出现，而是伴随着数的认识和数的组成教学逐步渗透、强化、完善的。十进制计数法是从本质上认识各种数的必备知识。教师在课的开始提出这样的问题："对于十进制，我们知道什么呢？"是计划通过阅读认识二进制之前，帮助学生梳理十进制的知识结构：

1. 进位规则：满十进一（哪一位满十向前一位进一）

2. 相邻数位之间的进率是十

3. 计数单位是1、10、100、1000……

4. 数位是个位、十位、百位、千位……

在系统掌握十进制的相关知识后,就能够理解十进制的计数原理是位值制和进位制,即相应计数单位上的数字与计数单位相结合计数。

例如:十进制数$956=9×100+5×10+6×1$,这能反映十进制数的计数方法,也能展示十进制数的组成。

(二)在课外素材中用结构

正所谓:"得法于课内,得益于课外。"回顾十进制之后,学生在阅读过程中就有了方向和关注点。教师进而鼓励学生以十进制知识内容为线索,从阅读材料发掘二进制的相关内容,结合演算、分析、讨论、对比体会:二进制同十进制一样是一种计数方法,基本原理也是位值制和进位制;进位规则是满二进一;相邻数位间的进率是2,因此计数单位是1、2、4、8、16……在用二进制计数时,因为与之前的计数习惯不同,学生的理解需要从表面深悟到计数的本质,同样借助十进制计数的方法结构,用计数单位上的数字与计数单位相结合计数。

例如:二进制数1001的组成是$1001=1×8+0×4+0×2+1×1$。借助数学阅读呈现在学生面前的课外内容往往与"常"不同,对学生归纳、理解、分析都提出了挑战。在没有"拐杖"的情况下,学生容易因为没有方向和方法而放弃。如此一来,不但影响了课外知识的习得,更严重的是使学生丧失了数学阅读的兴趣。因此,将课内知识的结构用到课外知识的获得上来,能够起到精准的扶持作用。

(三)在拓展阅读中延结构

掌握二进制计数法的知识,能够使学生融通二进制与十进制在计数原理上的相同点和不同点,进一步理解位值制和进位制,并能更清晰地理解计数方法的本质。但认识二进制并不是这节阅读拓展课的目标。除了十进制和二进制之外,还有其他的计数方法。或者可以说,通过已有的方法结构可以继续认识其他的计数方法,如五进制、七进制等等。在更多的课外阅读材料中延用方法结构,正是主题素材通联教育的目标所在。

四、活动素材贯联,从文本走向实践

活动素材类型的数学阅读以活动实践为目标,通过学生对阅读素材的认知、分析、理解,使学生全面认识活动、参与活动、策划活动。在活动实践中反向加深对文本的理解,搭建文本与实践连接的桥梁,为未来活动素材的阅读积累经验、形成方法。下面,笔者以数学阅读拓展课《中秋博饼》为案例,简要分析活动素材的文本阅读与活动实践相辅相成的关系。

（一）活动文本化，变未知为已知

中秋博饼是闽南地区的传统文化，是庆祝中秋的最热闹的活动。每个学生都有博饼活动的经历，知道博饼有一秀、二举、四进、三红、对堂、状元等6个级别的奖项，也知道6个骰子6个面怎么组合是哪个级别的奖项；但是涉及奖项的数量、价值以及奖项之间的相互关系，学生关注的则比较少。课上，教师出示博饼活动的阅读素材，将活动内容文本化，能够使博饼活动完整地呈现在学生面前，使其通过阅读了解这项活动的全貌，了解活动的起源和规则，能够参与活动，还能够发现奖项之间的价值和数量关系：全会有大小63块饼，其中"状元"1个、"对堂"2个、"三红"4个、"四进"8个、"二举"16个、"一秀"32个。

在师生辨析间发现规则：在数量上，下一级奖项数量是上一级的2倍；在价值上，下一级奖项是上一级的二分之一。这样设置的规则和技巧，能够为学生动手设置"会饼"积累经验，也让学生深刻体会到数学传统文化活动充满着智慧。

（二）文本实践化，让已知为用知

通过对文本的阅读、辨析和梳理，不难得出：博饼奖项级别越高，奖品数量越少，但价值越大。不仅传统的会饼，包括现在人们选择的实用的生活奖品，依然遵循以上的规则。《中秋博饼》一课中有这样的教学片段："小明在自己家博到了四进20元，小红在自己家博到了三红40元，可是小明却说自己博得比小红好。你觉得可能是什么原因？"什么算博得好？影响博饼结果的因素有哪些呢？我们的经验是"入大于出"就不错。在博饼活动中，老师引导学生认识到：可能小明家参加的总人数多，人均出得少；小红家参加的总人数少，人均出得多。所以，小红表面三红多，但与出的钱相比，可能就不理想。博饼除了要思考"会饼"设置所需要的数量以及每个级别的物品价值，还得思考多少人参与、每人应该出多少钱，才会知道自己的博饼情况。在实际活动中，将已经知道的知识和规则应用起来，容易看出隐藏在现象背后的问题本质。

（三）实践差异化，转用知为真知

学生在阅读文本中学习、在情景问题中辨析，将博饼文化的起源、规则、玩法都了然于心。如果让学生动手设计会饼呢？是否能够设计出合理的博饼活动？

《中秋博饼》一课请学生根据一些物品设计"会饼"，学生需要遵循奖项数量和奖项价值来设计"会饼"。这个计算的过程,需要学生综合奖项数量、价值、人数、份子钱等博饼因素。能够顺利地解决问题,是学生整体把握博饼活动的表现。活动素材的阅读,其目标就是能从文本贯连到实践,通过数学阅读和实践将已知逐步转化为真知。

社会的高速发展,决定一个人未来不仅要有扎实宽厚的基础知识功底,更需要有较强的自学功底从事终身学习,以便随时调整自己、提升自己来适应社会发展的变化。阅读是自学的主要形式,阅读能力是自学的核心能力,将成为未来公民的关键能力之一。当然,有效的数学阅读要有方向、有思考、有方法。针对不同阅读素材的分类和教法梳理,是对提高数学阅读能力探索的开始。期待指导如何进行数学阅读的努力,能为拓展学生的知识视野、知晓数学与社会生活的联系作出贡献。

参考文献:

[1]张小燕. 构建小学数学阅读教学模式的实践与研究[A].2017年课堂教学改革专题研讨会论文集[C]. 中国会议,2017:331-332.

[2]杨安凤. 小学中年级数学阅读教学的实践研究[J]. 新课程(上),2017(7):103.

"立德树人"在幼儿阶段的解析与实践

宋李梅*

一、从幼教视野看"立德树人"

(一)幼儿阶段"立德树人"的涵义

一个国家要培养人才,既要育智,更要育人。党的十八大以来,党中央高度重视培养社会主义建设者和接班人,坚持把"立德树人"作为中心环节,把思想政治工作贯穿教育教学全过程,实现全程育人、全方位育人,努力开创我国教育事业发展新局面。2018年全国教育工作会议进一步明确指出,"要把立德树人作为教育的根本任务,用发展的眼光和坚定的理想信念,着力培养德、智、体、美全面发展的社会主义建设者和接班人。"

幼儿园是人生教育的起点,也是贯彻"立德树人"教育根本任务的起点。有人觉得,幼儿阶段讲"立德树人"有些为时尚早。实际上,幼儿阶段的行为习惯、文明礼貌、互帮互助、科学认知事物、关爱同伴、爱护花草树木、萌发爱国爱乡情感等等,都是"立德"。有一个经典的故事,能形象地说明幼儿教育其实一直在"立德"。这个故事讲述的是,一位诺贝尔奖获得者在一次获奖采访中,被记者问道:"您觉得在哪所学校学到了对您一生最重要的东西?"观众们都以为他会说什么大学,或者哪所知名中学。但是,这位诺贝尔奖获得者的回答却出乎意料。他说:"我一生中最重要的东西是在幼儿园学到的。在幼儿园,我学到了不是自己的东西不能拿、做错了事情要马上道歉、学习热爱并且仔细观察大自然的事物及变化……从根本上说,这些影响了我的一生。"什么?在幼儿园?这些是一生最重要的东西?看似不可思议的答案,却道出了教育的根本——立德树人。

*作者单位:福建省政和县实验幼儿园。

这就是幼儿阶段的"立德树人"。它看得见、摸得着，可以要求，也可以做到。看似生活中简简单单的道理、约定俗成的规范，鼓励幼儿所思、所想、所为，都是从本质上"立德树人"，为培养全面、健康、和谐的社会主义建设者和接班人奠定基础。3—6 岁是儿童行为习惯培养的关键期。因此，幼儿阶段教育不仅可以讲"立德树人"，而且同样要落实"立德树人"。

（二）幼儿阶段"立德树人"的本质与内涵

曾经有教育者从空间、时间、功能三个维度，从本土性和世界性、历史性和未来性、价值性和教育性六种性质，对"立德树人"的本质和内涵作了研究，不仅确定了"立德树人"的本质属性，也规范了教育实践未来的走向，对我国的教育改革与发展具有明确的导向和深远的意义。以此借鉴，笔者从以下三个维度思考幼儿阶段"立德树人"的本质与内涵。

1.空间维度：立足本土，放眼世界

当今中国不仅是一个具有悠久历史文化传统的文明大国，更是在国际社会上拥有相当的分量和话语权，在世界舞台扮演着举足轻重的角色。中国现在的伟大成就，是一代又一代人努力奋斗的结果。现在的年轻一代拥有丰富的物质生活和多彩的精神生活，如果没有教育，他们很难体会国家强大背后创业的艰辛。更不要说 3—6 岁的幼儿，他们完全是蜜罐里泡大的。常言说："十年树木，百年树人。"中国要不断强大，必须人才济济、前赴后继。而教育就必须有一个中心的、统率性的价值观引领。"立德树人"就是一个具体的方向。培育和践行社会主义核心价值观，是落实"立德树人"的抓手。"立德树人"是中国教育特色，是最强有力的"中国声音"。幼儿阶段是教育的奠基阶段。幼儿阶段的"立德树人"，不仅目标要符合中国国情，更要与世界教育发展趋势相呼应，立足本土特色，又放眼世界、放眼未来，办出有中国特色的幼儿教育，培养有中国情怀和骨气、有世界眼光和智慧的中国儿童。

2.时间维度：传承历史，展望未来

教育从本质上说是一个延续的过程，是具有时间性的。教育是在这个历史的时间线上连接着过去与未来。一个国家的历史与未来，归根结底是由教育来完成传承与发展的。幼儿教育既是人生发展的初始阶段，也是教育的初始阶段，但同时又与未来密不可分。常言道："三岁看大，七岁看老。"在幼儿阶段，我们一样要重视

"立德树人"的历史性和未来性,给幼儿优秀传统文化、礼仪、品德的浸润与熏陶,同时又要指向未来的竞争和挑战,培养科学的思维、多元的视野、积极的兴趣、实践的能力等等,使其能更好地成长和迎接未来的挑战。爱国教育从娃娃抓起、科学教育从娃娃抓起、艺术教育从娃娃抓起……这些都不再是一句口号,而是实实在在的教育与行动。幼儿教育一样承载着中华民族的优秀品德,一样延续着中国的文化自信与教育自信。幼儿阶段"立德树人",不仅是国家和社会培养人才的需要,也是人才成长面对未来世界挑战的依靠。

3.功能维度:重视价值,潜移默化

当前社会,价值观决定一个人的思想和行为。学校是培养国家人才的摇篮,教育是培养有用人才的手段。当今社会有这么一种说法:"有德无才"尚可,"有才无德"危险。教育需要以正确的价值观为导向,才能培养出"有德有才"的建设者和接班人。在幼儿阶段,有人认为讲社会主义核心价值观似乎抽象,为时过早。但是实际上,就像上述经典故事所言:幼儿的一日生活皆教育。培养孩子正确的人生观、科学观、价值观并不是高不可及的事,而是自然渗透、润物细无声的教育。如"诚信",告诉孩子不说谎话、有错就改、别人的东西不能拿、答应别人的事情要做到等。幼儿阶段"立德树人"的价值性和教育性是渗透在幼儿一日生活、学习之中的,是潜移默化的。当前阶段,我们要以社会主义核心价值观为导向,培养幼儿良好的生活习性、人格品质、集体意识、团队合作精神,激发幼儿的爱国情感,乃至社会责任与担当精神。

（三）幼儿阶段"立德树人"的目标与内容

"立德树人"是当前教育的核心目标与重要内容,从幼儿园到大学乃至成人教育都需要践行"立德树人",一脉相承。

我国学前教育专家朱家雄教授在学前教育如何体现"立德树人"核心价值方面,提出了具体的思路:"德育为先,立德树人。"他强调,教育是有目的、有意义的行为,无论哪一个阶段的教育,都不能忘记教育的根本价值、忘记通过教育来培养人的使命。具体到教育实践层面,我们不能因过分强调幼儿自主选择的区域活动、自主游戏,而弱化、替代甚至取消集体教学;不能因过分强调幼儿自由的户外活动,而弱化、替代甚至取消集体操、体育教学;不能因过分强调幼儿的自我表达与表现,而弱化、替代甚至取消模仿和练习;不能因充分尊重了儿童的自由,却引发了放任自流,培养的孩子随意任性、没有约束力和自制力。

我们中华民族是礼仪之邦,是富有艰苦奋斗、不怕困难、勇于挑战、敢于创新、团结奋进、自省自律的民族,不能因盲目追求自由教育而削弱了集体教育、礼仪教育、勇敢自信教育、自省教育等等。

"我们要建设中国特色的幼儿教育体系,在'立德树人'基础上,培养儿童做'现代中国人'。"朱家雄教授的短短一句话,点出了幼儿阶段"立德树人"的意义和目标。

作为一线幼儿教师,要真正做到"立德树人",不仅仅要关注幼儿的知识学习情况以及良好的行为习惯培养,更要关注幼儿的思想发展,从幼儿能够感知、理解、体验、实践的角度,给予幼儿多样的平台和机会,引导幼儿逐步形成良好的思想观念和正确的价值观念,形成优秀的思想品格,为幼儿未来的成长和发展奠定良好的人格基础。要重视通过丰富多彩的集体活动、主题活动、游戏活动,让德育生活化、显现化,让"立德树人"理念自然渗透,落地生根,有意引导幼儿在一日生活学习中朝着"有德成人"方向发展。

二、全面开发,让幼儿阶段"立德树人"落地

3—6岁是儿童性格、认知、习惯培养的关键期。"立德树人"既是理念要深入人心,尤其是教师要将"立德树人"理念牢记于心,并渗透贯彻在日常教育教学活动中;同时,又必须是具体的,看得到、摸得着,能够落地的。

(一)立德树人在幼儿阶段的具体表现

"立德树人"在幼儿阶段的具体表现,可以归纳为社会公德、个人品德、行为习惯三个方面。社会公德方面,重点培养儿童的人文素养,如遵守交通规则、在公共场合不打闹不喧哗、懂得尊老爱幼、待人接物有礼仪、守规则,培养爱祖国、爱家乡的情感等等。个人品德方面,重点是个人修养,即诚实守信、遵守游戏规则、关爱同学、乐于助人、尊重老师和家里的长辈等等。行为习惯方面,重点是学习、生活习惯培养,如早睡早起、讲卫生、爱劳动、自己的事情自己做、爱学习、爱探索、有自信、学习专注、不怕困难、敢于挑战等等。

(二)全面开发,探索"立德树人"的有效途径

"立德树人"不仅是一种理念,更是具体的目标与要求。鉴于幼儿阶段的年龄特点、思维方式和教育原则,幼儿阶段的"立德树人"具有实施的特殊性,需要遵循

幼儿的学习特点与认知规律,潜移默化、自然渗透、游戏化、生活化,让儿童看得见、摸得着、听明白、做得到。

1.重视环境,营造氛围

环境对教育的影响是非常大的。从孟母三迁的故事中,大家都明白环境对人的影响。幼儿园实施"立德树人",环境的营造是非常重要的。这个环境是一个潜移默化、量变到质变的影响过程,大到幼儿园的主题环境设计、园本文化,让人置身于浓厚的教育氛围中,耳濡目染;小到一个活动的设计、规则的制定等等。比如激发幼儿的爱祖国、爱家乡情感,幼儿园可以通过校本文化主题墙、走廊、过道、班级主题环境等进行。如创设《祖国的变化真大》《了不起的中国人》《中国的名胜古迹》《中国的四大发明》《各族人民在一起》《祖国的节日》《家乡的桥》《家乡的变化》《家乡的特产》等等主题展示墙和开展相应的主题探索活动,让幼儿透过直观生动的环境和活动,了解祖国的伟大和家乡的变化,感受生活的美好,自然萌发爱祖国、爱家乡、爱生活的情感。而培养幼儿遵守规则、文明礼仪等,则可以通过活动规则的讨论等,让幼儿学会排队、等待、说礼貌用语、合作分享等。

2.规范行为,养成习惯

3—6岁是儿童习惯养成的关键期。培养良好的学习、生活习惯,也是幼儿园"立德树人"的具体体现。幼儿园先入为主的行为习惯和认知,直接影响孩子的一生。就像前面提到的诺贝尔奖获得者的感言,对他影响最深的是幼儿园学到的规则和习惯。因此,幼儿教师要认识到规则、规范、习惯对儿童一生的影响。幼儿园规范的行为习惯很多,具体到见面问好的礼仪、走路轻轻、垃圾分类,甚至搬椅子动作等等。教师应根据幼儿的年龄特点,作出明确规定和要求。只有这样,才能帮助儿童养成稳定、正确的意识和行为习惯,真正从日常生活"立德树人"。

3.轻松愉悦,自然习得

幼儿的年龄特点和思维方式,决定了幼儿阶段的"立德树人"具有特殊性。曾经有这样一个教育笑话:教师说今天是祖国妈妈的生日,我们准备了生日蛋糕,一起为祖国妈妈庆祝生日。于是,孩子们充满期待地望着门口,可等了好久,祖国妈妈也没有来……

这样生硬的德育,对于儿童来说很抽象,无法理解,也无法产生爱国的情感。幼儿阶段的"立德树人"要遵循幼儿直观形象的思维特点,尊重幼儿的游戏天性,重视教育的游戏化、生活化,让儿童在轻松愉悦的活动中自然习得。如国庆节是爱国情感培养的适宜节日,教师可通过和孩子一起进行主题环境创设、观看祖国各地国庆节的庆祝盛况,看国庆阅兵式,看祖国高科技发展,感受人民的幸福生活,感受祖国的强大。同时,通过建构游戏"我是小小建筑师"、表演游戏"国庆大阅兵"、创意美术活动"未来的城市"等等,在轻松愉悦的游戏中,感受、体现、表达和表现心中对祖国的认知和情感,从而自然萌发爱祖国的情感。

4. 关注体验,内化动力

儿童的学习不是简单的说教和要求就能理解,需要通过观察、游戏、操作、谈话、探索、尝试等,引发孩子内心的体验和认同,把外在的要求变为内在的动力,化"要我这样做"变为"我知道要这样做,我必须这样做,我已经习惯这样做"。这样,才能真正达到"立德树人"的目标。

比如,小班孩子有序饮水这个环节。当孩子从外面运动回来,洗完手,都会拿口杯接水喝。这时候孩子比较集中,容易拥挤,也容易碰撞,导致水洒一身。有的孩子接到水当即喝,造成后面孩子等待太久等现象。而且小班孩子年龄小,如果只是一味地强调排队和教师维持秩序,孩子并不容易养成良好有序的排队和正确饮水的习惯。这时,教师可以把当前拥挤的情形拍照或者录像,然后播给孩子看,引发孩子发现问题,讨论怎样喝水更有序。有了第一步问题意识后,教师和孩子一起动手,在地上画出前进的路线,让孩子知道有序排队,接好水后从箭头方向走出来,坐到比较宽畅的地方喝水。然后,让孩子根据路线指示试一试,老师再把对比照片拍下来让孩子对比。前后无序和有序的明显对比,能很快引发孩子的思考和理解。孩子通过亲身体验,在心里有了对有序饮水规则的认同,并自觉养成有序排队饮水的好习惯。同时,这种有序排队等待的好习惯还会自然迁移到其他的游戏和生活中,如和爸爸妈妈去超市不再为了排队而哭闹等。这就是"德"意识的建立和自我约束力。

5. 比赛激励,鼓励上进

3—6岁儿童以模仿学习和他人评价为学习特点。幼儿园要充分利用这一特点,有意开展文明小公民、礼仪之星、尊老孝亲好宝宝、文明班级、文明家长等评比,让优秀成为榜样。同时,引导和鼓励幼儿向积极向上的、优秀的孩子学习,知道怎样的行为表现是可以的、被允许的、被他人认同和喜欢的,从而自觉地向优秀看齐,形成个人优秀的品德修养。

6.立德树人,师德为先

"立德树人"对教师提出了更高的要求。教师不仅仅要遵守教师行为准则、规则,在教育教学和育人过程中还要尽心、用心、有创新,做有价值的、适合的教育,尽可能地促进每个孩子健康快乐、有德的成长。同时,教师还要树立儿童学习的榜样。幼儿时期以具体形象思维和模仿作为学习的主要方式。教师要以身作则,要求幼儿做到的自己先做到,同时和儿童建立亲切的伙伴关系,亦师亦友,走进孩子的心里,在成就孩子的同时也成就最好的自己,这才是真正的师德。有德的教师,才能培养有德的儿童。

7.家园共育,形成合力

幼儿教育从来不是幼儿园教师和幼儿园管理者单方面的事。家长是孩子的第一任老师,是孩子身边最直观的学习榜样。尤其是在孩子品德养成方面,有句教育名言"孩子是家长的一面镜子",讲的就是家长要注重自身的修养和榜样。因此,幼儿园必须把家长作为重要合作伙伴,用统一的要求和规范约束家长,引导家长一起学习,家园共育,形成合力。甚至要做到利用家庭、幼儿园、社区三大资源,营造全社会关注"立德树人"教育的大环境。让"有德"成为社会的共识、大众的追求。人人都为培养"好孩子""好人""对社会有用的人"而努力,让"立德树人"真正融入孩子的生活,如影随形。

总之,"立德树人"不仅是一句口号、一个理念,更是一个教育目标、一个具体的教育实践要求与规范。幼儿阶段的"立德树人"有其独特的本质、内涵、目标与内容,也有其实施与实现的特殊性。幼儿阶段的"立德树人"要让幼儿看得见、摸得着、理解得了、做得到,要通过潜移默化、循序渐进、日积月累,从量变到质变,将外在的感受、体验、实践内化为孩子的意识与自觉的行为,形成稳固的良好的习惯,使美丽的品德之花在儿童心灵深处萌发、绽放,使"立德树人"真正在幼儿阶段得以落地。

初中生数学抽象素养水平测试的试题研制

李旭翔*

引言

数学中的抽象思维,是指通过抽象的数量关系和空间形式来得出研究对象的一种数学思考能力。比如,从数量关系或图形关系中抽象出数学概念间的联系,从具体的事物中抽象出一般规律,然后再通过数学语言表达出来。几何图形问题是每一个学生都必须面对的数学问题,在初中教学中,既是考查重点,也是教学难点。因此,考查学生的抽象思维,几何图形题目是必不可少的。数学中的抽象思维,是数学自身发展和实际应用的基础。我们所说的培养学生的数学抽象素养,其本质就是培养学生具备"用抽象数学观察世界"的能力,具备透过事物表象看内在的本领。对于检测初中生数学抽象素养水平的测试试题研制,可以从以下几个方面来综合考虑。

一、检测学生从具体到抽象的转变,从而认识这种辩证关系

数学是一门高度抽象的学科,这也让很多学生头疼不已。因此,教师在教学时需要通过具体的事物或表象,给学生观察、思考的空间,然后寻找共性点,最后让学生体会由具体到抽象的转变。

例如题目1:根据右图计算 $1+3+5+7+\cdots+(2n-1)=?$
(用 n 表示,n 为正整数)

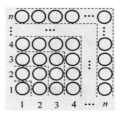

---

*作者单位:福建省浦城县第三中学。

这一题目的目的,是测试学生用符号进行运算和推理的能力,通过分析图中的符号抽象出数字的一般规律和结构,以此来考查学生由表象看规律的一般抽象能力。这一题目的考查难度为中等难度,但很多学生却很难自如切换这两种语言,即数字和符号。这主要是由于学生并没有发现图片中"拐角图形"(┐)的特别之处,没有发现旁边的数字和○数量以及它们构成的图形关系。由具体的数字和○折射的,是正方形的边长和面积。如果学生具备较好的抽象素养,便能很快实现这种转换:当 n=1 时,图形对应结果,以此类推,便能解出结果。这道题的思考过程,正是考查了化抽象为具体的思考能力,而数学题目中用 n(字母)来表示某个数时,就代表着初中数学真正迈入了"抽象世界"的大门。

二、考查学生的理性抽象思考能力

从事物具体到数学思维,可以认为是感性具体向理性具体的转变。而在抽象数学中,学生还要实现从感性具体向理性具体的过渡。也就是说,在较为复杂的情境设置中,认识数学概念,并根据研究对象的性质和意义,来判定它的属性以及与其他事物的联系。总的来说就是通过数学语言来表述对象属性和特征。这一部分的内容抽象深度更大,对学生来说具有一定的难度。因此,在教学过程中,教师要清楚学生的学习起点,划定适宜学生的"最近发展区",循序渐进帮助学生形成理性抽象思维。

例如试题2:如下图所示,分别以线段 BD 的端点 B 和 D 为圆心,相同的长度为半径画弧,两弧相交于 A、C 两点,连接 AB、AD、CB、CD。若 AB=5、BD=8,求四边形 ABCD 的面积。

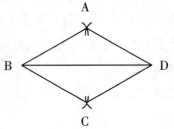

这一题目中只有图形,没有过多的数字,主要考查学生是否能够从图形之间的关系中抽象出数字概念。这能够看出学生抽象具体表现的水平。在这道题中,学生可能出错的原因主要是没能从题目的作图表述中提取"四边相等"的关键信息,因此也就没法建立菱形概念。再就是会有学生"想当然、所以然"地认为过顶点 A

作对角线垂直于BD,便自认为垂足为BD中点。有的学生会考虑勾股定理,用平方和的角度来思考,但识别不出图形的抽象关系,因此也会导致答案错误。不难看出,这个题目中识别不出"菱形"是导致出错的根本原因。很多教师会觉得,通过作图得出菱形的概念,对学生来说不难。其实,对初二的学生来说,的确有难度——因为这里的"圆"不是实际的图形,可以看作理性具体,圆的本质被看作理性抽象,可视化的具体图形对学生来说确实不难,但抽象的图像就需要学生实现从理性具体到理性抽象的过渡。

三、考查学生的"阅读"能力,检测学生各种抽象语言的转化能力

要做题,首先是读题。只有在读题的过程中捕捉关键的数学信息,才能进行深入的思考,也就是加工信息,从而选择适当方法解决题目。所谓的数学语言,就是指自然语言、图形语言、符号语言甚至表格语言。各种语言的切换运用,正是抽象思维的初步模型。

如测试题3:如下图所示,商品条形码是商品身份的象征,共由13个数字组成,前12位数字代表国家代码、厂商代码、产品代码,最后1位数字是校验码。

校验码是用来校验商品条形码中前12位数字代码的正确性。它的编制有特定的算法:

步骤1:计算前12位数字中奇数位数字的和,用a表示,即a=9+1+3+5+7+9=34。

步骤2:计算前12位数字中偶数位数字的和,用b表示,即b=6+0+2+4+6+8=26。

步骤3:计算3a与b的和c,c=3×34+26=128。

步骤4:取大于或等于c且为10的整数倍的最小数d,即d=130。

步骤5:计算d与c的差,就是校验码X,X=130−128=2。

请解答:《抽象数学》的条形码为"9 787 534546 47Y",校验码Y=?

该题目能够通过现实生活中的条形码让学生感受生活中的抽象数学,也从侧面考查了学生的数学阅读能力。很多家长往往意识不到阅读在数学解题中的重要性。其实,数学的阅读能力也非常关键。很多教师教学时为了节省时间,也容易忽视学生数学阅读能力的培养,使学生丧失了能力培养的机会。数学的很多关键

信息常常被冗长的题干淹没,这就是同学们经常说的"挖坑"。如何从复杂的题目中刨去若干"没用"信息,汲取关键信息,是解开题目的"首关"。最终还是要落实到数学的思维上来,将各种语言自如转换,找到研究对象的正确关系,才能做出正解。

四、合理运用数学思想方法,加强思维认知

初中数学抽象素养的提升,要从思维层面对学生进行认知教育。数学思想方法的应用,能够有效提升学生对数学概念的理解,让学生从数量关系到数学规律都能够在概念意义和知识内涵上有更深的突破。无论是基础或复杂的计算,还是推理证明,初中数学抽象化素养的养成都要注重学生思维认知,将理论知识具体化,形成有效的知识迁移。以高斯速算为例。我们知道,乘法在某种意义上是加法的简化。$13+15+17+\cdots+2015$,高斯速算利用转化的数学思想,可以将整个算式的答案设为 s,则 $2s=(13+2015)+(15+2013)+\cdots+(2015+13)$,利用首尾相加,使得整个算式变为相同的数字相乘,从而简化了解题过程。但高斯速算的重点在于确认流程,也就是中间数,在本题表现为 2028 与 1002 相乘。小学阶段的认知,是通过区分 13-2015 的奇偶数量来实现。初高中在接触函数与方程的思想后,可以结合几何代数的未知求已知的特点,设 n 为正整数,所有奇数都可以表示成 $2n+11$,代入最后的2015,得到 $n=1002$,即 13-2015 的奇数为 1002 个。除此之外,还可以通过数形结合的思路,构建理论层面的数学模型,一个上底 13、下底 2015、高 1002 的梯形,利用梯形面积公式进行计算,让学生来比较不同问题中的相同答案所代表的数学含义,结合数学思想方法的特征去感知具体的知识运用过程。由此可以看出,不同知识水平或思维层次的人看待一个简单的加法算式,是根据自身思考模式来考虑问题的,其知识储备和思考方式直接决定了解题思路。这就意味着,每个人所掌握的数学思想方法,在其接触到相应问题时,会将问题以何和形式在脑海中呈现出问题本质。初中数学抽象素养水平测试的试题研制策略,可以结合数学思想方法,丰富学生的解题思路。比如,比较和的大小,除了基本的代数思想比较,教师还可以由勾股定理引出数形结合,将和转化为两条直角形的斜边,以 1 为共边,构建三边为 1、3、和 1、5、的两个直角三角形,通过两边之和大于第三边的定理来判断大小。这种思想方法的应用,打破了传统题海战术的思维固化,对学生的思维认知发展有积极意义。这类题型能够激发学生的抽象思维,提升知识实践运用能力。数学思想方法与数学问题的反馈,以及学生知识实践运用过程中存在的问题,都会让学生更加

真切地感知数学思维。

五、完善教学评价,反思教学成效

教学评价是数学活动的重要组成部分。教师教学评价应聚焦学生数学核心素养的达成情况。抽象素养水平测试的试题研制要适当结合教学评价内容和教学成效适当调整,在标准和判断指标的设立上,应当结合分层教学的理念,探讨学生在学习过程中出现的问题,根据学生的意见反馈来综合出题。例如,很多学生存在重应用、轻推导的现象,就是只重视定理公式的应用,而忽视公式的推导、定理的证明。事实上,重视公式的推导、定理的证明,不仅有利于理解与掌握定理和公式,理解公式之间的相互关系,而且还可以进一步挖掘公式中蕴含的数学思想,还有助于学生发散思维。比如,点到直线距离公式的教学,包括教科书在内基本上都舍弃了解析法,即"求出过点P与直线1垂直的直线PQ的方程,然后求出点Q的坐标,最后利用两点间距离公式求出PQ的长"的方法,普遍认为上述方法虽然思路自然,但具体运算需要一定技巧。利用上述方法,运算量并不是大到不可接受;如果方法得当,学生一定对解析法印象深刻,并会在有关问题中应用解析法解决问题。教师在评价时,应重点关注教学情境的创设、数学问题的提出是否能有效带动学生学习的积极性;采用过程性评价,关注学生在学习中成长和发展的过程,注重观察学生的学习过程和思维过程,发现学生思维活动的特征及教学中的问题,结合教学错题集来分析学生的知识漏洞和能力不足,从而有计划地设计特定的数学专项问题,测评学生数学抽象素养的达成情况。比如类比函数的单调性概念,可以从函数图像的特征来探讨如何画函数图像,从列表、描点、连线等内容来思考与函数特征的关系。

六、结语

综上所述,对初中生数学抽象素养水平的考查,要立足于学生抽象能力建立的深度,循序渐进、由简到难慢慢渗透,既不能难度太高,打击学生的自信心;也不能难度太低,失去考查的意义。基于初中生抽象思维的认知能力和学习范围,设置考查周全、体现初中生数学抽象素养的相关题目,来测试初中生数学抽象素养水平。只有这样,才能真正帮助教师定位学生的抽象思维建立水平,实现测试的真正价值。

参考文献：

[1]姜海萍,万跃君,王晓民.初中生数学思维方式与转变初探[J].青海教育,2001(1):72-73.

[2]王为锋.浅议初中生数学思维深刻性的培养[J].数学教学研究,2002(11):7-9.

[3]刘秀彬.浅谈藏区初中生数学思维的培养[J].知识经济,2012(24):156-156.

[4]蔡琼霞.初中生数学学习挫折的现状研究[J].上海教育科研,2004(10):76-77.

[5]缪德山.浅论新课程背景下对初中生数学解题能力的培养[J].语数外学习(初中版•上旬刊),2014(10):69.

[6]陶其法.遵循认知规律,提升初中生抽象思维能力的策略[J].数学大世界(下旬版),2018(12):10.

深度学习讲道理，讲好道理提品质

黄慧华　吴思倩*

引言

深度学习，是指学生在理解学习内容的基础下，在内驱力的驱使下主动整合和优化学习内容和学习结果，从而实现高阶的学习思维的一种学习状态和过程。要让深度学习真正发生，培养学生的说理能力是最佳的有效途径。而要让"讲道理"时刻在我们课堂上发生，就要让学生在主动参与、有效探究中、寻找知识的关联中，讲清道理，培养学力，促进深度学习，提升学习品质。因此，教师在教学中要深度解读教材，理解教材的编排意图，从而精准定位学情，促进教材的单元整体建构。

一、基于深度学习的小学数学说理课堂教学的意义

（一）培养学生的质疑力

提出一个问题比解决一个问题显得更为重要，所以质疑能力的培养很重要。有思考才有疑问，有疑问才有思考，有质疑才有数学思维。数学思维的发展，离不开数学探究。教学中，要精心设问，打开学生的数学思维。数学问题贯穿整个数学课堂，要引导学生在问题驱动下主动学习和质疑，在核心问题引领下生生共同合作，激发学生主动学习，激发学生主动探究的学习欲望，培养学生分析问题和解决问题的能力。在探究活动过程中，解决困惑、了解知识本质、掌握核心内容，培养高阶思维和数学分享交流能力、推理能力及解决问题能力，从而让深度学习真正发生。质疑是学生学习思维的开端。所以，教师要考虑问题的深度和连续性，设计一系列的追问，帮助学生完善知识体系，从而更加深入、全面地学习。教学前要做好充分的准备，在课堂教学时灵活应变，引导学生更好地开展深度学习。

*作者单位：福建省南平市建阳区实验小学。

(二)培养学生的探究力

培养学生的探究能力,对学生的数学思维发展起着重要的作用。学生在学习过程中,不仅要学习数学知识、发展数学思维,更重要的是提高探究能力。因此,在教学中,要使学生在教师的引导下探究新知识,建立起新旧知识间的联系,从而对新知识进行理解和深入分析。在形成矛盾和解决矛盾这个探究过程中,发展学生思维。学生分小组进行实验操作、讨论交流、合作探究,是数学课堂教学与学习有效探索的好方式,从而达到培养学生的实验操作能力和合作探究精神,发展学生学习的积极性和创造性,使学生养成认真细致的科学态度。教师要指导学生进行小组合作探究,让学生对获得的结论和体会进行小组和全班交流分享,梳理知识形成网络。对于学生在探究过程中对问题出现错误的看法时,可以设计辩错环节,让学生在生生互动间互相分析、辩解,明白其中的道理,道理就越辩越明,从而解决错误,正确地理解知识,发展探究力。还可以让学生探究一些拓展性、开放性的问题,使学生能运用学到的新知识解决新问题,提高对知识的领悟能力和解决问题能力。实践操作、合作探索与分享交流是有效学习的重要方式,要引导学生在经历探究过程获取新的知识,从而实现深度学习。

学生自觉探索意识的养成,也离不开数理思维,从明理思考中使学生的逻辑思维与抽象归纳都能在探索数学的真理过程中逐渐形成,使学生的综合能力均有所提升,从而达到数理深度学习的目的。教师在教学中,把数学教育新知识和学生自身的旧知识联系起来,让学生在自己的探索中提出解决新知识的数学方法,能够有效融合学生所学习到的新知识和自己的数学经验体系,从而保持学生所掌握数学知识结构的完整性,给学生的深度学习带来帮助。

总之,培养学生的探究意识,提高探究力,能有效促进学生数学思维的形成和发展。在教学过程中,要重视学生探究力的发展,重视学生问题分析能力的发展,从而不断提高学生的数学综合素质和品质。

(三)培养学生的学习力

学习的动力、毅力和能力,是"学习力"的三大要素。学生在学习数学的过程中,能主动去理解探究、发现问题、分析问题和解决问题,就是小学生数学学习力的体现。培养小学生的数学学习力,可以提高其逻辑思维能力。所以,在课堂上,要留给学生充分的自主探索的机会,让学生自主思考问题、分析问题、解决问题,主动学习,有自己的看法和思路,在学习的过程中提高学习力。数学教学的关键是培养学生的学习力,教会学生如何学习,能有自己的独到见解,能独立地思考问题、解决问题。数学的每个知识点之间都存在密切的内在联系,教师要引导学生沟通算理与算法之间的联系,理解算理本质,掌握算法,把握本质特征,展开相关联想,进行知识转化、渗透迁移、类比等,在自主探究、合作交流中提升学习力。

与此同时,还要提倡自主合作探究的学习方式,营造"讲道理"的氛围和环境,促进学生合作交流,使学生变为课堂的"主人",拓展思维和学习思路,训练思维的灵活性,懂得认真倾听、分享交流,在自主探究和生生互动中得出结论,提高学生的分享交流能力。因此,在教学中,要促使教学设计更加优化、学生主体意识更强,真正实现促进学生"自主学习""学会学习",让"不同的人在数学上得到不同的发展"的教育目的,讲清道理,让深度学习真正发生。

二、基于深度学习的小学数学说理课堂教学的策略

说理,顾名思义就是要说清道理。在数学上要说清数学的道理,就需要学生有探究精神,能追根溯源,理清数学的来龙去脉,能知其然和知其所以然。其中,低年级阶段的说理,可以借助画图、摆实物、推理想象等方式,将问题以不同的形式表示出来。"说理"课堂教学不仅仅局限于教师对学生的"说理",更要求学生进行"说理",让学生始终参与课堂学习过程,培养良好的学习习惯。如教学"长方形的面积"时,教师适时结合教学内容提问,引导学生"说理",并点评学生的思路,给予鼓励和指导。"说理"的结果是教师教学活动所预设的目标,也是"说理"课堂教学活动的"起点"和"终点",直接影响教学质量。因此,制定教学目标要符合学情、问题设计要抓住核心和重点,科学地讲道理,才能使课堂更加高效。

"说理教学"是教师指导学生进行深度学习的重要途径,是启发式教育中的一个主要教学手法。但课堂上仅仅40分钟,对于教学进度的整个推进来说,给学生发言的机会比较难保障,有的学生已经掌握了基本的数学知识,可是教师却听不清或不能理解里面的道理。那么,如何给予学生足够的"说理"时间呢?笔者结合教学实践,从以下三个方面来具体谈谈如何有效构建"说理"的课堂。

(一)变抽为直——说清概念本质

在数学教学中,教师要巧妙借助各种直观模型,将教学内容抽象的数学本质直观生动地呈现出来,让学生抓住概念本质进行深度说理。

如北师大版二年级下册"认识角"一课"试一试"中问题串二提出让学生比较两个三角板的角的大小，并说一说发现了什么。其实，这是一个非常好的说理问题，这一问题的目标是说清楚"角的大小与什么有关"这一关键性问题。教学时，可以先让孩子们动手操作，再让学生充分发表意见，说说比较后的发现。学生甲到黑板上示范讲解："老师，我是这样比的。我先把小的三角板叠在大的三角板上面，把它们的顶点对齐，把它们下面（即水平方向的那条边）这条边也对齐，就会发现小三角板上面的这一条边和大三角板上的另一条边也对齐并且完全重合在一起了。这样就可以说明这两个角的大小是一样的，角的大小与变得长短并没有关系。"学生乙说："老师，还可以这样比较。（说完跑到黑板前）假如我这里有一个角（说完在黑板上画了一个角），看现在是这么大。如果我把它的两条边放大（延长的意思），大家说一说，角变大了吗？对了，角的边变长了，但是角的大小并没有改变。"这时，教师可以适时追问："反过来，如果边变短了呢？"这时，学生们一个个积极地发表自己的见解，说边变短了角的大小也不会改变。教师适时播放动画，让孩子们更直观地理解角的大小如何比较，让孩子们明确：角的大小很悬殊时，一眼就能判断出大小的，就直接用观察法比较角的大小；角的大小比较接近，不能直接观察的，就可以用刚才那位同学说的用重叠的方法进行比较。（课件演示重叠法）演示时特意把同一个角边变长变短时角的两条边的区域用颜色明显标示出来，让学生发现角的大小与角的"占地"没有关系，即与边的长短无关。教师继续追问："那角的大小到底和什么有关呢？"这时，教师让学生拿出课前准备好的做活动角的学具，现场让孩子们做一个活动角，并请学生上前演示。全班跟着教师的指令变化活动角的大小，老师喊："变大，再大，大大大大大……变到无法再变大即平角为止"，接着又喊"变小，再小，小小小小小……变到无法再小，即两条边重合0度角为止"。这时候再让学生讨论说理，说说角的大小到底和什么有关。这时候"水到渠成"，学生通过层层推进的说理活动和充分体验，已经直观认识到角的大小与"张口"有关。

以上教学通过直观、生动、有趣的演示操作，将抽象的知识变成看得见的数学知识，并抽象出了角的本质属性，让学生在"玩中学，学中玩"，联系生活实际，体会数学的应用价值，提高在生活中观察和探究数学现象的意识和能力。

（二）化静为动——说清计算原理

计算教学在一年级中是重点教学内容。不论是上册20以内的加减计算，还是下册100以内的加减计算,计算内容占据了一年级数学教学的"半壁江山"。如何让学生理解算理、掌握算法,是低年级教师所要重点关注与思考的。因此,在一年级探究算理的过程中,我们化静为动,让孩子用自己喜欢的方式,小棒摆一摆、计数器拨一拨、数线图画一画等多种形式直观表征计算思维过程,说清算理。通过借助教学工具理解不同的算法,体会算法多样化,发展了学生的运算能力。

比如,在一年级下册第六单元加与减(三)《阅览室》一课中:算式30-7,你能用你喜欢的方式说一说你是怎么计算的?可以借助小棒、计数器等工具讲讲道理。学生甲说:"我是这样想的。用小棒摆一摆,从3捆小棒中拿出1捆,拆开后是10根,从10根中拿去7根,还剩3根,即10-7=3,与剩下的2捆合起来就是23根,即20+3=23。"学生乙说:"我是这样想的。用计数器拨一拨,在十位上拨3个珠表示30,个位上没有珠子不能减去7,向十位借1个珠子,拨到个位上就是10个珠子,即10-7=3,合起来就是23了,即20+3=23。"学生丙说:"我是这样想的。画数线图,在尺子上找到数字30,再往前数7个表示-7,最后答案指向23,说明30-7=23。"

由此,我们可以知道,在探究算理的过程中,我们化"静"的数为"动"的实际操作,借助实际操作的生动和直观,充分、有效地阐明了生涩、抽象的计算原理,让学生的学习更加深刻、清晰。

(三)避难趋易——说清推算道理

小学一年级学生的认知发展水平虽然还未成熟,理解能力也有所不足,但是其想象力却是非常丰富的。所以,我们在教学过程中的教学实例都是从贴近学生的生活实际出发,从他们身边熟悉的事物入手,让学生明白数学在生活中无处不在的同时,能充分发挥想象去进行数学推理,将难的数学问题变得更加容易,把抽象的数学变得直观具体。为了充分发挥图形的直观优势,我们要先培养学生学会观察生活中的事物,能从中体会到数学与生活的联系,加深对数的意义的理解;也能结合生活实际发现数学的美,加深对图形的理解,发展空间想象能力。

比如一年级下册的数学好玩中的《填数游戏》,教师可以借助希沃课件,上课伊始可以配上有趣的、有数学思想的填图案游戏,在此铺垫下引出填数字游戏。做填数游戏时,就需要学生的逻辑推理能力。在这一课中,有这样一题数学题:5×5排列的填数游戏,让学生填写表格。当学生尝试填数以后,第三、四、五横行上的空缺的数学生可以直接填出;但是在第三列和第四列剩下的四个空格怎么填,肯定会产生疑问。这下该怎么办呢？我们这样引导学生，先让其自行交流想法，集思广益。接着，让学生分享自己的想法，讲道理。如学生可能出现以下几种说法：一是第一横行缺2和4，先轻轻写上，再看竖行行不行；二是第一横行缺2和4，第三竖行有4了，所以只能填2。两种想法都进行了简单的推理，需要学生先想象假设，再根据两行中缺的数和现有的数判断该填的数。由此我们可以知道，有时在学习数学的时候，可以通过举例，经过简单的推理，可以得出一些数学猜想。因此，教师在数学教学中要善于引导学生用图形去理解、分析数学问题。

低年级学生正处于启蒙阶段，是培养说理意识的关键阶段。教师要不断实践、不断探索、不断总结，将课堂变成真正的说理课堂。

三、结语

综上所述，深度学习下的小学数学课堂进行有效说理，将有利于学生抓住概念本质，变抽为直；有利于学生将计算教学化静为动，运用直观表征进行计算，暴露思维过程，说清算理；有利于学生在推理过程中进行有效推算，说清推算原理，避难趋易。教学中通过核心问题引领、小组合作学习等方式，可进一步提升学生的高阶思维，提升学生的深度学习能力，提升小学数学课堂教学的品质。

参考文献：

[1]罗鸣亮.做一个讲道理的数学教师[M].上海：华东师范大学出版社，2016.

[2]蔡燕茹.基于深度学习的小学数学作业设计研究[J].课程教育研究（教学·信息），2019（19）：123.

[3]郭美银.小学数学说理课堂的三个"重视"[J].数学学习与研究，2020（5）：73.

核心素养背景下促进县域基础教育均衡发展策略研究

——以福建省南平市为例

李莉娟*

　　为更好地贯彻落实国家对基础教育发展的相关要求,实现基础教育公平,福建省人民政府新闻办公室在福建省"十四五"专项规划系列新闻发布会教育发展专场上指出,要在教育发展中保持教育优质均衡发展。福建省委、省政府高度重视,持续推进教育改革,逐步实现城乡教育均衡发展。教育均衡是一个动态过程,需要不断地去调节干预,加强事前、事中监管,采取切实有效的措施,使教育保持一个动态平衡。县域基础教育是我国教育事业的重要规划单元,对教育事业发展具有重大、深远的影响。新时期,如何促进南平市县域基础教育均衡发展,是摆在我们教育工作者面前的一个亟待探讨研究的话题。促进基础教育均衡发展,是重要的教育发展理念,也是我国教育事业发展的行动指南,要加强调查研究、制定政策策略,力争缩小甚至是消除基础教育不均衡现象。要结合南平市县域经济发展的实际情况,在充分考虑县域经济发展现实的基础上,做好县域基础教育均衡发展,确保实现南平市基础教育高品质发展。

一、准确把握和充分认识县域基础教育均衡发展的基本含义和重要性

　　县域基础教育均衡发展,是县级行政区内的一种最基本的原则,是按照当下的社会发展和生产生活的最低标准,公民接受教育的最低水平的要求。均衡发展是针对一定的区域而言,是区域经济学的一个重要概念,也是我国基础教育发展过程中提出的一种科学的发展理念。教育上的均衡,主要是本着教育公平和人人平等

*作者单位:福建省南平市建阳区第二中学。

的原则,政府机关通过教育机构让受教育者享受到相对平等的国家教育政策和待遇。这就要求在区域范围内,各教育机构根据各自的需求和实际情况均衡地分配教育资源,同等享受国家的教育政策。但是,均衡不是恒久不变的。教育的均衡是针对短期而言,不均衡才是常态。教育均衡发展不是要阻碍发展,而是要求在县域范围内,各教育机构通过加强自身建设,改善教育水平和教育质量,实现更高水平的发展;不是要求所有的教育机构要做到一模一样的发展,而是要求各机构在硬质条件和师资力量相当的情况下,谋求更好的发展。同时,均衡不是固定的。在发展过程中,当教育水平达到一定高的层次时,旧的均衡就会被打破,新的均衡就会被建立。

促进县域基础教育均衡发展,本质就是在县域范围内,公民能够享受相对来说比较均衡的国家基础教育权利,也是当地政府为所辖范围内的公民提供的最基本的公共服务之一。享受相对平等的受教育的权利,是社会主义制度条件下每个公民的权利,体现了社会主义制度的公平性。县域基础教育均衡发展是我国整个教育事业均衡发展的最基本的部分,能够有效促进社会公平正义。只有实现了县域范围内基础教育的均衡发展,才能从根本上为高等教育供应足够的学生,为高等教育高质量发展提供保障,这是实现公民基本素质和培养高等人才的基础。物质发展决定上层建筑。要想促进县域基础教育均衡发展,就一定要保障县域范围内经济发展的均衡。县域是一个相对来说比较小的圈子,社会经济发展得相对平均,差距不是特别大。因此,县级政府要结合本县经济,总体把控本县的基础教育发展情况,及时调节县域基础教育发展的不均衡因素,促进县域基础教育更好发展。

二、核心素养背景下县域基础教育均衡发展的现状

国务院曾提出"农村义务教育以县为主"的教育管理机制,"县"也就成了基础教育发展相对独立的规划区。党的十八大以后,我国经济保持高速发展,人们的生活质量有了很大提高。在物质生活得到满足的同时,人们越来越重视教育问题,都希望自己的孩子可以去更好的学校学习,享受更高水平的教学设施服务和更优质的教师资源,从而让孩子在学习上占据一定的优势。然而,因为一个县不同的区位发展水平不同,学校的基础教育设施和师资教学力量有很大的差别。因此,"城市中心"观念越来越明显,基础教育也就出现了显著的不均衡。这样的不均衡,引起了广大家长、学生和教师的广泛关注。因为经济发展状况好的区位,生活环境也

相对较好,政府的关注度也较高,教师和学生也更倾向于更好的教学环境,如此便造成没有优势、经济发展欠缺的区位的学校基础设施简陋、师资力量薄弱,从而导致基础教育发展失衡,对全县的基础教育发展极其不利。

综观南平市县域基础教育,不难发现,在接受教育权利的实现上,全市各县区内不同乡镇的基础教育不同阶段的入学率有着一定的差距。特别是幼儿园的入学率,差别更加明显。县域内,城区基础教育阶段教师的综合学历显著高于农村教师的学历。同时,城区教师的年龄较农村更加年轻化,城区各学科教师队伍明显强于农村,暴露出农村基础教育的短板。虽然随着县域经济的不断发展,政府对各个学校的经费投入一直在增加,但和城区学校相比,农村学校的经费水平普遍偏低,学生的成绩合格率和城区学校相比差距还很大。

出现这些基础教育发展不均衡现象的原因,一部分是因为县域经济发展水平有限,财政状况不允许;但也有一些政策方面的原因,比如政府不能够将有限的教育资源均衡分配,从而导致出现基础教育各方面的差距明显,县域基础教育出现明显失衡,在一定程度上影响南平市基础教育事业发展。

三、核心素养背景下促进县域基础教育均衡发展的基本原则和政策建议

在日常的教育教学过程中,我们发现,全市县域基础教育均衡发展在某种程度上存在很多问题,务必要高度重视,要根据县域的经济基础和客观实际研究制定相关政策措施,并真正将措施落实到位,真正解决家长、学生、教师普遍关注的问题,回应社会关切,促进南平市基础教育均衡发展,体现教育公平。

(一)加强县域范围内城乡各学校标准化建设,促进县域基础教育办学条件均衡

要在全市范围内推进县域基础教育学校标准化建设,在办学条件上实现城区和农村基本一致。首先,要大力支持农村或偏远学校的条件改善。针对存在教学资源缺失严重的学校,要重点考虑,尽力改善。要对各个学校进行调研了解,汇总本县域内学校的综合情况,根据总体状况和财政力量,补齐学校发展的短板,建设标准化县域基础教育阵地。其次,要提高农村学校信息化教学水平。要加快农村信息化教学的普及,加强农村教师的信息化培训,让教师想用并且有能力使用信息化教学设备为课堂教学提供便利,提高学生的学习兴趣和积极性,让学生通过信息化教学设备获得和城区学生一样的教学体验。再者,要合理利用优质教学资源。

可以通过与名校合作办学、建设城区和乡镇一体化学校、合理划分片区使城区学校和临近乡镇实行同样的教学管理等模式,共享优质教学资源,带动农村一些教学水平差的学校提升办学水平和教学质量,实现良性发展。

（二）采取多种措施消除城区学校"大班额"现象,促进基础教育教学服务均衡

政府部门要研究制定多种措施,力求解决城区部分学校的"大班额"问题,让学生在舒适的环境中学习,得到教师充分的关心。政府要经常听取教育部门的工作汇报,及时掌握县域学校分布情况和教学水平,合理部署、调整城乡学校分布。在城市建设中,商品住房或公共场所建设选址要充分考虑学校的建设;在开发新地区或是城市改建过程中,要充分考虑教育公共服务供给,在学校建设选址上要考虑城乡一体化办学政策。在偏远农村,小学阶段,根据学生年龄小的特点,可以选择就近就读;而对于初中,可以集中建学校,考虑到农村校家间距离问题,可以提倡住宿制教学。另外,要建强部分农村学校的基础教学设施,为学校提供完备的教学设施。要适当提高农村教师各方面的待遇,鼓励年轻教师到农村去,并为年轻教师提供生活上的帮助,将医疗、养老、住房等保障制度化,真正落到实处,从而建立稳定的师资队伍。科学合理设置初中、高中招生制度,严禁不按政府政策私自招生;要合理划分片区,让学生均匀合理分布,并按规定人数安排班级,不得超出规定人数搞"大班额"教学。

（三）优化县域师资力量管理,促进基础教育教师资源均衡

教育事业要想更好发展,关键在教师。教师掌控着教学的全局。在促进县域基础教育均衡发展的过程中,要加强教师人才队伍建设,在现有的基础上提高教师的业务水平和能力,让薄弱学校的教师教学能力强起来,实现教师资源的均衡,提高县域基础教学的整体教学质量和教学水平。首先,政府要出台相关政策,强大并优化教师队伍。要注重高校农村定向教师的培养,增加定向师范生、免费师范生的招生数量,持续开展"特岗教师"聘用工作,让年轻教师走向农村,在农村的大舞台上施展教学风采。同时,在招聘教师过程中,要充分考虑音乐、美术、计算机等专业师范生的招聘,以解决农村个别学校因为没有合适的音乐、美术、信息技术课程教师而不开设相关课程,或是由文化课教师兼任音乐、美术、信息技术课程教学的现象,让学生获得全面的教育。其次,要加强教师之间的交流教学。要创新教师管理体制机制,可以鼓励一些城区学校里业务能力、管理能力强的教师到农村学校担任管理者的角色,在实现教师个人职业发展的同时,也能够将城区学校的先进办学和教学经验方法带到农村学校去,从而带动农村学校的发展。另外,要加强教师的培训工作。政府部门要在教师培训上加大资金投入,保障教师培训工作的正常开展;邀请一些教学先进学校的骨干教师来当地进行教学经验交流,以帮助本地教师更好地成长,有利于本地教师借鉴别校先进教学理念指导本校教学,提高教学质量。

(四)加大对特殊群体的关注力度,促进基础教育公平受教育均衡

在县域基础教育中,要充分保障特殊群体的受教育权利,不断健全特殊群体平等接受教育的体制机制,充分考虑他们的群体特点,做好特殊群体学校的规划建设工作,根据他们的需要,配齐学校的各种硬件基础设施。要动员吸引社会资金投入,将特殊群体专项资金合理利用起来,避免挪作他用,加大对特殊群体的精神文明建设,鼓励引导他们勇敢面对人生困难,多包容他们,给他们更多的耐心和关爱,让他们也能在县域基础教育发展中跟得上、走得远,实现基础教育全面均衡发展。

(五)强化县政府督导责任,为促进基础教育均衡发展提供坚实制度保障

随着教育事业的不断发展和政府机构行政体制改革的深入推进,县级政府担负起促进县域基础教育均衡发展的重要使命。县级政府肩负着县级教育资源的有效分配责任,在县域内学校的位置选择、建设、管理等方面发挥着重要作用。为此,政府要加大对县域基础教育工作的干预力度,加强对县域基础教育均衡发展的工作指导,加强事前、事中监管,严肃查处、坚决整治不按照政策招生办学、在教师薪资待遇方面落实不力、违规设置重点班等行为扫除县域基础教育均衡发展的一切障碍,促进县域基础教育更好发展。

基础教育是国家实施科教兴国战略的最基本的教育,是全面提升公民基本素质的重要手段。基础教育的均衡发展,是根据我国的基本国情提出的一种教育宗旨和遵循。县域范围内,县政府是调节县域基础教育发展的主要责任单位。在社会经济迅猛发展的今天,在核心素养教育的背景下,县政府要根据县经济情况,研究分析影响县域基础教育均衡发展的主要因素,加强对教育均衡发展的实践指导,均衡县域教育财政投入,合理调控师资力量,平衡城区和农村的教育办学水平,全面提升核心素养背景下的基础教育质量,促进县域基础教育均衡发展,持续实现更加公平的县域基础教育。

参考文献：

[1]刘远杰.迈向教育更加公平：县域教育改革的空间尺度、问题及其破解[J].清华大学教育研究,2021(5):114-125.

[2]彭丹丽,黄绍琪,魏宗财,肖丽祺,陈虹.高质量发展导向下县域基础教育设施供需协调的空间优化策略[A]面向高质量发展的空间治理——2021中国城市规划年会论文集(11城乡治理与政策研究),2021:133-142.

[3]廖其发.论我国基础教育学校布局调整的基本原则与主要策略[J].河北师范大学学报(教育科学版),2018(1):15-23.

[4]陈红.促进我国初中义务教育公平性的公共政策研究[D].青岛:青岛大学,2017.

[5]史静远.省以下政府间财政关系优化研究[D].北京:中国财政科学研究院,2017.

以传承传统文化为根，探索优质教育新模式

李明凤*

一、背景

福建泉州晋江市平山实验小学隶属晋江市梅岭街道三光天社区。该社区有一个传承100多年的舞龙队，是福建省非物质文化遗产传承基地。得益于这一资源，2007年，学校聘请第五代传承人洪锦雄先生作为校外辅导员，将舞龙运动这个体艺项目引进校园。

在洪锦雄先生不遗余力地传授下，"平山舞龙队"在泉州地区打响了名气，参加过各级各类演出活动60余场，引起多家媒体关注，《东南早报》《海峡都市报》《泉州晚报》《晋江经济报》多次对这支舞龙队进行采访报道。

源于此，学校十分重视传统艺术教育，开始以"龙"为主元素打造中华优秀传统文化校园，通过传统文化的力量来矫正学生的思想、丰富学生的头脑，提高学生品德教育的实效性。党的十八大以来，以习近平同志为核心的党中央高度重视学校美育工作，把学校美育工作摆在更加突出的位置。学校认识到美育工作是立德树人、培根铸魂的事业，而学校一直在探索的舞龙文化刚好融美育与体育为一体，同"注重社会主义核心价值观的培育和中华优秀文化的传承，着力提高学生审美和人文素养"观点相契合。在晋江市"乡土文化示范校""艺术教育先进单位"及"泉州市闽南文化传承基地校"等荣誉的鞭策下，学校继续对舞龙文化进行深入挖掘，让舞龙文化成为学校学习和传承传统文化的一个特色项目，让师生传承"团结合力开拓奋进 创新包容 独立自主"的龙之精神成为宣传学校的一张特殊名片，让美育之花绽放整个校园。

---

*作者单位：福建省晋江市平山实验小学。

二、做法

（一）打造文化环境，观美润心

教育家苏霍姆林斯基说过："物质文化建设是校园文化建设的重要组成部分。健康优美的校园环境就像是一部立体的、多彩的、富有吸引力的教科书，它有利于陶冶学生的情操、美化心灵、激发灵感、启迪智慧，也有利于学生素质的提高。"针对校园文化互动性、渗透性、传承性、自觉性等特点，多年来，学校精心规划校园环境，注重特色校园文化建设，努力营造浓郁的传统文化氛围。其中，尤以"龙"文化最为突出。跨入校门，那充满龙元素的"珠碧生辉"荣誉墙、"龙姿焕彩"形象墙、大气古朴的龙柱、独具特色的"聚龙轩"龙室、栩栩如生的龙文化楼道、古色古香的校史室、高端典雅的艺术展厅等等，使校园文化熠熠生辉，展现了学校多年来在传承舞龙文化方面走过的足迹，体现了学校深厚的文化积淀。同时，把校园环境当作"隐形教育课程"来打造，达到以美育人，以美化人的作用。晨光少年宫的班牌以龙的形状进行设计，以及龙娃评价成长手册、图书馆图标、小龙人奖章及校标等，都凸显了校园办学的特色，让学生从实物、图文中系统地感受、领悟龙文化的内涵，从感性上体会到传统文化的具体性、丰富性和人文性，从而得到潜移默化的教育，达到观美润心，彰显了学校文化内涵。

（二）推进课程创新，融美育心

学校以全面育人为重要任务，以"龙文化"为线，充分挖掘各学科所蕴含的丰富美育资源，通过学科融合，推进"龙文化"课程教学、社会实践和校园文化建设深度融合，形成协同育人格局。2011年，把舞龙文化的传承融入课堂教学，实施了舞龙文化"进教材、进课堂、进课题"的三进举措。2012年，把舞龙活动与语文学科相结合，开展市级研讨活动，得到了与会人员的高度评价。2013年5月，《传承舞龙文化创设特色校园的研究》校本课题被确认为晋江市教育科学"十二五"规划立项课题，并于2015年成功结题。编印校本教材《盛世龙娃》，使得学校特色文化得到跨越性发展。为了让《盛世龙娃》校本教材更好地融入课堂，学校将校本课程分章节、分年级、分学科进行融合性教学，让课堂教学行为向纵深化发展。（见下表）

章节、内容	对应年级	融合学科
参观龙展厅、龙室，学做龙狮操	一年级下册	班会课 体育课
《舞龙队的发展》 画龙 手工龙	二年级上册	中队课 美术课
《龙的由来》 画龙 唱龙	二年级下册	艺术课
《龙的传说》 创编龙的故事	三年级上册	道德与法治课
《舞龙的起源与发展》	三年级下册	道德与法治课
《舞龙习俗》 制作手抄报	四年级上册	美术课
《运动技法》 舞龙运动体验	四年级下册	校本课 体育课
《舞龙的种类》 校标的含义	五年级上册	综合实践课 班会课
以龙为主题的探究活动手工龙	五年级下册	综合实践课 美术课
《文化传承》 参观校史室 写龙	六年级上册	中队课 书法课
《我们学校的龙文化》 主题班队课学唱《龙的传人》	六年级下册	中队课 音乐课

事实证明，整合课程体系，在文化融合中彰显特色，不仅能有效助推学校美育工作的开展，也是学校提升舞龙文化内涵的一个重要渠道。

（三）开展多元活动，践美养心

学生在学校生活中最直观、最直接的道德体验，主要来源于学校文化。在道德教育中，若缺乏学生相关道德体验的参与，将很难取得效果。为了激发学生对中国民间传统文化活动的兴趣，发扬学校舞龙特色传统，增加学生更多美的体验，学校定期开展一些形式多样的活动，进一步活跃学生的文化生活，培养学生多方面才能，增强自信；同时，希望孩子们能够舞动心中的龙，弘扬中国传统文化，在受到美的感染的同时也得到道德教育。

1. 参观展厅

组织校园小记者走进舞龙教练洪锦雄先生的小展厅，更直观地了解舞龙文化，感受洪锦雄先生对舞龙强烈的理想信念和精神追求，体会传统文化的魅力，陶冶情操。

2. 创编"龙狮操"

学校把舞龙运动与体艺学科相结合，编创了"龙狮操"，使舞龙运动既适合现代竞技体育发展的需求,又有着艺术美,真正达到有效继承和弘扬传统体艺文化的完美结合。同时,将龙狮操纳入学校体育课程,成为学校每周一次的大课间活动,并定期开展龙狮操比赛,让美育与体育完美融合。

3.馆标评选

2019年6月,学校举办图书馆馆标评选活动,面向全体教职员工、学生、家长征集作品。这次大赛激发了广大学生、家长的创作热情,共收到37幅作品。许多作品都自觉地将龙元素结合着设计,试着通过馆标诠释图书馆和学校特色的文化内涵。活动的开展,增强了家长和学生对学校文化建设的认同感,也展示了学校艺术教育的成果,提升了学生的艺术修养气质及品位。

4.作品展示

每学年开展以"龙文化"为主题的书画、手工、讲故事、作文比赛等实践活动,让学生与家长参与到龙文化传承活动中,做到常态化的更新、推广及宣传,大大提高了师生对审美的认知。

5.艺术节展示

办好一年一度的校园文化艺术节及传统文化才艺展示活动。

这些丰富的活动不仅培养了学生良好的道德品质,增强了团队集体意识,更锻炼了学生坚强独立的意志,有效推动了美育工作的开展,提升了学校的办学品位,赢得了社会各界的广泛赞誉。

三、成效

(一)师生风貌改变了

十几年来,学校用舞龙特色传承中华文明,让闽南文化融入校园、走进课堂,与德育结合,让孩子们在弘扬传统文化的同时,积极参与舞龙活动的实践与研究,不仅丰富了学生的课余文化生活、强健了学生的体魄,还增强了学生对传统艺术美的欣赏,使他们在了解地方舞龙文化的基础上,进一步感受中华龙的精神,接受传统文化艺术的熏陶,进而培养团结协作、积极向上、不断创新的精神。学生的审美与人文素养提高了,教师对美育、体育的认识与专业素质提高了,实现了美育与体育、美育与德育的完美整合。如今,学校每个学科每个学期都有两次课有龙文化的植入,师生对于舞龙文化的传承都有了一定的共识,自觉内化于课堂与活动中,建立了师生合作文化,促进了师生共同成长,美的教育无形中慢慢渗透在每个活动及教学的细节中。

（二）办学品味提高了

自2007年到现在，学校培养了14批舞龙队员，参加演出60余场，获得不同级别的奖项100多个。2020年5月，晋江电视台专门采访第14批师生舞龙队；6月1日，中共晋江市委书记刘文儒到校慰问，在观看舞龙表演及校园文化后，充分肯定了学校将传统文化引进校园的做法；6月8日，晋江电视台就传承创新发展中华传统文化专题对学校做了专题采访报道；11月，学校承办晋江市"弘扬中华优秀传统文化"德育专题展示交流活动，现场以"龙"为主元素，开展了舞龙表演、龙狮操展示、龙主题队课及讲座、龙手工作品展等一系列活动，赢得在场人员的赞赏。源于学校的坚持与辛勤付出，2015年学校获评"泉州市首批闽南文化传承基地学校"，2017年获评"福建省中华优秀文化传承学校"，2019年参评"全国优秀文化传承校"，2021年获评"第三批全国中小学中华优秀传统文化传承学校"。如今，提起平山实验小学，大家第一时间就会想到学校的舞龙文化。辖区内的幼儿园、中小学看到学校舞龙文化的推广成效，纷纷效仿，也将舞龙运动引进校园。一走进社区，碰见毕业的学生，每一位学生都以曾经是舞龙队员的身份而自豪，介绍的第一句竟然是："老师，我是龙珠呀！""老师，我是第X批舞龙队的龙X。"有家长感叹："当初很幸运能参加舞龙训练，虽然辛苦，但你看，我家的娃现在形体多健美，个子、体态没得说。""是呀，我家女儿自从参加舞龙训练以后，能吃苦了，不会娇气了。"可见，学校对于舞龙文化的继承与发扬是植入人心的，以美育传承传统文化塑造青年一代美好心灵的做法是正确的。

四、探讨

虽然学校在传承舞龙文化方面坚持了若干年，并取得一定的成绩，但如何将龙文化与学校的办学理念有机融合，让舞龙文化成为学生道德成长的助推力，努力提升学校文化力，以美育人、以艺育才、以文化人，是目前亟须进一步探讨的问题，也是学校下一阶段的目标。以下是解决该问题的两点思考。

首先，学校需进一步凝练办学特色、强化办学优势，同时带动更多人关注和热爱传统文化，让优秀传统文化在校园里绽放光芒，让优秀传统文化教育和美育"联姻"，碰撞出奇妙的化学反应。

其次，在原有校本课程的基础上，积极探索"龙文化"校本课程的实施、评价和共享机制,争取跨学科协同,突出美育教育。将审美的追求融合在课堂教学和学科课程教学中,加强美育与德育、智育、体育、劳动教育相融合,让美育渗透在各个学科当中。在前期课程实践中总结经验,在不断修正中增强"龙文化"校本课程的适应性和创造性,提升课堂教学的品质。探索一套灵活的教材运用机制,突出学校课程的兴趣性、体验性、层次性和选择性,以期达到满足学生个性化学习需求的目标,推动教与学方式的深度变革,提高美育课程全面育人的效益。努力培养有文化自信、有高尚情操、有审美情趣的龙之传人,形成充满活力、多方协作、开放高效的学校美育新格局,让学校的办学质量进一步提升,真正成为"家门口的优质学校"。

参考文献:

[1]汪俊武.论中华优秀传统文化在高校美育中的价值与运用[J].苏州科技大学学报,2017(4):97-101.

兰质教育：学校品质提升"123"模式的实践探索

苏伟毅*

当前，我国社会进入新的发展阶段。新时代教育发展的主要矛盾体现在：人民群众对高质量教育的需求与优质教育资源供给不足且发展不平衡不充分的矛盾。高品质的教育，需要有高品质的学校。2011年，笔者经泉州市丰泽区面向福建全省引进人才（校长），先后创办两所新校（丰泽区第三实验小学、丰泽区崇德实验小学）。10多年来，笔者以"价值引领，品质育人"主张进行办学，在两所学校分别确立实施诗笛教育、兰质教育，分别获得福建省、泉州市基础教育教学成果奖。下面，笔者结合目前所在学校的兰质教育做介绍。

一、办学主张：价值引领，品质育人

（一）"价值引领，品质育人"办学主张的理论背景

《教育部2015年工作要点》提出："推动学校特色发展，提升学校品质。"学校品质是质量、内涵、文化、特色、信誉的集合体，是指中小学的文化建设定位、特色内涵发展、设备设施情况、教学工作质量、学校管理质量的综合水平。教育的品质体现为学校的品质，学校品质是教育品质最常见也是最主要的表现。提升教育品质的主阵地与主渠道，在于提升学校品质。

价值决定品质。学校品质是通过其教育实践体现教育价值。通过树立学校核心价值观，以此提升学校品质，是一条办学路径。教育部基础教育一司原司长王定华指出，学校品质提升首先要确立学校发展哲学，就是确立全校上下共同认可的、可以统领全局并长期发挥作用的价值观。一所学校选择什么、崇尚什么、追求什么，外显为教育的行为和校风，内隐的是学校的价值观念。学校的价值观为学校

---

*作者单位：福建省泉州市丰泽区崇德实验小学。

全体师生指明了共同的向往和愿景,影响着师生员工的日常行为、精神追求与发展方向。全校共同认可的价值观是学校取得成功的必要条件。愿景和价值观是学校品质提升的根基,共同价值观是愿景的灵魂,共同愿景是规范教育行为、引导学校发展的强大推动力。

(二)"价值引领,品质育人"办学主张的基本内涵

笔者多年来以"价值引领,品质育人"主张进行新校办学,探索基于核心价值观的学校品质提升,提出"一核心,两体系,三提升"学校品质建设之路。

1.一核心:学校核心价值观

凝练核心价值观,开启学校品质教育源泉。提升学校品质,首先要立足学校实际,梳理办学历史、传统,总结办学特色、优势,分析所在区域地方文化,提出办学价值、追求,凝练学校核心价值观,回答"办什么样的教育"和"怎样办教育"问题,力求带领全体师生参与到其中来,争取广泛认同感。

2.两体系:办学理念体系、办学实践体系

构建办学理念体系,注入学校品质教育动力。基于学校核心价值观,构建学校办学理念体系,确立"两个目标"(即办学目标、育人目标),进一步明确"办什么样的学校"与"怎样办学校"、"培养什么样的人"与"怎样培养人"的问题,提出"一训三风"(即校训、校风、教风、学风)等等,提升学校理念品质,提振学校精气神。

构建办学实践体系,深化学校品质教育实践。开展学校基于核心价值观的全面办学实践,在管理制度、师生行为、课程建设、课堂教学、校园环境、设施设备等领域的品质提升进行研究,形成体系,开展实践。

3.三提升:价值品质提升、理念品质提升、实践品质提升

"三提升"有两层含义。第一层含义为逐步提升。即从学校核心价值观凝练,到办学理念建构,再到办学实践落地是三个步骤,要分三步走。这三步是有先后顺序的,前一步是后一步的基础,后一步是前一步的深化与升华。

第二层含义是逐项提质。可能学校原来在每一项目中都有一些实践,只是存在片面、零星现象,不成体系;或是缺少理论支撑,不成系统。因此,对每一项目,要在原有学校实践基础上进行提升。如学校核心价值观的确立,是对原有学校多种价值观的凝练与重塑,是牵一发而动全身的首要任务。基于核心价值观提升办学理念品质,是对原有办学理念的进一步梳理,提炼出具有核心价值的内容,进一步

完善与补充。基于核心价值观提升师生行为品质、课程教学品质、物质环境品质等，更是在原有基础上巩固与建设，不是全盘否定与抛弃。

二、兰质教育的理念体系

兰质教育的提出，是立足丰泽区崇德实验小学之校情，基于对教育根本性问题的思考与把握，在现代中国教育与未来世界教育形势的大背景下，尤其是对"优质教育"发展主题任务的一种回应与定位，也是笔者办学经历的延伸、办学经验的应用、办学主张的丰富与提升。其基本内涵如下。

（一）核心价值观：一德立而百善从之

核心价值观是回答"为什么办教育""怎样办教育"的问题，是学校的教育哲学，是学校灵魂之所在。"一德立而百善从之。"作为学校核心价值观，就是要确立教育之"德"，以办"善"之校、育"善"之人。

兰质教育要立"德"，这是教育的过程、方法、路径。教育立"德"，就要遵循教育规律、学校发展规律、儿童身心发展规律。要处理好教育内部关系规律，如教育与政治、经济、文化等社会系统关系，教育与人口、资源、民族、生态等社会要素关系；也要注意处理好教育内部关系规律，如人的全面发展与各个组成部分的关系，教育者（教师）、教育对象（学生）、教育影响（教育载体及其运用的方式、方法）诸要素在教育（教学）过程中的关系。教育立"德"，还要重视立德树人，以德为首，全面育人，这是根本任务。

兰质教育要致"善"，这是教育的目标、愿景、归宿。教育致"善"，就要办"善"校，注重教育质量，提升教育品质，发展优质教育，办人民满意的教育——这既是时代的呼唤，也是社会的需求。教育致"善"，还要育"善"人，将一个个孩子培养为有品质的好学生，为社会培养适应未来的一代新人。

（二）一训三风

一训（校训）以及三风（校风、教风、学风）是以口语化、具体化的形式对核心价值观的进一步阐释，是核心价值观的下位概念，一脉相承贯穿着教育观。

1.校训：明德如兰，至善若水

兰质教育的校训为"明德如兰，至善若水"。其中，"兰""水"是对"一德立而百善从之"中"德""善"两个道德意象的具象解读，希望师生平时注重品德修为，如兰花那样由内而外散发德、才的馨香，不断追求并力求达到善行的境界；像水一样清澈平静,泽被万物。亦指教育应"善若水",要顺流而行、遵循规律,要润物无声、循循善诱,要善治善教,至善至美。

2.三风

学校"三风"是对校训的进一步分解,是师生行为的具体化。

(1)校风:至真、至善、至美

"至真"就是要求人们要真诚待人,不虚心假意,更不能存心不良。"真"包括真心和真行。"至善"就是要求人们不但不做有损于他人利益的事,而且还要多做有利于他人及社会的事,要做善人,要有善心,要有善行。"至美"是能给人们带来幸福的人或事物。若要做"美人",则要有美心和美行。美心,即美丽的心灵;美行,包括美言行和美体行。

(2)教风:立爱、立责、立人

师爱,是教师之灵魂。孔子曾说:"爱之,能勿劳乎?忠焉,能勿诲乎?"我国近代教育家夏丏尊更是直接说:"没有爱就没有教育。"所以,作为教师,要用自己的爱心去唤醒学生,教会学生去爱父母、爱教师、爱同学、爱社会。责任是教师之本职。"百年大计,教育为本。"教师必须牢牢地树立起责任意识,为人师表、身正为范决定了教师必须要有崇高的责任感。立人是教育的本质。《论语·雍也》云:"夫仁者,己欲立而立人,己欲达而达人。能近取譬,可谓仁之方也已。"所以,教师要始终将立人作为自己工作的最终目标。

(3)学风:修学、修行、修心

《礼记·中庸》云:"好学近乎知,力行近乎仁,知耻近乎勇。"修学,是希望学生能明白自己作为学生的主要职责所在,努力修习学问,充实自己的智慧与知识。修行,则是希望学生能修炼自己的思维活动、心理活动、行为活动及社会活动,最后达到更高的品行境界、更广的胸怀、更宽的视野。修心,指学生要坚持净化心灵、修养心性,欲修身,先养心。王阳明说:"心即理也,天下又有心外之事、心外之理乎?"

(三)办学目标:创办润生命、顺自然、融社会、展才情的"兰质学园"

办学目标是回答"办什么样的学校""怎样办学校"的问题。水是滋润的,是柔顺的,是包容的,也是无私、永恒的。学校教育应如水一般。兰质教育要润生命,滋养师生生命;要顺自然,尊重自然天性及个性的发展规律;要融社会,学校即社会,社会即学校,办成一所包容众生、融合社会的学校;更要展才情,办学能达到泽被万物、呵护个性，展现才情的高度与气度。

（四）育人目标：培养有雅气、富才气、怀志气、现朝气的"兰质少年"

育人目标是回答"培养什么样的人""怎样培养人"的问题。兰质教育在于培养具有"四气"的兰质少年。"君子如兰，生幽谷，无人自芳。"兰质少年要有雅气（雅言，雅行，雅貌）、富才气（学有所知、习有所能、术有所长）、怀志气（修身志、家国志、天下志）、现朝气（展现"时不我待，只争朝夕"的态度、"蒸蒸日上，朝气蓬勃"的精神、"困难无畏，朝夕不倦"的意志）。

三、兰质教育的实践体系

兰质教育办学思想的落地，主要通过构建"五维"实践体系，分别为学校、教师、学生、课程、环境等方面。

（一）兰质学校"四向"：润生命、顺自然、融社会、展才情

1. 兰质教育的管理团队

建构"兰"型管理团队，形成德育、教学、后勤三个管理系统，以及管理组织、德育班队、安全卫生、学生发展、教师发展、后勤资源、人事督评七个管理中心。

2. 兰质教育的管理理念：德治

兰质教育以"一德立而百善从之"核心价值观为追求，提出"德治"型学校治理理念。"德治"型学校管理是"以人为本"的一种学校治理，以"人本"为核心和根本，以"治理"为手段和路径对学校实施管理。

3. 兰质教育的管理路径：治理

（1）从学校管理走向学校治理

管理是比较单向的、控制的、主观的行为。兰质教育倡导学校治理，强调从控制走向协调、从封闭走向开放，妥善处理好学校与家庭、学校与社会、学校与政府、学校与教师、学校与学生等关系，形成齐抓共治的局面与体系。

（2）从任务驱动走向价值驱动

任务型驱动的学校管理，是以"事"的完成为中心，并不能以"人"的发展为中心。治理是一种有共同目标的活动，是一种集体的价值追求。治理型学校通过创造或确立一个或一组共同价值观，让全校师生广泛认可、为之振奋，并不断改变自己与之适应，在达成与实现学校目标时，也体现和实现自己的价值。

4.兰质教育的管理制度

（1）从决定走向约定

从"治理"的角度，为了提高制度的执行力、内驱力，在制度的形成中，应该转变一个观念，化"领导的决定"为"集体的约定"。遵循并贯彻民主参与机制，才能让制度沉淀为文化。

（2）从刚性走向柔性

改变规章制度的刚性表达方式，增加人文的温度，多用柔性的表述方式，多一些人本性的制度。

5.兰质教育的管理行为

（1）从被动走向主动

要改变教师工作状态，从被动走向主动，根本还是从学校领导的改变开始。校长要改变在集体的位置，从"前面"走到"中间"；要改变传统的用人观，从"用人"走向"育人"。

（2）从要求走向追求

化"要求"为"追求"，把学校要求工作转变为个人追求工作；化"安排"为"选择"，把领导安排工作转变为教师选择工作。学校实行"我的工作我做主"，采用"四岗"工作法，改变教师行动方式。一是设岗，提供《丰泽区崇德实验小学年度岗位设置一览表》；二是选岗，填写《丰泽区崇德实验小学年度工作意向表》；三是定岗，形成《丰泽区崇德实验小学年度教师工作岗位一览表》；四是评岗，以《丰泽区崇德实验小学教师岗位工作评价表》进行考评。

（二）兰质教师"四有"：一股书卷气、一副好身体、一颗仁爱心、一番新作为

1.兰质教师成长目标

（1）一股书卷气：专业成长，师生共读

兰质教师的气质是书卷气。读书修气质，《红楼梦》里说"才华馥比仙，气质美如兰"。书卷气是如兰一样的气质，是一种内外一致的气韵美、动静结合的灵动美，是一种饱读诗书后形成的高雅的气质和风度，是良好素质的表现。共读促成长，每学期指定书目，学校统一购买，教师共同阅读、交流与分享。

（2）一副好身体：身体成长，师生共炼

兰质教师的体质是好身体。要健康工作几十年，幸福生活一辈子，源自时刻保持着一副好身体。就如一句话说得好："要么读书，要么旅行，身体和灵魂，必须有一个在路上。"读书丰盈灵魂，锻炼强身健体。

（3）一颗仁爱心：心灵成长，师生共情

兰质教师的本质是仁爱心。兰质教师是有品质的教师。当然，先要是一位好教师，仁爱心是好教师的最基本要求。兰质教育倡导服务型教学，学生转变了传统传授方式下的被动受教者的角色，教师以教育服务者身份出现，更要怀着一颗仁爱之心，具体体现在知心相处、爱心呵护、关心发展、修心正行等。

（4）一番新作为：业务成长，教学相长

兰质教师的素质是新作为。要做有作为的教师，就要做到守得住寸土、耐得住寂寞、主宰住时间、多付出一点。

2.兰质教师成长模式

教师应该形成一个团队，而不仅仅是一支队伍。团队是以核心价值观为中心的，有着共同的价值取向、目标追求而在一起的，在达成学校目标的同时，也实现个人的价值。而队伍更多体现的是学校领头人的带头、引领作用，以及教师在集体中的位置。在教师成长中，既要有外在的引领带动，又要有内在价值驱动。

3.兰质教师成长方式：育兰工程

学校提出与实施教师成长"育兰工程"，着力于专业素质，根深叶茂；教学风格，百花齐放；教育科研，追花酿蜜；抱团成长，花团锦簇。

（1）专业素质，根深叶茂

根深才能叶茂花开，要让专业向深处钻。教师专业之根，就在于学科专业知识与教育专业技能。一个没有深厚学科素养的教师就如无米可炊之妇，一个没有教育专业技能的教师就如不懂刀枪之兵，不具备学科知识与教育技能的教师就不可能成为学科教学能手。根深才能汲取更多养分，要不断学习培训研修。

（2）教学风格，百花齐放

一枝独秀不是春，百花争艳春满园。学校立足教师特点，倡导发挥特长，不拘一格成长，形成个人教学风格。教学风格是教师教学理念、个性特点、教育技巧在教学过程中独特的、经常性的表现，不同教师的教学风格形成不同的教学活动特色。

（3）教育科研，追花酿蜜

学校教育教学不是"牛耕田"的苦差活，而是"蜂酿蜜"的甘甜事。这是教师与学生的约定,是教学与科研的约定,是蜜蜂与花儿的约定。作为一所新办校,教师均是从高校招聘的新教师,或是各地调入的骨干教师,教师素质虽然比较好,但科研能力比较弱。因此,学校在各级申报立项课题,开展研究实践,促进兰质教师成长。

(4)抱团成长,花团锦簇

学校根据教师的年龄结构、专业层次、成长梯队,由名师或学科骨干领衔带头,多向结合,组成10多个团,每个团五至八人,就如一簇簇"兰",抱团成长。成长团确立目标,集体听课,共同研讨,互相学习,互相帮助,以老带新,以新促老,促进新老教师素质的共同提高。

(三)兰质学生"四气":有雅气、富才气、怀志气、现朝气

1.兰质少年成长平台

教育不只是一种单向性的、接受型的师生活动,学生也不该是一种被动式的、牵引式的成长。学生需要主动成长,师生应该共同成长。兰质学校要充分利用时空,搭设一个个教育成长平台,如兰质少年宫、兰质四节、兰质讲坛、兰质报刊、公众号等等。

2.兰质少年评价方案

学校确立兰质少年评价方案,分为五个部分开展评价。首先是分项评价,即"雅气少年""才气少年""志气少年""朝气少年"的评价。最后在以上"四气"少年评价基础上,进行"兰质少年"的综合评价。

(四)兰质课程"四项":雅气课程、才气课程、志气课程、朝气课程

兰质少年的培养,需要兰质课程的支撑,着力建构"四气"兰质课程。

1.课程开发,构建兰质教育校本课程

建构"一兰四气十二篇"的课程模型。一兰,即《兰之文化读本》,以"兰"之具象表述"德"意象,收集有关兰的诗词、书画、对联、歌曲、谚语等等,编写《兰之文化读本》,以了解兰的知识、理解兰的文化,此为母本。编撰一套《兰质教育课程》,形成"四气十二篇"系列课程。其中,"四气"为雅气类、才气类、志气类、朝气类四门类课程;"十二篇"是四类课程的具体化,雅气类课程有雅言篇、雅行篇、雅貌篇,才气类课程有知识篇、能力篇、特长篇,志气类课程有自我篇、家国篇、世界篇,朝气类课程有精神篇、态度篇、意志篇。

2.课程整合,构建兰质教育课程体系

学校基于对国家课程、地方课程、校本课程的课程层级的认识,以及显性课程、隐性课程等课程形态的思考,从学校兰质少年之雅气、才气、志气、朝气之培养目标出发,整合构建课程体系。

(五)兰质环境"四香":花香、叶香、书香、墨香

1."四香"环境主题

兰质教育,是有品质的教育。有品质的教育,应创设有品质的校园环境。学校以"幽兰雅韵,水木清新"为主题,提出学校环境的"四香"建设,即花香、叶香、书香、墨香。

(1)花香叶香

花香、叶香,是学校的特色。学校的校花是兰花。兰花是花与叶的艺术,花香叶秀,赏花赏叶,两者皆宜。有道是"红花需要绿叶配,绿叶需要红花衬",校园里要充满着花与叶的馨香。花如人,从教育的角度,不管是"花"还是"叶",都要受到重视,两者都要"香"。以兰花为主题,花香叶香做伴,打造物质环境,学校有兰苑、兰亭、芝兰实践基地、春夏秋兰班级、"四气"之楼、"四气"之梯等。有花的校园,也一定是充满着绿意的校园。打造花香校园、绿色校园,是师生的一种精神追求。兰质校园会因花儿更美、叶儿更艳。

(2)书香墨香

书香、墨香是学校的底色。作为学习生活的兰质校园,除了要富有学校特色、彰显学校办学个性的花香、叶香环境,还要体现文化底蕴的书香、墨香校园,让师生在书香与墨香的共同熏染下健康成长。为此,要把兰质校园打造成为墨香浸润、书香四溢、清香怡人的工作和学习场所。学校有图书室、阅览室、专门的书法教室,走廊、楼梯等有书香墨香文化内容;楼层有图书漂流区,校园和班级设有读书角、作品展示栏,并经常更新内容;拥有自己的校报校刊,刊登教师学生作品;读写教育教学设备完善,图书收藏达到标准要求,并配有书法的学习教材或者资料,能够满足教师教学和学生学习的需要。

2.兰质环境建设

学校整体规划兰质环境布置方案,逐年分步实施。校园物态环境建设坚持实用、经济、美观和因地制宜的原则,与校园文化建设整体有机结合,充分利用学校内原有的建筑、空间、场地等自然、人文条件,尽量做到少花钱多办事,努力形成自己的特色,不雷同,力求做到"四香萦校园,处处皆育人"。规划建设了兰质文化墙、兰园、兰亭、芝兰实践基地、兰苑、兰质班级、"四气"楼道、兰质阅读区、书法室等等。

3. 兰质学校视觉形象识别系统

设计制作《泉州市丰泽区崇德实验小学校园形象识别系统》,基础部分主要包括学校名称、学校标志、学校标准字、学校标准色等,应用部分主要包括事务用品序列、办公用品序列、通信用品序列、宣传用品序列、人员服饰序列、环境装饰序列、交通用品序列以及整体布局和空间环境等。

四、兰质教育的办学成效

(一)学校有品质

兰质教育全面提升了学校品质,在学校管理、课程建设、教学文化、环境设施等方面,围绕着学校核心价值观,形成系统,发挥育人功能,开展有品质的教育。专著《兰质教育:追求有价值与品质的教育》在厦门大学出版社出版,《兰质教育:学校品质提升"123"模式的实践探索》获得泉州市基础教育教学成果奖一等奖。

(二)师生有素质

学生有修为、有志向、有才学,在各项赛事中屡获嘉奖。教师勤钻研、有活力,虽新教师居多,但在各级教学赛事中已崭露头角,屡获嘉奖,多人次获得市级、区级表彰。

(三)基地有特质

学校既是校长培训基地,也是名师成长基地。作为教育部"校长国培计划"边远贫困地区农村校长助力工程基地学校、福建省"十三五"小学名校长后备人选、福建省乡村校长助力工程小学校长跟岗培训基地校,学校发挥重要作用,已经接受10多个省份100多位校长的跟岗学习。泉州市小学语文苏伟毅名师工作室落地在本校,成员30多人,辐射全市各县区。

(四)辐射有实质

办学成效显著,国内辐射十五六个省份,国外辐射马来西亚、菲律宾两个国家,对口支援新疆昌吉市第八小学,结对帮扶10多所学校。各界媒体给予关注,《中国教育报》专版报道《"兰质教育"在崇德盛开——解读泉州市丰泽区崇德实验小学校长苏伟毅的办学实践》,《福建日报》《泉州晚报》和昌吉电视台也报道典型做法。

参考文献：

[1]马来焕.校园文化价值取向[M].北京：北京理工大学出版社,2012.

[2]本刊编辑部.高品质学校的精神气质与文化生长[J].教育科学论坛,2019(28):5.

[3]王定华.给力学校品质提升[J].人民教育,2015(14):13-15.

[4]张文龙,沈媛元,余秀丽.教育品质概念的综述与辨析[J].教育科学论坛,2018(29):40-45.

[5]张东娇.学校核心价值体系的确立及凝练[J].基础教育参考,2012(6):3-6.

服务区域教育高品质发展的区域教研机制转型与重建

——以厦门市思明区教师进修学校为例

郑志生[*]

"教研,让教师处于经常反思、不断更新的状态。教研,让教师传承了中国文化里教师的崇高身份,也凝成了让其他文化欣羡的先进学习群体。全球所有的社会,都在关注教育,也都把注意力放在教师身上。但是,只有教师本身成为前进的动力,教育才有希望。而这,正是中国教研最突出也最宝贵的地方。"教研是中国教育独有的教师专业成长的方式,承载着教育发展的期望,使教师处于学习、反思、不断更新的状态,是教育发展、改革的重要促进力量。

教师进修学校作为教研机构,教研是其中一项重要的工作职能。厦门市思明区作为福建省的教育强区,教育正处于从基本均衡向优质均衡发展的过程。教师队伍建设是区域教育高质量发展的关键力量。抓住促进教师队伍的专业成长这个牛鼻子,为区域教育高品质发展提供有效服务,需要作为教研机构的教师进修学校根据教育发展的需求,总结经验,发现不足,开展教研机制的转型与重建。

一、区域教育高品质发展需要解决的新问题

思明区地处福建省厦门市的中心城区,是厦门市的经济、政治、文化、金融中心。21世纪以来,在思明区委、区政府的领导下,思明区以办好人民满意的教育为根本出发点,坚持"规范、均衡、优质、特色"的工作目标,以学生发展为中心,以教师发展为重心,以内涵发展为核心,通过新建、扩改建、移植、合并、老校带新校、名校办分校等办法,辖区校点布局日趋合理,基础教育资源配置更加优化,促进了基础

---

*作者单位:福建省厦门市思明区教师进修学校。

教育均衡发展,提高了学校整体办学水平。在这个阶段,思明区大力实施教师继续教育工程和名师工程,提高了广大教师实施素质教育的能力和水平,培养和造就了一批学科带头人、骨干教师和青年教学能手。同时,课程改革进一步深化,教师的教育理念、教学方式和学生的学习方式发生了可喜的变化,教学效益显著提升,初中教学质量稳居厦门全市前列,中小学、幼儿园的办学效益名列全市前茅,全市优质中小学、幼儿园中思明区占据了"半壁江山",思明区教育保持持续、快速、健康发展的良好势头,教育现代化进程进一步加快,素质教育成效日益凸显。2012至2014年期间,思明区先后以全省第一的高分成绩通过"教育强区""义务教育发展基本均衡区"省级评估、首批义务教育发展基本均衡区国家评估认定等,并获得国务院授予的全国"两基"工作先进地区。2015年12月,思明区又以高分通过"对县督导"省级评估。2016年5月,思明区获得了福建省人民政府授予的"福建省2015年教育工作先进区"荣誉称号。2018年1月,思明区通过"两项督导""教育强区"省级评估。2018年7月,思明区被福建省委、省政府授予"第十三届省级文明单位"。

但同时,思明教育也面临诸多问题与困难,制约了思明高品质教育的进一步发展。一是区域教育发展不均衡。政府虽然采取了一些措施,但由于学校自身发展需要较长周期,市民认可度也需要一个过程,因此教育均衡发展需要较长时期的努力。二是优质教育规模难以满足人民群众"上好学"的强烈需求,加之优质教育资源在空间布局上不尽合理,导致择校问题依然存在等。这些矛盾和困难,亟待通过深化教育改革、加快教育发展步伐来逐步加以解决和克服。

面对困难和问题,思明教育确定了全面深化教育改革,全面推进素质教育,构建保障能力较强、优质资源丰富、教育质量过硬的国民教育体系,把思明区建成理念先进、体系齐全、设施优良、质量一流、特色鲜明、适应经济社会发展需要、人民群众满意的教育强区,为全面推进全国强区建设作出积极贡献的发展目标。为此,思明区教育局根据区域教育发展的新要求,提出了"内涵发展,质量提升"的工作思路,明确了区域教育质量是以人的健康成长的质量,要更加关注教师和学生的生命成长。其中,促进教师队伍的高素质、专业化发展,是思明区走"内涵提升"、高品质发展的重点和关键。但目前,思明区公办教师6121人中,市级以上名师只占3.88%,而从2011年以来的近10年间,思明区入职的新教师一共2838人,占全区在职教师总人数的46.40%。教师队伍存在名师数量少、领军名师不足、青年教师多等发展不平衡、结构不合理的问题,需要我们重视和加强教师队伍的建设,实现思明区教育高品质发展。

厦门市思明区教师进修学校在促进区域教育质量提升工作中承担着管理、指导和促进的作用,学校的功能定位是"为教育行政决策服务、为学校的可持续发展服务、为教师的专业成长服务和为学生的全面发展服务",工作内容主要有教研、科研、培训和教育信息化等。在这样新的发展形势下,如何整合学校四个方面的动作,形成合力,提高教研工作的质量,促进区域教师队伍建设,是摆在学校面前的一项紧迫工作。

二、教育高品质发展对区域教研工作提出的新要求

教研工作的开展,是服务区域教育质量提升的重要工作方式和重要工作内容。长期以来,学校为教师专业发展提供有效的专业支持。

在对全区教师进行关于教研工作现状问卷调查的分析中,大部分教师认为高质量的教研活动是教师专业发展和保障教学质量的最重要措施,如表1所示。

表1 高质量教研活动的开展是教师专业发展和保障教学质量的最重要措施

选项	小计(人)	比例
A.完全符合	1227	41.35%
B.比较符合	1043	35.15%
C.一般符合	648	21.84%
D.比较不符合	32	1.08%
E.完全不符合	17	0.57%
本题有效填写人次	2967	

　　问卷分析也指出,思明区的教研工作方式需要进一步优化和改进,传统的教研方式已经不能满足教师专业成长的需要。教师对教研方式提出了新的期待,有58.85%的教师提出"学科教研课程化"、58.17%的教师提出"学科教研项目化"、67%的教师提出"学科教研个性化"的要求,如表2所示。

表2　教师对教学研究工作的期待

选项	小计(人)	比例
A.学科教研课程化	1746	58.85%
B.学科教研项目化	1726	58.47%
C.教研超市化	779	26.26%
D.教研个性化	1988	67%
E.教研综合化	1466	49.41%
F.减少教研	678	22.85%
G.增加教研	246	8.29%
H.不要教研	78	2.63%
I.其他	194	6.54%
本题有效填写人次	2967	

　　通过调查问卷、教师座谈会等调研数据和材料,我们可以清晰地发现当前中小学教研工作存在一些问题、面临一系列挑战。

　　一是认识不足。一方面,把教研课程当成是集体备课、观课评课等,教研通常围绕着上好课、考出好成绩进行,存在应试备考的功利化倾向;另一方面,往往把教研同教师培训、课题研究等割裂开来,陷入简单思维的操作范式。

　　二是主体单一。教研活动一般是由学科教研员组织开展,参与对象是学科教研员和学科教师,人员相对比较单一,可提供的教研智力支持有限。

三是组织不力。教研缺乏理论引领,教研过程泛泛而谈,存在目标不明确、内容针对性不强、过程对话不足等现象。教师缺乏深入参与,个体自我反思流于表层,对教研问题的解决大多依靠教研员和参与者的经验积累,往往停留在经验层面的低水平重复。

四是效果不佳。一方面,局限于教研员的理论水平,问题解决的层次缺乏理论提升,参与教师通过教研获得的成长不足,提升空间有限;另一方面,教研的方式更多依靠"望、闻、问、切"等传统的方式,依靠教研组织者的经验积累,对教研问题的把脉不够精准,证据不足,问题的解决比较粗犷,说服力不够。

三、服务教育高质量发展的区域教研机制转型与重建探索

区域教育高质量发展面对的挑战及对教研提出的新要求,需要区域教研的开展要围绕教师培养工作,及时转变观念,改变把教研工作和教师培训工作割裂的情况,把教研定位为促进教师专业成长、有效服务区域教育高品质发展的重要抓手,形成新的教研范式。为此,我们对区域教研机制的转型与重建进行了积极的实践探索。

(一)教研认知:从由散点分割走向综合融通

法国当代著名思想家埃德加·莫兰提出:"教育应该看清事件或问题的背景、总体、多维度以及复杂性,使认识成为恰切的。"教研是思明区教师进修学校教研、科研、培训和教育信息化四项工作职能之一。四项工作都是为了区域教育高品质发展服务,谈教研不能离开其他三项工作。教研机制的转型与重建,是为了适应区域教师生态发生变革,更好地服务区域教育高质量发展。

区域教研机制作为区域教育高品质发展的驱动力,所牵涉的范围广泛、主体众多、内容复杂、资源丰富,具有十分清晰的复杂性特征。

1.开放性

区域教师研修文化构建与其相关的各因素相互作用、相互影响、相互制约。首先,所在区域的社会、政治、经济、文化、科技发展、生活水平等因素决定了区域教师研修文化发展的层次和高度,以及对区域教师研修文化建设的迫切和重视程度。其次,区域教师研修文化构建涉及的主体众多,除了教师,还有区域教育行政部门、区域教研机构和区域内每一所学校,甚至还有其他与教育相关的各种资源。多

因素、多主体交融，形成了一个开放互动的文化场域。

2. 整体性

区域教师研修文化是一个有机的整体，包含不同的培养方式和多个不同的发展层级、发展需求。区域内不同发展阶段的教师有着不同的发展需求，需要为其提供相适应的研修平台。我们应充分考虑不同层级之间和不同发展需求之间的相互作用、相互影响以及递进关系，完整认识不同的教师发展层级和需求之间的关系及其内在联系，才能确实达成构筑良性文化的目的。

3. 动态性

区域教师研修文化受到来自教育外部的社会、经济、文化的发展变化的影响；同时，区域教师研修文化的构建能促进区域内教师的专业发展，而教师的专业发展又促进了区域教育的整体发展水平以达到促进区域社会、经济、文化等的发展——这种动态性是一个彼此之间相互适应、相互促进的过程。而且，区域教师研修文化的内部系统也是动态的。作为研修主体的教师的专业成长，使他们有可能在内部成长层级中跨越、提升。因此，内部平台也应根据教师发展需求，对所提供的资源、培养的方式进行调整和完善。

4. 非线性

区域教师研修文化是建立在教师专业培养系统之上的。系统内部的各种培养方式、手段和资源，对教师专业成长所起的作用是一个有机而复杂的过程。区域内教师专业成长的共同价值追求和行为方式，是上述各种要素非线性综合作用的结果。另外，区域教师研修文化构建的初始目标与实际的结果之间，也呈现出非线性的特征——在构建区域教师研修文化之初，对未来将会形成的区域整体的教师发展价值认识和行为方式的判断和预估，会随着发展进程而出现衍生或异变。

5. 自组织性

区域教师研修文化的建构会随着构建工作的进程逐渐显现自组织性的特征。区域教师专业发展平台的构建会根据自主发展需求出现新的变式，资源的整合会根据需要进行再调整、再组合，研修的形式和手段也将变得更丰富。作为区域教师研修文化的各个不同的主体，也会根据形势的变化发展，对各自的发展目标和成长方式进行调整。区域研修文化的内部呈现各种要素多维交互的情况，自发形成新的有序的组织结构。

基于以上这些复杂性特征,服务于区域教育高品质发展的教研机制的构建不能仅仅停留在教研本身,而要形成大教研观,整合教师进修学校教研、科研、培训、教育信息化等四个方面的工作形成合力,从"教研"走向"研修"。

（二）教研文化:单一模式走向多项多维并举

所谓区域教师研修文化,是指通过教研、培训等多种手段综合作用,为区域内不同发展阶段的教师提供相应的发展平台和发展机会,为教师的专业成长搭建发展阶梯,并在此基础上形成的区域教师研修价值认识和共同的行为方式。作为区域教师研修机构,如何根据区域教育发展的特点构建符合教师发展需要的区域教师研修文化,是一项战略性的问题。

教师是学校教育的核心力量和重要主体。一个区域的教师文化是区域教育质量的反映,是区域教育发展水平的重要体现。区域教师研修文化是区域教师文化的核心内容,决定着区域内教师专业发展的走向和层次,是影响区域教育发展水平的核心要素。

1.有利于提升对教师研修的认识

区域教师研修文化的构建,首先需要对教师培养的手段和方式有一个全面、完整的认识。很多人一讲到教师培训就认为是"办班外出"这种形式,也有人认为教师培养是区域教师进修院校的事。从复杂性的视角来理解教师研修,我们才会明白教师培养的手段和路径是多样的,可以是教师自主的学习成长,可以是学科教研的教研培训,也可以是基于项目研究的学习培养,还可以是共同体带动下的学习培养等方式。同时,促进教师专业成长的工作并不仅仅是区域教研机构一家的工作。学校是教师专业发展的主阵地,应发动各方认识自己在区域教师研修文化中需要扮演的角色和作用,促进区域教师的专业成长。

2.有利于营造教师专业成长的环境

基于复杂性视角构建区域教师研修文化,会根据区域内教师队伍发展的现状和教育发展的目标,对不同层次的教师发展进行整体、系统设计,最大限度地动员区域内外的教师研修资源和力量,共同建设各种层次的研修共同体,开展各种形式的研修活动,丰富区域内的教师研修资源,形成形式多样,层次递进的研修成长阶梯,使处于各个不同发展层级的教师发展有目标、发展有助力,形成教师专业成长的良好氛围,为区域内教师研修文化的形成打下坚实的基础。

3.有利于动员各方力量形成研修合力

基于复杂性视角的区域研修文化构建,能更加重视对区域内外各种有利于教师专业成长的各方力量的发动,发挥各方为区域内教师研修工作贡献各自的力量。首先,区域教师研修的主要力量来自本区域的各级名师,通过对各级名师赋予研究任务的项目为主要驱动方式,发挥他们在区域教师研修中的辐射带动作用,实现这些名师与其他不同发展层级教师的共同成长。在这个基础上,根据区域教师研修文化的构建需要,聘请区域外的其他形式的教育力量,如高校、科研院所和名校的专家、学者和名师,以短期讲学或长期项目研究合作等方式参与到区域教师研修文化的构建中来,发挥引领、指导作用。

(三)教研方式:从经验走向数据证据与经验相融

课堂教学行为大数据既能描述课堂教学特征,同时也能刻画每个研修教师的课堂教学行为特征,支持各课题负责人和研究团队更为精准地开展教学研究,使教研方式从过去经验支持的教研走向以数据为重、经验与数据证据相融的研究方式,使教研主体多元、资源多维,研修更有效。

1.构建"数据赋能教研提升,三位一体,多方联动"的教研新模式

一是借助教育大数据的技术和研究,来进一步提升思明区的教研水平。区域内参与学校有38所学校、197名骨干教师,构建了由首都师范大学专家、学科教研员和学校教师围绕8个学科教研员领衔,学校学科教师参与的子课题研究,如表3所示。

表3 基于大数据的教学研究子课题目录

序号	子课题名称
1	基于知识治理的教研机制研究
2	基于大数据分析的初中语文课堂学习任务的设计与实施
3	基于大数据分析的中小学语文学习活动的设计与实施
4	基于大数据的高中数学问题化教学课例实证研究
5	基于课堂观察大数据分析的情境教学研究
6	基于大数据观刘邦视角下的深度教与学行为的实践与研究
7	基于大数据分析的初中道德与法治课型构建与实践研究
8	基于小学体育课堂运动负荷监测大数据的课例实践研究

二是形成"数据赋能教研提升，三位一体，多方联动"的教研新模式，如图1所示。这个研究模式旨在让学科教研员及学科骨干教师掌握基于大数据的课堂观察方法与技术、教育研究方法、教学设计与改进等方法与技术，以支持开展基于教育大数据的科学范式下的教学研究，实现以科研促教学改进、以教学实践促有效科研的理论与实践的双向互动。

图1　数据赋能教研提升，三位一体，多方联动

2. 形成新的基于大数据循证教研机制

我们开展的教研活动，在现场授课后首先是进行基于大数据的课后反思会，之后进行积极实践，由教师填写集体反思单，列出本课题的重点提升点。积极实践包括两个部分。首先是教师在面授结束后的两周内提交两节新录制的课例视频，有助学团队进行数据采集和分析；同时，启动评价机制，查看教师是否改进——如果进行改进了，则由反思支持小组与课例视频提交者共同进行经验总结；如果没有改进，则启动预警机制，由课题负责人、反思支持小组以及助学团队共同干预下一次现场课的教学设计。同时，由子课题负责人负责协调本课题研修教师进行课堂实践，协调时间、地点，确保每位教师能够参与活动，并提供保障机制。

从经验走向数据证据与经验相融的教研方式，开展了课堂观察分析技术、大数据解读等多场培训，提升了思明区教师们的教研理论知识储备；研修教师初步掌握了基于课堂教学行为大数据的课堂研究方法，能够通过基于大数据的循证开展教学改进研讨，找到基于数据证据链的课堂改进的方法和策略，为课堂改进提供数据支持与方法指导。

四、服务教育高品质发展的区域教研机制转型与重建的实践

基于以上认识,从服务思明区教育高品质发展的需要,在实践中形成了"综合融通、精准施策、有效服务、动力内化"的区域教研机制。

(一)整体设计,凝聚共识

教师专业成长是多主体、多层次、多角度的,促进教师专业成长的手段、方式和内容应该是多样化的。

1.凝聚共识,四方协作

促进区域内教师专业成长,涉及教师本人、教师所在的学校、教研培训机构和教育行政部门四个主要方面的主体。在这四者中,教师是核心,教师本人对专业成长的认识、主动追求的态度及实践是教师本人能否专业成长的关键;教师本人所在的学校是教师专业成长的主阵地,教师的学习、工作和生活的大部分时间都在学校,学校的管理及学校的文化对教师的专业成长起着引领和潜移默化的作用,是教师专业成长的保障;教研培训机构

通过组织各种方式的研修活动,对教师的专业成长起着引领和指导作用,是教师专业成长的促进者;教育行政部门通过制定政策、搭建平台、评价表彰等方式,对教师专业成长起着监督和保证的作用。因此,这四者要充分认识自己应该起的作用,各司其职,形成合力。

2.方式手段,综合融通

促进教师专业成长不仅要对教师群体提出共性的要求和培训,又需要因人而异,尊重其个性成长的需求。因此,促进教师专业成长不能以一种简单的模式或方式"包治百病",而应该进行多层次、多维度和多形式的设计,以满足教师专业成长的共性和个性需求。我们在研修工作中开展了形式多样、内容丰富的培训活动,既有面向全体的专项培训(如教育技术能力提升工程培训),也有面向学科教师的学科技能培训(如美术、音乐、体育和心理健康教师的专项技能培训);既有面向特定群体的专门培训(如校长任职资格培训及教研组、备课组长的研修活动),也有面向

全体教师的岗位练兵活动;既有渗透在日常学科教研的小主题培训,也有专门开展的项目研究培训;既有跟岗研修,也有高校专题培训;既有教师个人自主学习,也有工作室模式的共同体建设……这些内容和手段、形式综合融通,针对教师成长的问题和需求,解决了区域教师专业成长的重点和难点问题,有效促进了教师的专业成长。

(二)构建平台,创造条件

教师的职业生涯有不同的发展阶段,不同的发展阶段有不同的发展特点和发展需求。因此,根据区域教师不同发展阶段的特点搭建不同层次的发展平台,提供促进教师专业成长的条件,就显得特别的重要。

1.构建多级发展平台

我们根据区域教师队伍的情况和区域教育发展的需求,构建了教师发展的五级平台,即教师专业发展学校—青年教师成长共生体—骨干教师项目研究共同体—名师发展工作室—名师工作室,对不同层级的教师提供相应的培训、交流展示、考核等任务。我们为不同类型的优秀教师提供不同的学习共同体,并提出不同的发展目标,促进教师职业生涯的成长:通过开展"教师专业发展学校"的创建和评选工作,营造学校校本研修规范和日常化,使教师所在的学校形成浓厚的研究氛围,发挥学校作为教师专业成长的主阵地的作用,为教师的专业成长提供坚实的基础;把区域内各学科入职2~8年的优秀年轻教师组成"青年教师成长共生体",给每位共生体的学员配备导师,进行日常的跟踪培训、技能培训和高校专题培训等方式,促进他们的成长;开展各种不同研究主题的"项目研究",把区域内的骨干教师组成各种不同的研究共同体,在研究中学习提升,在学习提升中研究实践,促进他们对区域内需要解决的教育问题进行持续的研究和实践,促进这些骨干教师的专业成长;通过名师发展工作室和名师工作室,发挥区域内各个不同层级的名师的作用,以研究课题为工作室开展工作的驱动,各自团结和吸引一批志同道合的教师参与工作室的研究,实现持续对区域需要破解的难题的持续研究,促进名师工作室和名师发展工作室的主持人与工作室伙伴的共同成长。五个层级由点到面,都在解决实际问题的学习、研究和研讨中实现对各种不同发展层级的培养,形成了区域教师研修文化发展的"主动脉"。

2.整合多方学习资源

教师的专业成长,需要多种课程资源的支持。这些资源,有来自我们本区的课程资源,如学科研修活动、工作室的日常研修、课题研究活动等资源;还有来自区域外部的课程资源,如高校、科研院所的专家、学者和一些知名的中小学校的校长和名师;还有来自网络的课程资源等。思明区教师进修学校高度重视教师教育的资源建设,先后与上海市教育科学研究院、华东师范大学继续教育学院和网络学院、北京师范大学培训中心、东北师范大学、福建师范大学、集美大学等高校合作开展培训活动,与南京市教育科学研究院、上海市黄浦区教师进修学院、杭州市上城区教师进修学院、杭州市余杭区教师进修学校等同质单位建立常态化的业务联系。同时,采取送出去、请进来的方式,为思明区教师成长提供高水平、高质量的培训课程,得到参训教师的高度认可。

3.实施多种培训形式

为了进一步拓展教师研修的渠道,思明区教师进修学校积极创造条件,采取走出去、请进来的方式,组织策划了与上海市静安区教育学院附属学校、常州市局前街小学驻校跟岗学习,到杭州市余杭高级中学、杭州市上城区教师进修学校开展同课异构的研讨活动;组织中学骨干教师到南平、龙岩、泉州等地区开展教育教学交流活动,先后多次组织教师、学科教研组长、青年共同体成员、区名师(发展)工作室主持人、教务教导主任、教科室主任、教研员等到山东、上海、成都、杭州、江苏、广东、长春等地区开展培训、考察交流活动,一系列的对外交流学习活动,使思明区教师与教育发达地区的教师、专家有机会实现互动交流。

(三)优化机制,形成合力

根据区域教师成长的需求和特点,优化运行机制,才能促进各种培训资源和培训方式形成合力,最大化地发挥出各种培训资源和培训方式的效益。

1. 多元共同体机制

思明区教师进修学校高度重视各类教师学习共同体的建设和管理工作。根据教研工作的需要，学校先后设置了中学学科中心组、小学片区学科组长、学科网络资源管理员，以上近200名的骨干教师是区域性教师研修活动的中坚力量。通过定期组织开展活动，提高教研骨干的组织、策划、收集资源等能力，力求打造一支优秀的、专业化的学科教研骨干团队。根据学科带头人的培养和管理办法，学校在学科带头人自愿申报的基础上，分别组建了教学指导组、送教讲学团和名师发展工作室三类研修共同体，通过不同研修共同体的发展定位和目标，组织开展相关的研修活动。如名师（发展）工作室以区学科带头人为主持人，以项目研究为核心，带动数位骨干教师参与、开展项目研究工作，在共同的研究中促进教师的专业发展，取得丰硕的成果。思明区第二届名师发展工作室及名师工作室多项研究成果获省、市教育科研成果奖，8个工作室研究成果获市教育科研成果专著专项资助，近17个工作室研究成果获思明区教育科研成果专著专项资助。39个名师（发展）工作室在CN刊物发表300多篇教育科研论文，《福建教育》杂志2018年11月刊《关注》栏目对思明区名师工作室和名师发展工作室做了专题报道。专题以《凸显共生内核，完善研修机制——探秘厦门市思明区名师（发展）工作室建设》为题，分别对思明区名师工作室和名师发展工作室的建设情况进行了介绍与分析。这是思明教育经验又一次获省级教育媒体关注。以"共生共长"为核心的教师共同体研修机制，凝聚了一股强有力的力量，摸索出一条可复制的区域教师队伍专业发展的"思明范式"，凸显了思明区在教育发展过程中的生机与活力。

2. 项目研究运行机制

以开展项目研究的方式推进教育改革的研究和深入，通过抓实抓牢各类项目研究、实验，推进教区域育教学改革。近年来，学校先后与华东师范大学、东北师范大学、首都师范大学等高等师范院校、研究机构合作开展学校特色发展、"新基础教育"、电子书包、教师在线实践社区、"小策略"等项目研究，对课堂教学改革、学校特色发展、学生工作，以及基于大数据的课堂诊断、信息技术与学科融合等方面的研究有很好的促进作用。研究成果在各级各类刊物上发表,获得了专家、学者和同行们的好评。

3.激发自主内生机制

"人本主义"教育管理学认为,"教育管理就是调动教育人员积极性"。研修工作的开展要实现教师们由原来的"要我学"的外在动机转变为"我要学"的内在动机,激发教师高涨的成长积极性。我们根据区域教育发展的特点,通过主题研修、项目研修等方式,立足于教师们教学成长中急需解决的问题,在问题解决过程中开展各项教师研修工作。在研修工作中,我们重视引进大数据等信息化手段,对教师的课堂教学等教育行为进行分析,将经验式的指导转变为基于实证的指导。

区域教研机制的转型与重建,使教研为思明区教育高品质发展作出了积极的贡献,取得了较好的成果。思明区教育高品质发展是一个长期艰苦的过程,区域教研机制转型与重建以更好地服务教育高品质发展任重道远。

优化课堂 激发动力

——论初中数学教学中学生逆向思维能力的培养

林秀燕*

数学不同于其他学科,存在知识涵盖范围广、内容抽象、复杂多变等特点,需要学生思维与学习能力满足一定的要求。思维主要涉及顺向、逆向两个方面。其中,后者属于反向思维方式,表现为人们在思考问题的过程中调整思维角度,然后通过反向思考的形式解决问题并获取正确答案。当学生遇到难以解决的数学问题,抑或是思维受阻时,可将顺向思维转变成逆向思维,以此开阔思路,分析解决问题的其他方式,加强思考问题的辩证能力,同时学会立足于多个角度思考和解决问题,最终促进学生解决问题能力与效率的提高。

一、逆向思维概述

数学课程中包含的逆向思维,实质上指的是求异思维。简而言之,就是立足于事物相反角度看待问题,抑或是对结果进行验证,表现为转变固定思维中对概念、原理以及方法等的思考模式,采取逆向分析的方式解决同一个问题。同时,逆向思维是将空间与时间顺序,以及事物发展的最终状态等,转化成逻辑推理的最初状态。即把结果转化成问题,然后逆向推演的思维方式,和发散性思维相似。因为大多数学生存在思维定式,会根据事物发展的一个方向对具体结果进行推演,未意识到所有事物都存在可逆性以及双面性。立足于逆向思维,能够改善思维定式中存在的不足之处,协助大脑实现更加深入与全面的分析。初中生如果能够经常性地进行逆向思维锻炼,就能够更加灵活、周全地解决问题。

---

*作者单位:福建省政和县第三中学。

二、在初中数学教学中培养学生逆向思维的意义

初中属于学生加强思维与学习能力的过渡阶段,同时也是学生形成数学思维的关键时期。因为初中生刚由小学升到初中,数学知识与运算能力并不强,转换能力欠佳,思维方式存在单一的情况,因此数学教师需注重对学生思维方式的培养。比如,在教学数学概念的过程中,需协助学生通过多向思维的方式对问题进行思考,转变学生思维单一的状况,多角度探究问题,提高学生学习信心。

另外,随着新课程改革的持续深入以及素质教育的推进,教师开展教学活动时需注重对学生逆向思维的培养。在实际教学过程中,初中数学教师需要通过逆向思维培养学生核心素养,展现出教学内容的作用。同时,积极更新教学理念,秉承"以生为本"的教学理念开展教学活动,尊重学生的主体地位,将学生角度作为立足点,设置逆向问题,加强学生思维能力;优化教学方式,鼓励学生积极开展自我探究与反思,并在实践中加强思维能力,特别是逆向思维能力,进而促进初中生数学学习效率的提高。

三、培养初中生数学逆向思维的基本原则

(一)尊重学生的主体地位

在传统数学课堂教学模式中,教师占据着主体位置,然后通过"灌输式"的方式向学生传授知识,学生则较为被动接受知识。素质教育背景下,初中数学教师需要积极转变"一言堂"的情况,让学生成为课堂的主人,展现出学生所具备的主体作用,指导学生从被动学习向主动学习的方向进行转变,加强自主学习能力。在此过程中,教师需要扮演好"引路人"的角色,传授学生正确的学习方式,尊重学生的思考方式与思维习惯,营造师生平等、互相尊重的良好学习风气,避免学生思维被课堂限制,增强学生数学学习信心。逆向思维的发展与学生主动思维意识的培养之间存在着紧密的联系,对问题进行思考的过程表现为思维发展的过程。所以,初中数学教师需要具备良好的耐心,能够结合不同学生的情况与学习需求,运用分层训练的方式,让学生思维实现共同提高。

(二)加强理论与实践结合

数学是一门具有极强实践性与理论性的学科,大部分知识均存在一定的抽象性。只是对理论知识进行学习而不注重实际运用,那么再熟悉的知识都会逐渐忘记。"实践是检验真理的唯一标准",同时实践也可以对数学理论知识进行验证。

在实践过程中运用理论知识,属于巩固知识最有效的方式之一。所以,初中数学教师在对学生逆向思维进行培养时,需采取理论联系实践的方式,合理设置数学实践内容,有利于学生思维能力的提高。

四、当前初中数学教学中逆向思维培养现状

现阶段,受应试教育的长期影响,使得部分初中数学教师不注重培养学生的思维,进而也忽视了对学生逆向思维的培养。再加上教师对逆向思维缺乏必要的认知,不会在具体教学中通过各类方式对学生逆向思维进行培养。

在教学当中,教学方法是提高教学效果、强化实际数学教学能力的关键所在。尤其是在培养学生逆向思维的过程中,如果采用过于单一的教学方法,将会导致学生在思考问题时容易出现思维僵化的弊端,不利于培养思维的开阔性,也不利于学生对知识的记忆和思考。

另外,学生学习过程中存在的思维问题以及思考误区也没有被及时发现,更谈不上及时解决,不利于数学教学高效进行,并妨碍对学生逆向思维能力的培养。

五、初中生数学逆向思维培养的策略

(一)激发学生内在兴趣,培养学生逆向思维

新课改下,教师应积极革新教学理念,突破传统思维,想方设法锻炼学生逆向思维,指导学生打破常规,巧妙地利用逆向思维解决各种数学问题。同时,教师还应巧妙地借助有效的方式,引导学生将学习转变为一个兴趣爱好,激发其学习数学的热情,为逆向思维的形成创设优质条件。例如,在平行线教学中,教师可事先在学生学习相交线时导入关于平行线的疑问,为接下来平行线的学习设置悬念,调动学生求知探索欲望,激发学习热情,进而为逆向思维意识的形成奠定基础。

(二)掌握数学基本概念,培养学生逆向思维

对于数学学科而言,概念是关键点,直接表达了数学思维。对数学概念的理解与掌握程度,直接关系到学生对数学认知结构及学习能力的提高。所以,高度重视数学概念教学,有利于实现高效教学。在数学概念教学中,引导学生掌握与运用概念是教学的重难点。掌握数学概念主要靠理解,掌握数学思想与方法的关键在于用心领悟。学生掌握数学概念,实质上是表层知识到深层次知识的一个领悟、感受过程。对于概念的掌握,学生正向理解较为轻松。针对这一情况,教师可巧妙地利用逆命题的方式,引导学生全面理解与感悟定理知识。

例如,在教学等边三角形有关概念的过程中,如果一个三角形属于等边三角形,则其三条边长度与三个角度数均相等。对此,可引导学生进行逆向推断,让学生理解三角形只要三条边长度相等,抑或是三个角度数相等,那么就能够证明此三角形属于等边三角形。另外,在教学中点概念的过程中,如果线段AB的中点是C,则能够得到AB=CB、AB=CB=1/2AB、AB=2AC=2CB。通过逆向思考后可理解成:如果以上三个等式中的任何一个成立,并且C点处在线段AB上,就能够判断C点属于线段AB的中点。同理,其他数学概念也能够采取逆向思维的方式加深学生的理解,进而从基础内容上开始培养学生的逆向思维。

(三)加强命题定理学习,培养学生逆向思维

纵观初中数学知识体系,命题、定理及性质相关内容较多,要求学生重点把握,如此才可顺利、准确地解决各种数学问题。在命题知识点讲解中,教师可灵活地交换命题结论与条件,也可否定性地表述与论证命题,这有利于学生掌握定理及性质相关知识点。只有引导学生开展正反双向思考,才可对其中所蕴含的规律进行准确掌握,逐渐形成关联思维,进一步丰富数学认知体系,切身感受到数学知识的魅力与深奥。例如,原命题"两条直线出现平行状态,其同位角相等"同其逆命题"同位角相等的情况下,两条直线处于平行状态"属于真命题,可引导学生深刻认知互逆命题,准确理清两者之间的联系;通过学习与理解逆命题"弦切角=所夹的弧对的圆心角的一半",能够切身感受到数学新课标对知识所提出的要求;通过对"垂径定理十条命题"一系列知识的理解与掌握,可真正体会到数学严谨的特性。

另外,数学教师还应巧妙地借助其他特别的数学方法来培养学生逆向思维,如反证法。反证法是指导学生使用逆向思维思考问题。当正向论证无法推演时,可从其逆否命题的证明对原命题的正确度进行验证,进而高效率、准确地解决数学难题。另外,举反例也是一种常见的逆向思维方法,广泛运用于数学问题解答中。在进行数学选择题解答时,可直接把答案带入题干中,使用排除法进行高效率选择;完成解答题后,也可把答案代回进行检验,这些均是常见的逆向思维。

(四)转变数学解题思路,培养学生逆向思维

对于初中数学教学而言,习题布置是重点教学内容。教师应立足于学生学习能力、认知水平及学习内容,精心设计作业,全方位考查学生。针对逆向思维的养成,虽然课堂上学生反馈较为良好,然而习题完成情况却差强人意。对此,教师在

讲解时应把握学生解题思路,指引学生灵活运用逆向思维解决问题。值得注意的是,教师要积极鼓励学生使用逆向思维解答问题,并不是一遇到问题只会使用正向解答方法,如此不利于培养与强化学生数学思维。布置作业时,为了能够顺利地达到预期效果,教师最好将正向思维与逆向思维相结合布置作业,引导学生真正认识到两者之间的关系与区别,实现最佳练习成效。然而,初中数学很多内容均可进行逆向思维训练,但是题目中却未直接呈现。对此,教师应认真研究教材,全面梳理与剖析,引导学生积极练习同逆向思维相关的内容,进一步强化其逆向思维。

(五)拓展数学教学内容,培养学生逆向思维

逆向思维的实质是要求学生打破常规思维模式,开展创新思维,进而实现高效率学习的一种思维模式。逆向思维教学较为吃力,学生往往难以形成良好的逆向思维,参与热情较低。针对这一情况,教师可巧妙地借助学生日常生活及兴趣爱好,精心设计生活化内容,加强逆向思维教学,引导学生多听、多看、多练习,在潜移默化中强化学生逆向思维运用水平。对于初中数学问题而言,大多数均可使用逆向思维开展探究。

(六)合理开展专项训练,培养学生逆向思维

专项训练是基于逆向思维或问题模式开展的有指导、有分析与解答的解析与练习活动。在教学过程中,教师应加强引导,促使学生通过专项训练逐渐形成逆向思维,并养成优良的学习习惯。解题时,教师应适时地引导学生多维度、多角度进行思考,争取做到一题多解、举一反三,如学会使用反证法、分析法等典型的逆向思维解题方式。初中数学体系中,二次函数、测高问题、圆的专题、三角形相似及三角形全等、几何动点问题是重要知识点,也是中考重点考察知识。为了能够准确地解决这些问题,学生应懂得使用逆向思维,从结论为切入点思考问题,并高效率解决问题。

六、结语

总之,在初中数学解题过程中,逆向思维必不可少,发挥着不可替代的作用。需要注意的是,学生逆向思维的形成并非一蹴而就的,而是需要长时间的坚持与实践才能够顺利形成。对此,初中数学教师在日常教学中应有意识地拓展学生思路,在传授学生知识的同时,培养学生独立思考的能力、创新能力、自主探究及合作探究能力。同时,牢牢把握学生思维发展与成形的关键期,想方设法引导学生采用

多种思路解决问题,进而实现高效教学,为祖国经济建设培养出更多高素质、创新型数学人才。

参考文献:

[1]王晓燕.发展学生数学思维,展现数学课堂风采——论初中数学有效性教学策略[J].新课程,2021(45).

[2]蔡峰.初中数学教学中学生创新思维能力的培养策略研究[J].家长,2021(26):24-25.

[3]沈晓生.引导初中数学深度学习的逆向思维能力培养策略[J].中学数学,2021(16):36-37、49.

[4]省永鸿.基于核心素养的初中数学逆向思维能力培养模式探究[J].文理导航(中旬),2021(05).

[5]杜安义.初中数学教学中学生逆向思维能力的培养策略探究[J].考试周刊,2020(63)

[6]刘国英.初中数学教学中学生逆向思维能力的培养策略研究[J].智力,2020(19):64-65.

从师德建设视角探究促进县域教育高品质发展路径

——以福建省浦城第一中学为例

刘建政*

教育强则国强。县域教育是民族教育的基本组成元素,提升县域教育品质是响应教育强国的有力抓手。县域内生源素质的优劣、经济发展水平的高低以及政府重视程度的深浅等综合因素,决定了县域教育发展的总方向。然而,教师队伍才是最终决定教育发展高度的核心元素。教师队伍整体水平的高低,体现在教学能力、科研水平、创新创造能力等方面。而德性是隐藏在教师队伍里最为重要又容易被忽视的一个重要成分。师德建设是决定教师队伍优劣的根本指针,是教师角色中最不可或缺的生命元素。一支高品质、有担当的教师队伍,必定是重视师德建设的队伍。重视师德建设的教师队伍,一定能够促进教学改革、科研发展、学校发展和县域整体教育品质的提升。本文以福建省浦城第一中学为例,从师德建设的必要性和紧迫性入手,探究师德的理论内涵,找寻师德建设的有效路径,探究提升县域教育高品质发展的路径。

一、县域教师队伍师德建设的必要性

"建设高素质教师队伍。人才培养,关键在教师。"师德是对教师职业的特定性要求,是教师从业理应具备的思想政治素养和职业道德操守的总和。学校以立德树人为办学根本,培养学生的德性,首先要加强教师队伍德性的培养。尤其是近年来,偶有部分教师违反师德规范的现象,更加凸显了教师队伍师德与学校教育发展间的矛盾亟待解决。当前教师队伍师德素质是积极乐观的,但是也有部分教师有

违师德规范的现象,促使整个教师队伍整体素质不能整齐划一。

(一)师德引领教育发展的总方向

培养社会主义接班人、时代新人,要求教师积极主动承担"立德树人"的责任使命。首先是教师群体自身专业素质要过硬,师德是教师专业素质的根本。教师是道德的供给端,学生是道德的需求端,二者统一为教育的整体,相互需要,相互影响。在一定程度上,学生能不能树立高尚的德性修为,主要取决于教师能不能给学生树立高尚的道德典型。俗话说:"上面偏出一尺,下面就会偏出一丈。"教育发展的成效不在学生,更不在学校本身,师德引领着教育发展的总方向。提升师德建设,发展县域教育,以县域教育促进民族教育振兴,是教育强国的必然要求,势在必行。

(二)县域教育存在的特殊性

县域教育属于民族教育中的基层地域教育、存在城乡差异大、资源不平衡,择校需求热等特殊性。众多交错的教育矛盾,对教师队伍的师德建设提出更高要求。客观存在的城乡之间的差距、资源上的不平衡,唯有依靠人力师资的提升才能更好地克服。不论是城乡差异还是资源不均,抑或是择校需求过热,归根是师资的差异。教师队伍师德建设整体得到提升,县域教育存在的一切矛盾自然可以迎刃而解。

二、师德的内涵

(一)师德问题是道德问题,更是德性问题

道德与德性在本质上具有相通性和内在一致性,但二者不是一个概念,不能互相等同。道德更侧重于规范,例如社会公德、职业道德、家庭美德、个人道德等,都强调规范对人的约束功能。道德是社会发展的产物,随着社会的进步相应地进行调整,在每一个社会形态、每一个社会领域、每一个历史发展阶段都有不一样的道德要求和行为规范。它是具体的、历史的、易变的。而相比较道德,德性是更具内隐性、更为基础的人的内在品质,更具稳定性和不可颠覆性。人的德性水平的高低决定了道德程度的深浅,并且通过人的道德行为表现出来。一个有道德的人,并不一定具备德性;相反,一个有德性的人,必然是一个讲道德的人。一个缺乏道德素质的人,在外在压力的逼迫下,可能做出合乎道德规范的行为,但是这种行为是与其自身的主观意志相违背的。从道德评价角度来审视,这个人有着外在的道德行

为,但是却不是一个有德性的人。有德性的人的行为是外在的、自然的表现,是与其内心的道德情感和道德判断和谐一致的,而不是出于某种动机或者迫于某种压力而做出违背内在道德意志却符合道德规范的行为。因而,不能以是否遵守师德规范论一个教师是否是好教师——因为其可能在特定的情境下选择遵守师德规范,却又在别的情境下有违师德规范。

因而,师德问题从本质而言是德性问题。"德性作为一种内在品质,体现在人的学习、工作、生活及其与之相关的方方面面,涉及人的一生,其涵盖的内容广泛,无法穷尽。"

(二)师德的多元构成

学界有观点认为,"教师在教育教学过程中不断修养而形成的一种获得性的内在精神品质","既是教师人格特质化的品德,也是教师教育实践性凝聚而成的品质,是一种习惯于欲求正当之物并选择正当行为去获取的个人品质"。这种理解是否完全科学有待确证,因为不能机械地将教师德性与教师职业道德完全等同。教师职业道德是教师从业后养成或者在相应的制度规范下形成的道德品质。实际上,教师身上所具备的很多素质,是在一开始还未进入教师行业就必须提前具备的。例如"善良""仁爱""客观""公正"等专业素质,必须是从业人员获得教师资格的基本标准。由此,教师德性的构成应该至少包括以下三方面的内容。

1.教师的社会德性

中小学教师在从事专门化教育事业之前,首先是一个自然人、社会人。马克思关于人的本质理论告诉我们,人的本质是一切社会关系的总和,人处于各种各样的社会关系中,并且依赖于社会道德、法律等调剂各方面的关系。中小学教师作为一个普通的社会人,必然处于社会道德的调控范围之内,并且在相应的道德规范下养成了基本的社会道德品质。一个人是否具备社会德性,是从根本上判别是"好人"还是"恶人"的根本标准。如果一个人失去了起码的社会德性,就不可能成为一名合格的教师。社会德性的内容关乎个体自身、个体与他人、个体与社会、个体与自然生态等之间的错综关系。从教师的社会德性层面来讲,教师的社会德性主要包括正直、平等、公平、自律、慎独等。

2.教师的职业德性

职业是每个人在社会中立足的基本方式,每个人迟早都要过上或长或短的职业生活。职业德性是建立在社会德性基础之上的从职场成功的角度对从业者方方面面的德性要求。职业德性的建立是以社会德性为前提的,具有社会德性的基本特征。同时,它又是社会德性在职业领域的延伸,在调节范围上明显小于社会德性,但却具有目标更集中、机制更细化的特点。社会上职业种类的多样化决定了各个行业具有不同的职业德性标准,各个职业德性标准间既有差异性又有相通性。我们平时说的职业德性,就是从职业德性的相通性、普遍性的角度加以把握的。教师的职业德性就是从各种不同职业间的共同德性加以考量,主要包括爱岗、敬业、诚信等。

3.教师的角色德性

教师的角色德性是教师作为教书育人的主体而言理应具备的,有别于其他职业德性的职业德性。教师的角色德性同时也是社会德性的发展,但是不同于职业德性。前者强调不同于其他职业的德性,注重把握特殊性;后者注重的是职业德性的公共部分,即把握普遍性。教师的角色功能是培养德才兼具的高素质人才。在育人过程中,教师群体的德性高低,决定了不同的教育者在同一教育环境下培养出的人才的质量不一。因而,教师的德性要求教育者在育人的实践活动中要有高尚的情怀、纯洁的心灵、不凡的人格魅力、正确的价值认同和坚定的信念信仰感染学生,在情感上引发学生共鸣和人生启迪,在政治立场、人生信仰、价值取向上给学生立标杆,引领学生走正道、立鸿鹄之志。基于育人工作的双向性与复杂性,教师的角色德性要求教师要给予学生更多的人文关怀、情感回应和价值关切。教师的角色德性主要包括普适性关怀的胸襟、坚定的政治信仰、深厚的家国情怀和开拓创新精神等。

教师的社会德性、职业德性和角色德性辩证统一于教师的育人工作中,始终互为交叉地贯穿于教师教育工作的各个环节。

三、县域教师队伍师德建设的有效路径

以上分析了教师德性的有机构成,可见教师德性是一个内容丰富的理论体系。教师从事的育人工作始终在有力落实立德树人的伟大目标中进行,且在过程中不断向立德树人的目标接近。以下以浦城第一中学为例,从师德建设视角,探析促进县域教育发展的有效路径。

（一）师德建设目标的调整：从遵守师德规范的人到具有德性的人的有效转变

当前，各中小学在师德建设中遇到难题或者存在的一些不足，根源在于师德建设目标的设立上陷入误区。实际上，我国道德建设的目标经历了从最早的重德性到重道德规范，最后又重新演变为重德性培育的三大发展阶段。儒家的文化思想提出了"仁爱"的道德要求，"历史造就了儒家的德性思想，因而历史最终又选择了儒家，致使儒家的德性思想得以历史地延续，并成为影响整个中国文化、历史进程的思想元点"。随着20世纪70年代的改革开放，我国生产力高速发展，西方资本主义的功利主义、拜金主义、享乐主义等不良思想元素流入我国，加剧了我国社会主义道德建设的困难。与此同时，我国的社会主义法治趋于完善，在受西方不良思想影响与我国法治体系不断健全的背景下，社会主流越来越倾向于通过法律规范、道德规范等一系列制度化规范来消解社会道德建设的危机，造成德性培育被逐渐边缘化。随着时代的进一步发展，社会上有违道德伦理的现象接踵而来，以道德规范作为道德建设的抓手变得不再有力，以道德规范为中心的社会道德建设弊端不断涌现。此时，学界呼唤德性建设的呼声渐起。道德是社会的产物，道德建设随着社会的变化发展做出调整。县域教师队伍德性的培育，首先要从以往的重视道德规范建设的认识误区中走出来，转换德性培育的目标，把广大教师队伍的个体专业素质、业务水平、政治修养等作为德性培育的重要元素加以关注。

浦城第一中学把民族优秀文化和教育融为一体，将厚重的文化作为学校发展的动力，形成了"国学育人，教学相长"的办学特色。学校要求教师和学生一起学国学，通过对国学的深入领悟，达到浸润思想、提升职业道德，培养了教师敬业奉献的职业精神。在师德师风的培育中融入传统文化和儒家思想，广大教师在优秀传统文化的长期熏陶下形成了高度的育人自觉。

（二）师德建设内容的调整：实现师德与师能并驾齐驱式发展

当前，中小学的师德建设往往把教师有没有遵守师德规范单独作为考核的指标来衡量一个教师是否具有师德，这就将师德建设片面化、空洞化、显性化了。这样不仅不利于教师群体真正德性的修成，还可能引发教师群体的抵触和反感。中小学应该借助师能促成教师队伍德性的养成。"学高为师，德高为范"，德能兼备的教师才是一名合格教师，才是符合德性发展要求的教师。师德与师能是教师综合素养的两记重拳，不能偏重谁，更不能缺失了谁。师能即教师的专业化素养，教师的内在德性通过外在的师能得以表达,师能立师立教之本,师德是师能的灵魂,缺乏教师德性的师能是无源之水。二者统一于教师队伍德性的养成,既是内容上的互补,呈现一个完整的前进态势,同时又是内容与形式的互为需要。

浦城第一中学同时拥有最优质的生源和师资,是县域内的翘楚。为了更好地担负起全县教育的排头兵职责,浦城第一中学在师能建设上下了大力气,并且探索出一条教学改革的新路子,在教学研究上形成了县域内最为严格的集体备课制度。校内所有备课组每周定时定点集体备课两次,即"一周两备"。每周二组内所有教师集体备课,更新教学素材,共同研讨教法,交流自备心得。每周四各个备课组再次以以老带新的模式展开二次备课,打磨精品课程。这种"一师一徒"的创新,截至目前已经延续10余年了。经过多年的精心探索和坚持,教师的教学能力、竞赛能力和育人能力得到大幅提升,位居县域之首。师能的提升促进了师德的发展,教师的师德水平步步攀升。

(三)师德建设方式的调整:从实现整体价值向实现整体价值和个体价值相统一的转化

师德建设的目标设定不仅决定了师德建设的内容,也限定了师德建设的方式。传统的师德建设往往从教育的整体性价值层面加以评价,即过分强调已有的师德规范、教书育人的成效、培养社会主义接班人的重要性等等。不可否认,这很重要,但是却忽略了教育者的个体需求和价值关切。如此,难以完全发挥起教师群体的主观能动性,难以促成教师群体认可教育事业、寻求事业上的幸福感和获得感。实际上,教育不仅仅是有利于社会、国家、民族和受教育者,同时也是教师主体实现自我发展和价值提升的客观需要。在师德规范相对成熟的情况下,要进一步转化师德建设的方式,由以往注重实现育人整体价值的单方面考量转化为同时关注教育者个体的价值奉献和价值需要。在培育教师队伍德性过程中,让教师主体明白做好育人工作不仅仅只对受教育者一方有利,对社会、国家、民族有利,同时也有利于自身的长远发展,这是一项"多赢"的事业。

浦城第一中学的升学率、升本率年年位列县域第一,学生的竞赛能力、素质发展,学校的教风学风等整体优于县域其他学校。这些成效自然少不了全体教师甘于奉献、不怕辛劳的付出。浦城第一中学年年有嘉奖、月月有"庆功会"。每月一次的班级评比、学生成绩的排名,同时也是教师间的竞争。这种做法不仅激励了学生的成长,同时关注教师自身的发展,让教师在工作中感受到集体的温暖以及教师职业带来的获得感、幸福感。

四、结语

教师仍在教育中充当主动地位,师德发展对教育的影响举足轻重。县域教育的特殊性更应依赖师德建设来解决,进而促进县域教育往高品质方向发展。转变生硬的师德规范,创新教师德性培养路径;摒弃单一的师德教育,借助师能提升促进师德发展;避免过分强调整体价值,转而注重教师个人价值的实现。从师德建设的目标、内容和行为方式上创新创造新路子,促进师德发展,进而促进县域教育往高品质方向发展。

参考文献:

[1]习近平.在北京大学师生座谈会上的讲话(2018年5月2日)[N].人民日报,2018-5-3(2).

[2]张光华,杨艳.教师德性构成与培育的理性思考[J].武汉理工大学学报(社会科学版),2018(12).

[3]陶志琼.关于教师德性的研究[J].华东师范大学学报(教育科学版),1999(1).

[4]葛晨虹.德化的视野:儒家德性思想研究[M].北京:同心出版社,1998.

自主诵读　定桩认字

——浅谈培智学校《千字文》校本教材编写和使用策略

夏翠芳[*]

夏翠芳*

　　识字是个人社会化的一个重要条件。是否识字在很大程度上影响一个人的生活质量。在培智学校开展适当、适量的汉字教学,对发展学生的心智、适应社会生活非常有益。福建省福鼎市特殊教育学校于2014年开始致力于识字教学研究;2016年开始经典诵读实践研究;2020年申报福建省课题《培智学生诵读〈千字文〉策略研究》,在既有研究的基础上开始了新一轮诵读、认字、识字教学课题研究,尝试编写培智学校《千字文》校本教材并开展教学实践。课题组对《千字文》校本课程的开发做了细致的梳理,明确了课程的理念与要求,并在实施中进一步完善了《千字文》校本教材的编写。近年来,普通小学义务教育阶段《千字文》校本课程研究已比较深入,但基于培智学校的研究还较少。因此,探索《千字文》在培智学校课程校本化实施具有十分重要的意义。

一、《千字文》校本教材理念:熟读成诵　识记首字　定桩认字

　　2021年7月,福鼎市特殊教育学校对学生情况进行统计,义务教育阶段的特殊学生共有143人。其中,会诵读的76人,占全校人数53.1%,会认字的53人,占全校人数37.1%,会书写的60人,占全校人数42.0%。研究的对象主要是低、中、高三个学段的义务教育阶段的学生。现以六年级为实验班进行实践研究。六年级特殊学生共有13人。其中,会诵读的10人,占全班人数76.9%;会认字的8人,占全班人数61.5%;会书写的10人,占全班人数76.9%。以每一位能开口诵读、会认字的培智

---

*作者单位:福建省福鼎市特殊教育学校。

学生的教育需求为出发点,培智学生通过诵读《千字文》定桩认字,搭建多媒体支持平台,提高其自主学习能力。通过实践研究,诵读《千字文》已不是最终目的,而是通过识记每句韵文的首个文字(下文称"首字"),通过熟读成诵,迁移运用对其余三个字进行定桩认读,遵循小步子原则,利用多媒体技术,教给学生如何使用校本教材,掌握自主认字的方法,迁移运用,让学生尽可能多的认字,以适应生活,融入社会为目标,致力于学生终身可持续发展。培智学生在诵读《千字文》的过程中,经历了耳听、眼看、口诵、手写、脑想的过程,既符合特殊儿童的认知特点,又能帮助他们提高诵读兴趣,提高认字和识字的能力,起到补偿缺陷、开发潜能的作用。

二、《千字文》校本教材的体例:小步子原则

(一)《千字文》校本教材分课依据

《千字文》从分句方式来看,整篇共125联、250句。其中,"四句一意"的句子有212句,是《千字文》最主要的分句方式,占全文的84%。《千字文》大多是前后对仗的语句,除第1、3、20、104四联为逐句用韵外,其余均为隔句用韵,读起来朗朗上口。可见,在划分教学内容时,句子的个数多半是4的倍数。我们就根据句意内容,把每课分为4或6句。以第三篇章为例。第三篇章共60句,每课4句。根据韵文内容,其中6、9、10、11课六句为一课,其余每课4句,共分成13课。开头第一句为每课课题。例如,第一课课题为《都邑华夏》,共4句;第九课为《桓公匡合》,共6句。

(二)《千字文》校本教材体例设置

《千字文》校本教材每一课由原文、注释、大意、诵读语音二维码和作业组成。

原文:由韵文和拼音组成,首字用红色加粗区别,旁注有笔画笔顺二维码。学生扫二维码,可以按正确的书写顺序书空或在写字板上书写该字。

注释:尽量做到每一个文字都有注释。《千字文》大多数是单字成词,所以注释大部分是给文字组词,既可以帮助学习理解文字意思,又可以增加学生的词汇量。例如,背:背靠;面:面对;浮:漂浮。第一课可以这样注释的有12个;第二课有16个,全部可以用组词的方式注释。

大意:尽量简短,能解释意思,读起来朗朗上口即可。例如,第一课的大意是:我国古代的都城雄伟壮观,有东京洛阳和西京长安,洛阳背靠北邙山、南临洛水,长安左邻渭水、右倚泾河。

诵读语音二维码：请专业的教师录音，诵读原文。录音由慢读五遍、快读五遍、认读五遍（如：都——都邑华夏，东——东西二京。首字留出充足的时间给学生书空或指认）组成。学生可以通过扫二维码，跟着录音诵读原文，并在诵读的过程中书空认读识记首字（首个文字在注释或译文中有出现的用红色加粗区别，以方便学生认读）。

作业：生字开花、填空（填写首字）。

《千字文》校本教材五课为一单元，由一个单元训练、五课课文串读二维码组成。单元训练是：根据课文内容填空（首字必填，其他内容可以随机，学生可以选做）。五课课文串读二维码：五课课文连起来串读五遍（让学生及时复习巩固，读够足够的遍数）。

三、《千字文》校本教材的编写：关注有效

在实践研究中，笔者根据韵文内容将《千字文》分成四个篇章，通过分篇章实践的方式进行教学研究，以实现课题研究目标。

（一）第一篇章：寻找诵读方法

培智学生诵读《千字文》，首先要界定"诵读"的概念。关于"诵读"，文献上有很多解释。古人对于识字教材都是以诵读为主，不深究其义。课题组取古人"熟读成诵"之义，不求理解也要背诵，以实现"读书百遍，自能成诵"。那如何在有限的时间里读够遍数呢？受学习强国平台七日百遍背《论语》启发，笔者在范读实践的过程中，发现一轮读十遍时间太长，会走神、失去耐心。于是，一轮诵读改用五遍，慢读五遍、快读五遍、认读五遍。其中，慢读五遍，读正、读准字音；快读五遍，读通、读顺文字；认读五遍时，书空首字。其间可以变换各种形式和节奏，以提高学生的诵读热情，搭建各种支持途径。例如，编排节目，选拔优秀学生参加诵读比赛、书写比赛等，激励学生持久诵读热情，通过实践取得良好的效果。

学生诵读了今天的内容，明天又忘了，该怎么办呢？笔者发现，韵文开头的那几句学生永远都会记得，为什么呢？通过观察发现，学生每次诵读，开头几句总是先读，读的遍数最多。根据这个特点，采取每次从卡住这句开始，滚雪球背诵前行。每次背诵，让学生从头开始背诵，哪里卡住了，就从卡住这一句为开头背诵，一直滚动前进。每一句学生都读够足够遍数，背得滚瓜烂熟。实践研究表明，遵循遗忘规律，及时复习，通过反复诵读，学生能顺利背诵并牢记不忘。

(二)第二篇章:解决诵读难点

解决了背诵问题之后,学生不认字怎么办呢?日常教学中发现,当学生碰到不会读的字的时候,会去找读过或背过的书,逐句逐字背下来,直到背到那个字,然后读出那个字的音。查阅有关资料,古人有用《千字文》定桩的先例,荷叶伞教育培训机构也有《千字文》定桩识字。课题组就采取这个方法,采取"首字定桩法",认读五遍环节,让学生每次书空或指认首字,直到学生会读、书空或指认首字。第二篇章共66句,几轮下来就认读了66个字,当学生会真正认读这66个字了。那么学生就可以迁移此方法,认读第二篇章其余的198个字(不做要求)。通过实践表明,学生可以用这个方法认读这66个首字。

(三)第三篇章:寻找自主学习模式

解决了背诵和认字问题后,如何编写校本教材,搭建多媒体支持平台,让学生能使用校本教材自主诵读认字呢?在日常教学中发现,教师在使用希沃时,总有学生能快速地指出教师操作错误,并能帮助教师正确地完成操作。这就是"过度练习法"发挥了作用——学生长期生活在希沃等多媒体的使用中,耳濡目染,早已熟悉了多媒体的使用。那么,如何搭建多媒体自主使用平台,发挥学生的这一特长,让学生能自主操作学习呢?在平时的观察实践中发现,培智学生大多是从听觉中获取信息,然后通过眼看、口诵、手写、脑想的过程,运用"过度练习法"牢固掌握所学知识。从听觉出发,以录音为突破口,创建"耳听、眼看、口诵、手写、脑想"多媒体自主学习链接,让学生自主诵读认字。这其中,二维码起到了关键性的作用。于是,按上述《千字文》校本教材编写体例,课题组编写了全流程自主诵读认字校本教材,生成的二维码链接上传到学校微信公众号上,让学生通过自主使用教材完成诵读、认读生字任务。

(四)第四篇章:优化自主学习模式

课题组首先着手编写正在教学实践的第三篇章,在教学实践中逐步改进完善,以利于之后编写第四、第一和第二篇章,以供推广使用,让更多培智学生受益。原来由"慢读五遍、快读五遍、认读五遍"组成的五遍自主诵读法,在实践中发现,有的课文难度较大,学生马上就跟着录音齐读,学生跟不上。通过实践,录音调整为"跟读五遍、慢读五遍、快读五遍","认读五遍"环节调整到巩固环节。这样,就把难度降到最低,能真正让学生利用课题组提供的学习录音平台,自主诵读并认读首字。

四、《千字文》校本教材的使用：关注自主

《千字文》校本教材的使用包括三大模块：一是《千字文》熟读成诵，二是《千字文》首字定桩认读，三是《千字文》迁移运用认读。要达到三大效果：一是背诵《千字文》全篇，二是两年内认读识记250个首字，三是迁移运用认读其余文字。

（一）《千字文》校本教材使用遵循的原则

巩固性原则，又称"充分练习的原则"。这是根据培智学生识记慢、遗忘快，不善于应用有效记忆策略的特点提出来的一项教学原则。研究表明，培智学生的记忆较正常学生要差得多，如果教师加强巩固练习的环节，就能够在一定程度上减少他们的遗忘的发生。例如，诵读录音的重复播放，让所学习的韵文首字反复出现在不同的语言环境中，通过学生和该字的不断见面，能够使学生从对该字朦胧的感觉逐渐发展到清晰的认识，最终达到会认读的目标。遵循巩固练习原则，要注意以下几点。

首先，巩固必须在学生清晰地感知所学内容的基础上进行。学生只有对所学的内容有了清晰的感知，才能有效地记忆。例如，在学生诵读原文之前，教师先对原文进行正音，对首字进行笔画笔顺的书空、认读的方法进行教学，让学生有清晰的感知后，再让学生自主跟着录音诵读、书空。

其次，掌握正确的训练要求，遵循开始慢、逐渐加快、有速度、有质量的进行。例如，刚开始诵读的时候，背诵的进度较慢，学生的熟练程度也较差。随着诵读进度的推进，学生的背诵速度在加快、语感在加强，有了成就感和自豪感，兴趣也逐渐提高。阅读课的教学内容也在更替，课堂上让学生学会了一种学习方法和用法后，督促学生养成自我检查的习惯和能力。会迁移使用后，这种能力和习惯从课堂转移到家里，学生在家长的监督下自主使用学习。课堂上再学习一种新的方法，一个阶段一个阶段地不断地添加一点新内容和方法，转移一点内容到课外。例如课堂上，首先是让学生掌握熟读成诵的方法和熟练使用二维码自主诵读的方法，并养成习惯。逐渐地，熟读成诵的任务转移到课外，学生自主使用二维码跟着录音诵读。课堂上的学习任务转移到识记首字上。刚开始时，先识记第一个首字，逐渐发展学习四个首字。在这个过程中，每一种教学内容的学习，形式要多样化，注意提高学生兴趣。

(二)《千字文》校本教材使用的方法

培智学校语文教学的常用方法中,有一个重要的方法就是"过度练习法"。"过度练习法"是在学生大致学会了所学知识技能的基础上,适当增加训练量,以使学生牢固掌握所学知识和技能的一种教学方法。由于培智学生的记忆力差,所以给学生提供一定的过度学习量,可以增进他们对学习结果的保留,并有助于迁移这些知识技能。"过度练习法"符合培智学校语文教学中的巩固性原则。培智学校《千字文》校本教材编写就是根据此原则,利用多媒体,分课录制好《千字文》音频资料,五遍五遍诵读,生成二维码上传学校微信公众号,借助播放器反复播放《千字文》音频材料,在充分记忆的基础上,通过学生书空或指读,形成音和形对应的认知,从而认读生字。"五遍音频诵读法"二维码的使用,帮助培智学生在两年内至少能牢固识记250个首字,然后通过烂熟于心的背诵定桩认读其余的文字,这样大大提高了学生认字的效率。

采用"过度学习法"要注意:

首先,对生理障碍不同、学习能力不同、生活经验不同的学生,要提供不同的练习量。过多的练习量或不足的练习量,都无助于学生对学习内容的理解和记忆。例如,对有书写能力的学生,可以在五遍认读环节,在写字板上书写或书空首字;对书写或书空有困难的学生,可以一边读一边找首字(在注释或译文中找);对只有诵读能力的学生,让他们指着课文反复跟读即可。

其次,对学生掌握较好的学习内容,过度练习量不宜太大;而对难以掌握的知识技能,则适当增加训练量。例如,对已能熟练背诵韵文的学生,要把练习重点放在首字书写或书空上;对背诵还有一定困难的学生,就让学生跟着录音反复诵读;对不能自觉跟着录音诵读的学生,教师或家长要变换方式和学生一起诵读。

最后,一次训练量不宜太大。特别是对重度智力障碍并伴有情绪障碍的培智学生,教师一定要控制好训练量,避免学生因过量训练导致疲劳而产生新的错误。例如,扫一次二维码读三个5遍,一共是15遍,读的字量是240个,这样的量是紧凑而适度的。其中,第一个5遍手指韵文,逐字读准字音;第二个5遍,或书写或书空或指读,认读记住首字,给学生一定的思考空间,有利记忆,并吸引注意,能继续玩着读;第三个5遍,指着韵文快读五遍,让学生读顺韵文,加深对字形的印象。在实践过程中,把第二次5遍诵读和第三次5遍诵读变换了顺序,这样有利于学生思考。

盲目地重复多遍的诵读,虽然遍数多,但是不利于学生记忆。思考后的再次诵读,既可以训练学生的思维,又可以加强学生的记忆能力。一次扫码就有三次变换着花样让学生在玩中诵读,完成指读任务。对于自觉的学生,可以按学生个人的意愿重复扫码练习,读够足够的遍数。对于不够自觉的学生,教师或家长要运用游戏法或激励法,在每一次间隔给予物质或语言的鼓励。

(三)《千字文》校本教材的使用问题及对策

课题组经过调查,结果表明,校本教材以及实践教学受到大多数教师、学生和家长的认可和好评,但也存在一些问题。下面是最常见的问题及对策。

问题一:部分家长和学生认为认字比较难,学生学习积极性不高,家长的监督不力。

对策:要和学生和家长说明《千字文》是蒙学识字经典韵文,熟练背诵并用首字定桩认字,学生可以把这本书作为查询认字的工具书来使用,方便学生今后认字。只要家长和学生认识到学习的重要性,调动非智力因素(需要和动机)参与到学习活动中去,使学习活动有了明确的方向和内驱力,并有效、顽强地坚持下去,从而得到成功。

问题二:学生的学习兴趣和热情不能持续保持,家长的支持力度不够。

对策:一是发放诵读记录卡。给学生发放诵读记录卡,把背诵的课文和会认读的字记录在卡片上。待积累到一定数量,就可以领到代币券到超市进行换购。运用这种延续性的激励评价,学生诵读的积极性得到了很大的鼓舞。二是举办诵读活动。通过各种展示平台的搭建和丰富多彩的诵读活动,激发学生诵读《千字文》的兴趣与热情。例如,每天早会10分钟、语文课课前5分钟的诵读展示活动,每学期举办一次经典诵读活动和认读识字比赛。这些丰富多彩的活动,既让学生展示了自己的诵读和认读识字的风采,又让学生从中领略了诵读经典与认读识字的乐趣。

编写适合培智学生自主诵读认字的《千字文》校本教材,请专业教师录音制作音频文件,创建多媒体链接平台,在使用实践过程中,不断调整教材编写体例,调整录音次数和顺序,提高教学和使用效率,让学生养成自主使用习惯。课题研究实践表明,"五遍诵读定桩认字法"是有效的。让学生扫码自主诵读认字,第一个五遍听清、听准正确的读音,第二个五遍巩固正确的读音,第三个五遍读顺正确的读音,在一遍遍的诵读中背诵《千字文》。在"认读五遍"环节中,让学生认读识记250个首字;在教师和家长的指导、监督和激励下,迁移使用学习其余文字,最终掌握889个常用字(其中有111个非常用字),熟练自主使用方法并养成习惯,作为培智学生识字工具书使用(《千字文》定桩法)。

参考文献:

[1]白玲.《千字文》语言研究[D].重庆:重庆师范大学,2012.

[2]曹婷.《千字文》校本课程开发的实践研究——以T小学为例[D].上海:上海师范大学,2019.

[3]马红英,徐银秀.培智学校语文课程与教学[M].上海:华东师范大学出版社,2015.107、115.

(本文为福建省教育科学"十三五"规划2020年度校本研究课题"培智学生诵读《千字文》策略研究"(立项编号:FJJKXB20-1322)阶段性成果之一。)

为师之道，修德为本

——推进县域教育高品质发展的思考

谢武超*

教师被人们誉为"人类灵魂的工程师"，是太阳底下最光辉的职业。选择从事教师职业，就意味着必须遵守教师的规范、履行教师的职责。职业道德关系到教师职业的崇高与否，关系到教师群体的职业自我意识。师德水平也是社会对教育工作进行评价的一个重要标尺，更是教育改革发展的必要。师德具有历史性和时代性，每个时代对教师的要求有所不同。因此，《中小学教师职业道德规范》增强了师德的时代感，加强了师德的针对性，使师德建设更加贴近实际、贴近教师，把师德规范的主要内容具体化、规范化，使之成为全体教师普遍认同的行为准则。在教师教育中，以师德师风教育为重点。师德师风建设，重在教育，重在引导，重在建设。目前，全国上下在习近平新时代中国特色社会主义思想的指引下，开展了"不忘初心、牢记使命"主题教育。推动教育高品质发展，归根到底就是人的发展。因为人的发展是教育的最终目的，也是推动教育发展的根本动力。而开展教育高品质发展的带动者是教师，教师良好的一言一行、一举一动都会给其所在学校教育质量带来"学高为师　身正为范"的深深影响，从而辐射促进县域教育高品质发展——这就是我们平常所说的领头羊的作用。

下面，笔者根据工作实践，谈一谈对县域教育高品质发展研究的粗浅看法。

李××教师于2019年9月通过"县管校聘"岗位竞聘，由××中学到××中心小学（寄宿制学校）工作。该教师在工作期间敷衍塞责，所任学科教学效果3个学期均在全乡小学学科质量中垫底。所在学校领导曾多次对其进行教育帮扶，但他

---

*作者单位：福建省龙岩市永定区人民政府教育督导室。

根本不当回事。

有关李××教师负面影响的事件主要有：

1. 2021年1月20日，××中心小学组织教导处成员进行教学常规视导检查，发现李××教师敷衍教学，作业批改错误百出，成绩登记弄虚作假，严重违反教学纪律和师德师风建设的要求。对此，学校对其进行了专门的处理。

2. 2021年4月27日，本督学接到××中心小学报来的"李××教师不服从学校工作安排，请挂牌督学前往督查的报告"。接到报告后，本人高度重视，于当天下午3：00到校调查"关于李××教师不服从学校工作安排情况"。经了解核实，学校报来的情况属实。鉴于内部问题内部解决的思路，本人一再规劝，但李××老师以"满工作量"为由，拒绝担任四年级每周一的科学晚修辅导课教师。随后，时逢"五一"放假期间，本人劝告李××老师利用假期对比本校其他教师的工作量好好反思。5月6日上午9：00，××中心小学校长再次叫李××教师去做他的工作；9：40左右，李××教师表示说"会去上那节课"；但12：00，李××教师又说"不上了，由着你"。

3. 李××教师"学习强国"平台任务经常没有完成达标。如截至2021年4月30号，李××教师1至4月份"学习强国"积分分别是708分、808分、428分、636分。如果按每天30分计算，一个月积分需要900分，所以每个月都不达标，好几次被教育党委点名批评，政治意识薄弱。

在"县管校聘"工作中，类似李××教师的现象绝非个案。由原中学转岗到小学的教师，转换工作做好了，教学效果上去了，老百姓认同了，那么"县管校聘"的改革措施才能够大力促进义务教育的均衡发展，否则会带来很大的负面影响。所以，加强师德师风建设显得尤其重要。"为师之道，修德为本。"必须抓紧落实必要的整改措施，依法依规执教，保障办学规范、高质量发展。

李××教师身为人民教师，从事教育教学工作近30年，享受中学高级5档的工资待遇，本应严守师德规范，自觉服从学校工作安排，尽心尽责，教书育人；但其行为却恰恰相反，在福建省龙岩市永定区教育系统开展"县管校聘"工作转岗后，无视职业道德，工作极不负责任，不服从工作安排，挑战学校、挑战组织，屡教不改，在教师中造成较大负面影响。为正风肃纪、落实××中心小学师德师风建设，加强学校管理，教育全体教师遵守工作纪律，不忘教育初心，牢记育人使命，巩固学校来之不易的清风正气，为此，××中心小学在学校内部对李××教师进行了通报批评，拟报请永定区教育局对李××教师的行为进行严肃处理。本着消除矛盾、治病救人、协调引导的管理理念，本人作为永定区教育督导室挂牌督学开展了细致的工作。经过多方努力，取得了实效，最终引导李××教师接受教育，虚心学习，安心从教。为了做到"抛砖引玉"的效果，督导工作以此为契机，协同校领导班子在××中心小学及其所属校点、园开展"讲师德、正师风、强素质、树形象"主题教育活动，进一步加强了××中心小学教师职业道德建设，调动广大教师教书育人、爱岗敬业的积极性，树立新时代教师良好精神风貌和教书育人的良好作风，推进教育改革，促进教学质量稳步提升。

具体做法如下：

一是应沈××校长邀请，2021年11月26日下午4:30开始，组织××中心小学全体教职工，开展师德师风建设活动和举行教师入职宣誓仪式。在多媒体教室，全体教职工集中观看龙岩市师德师风巡回报告会实况录像，学习来自龙岩全市教育系统的8位一线优秀教师的感人至深的教书育人故事，上了一堂生动又深刻的师德教育大课，接受了一场触及灵魂的思想洗礼。在集中组织专题学习的基础上，倡议以"教育报国守初心、立德树人担使命"为题，开展主题征文活动。随后，由本督学主持举行教师入职宣誓仪式，带头宣读宣誓词，整个活动在热烈的气氛中圆满结束。

二是根据教育党委永教委〔2021〕7号文件精神，在全区召开"讲师德、正师风、强素质、树形象"主题教育系列活动，并于4月19日进行动员大会。支部副书记刘××在会上作了题为《弘扬师德，铸就师魂》的动员报告。随后，沈××校长作重要讲话，强调了开展主题教育活动要统一思想、确定目标、明确责任，确保广大教职工积极参与，确保主题教育活动取得实效。会后，教师们纷纷表示，坚决贯彻落实上级文件精神，积极参与主题教育活动，确保学有所感、学有所得，树立新时代教师良好的精神风貌和教书育人的良好作风。

三是根据永定区总工会、永定区教育局永教综〔2021〕24号文件指示精神，所在中心小学联合学校工会于2021年5月18日晚在校本部活动室举办了"礼赞建党百年　师说育人情怀"教职工演讲比赛。演讲比赛重温党的光辉历程，歌颂党的伟大成就，团结带领广大教职工听党话、跟党走，以实际行动践行为党育人、为国育才的初心使命。演讲比赛聚焦落实立德树人的根本任务,结合先进人物事迹或身边典型事例,声情并茂地讲述了广大教师积极投身永定教育的感人故事,展示了新时代教师拼搏向上、意气风发的良好精神风貌。通过这次演讲比赛活动,进一步提升了教师的职业素养,增强了广大教师的奉献意识,引导了广大教职工牢固树立立德树人的理念和正确的人生观、价值观和教育观,彰显了学校作风正、业务精、素质高的教师队伍的精神风貌。

四是在平时的督导工作中,时刻把师德师风建设作为经常性督导工作,加强深入课堂听课,检查教案作业,进行半期、期末质量分析,考察出勤情况,进行走访座谈交流,了解教师的工作作风,掌握真实状态,及时向学校反馈,从而为学校开展"讲师德、正师风、强素质、树形象"主题教育活动提供有力帮助,提高了活动效果。在精细的督导工作中,全体教师深刻认识到思想素质和团队精神的重要性,努力投身到工作中去。

所在中心小学抓住师德师风建设切入点,适时开展"讲师德、正师风、强素质、树形象"主题教育活动,明确了高尚师德是我们教育工作者的最高追求。"人能弘道,非道弘人。"教师不仅是在传道授业,更是在塑造真实而坚定的、对社会与国家满怀责任的灵魂,培养担当民族复兴重任的时代新人。在习近平新时代中国特色社会主义思想的指引下,乡村教育在新时代的发展过程中,全体教师一定能够结合自己的实际情况,开展"学高为师　身正为范"提升活动。学校班级讲台虽小,但在全体教师中,大家深知立德树人责任重大。既然选择了三尺讲台,就意味着选择了崇高和奉献,做一个忠诚于党的教育事业的合格的人民教师。同时,也为"县管校聘"工作起到了积极的引领作用、化解矛盾的作用,从而达到"深化教师管理综合改革"的督促作用。师德师风建设抓上去了,教师在教育教学工作中主动起来了,学习培训积极起来了,教育能力也提升了,学校也就高品质发展了。

"为师之道,修德为本。"只要我们在督导工作中发挥智慧,一定能够在全体教师的心中开出师德师风建设的美丽花朵,带动"不忘育人初心和本分",实现县域教育教学高品质发展的辉煌局面。

贯彻"双减"精神,打造品质教育

——幼儿园教育"去小学化"的家园合作实践

林敏*

前言

"双减"是指减轻义务教育阶段学生作业负担和校外培训负担,其内核是"提高政治站位、提升教学质量、提高作业效能、保障课后供给、推动家校协同、减轻学生负担",将学生作为本位,或者说是核心,以满足学生的需求为导向,站在学生发展的角度展开教学活动,从而促进学生自主学习兴趣和学习能力的教育思想。"双减"意见的出台,影响的不仅是广大中小学校,对于学前教育也产生了间接影响,最为显著的表现便是"去小学化"力度的加强。

幼儿园"小学化"倾向使孩子过早地套上了学习的小夹板,这非常不利于孩子未来的健康成长。从"去小学化"的现状来看,在学前教育相对发达的城市地区,"教育小学化"已经被列为一种问题现象,引起社会、教师和家长的共同关注;在县城和农村地区,"教育小学化"现象的严重性还未引起教育者的重视。因此,"双减"背景下,通过探讨县域幼儿教育长期存在的"小学化"现象,能够为有关幼儿教育的研究提供一些资料补充,从而引起人们对幼儿园"教育小学化"倾向实质的理解和探讨,对幼儿教育的实际现状有个更清晰的认识,并引起相关人员对幼儿园"教育小学化"倾向的关注,对具体问题提出更有针对性的决策和建议,以全面提高幼儿教育的质量,促进幼儿教育的健康发展,同时为幼儿教育相关领域的研究提供些许可操作性的研究思路。

---

*作者单位:福建省福鼎市秦屿中心幼儿园。

一、幼儿园"教育小学化"的现象分析

以福鼎市为例,虽然公办园已全面禁止教育"小学化",但从实际教育情况来看,"小学化倾向"仍然明显。特别是缺乏监管的私立幼儿园,为了赢得生源,仍然保持着"小学化"发展趋势。

(一)幼儿园活动内容与作业难度超标

幼儿园中班的教育活动内容以游戏为主,基本涵盖了学前教育的"五大领域",幼儿的参与度较好,教师也很少布置作业。而大班的教育方式则发生了较大的变化,在活动形式上从游戏教学转向了讲授教学,在活动内容上从五大领域过渡到了小学语文、数学和自然基础,并且教师布置的课后作业大量增加,几乎每天都会给幼儿布置一两项作业,如一篇字帖、五道算数题等,大班活动的参与度相较于中班明显下降。有的幼儿因为无法集中注意力而出现打瞌睡、讲话等问题,课后作业的完成度也不尽如人意。幼儿在面对活动难度突然增大、课后作业无法完成时,大多不会主动提出意见。即使有个别幼儿表现出明显的不理解或不适应,教师也不会调整教学内容,而是要求幼儿家长进行课后辅导。由此可见,幼儿园大班的活动内容与作业并不十分适合幼儿。

即便在公办园内,也有教师存在过度教育的问题。例如,有的教师表示,学前期给孩子教授一年级知识,实际上是一种过度学习,不适合幼儿的发展;但是现实中,还是会教幼儿珠心算或者几千几百的加减法。这主要是因为园所与家长的沟通不到位。农村的家长都会认为小孩要学到知识才值,不然就白交钱了,会自动和周围农村幼儿园的小孩子做比较,这就在无形之中逼得教师不得不教这些小学学的东西。也有教师表示,幼儿园教育应该帮助幼儿去理解各方面的知识,然后帮助他们将知识运用到生活当中去。特别是大班,要做好幼小衔接,适当地教一些算术、拼音等内容。还有就是培养他们的动手能力和肢体协调能力,养成良好的生活习惯。

(二)幼儿园教育整体重心偏向"知识灌输"

幼儿园的"教育小学化"主要存在于大班教育中,表现为教育整体重心偏向"知识灌输"。以绘本活动为例,教师过分强调知识的灌输,把认知和识字作为大班幼儿绘本阅读成果的刚性指标,不重视甚至忽视大班幼儿绘本阅读能力以及情感的养成。具体来看,首先,幼儿园教师对幼儿的识字数量和认知能力进行过多的

关注,常常忽略对幼儿绘本阅读习惯以及情感的教育;其次,在教材内容的选择上只重视文字,以识字的数量作为绘本文本选择的终极目标,忽视绘本教材中所包含的人文价值,以及对图画幼儿绘本阅读兴趣的促进作用,使得大班的阅读内容与该年龄段幼儿的成长所需不能够有效吻合;第三,在对绘本阅读活动进行评价的时候,只专注幼儿绘本阅读的过程和通过阅读识字的数量以及背诵的阅读文本。由于课堂上教师设计的活动偏向于知识灌输,导致活动中师幼互动频率明显降低,甚至不少幼儿因为无法理解课程内容而出现自我效能感降低、自我否定等问题。

二、幼儿园"教育小学化"的问题分析

(一)家长"望子成龙",不愿输在起跑线上

家长非常关注幼儿的知识学习,并且希望幼儿园教育能够促进幼儿的小学学习。因此,幼儿教师也出于"不要让孩子输在起跑线上"的想法,县域幼儿园大部分教师都开展过知识学习性教育活动。例如,让小孩子多学知识,为入小学打好基础。开展的教育工作有教生活知识和书本知识,认时间、写字和认字、布置家庭作业,进行一些简单的数学加减法,背一些古诗等。

由此可见,现阶段幼儿园家长对幼儿教育本身是存在较大偏差的,不少家长都怀抱着"望子成龙""不能输在起跑线上"等思想,希望孩子在学前教育阶段能够尽可能学习更多的知识,以便孩子能够快速适应小学学习,取得优异的成绩。在教育沟通中,家长们或多或少会向幼儿园表露出"多给孩子上课""提前上小学课"的想法。家长虽然不能说是幼儿园的"上帝",但家长的意见也不能忽视。且学习成绩本身是幼儿教育成果的量化指标。幼儿园要体现教育成果,不得不给孩子加大教育任务,引入小学课程。可以说,家长的教育意愿很大程度造成了幼儿园"教育小学化"。

(二)教师"能力有限",不善于家园沟通

教师的教育能力,在一定程度上决定了教育的深度和广度。然而现阶段,幼儿园教师的整体素质偏低,从学历和教师资格证的持有量上便能看出,教师素质良莠不齐,无法构建起标准化、专业性的教育队伍。在实际教学活动中,"小学化"问题一方面是由于教师本身就不清楚幼教的重点,自认为让孩子多学就能多长,将提升幼儿的知识储备量作为教育重点。也有的教师并不以"教育者"的身份自居,自认为幼儿教育就是"带孩子"。抱有这种想法的教师,更不具备积极教导幼儿的能力。

另一方面,教师不善于与家长进行沟通和合作,自身的理论基础有限,使其无法向家长清楚地解释幼儿教育重点。家长对学前教育的"五大领域"知之甚少,不懂得学前教育"揠苗助长"的危害,也不认同游戏是学前教育的主要手段。在缺少有效沟通的情况下,幼儿教师没能帮助家长建立科学的学前教育观,只能盲目地将满足家长意愿、灌输幼儿知识当作教育目标,导致幼儿园教育不断趋近"小学化"。

(三)管理者"目光短浅",对幼师准入门槛较低

教师是幼儿教育工作的执行者,管理者是幼儿教育工作的领路人。

首先,从县域幼儿园的师资情况来看,公立幼儿园教师的本科率约在30%～35%,而私立幼儿园教师的本科率普遍不到20%。即便是幼儿园领导,也存在专业性水平较低的问题。幼儿园领导和教师对城乡教育差异、幼儿教育重点等方面的认知有限,认为教育必须跟上城市的教育步伐,而措施便是加大幼儿学习量。

其次,一些私立幼儿园为了压缩教育成本,在招聘中并不对应聘者的教育背景、教育资格和能力作硬性要求,导致幼儿园教师的准入门槛较低,许多并不具备学前教育能力的应聘者混入幼师队伍当中,严重影响了教师队伍的建设和幼儿园的整体教育水平。

再次,从幼儿园管理者的立场来看,无论是公立还是私立幼儿园,对幼儿园的规划目标都落脚于建立教育品牌和教育效果上。那么,最能直接展现教育效果的便是幼儿入学前后的成绩表现,而非幼儿长期发展情况。因此,幼儿"小学化"与管理者的管理目标和教育认知有着密不可分的关系。

三、促进幼儿园"去小学化"的家园合作对策

基于上文分析,针对幼儿园"小学化"现象,笔者认为,应当有机结合幼儿园、家长、社会和政府的力量,遏制"小学化"的蔓延,还幼儿以自由、快乐的童年。

(一)加强幼儿教育师资建设

幼儿园教师作为幼儿教育的重要引导者和启蒙者,其自身的素养和教学能力是影响幼儿发展的关键因素。然而,教师自身的素养与实际要求往往存在着一定的落差。从县域幼儿园的师资构成来看,幼儿园教师队伍中毕业于师范类本科院校的教师不到40%,且该部分教师年龄主要分布在20～30岁区间;毕业于师范类高等专科院校和师范类中等专科院校的教师占60%,综合所占比例最重。幼儿园教师的学历整体较低,且家长对于教师教育素质的关注度也不高,直接导致了幼儿园

的招聘门槛低、教育培训不足等问题。因此，改善幼儿园"小学化"问题，要重点从提高幼儿教育师资建设入手。

首先，幼儿园要严把教育招聘门槛。对于新招聘的教师，必须要求其具备教师资格证、大专以上学历和学前教育专业背景。

其次，家长要在幼儿教师的选拔与培训中进行监督并给出建议。幼儿园在进行大规模招聘前，应对家长进行态度调研，将家长的需求纳入人才招聘与考核标准中。

最后，幼儿园师资建设的标准应将"家园合作能力"纳入其中，具体可将家长的联系频率、家长对幼儿园课程的熟悉情况等列为家园合作的关注指标。通过家园双方的共同努力和监督，防止教师为应付检查做表面工作、家长图省事对幼儿情况不闻不问，保证家园合作"去小学化"的有序开展。

（二）促进幼儿园家园教育思想动态统一

《幼儿园教育指导纲要》明确指出，"家庭是幼儿园重要的合作伙伴。"幼儿园"教育小学化"的成因之一，是家长教育观念偏差。因此，提高家长的幼儿教育基本素养，加强其对"小学化"问题的认识，保证家庭和幼儿园所形成的教养环境一致性，是至关重要的。大部分教师都认为，首要任务就是保证幼儿的安全问题，然后保育工作要做好，保证幼儿的各方面的卫生，努力做到保教结合，还有饮食要卫生健康。其次就是知识教育板块，幼儿在语文、算数、歌舞等方面的表现越好，家长的满意度越高。如果孩子在升入小学后学习成绩优秀，那么幼儿教师也能收获更高的评价。实际上，家长教育思想的问题，可以通过家园沟通来进行纠正。教师不能以满足家长的需求为根本目标，而应当将促进幼儿的发展作为核心，通过线上和线下家访、家园合作活动、推送教育文章等方式，来帮助家长树立正确的教育理念。

（三）加大幼儿教育管理与监管力度

"冰冻三尺，非一日之寒。"幼儿园"小学化"问题并非一朝一夕间生成的，解决对策也不可能立竿见影。特别是在改善之处，很多幼儿园管理者、教师和家长都不能理解"小学化"的真正问题所在，甚至偏执地认为让孩子多学知识一定是好的，从而拒绝科学的幼儿教育管理理念。具体来说，幼儿园应当主动与家长建立合作关系，积极展开家园沟通，利用网络时代便捷化的沟通工具，例如微信、QQ、教师空间等。幼儿园还可以建立针对家长的微信公众号，每日向家长推送有关幼儿教育的科学理念和方法,促进家长的教育水平不断提升,与幼儿园达成一致的教育理念。或者定期召开家园合作讲座,运用这种面对面的直观形式将家园合作的理念较为集中地传达给家长,以主题不同的家园合作教育内容进行演讲。例如,分析幼儿的性格特点和气质类型、分析和交流家庭教养环境、家园交流如何采用更加行之有效的教育教学方式等。可以根据自己独有的特色、特点开展合作活动,以提升家园合作新模式为总目标,不断创新自己的教育理念。

四、结论

总而言之,遏制"教育小学化"不仅是还幼儿以自由、快乐的童年,更重要的是有利于幼儿的长期身心发展。通过剖析可知其根源在于:第一,家长"望子成龙",不愿孩子输在起跑线上;第二,教师"能力有限",不善于家园沟通;第三,管理者"目光短浅",对幼师准入门槛较低。基于此,针对幼儿园"教育小学化"现象的具体情况,幼儿园可以尝试从提高对幼儿教育师资建设的重视、促进幼儿园家园教育思想动态统一、加大幼儿教育管理与监管力度等方面着手,兼顾问题的内因外象,全力以赴改善幼儿园"教育小学化"问题。

参考文献:

[1]庞丽娟,韩小雨.中国学前教育立法:思考与进程[J].北京师范大学学报,2010(5).

[2]肖娟.幼儿教师专业化成长的障碍及发展途径[J].学苑教育,2012(1).

[3]陈帼眉.关于幼小衔接的几点思考[J].早期教育,1998(1).

[4]教育部教师工作司.幼儿园教师专业标准解读[M].北京:北京师范大学出版社,2013:13.

[5]虞永平.教育"小学化"现象透视[J].幼儿教育,2011(4):6-7.

[6]毕钰婷.幼儿园"过度教育"的问题研究[D].曲阜:曲阜师范大学,2010.

[7]陈北燕.幼儿园改革与发展中的问题及对策[J].教学研究,2010(3).

[8]韩清林,张喜萍.防止和纠正学前教育"小学化"倾向[J].基础教育参考,2010(11):4.

[9]何善平,杨淑丽,张新娅.论学前教育"小学化"的成因及去教育"小学化"的策略[J].陕西师范大学学报,2011(12):17-21.

[10]袁飞飞.幼儿园教育"小学化"现象成型的社会因素分析[J].宿州学院学报,2013(5).

"双减"视域下小学数学说理作业探析

张荣松*

随着"双减"政策的实施开展,不仅要求学校教育教学观念要发生转变,而且要求教师的教学观念、教学方式和学生的学习空间、学习方式也要发生改变。如何让"双减"政策落地生根、卓有成效,对小学数学学科而言,笔者认为,数学说理作业是数学课堂在"双减"背景下实现"减负提质"的有效手段之一。这就要求数学教师在"双减"背景下,应为学生精心设计符合学生实际的数学说理作业,以此来提升学生的学习效率和学习能力,促进"双减"背景下学生的全面发展和个性化成长。

一、小学数学说理作业符合当前时代背景的需要

"双减"政策的核心—"减",就是有效减轻义务教育阶段学生过重的作业负担。通过对中共中央办公厅国务院办公厅《关于进一步减轻义务教育阶段学生作业负担和校外培训负担的意见》(以下简称"《意见》")全文解读,不难发现其内涵:"减负"减的是重复多余而又机械性的"量",不减的是学科知识的"质"。我们发现,在实际的教学中,学生的负担并不是都重,而是学科业的"担","负"得不合理。如呆板、机械的学习方式负担重,灵动、活跃的学习方式轻;用脑时间负担重,健康成长的观念轻;学业成绩分数负担重,特长发展的机制轻;传统学习模式带来的心理压力重,成就不同学生的幸福的理念轻。正因此,为了改变当下存在的普遍现象,"双减"政策应运而生。带着这样的思考,无论从教师课堂教学的角度来看,还是从学生学习的角度来看,小学数学作业的改革也面临巨大的挑战。小学数学合理的作业设计,不仅能较好地落实"双减"政策精神,还是提升学校教育教学质量、还原生本课堂这个过程中极为重要的改革。

---

*作者单位:福建省政和县岭腰中心小学。

自2017年起,政和县开展"更新教育理念,转变教学方式"的课堂改革。通过几年不断地实践,教师对数学课堂教学方式方法已经有了更新的认知,改变了传统的教学方式,但对于"学生作业水平"的关注仍显薄弱。课内外繁重的作业,使学生失去了学习的兴趣与动力。当前"减负"政策背景下,怎样让学生爱做、会做、能做,让学生实现数学表达并获得可持续发展能力,成为小学数学教师热议的话题。

2021年7月1日至7日,福建省小学数学名师罗鸣亮带领的"明师之道"专家团队走进政和,以扎实的专业、严谨的态度和积极有效的实践,为我们在数学作业设计理念上带来了新的认知。纵观当前的小学课堂,不难发现这样的现象:课堂中的作业失去了生机,长期机械训练的模式运作,让学生对作业已不再敬畏,乱写、糊写的现象一直持续不断;大多数学生无法从数学作业设计中体验到学习知识的快乐,成为肩上的负担、内心的折磨。而数学说理作业可以很好地打破这一陈旧的作业模式,其在实务操作上更强调对知识的梳理、思维的表达和能力的培养,在当下时代背景下具有广阔的发展空间。

二、小学数学说理作业是实现"减负提质"和"还原生本"的有效途径

(一)数学说理作业是"还原生本"的有效方式

课标指出,数学是研究客观世界数量关系与空间形式的科学。学生通过观察和认识自然客观存在的事物,建立与数学法则的联系——抽象建模。在这样的思维构建、重组的过程中,有效建立起不断地运用数学知识发现、解决现实生活问题的关联。基于这样的关联,数学说理作业刺激了学生不同的体验:只掌握数学基础性的知识是不够的,要解决生活实践中的问题,所学的数学知识要成为思维工具——破模,使数学知识成为学生生活和思维的组成部分,从而提升数学知识的应用意识,提高解决问题的能力。比如,学生学习《体积》后,数学教师可以以体积为构思,让学生通过思维的引领动手实验,对实验的过程与结果进行说理表达。又如,设计怎么算出苹果的体积(不规则物体体积)这样的说理作业——对于这样有趣的问题,学生都会迫不及待地想动手去试一试,这对于学生的发散思维有很大的帮助;同时,通过思维的表达,让知识形成内化的过程得到了巩固。由此可以看出,说理作业可以成为学生学习的调味剂,"还原"学生的生活状态,让作业更加贴近实际。

（二）数学说理作业是"减负提质"目标落实的重要途径

说理作业的价值在于可以帮助教师及时巩固和加强学生在课堂上所学内容，从而达到很好的"减负提质"的效果。比如，学生学习了《圆》这节课之后，教师就可以根据相关内容设计让学生口述表达"为什么车轮是圆的？""井盖为什么做成圆的？"等说理作业，这样不仅可以直接锻炼学生的语言表达能力，还间接发展了学生的思维能力。通过学生思维的理解、加工处理，形成表达。这一系列的过程，不仅丰富了课时的内容，同时知识的落点直指圆的特征"一中同长"的本质属性上。这样的作业丰富而又有趣，学生总是在一个个"为什么"中，自主地运用数学规律去解决问题。数学作业如果能这样设计，那就真的可以让学生发自内心地喜欢，教师的教学也会达到事半功倍的效果，让"减负提质"落到实处。

数学源于生活，应用于生活。当作业设计和实际生活有效结合的时候，再枯燥的内容都会变得有趣而引人深思。"生活即教育"，在陶行知的生活教育理论里面被提到过。人本主义学习理论代表人物杜威也提出"教育即生活""在做中学"。数学说理作业正是基于"做中学"为途径来表达的作业设计形式。这类作业以核心问题为驱动力，学生为了寻求解决问题的方法，往往需要动手操作、小组合作探究、实验观察等多种方式操作，伴随这些学习过程形成的数学知识会实现效果的最大化。

三、说理作业能促进教师专业能力的发展

（一）"减负提质"本质是相互矛盾的，解决的归宿还是教师

正如身边很多教师担忧的："量"的减少，必然引起"质"的下降。人们习惯了"量变决定质变"的思维模式。那如何使教育的"质"不变？解决矛盾的关键因素，还在于教师。现实教学环境中，我们都公认教学能力强的教师，其课堂效率就高，知识的深度与广度也随之扩大，学生的学习效率也高。从这种意义上不难得出：对教师而言，"双减"政策的实质，不是减轻教学负担，而是让课堂走向有效、高效。这样的课堂，对教师自身素质提出了更高的要求。只有高素质的教师，才能实现数学课堂的"减负提质"。《意见》的本意是为全面推进素质教育、整顿校外辅导机构，解决当下教育界普遍存在的学生课业负担过重和"还原生本"等问题而提出的一系列具体措施，其内涵是"减负而提质"。教师通过学生说理作业的反馈，能够知道学生的学习状况；同时，反思自己在教学中的不足之处，从而改正。数学说理作业设计是数学思维直观化、语言化的过程，对教师专业能力和素养提出了新的要求。数学

说理作业的解答,不仅要关注学生的基本技能和基础知识的形成和掌握,更要关注到学生在完成这项作业中呈现出来的动手操作、合作学习、数学表达的学习过程。

(二)最近发展区理论对数学说理作业的设计与教师成长的启示

根据最近发展区理论,数学教师在设计数学作业时,必须对学生各方面的情况(诸如学生的身心发展水平、知识经验背景、兴趣趋向等)有一个大致的了解,能够从总体上把握学生的现状,设计有针对性的数学说理作业。必要时,可向学生提出新的和超越学生现有学习能力的学习任务,适当给予学生支持、指导,帮助学生将潜在的能力转化为现有能力,从而推动学生向更高层次的要求迈进。两者间的辩证矛盾关系,促使教师应更加注重专业知识和专业能力的发展,以适应新作业要求的发展。

(三)习得性教学理论的启发

学习数学的目的,是为了掌握客观世界中的普遍真理,掌握现实生活中事物的客观规律。其作用是为了对现实中的具体问题进行解答,是需要把理论从书本走向现实的一门学科。数学课堂在习得性理论指引下,教师会根据相关的理论研究结果和自身在教学过程中的收获,设计科学、合理的说理作业,帮助学生培养出自己的兴趣爱好和数学思维。这对于学生今后解决更多的实际问题有着积极的影响。同时,习得性教学也可以反过来优化教师自身的教学素质,提高教师自身的教学能力,从而更好地推动教育。

四、说理作业是实现学生个性发展的必然

(一)说理作业的明理过程让学生有更多的自主成长空间

"双减"政策实施后,众多学校开展了丰富多彩的学生活动,例如政和县南门小学社团活动、政和县实验小学和政和县第二实验小学兴趣活动课等。在丰富学生课外时间的同时,各级各类学校通过教育资源的重组,将校本作业开发的力度放到了史无前例的高度上。各校在数学作业设计方面进行充分思考,以"减量""提质"为核心,呈现出不同层次的"说理、表达"内容。众多学校的做法,都指向了以"减负提质"为目的的小学数学作业改革方向。在教学环境中,每个学生都是独特的,个体差异也是客观存在的。笔者认为,说理作业设计的前提,是了解学生的数学学科作业能力、性格特点、知识结构、学习习惯等多方面因素。基于这种思维下设计出来的数学作业,让学生有了自由发展的时间和空间,为学生个性化发展提供了

舞台。

例如,在教学北师版四年级数学乘法时,设计让学生如何计算水费的说理作业。学生便可以利用家里之前的电费条,自己动手研究怎么算出一个月的用电量。通过自己的尝试,学生是可以算出电费是单价和电度数相乘得出来的。这样的设计,让学生可以有更大的空间按自己的方法去解决生活中的问题。这样的数学作业,不仅弱化了枯燥无味的计算给学生带来的困扰,又让学生经历了当"小主人"的体验。

(二)说理作业设计的多样性促进学生个性发展

说理作业的设计,是根据在课堂中的实际生成和学生的学习状况来作出相应的改变,而不是一成不变的。数学各个章节之间的联系很紧凑,数学说理作业的设计思路应与教材中的各个章节紧密联系并形成一致。这就要求教师要对学情和题目类型研究得透彻,要考虑到本节课的目标与学生已有的认知经验,根据这两者来设计适合学生的作业,使得说理作业在设计上呈现多样化。其次,在对数学课外作业的设计过程中,教师也要正确地处理预设和生成两者之间的关系。数学说理作业的设计都是以教材和课程标准为基础和目标,这样的作业能更好地促进学生个性的发展。

案例(说理作业学习单设计):教材内容为北师版五年级数学上册《三角形面积》。说理作业设计:猜测三角形的面积会怎样求?请你说说自己是怎样转化推导的?

课前,同学们纷纷动手操作。在课堂中,让各小组展示了有关三角形面积的求法,学生描述得出结论。

生1:(折叠法)把一张三角形纸片的三个角向同一方向对折,各角间的顶点相互碰触在一起,形成一条直线,就可以拼成一个小长方形。此时的长方形的长是原来三角形的底的一半,长方形的宽就是三角形的高的一半。所以,我知道了三角形的面积是拼成的长方形面积的二倍。根据长方形计算公式,最终整理可得出:三角形的面积等于底乘高除以二。

生2:(剪拼法)将三角形的顶角沿着高向对边对折,展开后沿着这条折痕剪开。刚才剪出来得到的小三角形沿中间对折再以折痕剪开,分别补在剩下图形的两侧,变成一个长方形。三角形的底没变,但它的高是原来的一半。所以,我知道了三角形的面积等于底乘高除以二。

生3：（构建法）拿出另一个与它一样的三角形，把两个三角形拼成已学过的图形（平行四边形、长方形或正方形）。此时，平行四边形的底和高都没有变，但我用了两个三角形才拼出来。所以，我推出三角形的面积应该是底乘高除以二。

此时课时进行得差不多了，我预设的三角形面积推导过程也全部呈现。不过，当按预设的环节打算对三角形面积公式进行总结时，发现有一个孩子发言了："教师，我还有更好的办法。"带着好奇的心，我让她来展示了她的想法。

她展示的学习资料是这样的：一个满是背景方格的纸上，画出了一个三角形。如图1，在三角形的周围，用红色的笔描摹了一个三角形三个顶点外的长方形，如图2。她的计算方法是：找到每一个三角形三个顶点上的长方形，而此时这个三角形的面积正好是她用红笔描出来的长方形面积的一半。长方形的长相当于三角形的底，宽相当于三角形的高。所以，只要求三角形所在长方形的面积再除以二就等于三角形的面积。

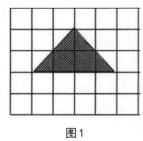

图1   图2

她作业单上的思路清晰，利用背景方格快捷推理出了三角形面积推导方式，在这节课上让我诧异。孩子天真的笑脸，却有着无限的可能。她的发言，得到了全班孩子的赞同。的确，大家都听得懂的数学常理，又怎么会不引起共鸣呢？我把最热烈的掌声送给了她，这节课因她而精彩。

身为教师的我们，总是容易把教学设计以学生"该有的状态"去预设，而忽视了生命的灵动和学生个性的发展。而本节课上因说理学习单的作业设计而精彩，呈现了学生"现有状态"中不平凡的个性化。课堂结束后，我查阅了很多有关在任意方形边上取三个顶点作三角形的相关资料。的确，所有三角形都会是所在方形面积的一半，也更加直观地展示了三角形面积的计算方法。唯独在找任意三角形三顶点的外在长方形上，学生有一定的难度。数学说理作业给我带来了新的思考。

学生的个性化呈现,使得课堂在那一刻峰回路转,使得课堂在那一刻精彩纷呈。说理作业设计促进了数学课堂更广阔的空间生成。

总之,提高教师专业水平是小学数学作业"减负"的关键。"提质"是"双减"政策的初衷,说理作业的设计则是数学作业走向"减负提质"不可忽视的重要一环。小学数学说理作业有它自身的教育价值。它不仅是数学课程中思维表达的一部分,也是对教师专业评价的一种手段,能直观地反映教师的课堂教学是否有效、学生的学习是否高效。"数学是思维的体操课。"设计好的数学说理作业,将是教师在数学课堂中精彩呈现的又一道风景线。

本文为福建省教育科学"十四五"规划2021年度课题《"双减"背景下的小学数学说理作业设计策略研究》课题论文。

参考文献:

[1]许开武.小学高年级数学家庭作业设计策略和研究[J].新课程·中旬,2017(11):14.

[2]刘苏琼.基于核心素养下的小学高年级数学教学策略探究[J].中外交流,2019(38):14.

[3]陈辉.浅谈课外作业设计实践性和探索性——小学数学课外作业创新设计策略例谈[J].考试周刊,2018(88):19.

思维可视化,构建减负增效的新课堂

余雅清[*]

一、引言

课堂上知识点和习题讲解后,笔者常常想要得到孩子们的反馈,于是问道:"还有不清楚的吗?"学生往往是清一色地回答:"没有,懂了。"就算个别诚实的孩子回应"还不大明白",再讲解后已经理解;可是一旦受到变式应用练习的冲击,经常还是大面积"遭殃",许多题目的错误率比预想的要高得多。学生对于知识的真实掌握和应用情况,笔者心里还真没底。没有标尺,没有量表,如何精准衡量和把握?虽有思考,但学生的思维过程很隐晦,知识的加工程度不同,无法确定知识掌握水平,更难有的放矢地帮助学生。课堂的时间短、容量大,学生如何轻松、牢固地掌握重难点?又怎么及时内化和拔高思维?教育部出台"五项管理",减负再次被广泛关注。如何构建有效课堂,成为笔者经常思索的一部分。

其实,这是学生内隐思维导致知识掌握不佳的表现。

内隐思维是游走于脑袋里的想法,经常是一闪而过、不具体、不全面的思考。这种思考往往是不经过表达、记录和动态生成的,更多存在于一种被动式的接受学习模式中,而非主动式探索——这样的思维经常被指向"似懂非懂"。

学生掌握知识,是在教师指导下有目的、有计划、有步骤、按规律进行的正规学习活动。学生要提高掌握知识的效率,还得遵循理解、巩固保持与应用练习的规律

*作者单位:福建省厦门第二实验小学。

进行。

内隐思维导致知识掌握不佳，就是以被动式学习的方式参与，思维内隐模糊，思考浅薄片面，导致理解新知上不全面、巩固知识时没效果，进而在应用领域手足无措、错误率极高的现象。

内隐思维导致知识掌握不佳，主要有以下特点：一是能理解部分知识点，但处在一个似懂非懂的境地，好像听得懂，但又说不清道不明。二是难以与本身的已有知识网络勾联，新知识未能纳入已掌握的知识系统，已有知识未获得扩大和更新。三是在变式训练和应用练习上，表现手足无措，错误率极高。

二、存在问题的原因分析

基于存在的问题，笔者进行充分的分析讨论，力求抓住问题的核心，探求其本质原因。探求问题的本质，主要是从客观和主观两个方面着手。客观上和实际教学的材料内容有关，主观上与教师和学生有关。

（一）课堂容量大，时间不允许

在小学阶段，数学的课时安排不多，而教学的任务又十分繁重。特别是随着学段的跨越，学生在学习上面临的挑战越来越严峻。此外，班级授课制固有的缺陷展露无遗，教师不能顾及所有学生的种种情况。一边是新理念、新思路、新方法，一边是现实情境中的容量大、时间紧、学生数多等，这对执教教师们来说是巨大的考验。当两方面难以权衡时，迫于教学压力，往往"思维可视"的指导就成为牺牲品。

（二）学生年龄幼，习惯不规范

学生自参加学校教育以来，大部分孩子习惯于把自己当作被动接受的个体，犹如机器一般接受知识，缺少主动外显化的思考。另外，学生年龄尚小，偏向天马行空，喜欢用自己的方式表达思维，但他们的方式往往不够科学、不够有效率。在日常理解知识和练习过程中，他们是存在惰性的，在过程表述方面能省则省，不愿意多花时间呈现自己的思考过程。一旦教师对"可视化思维"提出一些规范要求，他们的反应一般是较为抵触，不愿接受。

（三）教师指导弱，坚持不持久

大部分教师会将跟踪监控学情提上日程，但是具体如何规范指导、如何多方法指导，常常没有头绪。有时候有了自己的教学主张，但在推进过程中费劲低效，或是后续学习中难以坚持贯彻和执行，久而久之又打回"原形"，还是原来的教和原来的学。

三、前人的研究成果

本文旨在利用"思维可视化"的方法介入学生的知识掌握过程，弱化思维内隐的弊端，在理解、巩固保持的环节中加以监控和干预，帮助学生形成良好的思维习惯、提高知识掌握水平，以达到最大限度应用知识，拔高思维，发展能力的目标。

在中国知网（CNKI）数据库以主题为"小学数学思维可视"进行精确查找，共检索到136篇文献，其中博士论文1篇、硕士学位论文10篇、期刊119篇、国内会议6篇。

刘坤在《思维可视化导学案在小学数学教学中的应用实践》一文中提出，让学生掌握思维可视化这个学习方法，要有"识图—制图—用图"三个阶段。此外，还提出了运用思维可视化需要注意的事项。

季荣臻在《基于"思维可视化"的小学科学探究教学策略》一文中提出，"思维可视化"是一种认知策略，是根据儿童思维发展的局限性而提出。"思维可视化"包含两种表达形式，即"可视思维""有声思维"。其中的"可视思维"，即将抽象知识或事物通过一定手段的转化，使之变得具体、直观。

张齐华提出，要善于调动学生的多重感官，创新教学路径，用直观的图形表征抽象的思维，在动手操作与实践中展现思维的过程，在语言表达中外化学生的思维，通过"画""做""说"参与到思维的发生、发展和过程表达中。

从有关研究可以看出，思维可视化的教学能够促进学生的思维发展，促进学生的学习，提高教学有效性。思维可视化虽然受到广大研究者的广泛关注，但其应用到小学数学学科的研究较少。小学阶段是学生思维能力培养和发展的关键时期，且数学是一门依靠思维的学科。因此，小学数学思维可视化教学有待于进一步的研究。

四、思维可视化策略建议

随着数学教学的发展，培养数学核心素养如今被前所未有的重视。在现阶段，发展学生的数学思维成了数学教学的根本任务。数学学习本身就是抽象的、晦涩的，其思维更是内隐的、不可见的。若想破解思维这个神秘的"黑匣子"，就需要教师利用一些有效的手段，将内隐逻辑具象化，实现思维可视化，让教师能及时地跟踪、有效地把握学习情况；学生能了解自己的掌握情况，也能评价其他人的学习情况，达到思维的提升，最终实现核心素养的达成。

要达到清晰追踪学生学习情况，及时跟进和调整的有效课堂，就要通过一定的策略，使得学生思维输出可视化。可视化的思维离不开直观的图形表征、探究式的动手操作和精准的数学语言。

（一）"画"得精准，用形象解释抽象

美国数学家斯蒂恩说："如果一个特定的问题可以被转化为一个图形，那么，思想就整体地把握了问题，并且能创造性地思索问题的解法。"图示法的使用，无形中渗透着数形结合、几何直观、数学模型等数学思想方法，对于数学学科核心素养的培养有重要意义。

1.示意图演绎生活情境

执教有关"归一"解决问题，面对"教师买了3支百合花，付了18元。教师的朋友也想买8支同样的百合花，要付多少钱？"，引导学生用画图的方式表示已知条件和问题。学生经历了画图过程，从具体的情境图到实物图，再到示意图，带领学生在对比中优化简明的画图方法。更重要的是，要求人人能解释算式的道理，18÷3算的是一枝花的价格，在图里用一个○表示；要求8支花的价格，就是8个○的总和。

学生通过亲身画图，感受画图的优越性和必要性，自然而然地演绎了稍复杂的

情境。之后,再通过问题导向,增强"读图"的意识和能力,分析数学信息,明晰数量关系,勾联图与式,在归纳总结中建立归一的数学模型。一系列的思维活动悄然发生,教师也能在一幅幅图中把握学情,启发思考。

2.线段图辨清不同情境

《画线段图解决问题》一课中,"红花是黄花的2倍,白花是黄花的3倍,三种花一共有36朵,黄花有几朵?"和"一根绳子剪掉了全长的一半还多10米,还剩30米,这根绳子长多少米?"这两个例子,刚出示时学生感受并不深,甚至都习惯用以往一条线段表示。但是通过对比,就能进一步提炼得出:部总关系,通常画成一条线段,而不同量的关系通常需要画成多条线段,便于比较。

随着教学推进,呈现问题:"漫画书和故事书一共有135本,故事书比漫画书多15本,那么漫画书和故事书各有多少本?"根据"故事书比漫画书多15本"这一关系句,可以马上确定出标准量是漫画书,再进一步画出故事书。而在稍复杂的情境下:"晶晶和亮亮一共有183张卡片,亮亮的卡片数量比晶晶的4倍多8张,两人原来各有卡片多少张?"重点分析"亮亮的卡片数量比晶晶的4倍多8张",也能得出标准量是晶晶的卡片数量。不管是和差问题还是倍问题,都要根据关系句画图,而且要先画标准量再画比较量,还要标清数据,理清数量关系。

线段图呈现思考过程,可能是不完整或是不清晰的。但是,线段图这样可视化的思维输出,教师看得见,一次次把握重要节点,适当点拨,及时归纳。学生对于问题的把握越来越清晰,后续学生在运用图形解决问题上不仅有方向了,而且有方法了。

3.矩形图解开复杂情境

执教《画矩形图解决问题》,面对较直接的面积问题,长宽的对应关系很明显;但是对于不显著的问题情景,则需要重点明确长表示什么、宽表示什么,在图与式之间建立勾联,打破学生原有的不熟悉和不习惯。继续丰富矩形图的内涵,并非只能适用于"长×宽=长方形面积"类型,也能作用于"每份数×份数=总数",甚至是

"单价×数量=总价""速度×时间=路程"等等一系列两个数的积的数量关系的模型中。将各种相关数量关系融汇在一起，理解长、宽所表示的含义，逐渐会发现图示法的优点——利用图示法可以解决一系列的数学问题。

这样的过程，就是重要的数学建模。模型建立，再延伸到复杂的数学问题也能迎刃而解了。通过绘制矩形图，学生的思维扩宽、层次拔高，而且提高了问题解决的能力，增加了学习的自信。

（二）"做"得具体，借操作提升思考

在《平行四边形的面积》一课中，引导学生注意整体的全局意识，推导公式是一个过程，不是为了转化而操作，而是为了后续的找联系和推导进行铺垫。清晰的思路，有便于指引学生进行有向操作，所有的操作活动变得主动积极、有指向、有目标，"动"中会思考怎么实现转化，"动"后还会想着如何找联系、推公式。因为看得到学生的动态操作过程，就能发现学生活跃的思维贯穿活动中和活动后，避免了操作活动与主动思考的割裂，实现了操作的高效性，学生的思维也跟着推进和发展。

（三）"写"得多样，依留痕全盘考虑

《分数除法（除数是整数）》中提到："是不是所有的分数除以整数都可以转化成乘整数的倒数？请你们以 $\frac{6}{7} \div 4$ 为例进行说明。"用画图的方法，学生已经觉得麻烦，不适用。所以，有用说理解释的："$\frac{6}{7} \div 4$ 相当求 $\frac{6}{7}$ 的 $\frac{1}{4}$，就是把 $\frac{6}{7}$ 平均分成4份，取其中的1份。"还有利用商不变的性质来转化。思维多样化、全面化全在可视中追踪和引导，课堂得以呈现丰富、有层次的形态。

（四）"说"得清晰，靠逻辑改善混乱

1.大问题牵引，给学生整理语言的机会

知识拒绝"咀嚼"完了再给学生。设置大问题，有利于引导学生全面思考问题，完整经历探究过程，从而避免接受支离破碎的知识，也减少了浅度思维。在教学《平行四边形的面积》时，在课的开始就用短平快的方式问道："对于平行四边形面积，我们怎么进行研究呢？你有想法吗？"学生的思考量大，不仅要考虑研究某一个环节,还要思考怎么一步步推进,还可以回忆以前的相关经验找两者不同。这样把繁杂的知识点用统一归整的问题牵连起来,给学生留足时间思考讨论,也给学生整理思路语言的机会,全面、深度的思维也在问题的驱动下得以绽放。

2.深入式对话,给学生调整语言的契机

师生、生生之间的深入对话能打通教学中的固有状态,即"似懂非懂"的状态。只要多追问一句"你是怎么想的?""说说你的理由?",放低自己的姿态,更多地亲近学生、走进学生,深挖学生资源,让学生"说得更具体一些?""再完整地说一遍"……其实这样的过程,教师已经完整跟踪到学生的掌握情况,而且已经在纠正学生对于知识的理解疏漏。学习不是浅尝辄止,更不是人云亦云。教学中多留出一部分时间,多追问、多质疑,给予学生评价反馈的机会,如此推进,就能在分享、对话、质疑、辩论中求同存异,还能建构知识架构,思维就在这样开放的、有深度的对话中悄悄展开并升华。

学生利用以上的手段,将内隐逻辑具象化,实现思维可视化,使教师能及时跟踪并有效把握学生的学习情况,学生也能了解自己的掌握情况,并能评价其他人的学习情况,达到思维的提升,最终实现核心素养的达成。

知识类型的不同,决定了教学方法的差异通过以上的"画""做""写""说"等方式,让教学有所依。在精心设计的活动下,学生的思维正悄然走向高阶,也符合了当下对于教育的追求——教得少而精,学得深而广。减负增效的新课堂,将使教育质量提高、学生兴趣提升、教育氛围融洽。

参考文献:

[1]史宁中.《数学课程标注(2011年版)》解读[M].北京:北京师范大学出版社,2012:28、120.

[2]季荣臻.基于"思维可视化"的小学科学探究教学策略[J].江苏教育研究,2018(2):47.

[3]刘坤.思维可视化导学案在小学数学教学中的运用实践[C].《教师教学能力发展研究》科研成果集(第十一卷),2017.

[4]曹小兰."可视化"教学,让学生的数学思维看得见[J].小学教学参考,2017(26):47.

[5]张齐华."思维可视化"视域下小学数学课堂之重建[J].江苏教育,2017(25):48-50.

对县域教育高品质发展的几点思考

张新敏*

随着中国教育改革的进一步深入,县域教育改革越来越引起教育界的重视,县域教育高品质发展也将成为今后一段时间内我国教育改革的重点。由于我国教育长期受到应试教育和升学教育的影响,如何突破应试教育和升学教育的限制,使教育从以成绩为主要评价标准的质量教育向以人格健全发展和人的素质全面发展的品质教育转变,是基础教育所应着力思考的问题。而县域教育将成为高品质发展的着力点。

一、从质量教育向品质教育转变

所谓质量教育,是以质量为衡量中心的教育,其评价内容是教育质量。关于教育质量,国际学术界有多种定义。比如,库姆斯认为,教育质量是教育如何适应在特定环境与情境下学习者当前和将来的需要,还涉及教育体系本身及构成教育要素(学生、教师、设备、设施、资金)的重要变化、目标。课程和教育技术以及社会经济文化政治环境等。美国高质量教育委员会的定义是:高质量指的是一个学校或学院为全体学生规定了高标准和目标,然后想方设法协助学生达到这些目标。我国学者认为,教育质量是指学生获取的知识、技能及价值观与人类和环境的条件及需要所相关的程度。陈莉欣在总结教育质量观时,认为发展的质量观包含四层含义,其首要的含义就是发展是质量的基础和前提——只有发展了,有了一定的数量,才能谈质量。从国内外对教育质量的定义来看,质量教育还是基于统计数量来衡量教育实施的目标。

品质教育以受教育者的品质形成作为衡量教育的标准。我们认为,教育的根

---

*作者单位:福建省南平市浦城县第三中学。

本是人的教育,是通过教育的手段和措施而进行的成人教育。《国家中长期教育改革和发展规划纲要(2010-2020年)》指出:"把育人为本作为教育工作的根本要求……要以学生为主体,以教师为主导,充分发挥学生的主动性,把促进学生健康成长作为学校一切工作的出发点和落脚点。关心每个学生,促进每个学生主动地、生动活泼地发展,尊重教育规律和学生身心发展规律,为每个学生提供适合的教育。"中国古代的儒家著作《大学》开宗明义讲:"大学之道,在明明德,在亲民,在止于至善。"在儒家看来,每个人在社会秩序中都应有相应的品格,这是教育所能发挥的作用的表现。"为人君,止于仁;为人臣,止于敬;为人子,止于孝;为人父,止于慈;与国人交,止于信。"仁、敬、孝、慈、信,就是人经过学习之后形成的不同品格,也就是大学之道的"止于善"宗旨。所以,朱熹说"大学者,大人之学也"。德国著名哲学家康德将人类的学习分为三个层次,即知识的层次(《纯粹理性批判》)、道德的层次(《实践理性批判》)、审美的层次(《判断力批判》)。人只有从知识的层次,经过道德层次的磨炼和修养,达致审美的层次,人的精神世界才至于完满。而知识、道德、审美,也是人类学习过程中品格逐渐提高的过程。从人类教育发展史来看,教育的最终目的并非只是获得知识,而是在获得知识的基础上形成完善的人格、道德的信仰和审美的能力,成为一个"人"。所以,品质教育才是教育最终追求的目标。

当然,品质教育离不开质量教育。没有知识质量、学习质量的培养,就无法形成人的品质。孔子的教育是从教授"六艺"开始的,礼、乐、射、御、书、数即为当时社会的六种基本技能。人若生存,没有基本的生活技能是不行。所以,孔子将教学的内容设定在基本知识传授和基本能力的培养上。但孔子教育的根本目的是培养君子以致达于圣人的人格,而并非仅仅培养人的基本能力和基本素养。品质教育的最终目的,也是培养学生形成高尚的人格。所以,仅仅追求教育的质量而不追求教育的品质,教育是不完善的教育。

县域高品质教育,既应该包括教育的目的,也应该包括教育的手段。而目前教育界所追求的高品质教育,更多存在于手段的层次,即通过何种手段使教育呈现高品质状态。笔者认为,无论是在学科教学上,还是在学校管理上,仅仅追求手段的高品质是不够的,更应该追求目的的高品质。没有高品质教育的目的,任何手段都只能流于形式。而如何研究形式与目的合一,才是当前高品质教育的当务之急。

二、县域教育高品质发展基于县域高品质教育生态的建立

我国地域广阔,东西南北的地域特点差异较大,不同的区域有不同的生态文化。即使同一省份,由于经济发展和文化习俗的差异,县域文化差异也较为明显。而这种区域差别,也会表现在教育生态上。具体到县域高品质教育的实施,没有一个高品质教育生态环境的建立,县域高品质教育将会面临较大的挑战。

我国目前最基本的行政区域单位是乡镇(也包括街道)。但由于乡镇区域过小,对于教育管理没有自主权,因此无法构成最基本的教育生态系统。县级教育管理具有相对独立性,具有一定的管理自主性,因此成为教育管理的最基本的行政单位。这也是今天所开展的县域高品质教育改革的区域依据,也成为考察高品质教育生态的主要内容。

县域高品质教育生态系统是基于区域教育生态系统建立起来的,是区域教育生态系统的提高。区域教育生态系统的主要内容,按照从大到小的顺序,包括社会生态系统、教育生态系统、学校生态系统、课堂生态环境。社会生态系统为教育生态系统提供了人口、资源等支持,而学校生态系统和课堂生态环境则构成了教育生态系统的中心内容。教育生态系统的功能,包括系统外生态系统和系统内生态系统。外在功能主要是其社会功能,主要表现为传递文化、协助个人社会化、使人们建立共同的价值观等。其内在功能是为社会培育人才。

高品质县域教育生态的建立,必须以其价值取向为依托,以其目标取向为发展方向。周培植认为,一个高品质区域教育生态的价值取向至少包括四个方面,即生命观、发展观、统筹观、开放观。

生命观所重视的,是对生命的正确认识。"生命是一种存在,它是整体、有差异、自主地变化和发展着的。"尊重生命,是任何时代、任何国家教育的首要价值取向。尊重生命就意味着,教育必须以人为本,尊重生命的整体性和差异性原则,在发展中发挥每个个体的特点,把个体发展放在首位。这就要求教育管理者和教育实施者要注意受教育者个性培养的重要性,充分尊重受教育者个性发展的个人空间和自由,而不是以剥夺个人发展的要求,一味追求群体共同发展(在管理和教学中片面追求升学率,以班级整体成绩作为衡量教学成绩的唯一评价手段,就是对个体生命发展的不尊重)。教育尤其要注意尊重生命发展的自主要求。作为教育管理者和实施者,要创造一种有利于学习者自主性学习的情境和途径,为个体的自主性

学习提供学习资源和环境支持。

区域高品质教育生态的发展观,强调学习者的可持续发展、终身发展和和谐发展,其中尤以和谐发展为重点。周培植认为,"只有坚持'为人的和谐发展而教育'的宗旨,才能更好地培养出具有创新精神和实践能力的高素质人才。"他把和谐发展分为主体和谐、文化环境和谐、管理体系和谐三个方面。其中,主体和谐是教育的目的,文化环境和谐和管理体系和谐则是达成目的的手段。区域文化环境包括区域物质环境、精神环境、制度环境和人际环境。文化环境的创设对于区域高品质教育实施的重要性是不言而喻的,在县域高品质教育中要引起管理者和教育者的高度重视。制度的制定要以人性化为前提,人际关系更要以和谐为中心,在管理者与教育者、教育者与受教育者、管理者与受教育者、受教育者与受教育者之间营造和谐的人际关系,改变传统的管理者、教育者、受教育者之间的紧张关系,是和谐发展中应着力改变的方向。

县域教育高品质发展的统筹观的原则是"全面、协调、可持续",关键是统筹兼顾。教育发展的统筹,包括资源统筹、人才统筹和制度统筹。从县域教育均衡发展出发,地方政府要合理支配资源,合理布局县域内校舍建设,在经济上给予教育充分支持;在人才资源的分配上,要合理使用人才,不应厚此薄彼,在克服平均主义的基础上,使人才资源分配更趋合理;在制度制定上,要建立健全领导决策机制、资源流通机制、人员激励机制、督导评估机制,扩大学校的办学自主权利,建立自主管理、自主发展、自我约束、社会监督的现代教育管理制度,使县域内教育高效均衡发展。

高品质的县域教育生态应该是开放的而不是封闭的,是与社会发展紧密联系的而不是疏远的,是与当地社会生活相互融合的而不是隔离的。营造高品质县域教育生态,"只有以开放交流为重要手段,才能合理引进、利用外在资源,使教育走向进步、走向有序"。一是积极促进社会资源与教育资源的积极互动,教育向社会提供更多的优秀人才和科技、知识等文化产品,使教育获得更多社会支持,以促进教育的发展;二是积极向社会开放,使社会公众更多地了解教育发展的相关信息,特别是与人民群众有切身利益关系的信息,比如学校的发展状况、学校的教育质量等,以增强社会对县域教育的认同感。这也要求教育行业适应社会需要,与社会建立信息共享机制,及时向社会发布教育发展和改革的相关信息,使社会公众及时了解教育发展的相关内容,以获得社会和公众的理解和支持。

三、县域教育高品质发展需要高品质县域教育发展战略规划

明确县域教育高品质发展的性质,建立起优越的价值观,若缺乏高品质的战略规划,就像一场战争确定了崇高的目标,却不知道如何去打。县域教育发展的战略规划,就是区域教育发展的总体谋划和布局,给区域教育指明发展步骤。

战略一词,原是军事用语。美国经济学家艾伯特•赫希曼提出"经济发展战略"理论后,战略便被广泛应用于经济、科技、教育、社会发展诸多领域。"教育发展战略研究是以经济、社会发展为基本参照系,研究有关教育发展中带有全局性、长期性和综合性的理论和时间问题。"目前,我国教育领域的战略规划已被广泛应用,《国家中长期教育改革和发展规划纲要(2010-2020年)》的发布对于我国阶段性教育发展起了巨大作用,而各省及某些地区的教育战略规划也对区域教育发展起到了指导作用。

县域教育高质量发展,离不开县域高品质教育战略规划。但是,教育战略规划作为政府行为,这就要求县域教育规划需要县级政府担当起相应的责任,不仅要把教育规划纳入县域发展的整体规划中去,更要突出教育规划在整体规划中的优先地位,从而对县域教育的发展起到积极的促进作用。因此,县级政府要深入研究本区域内教育发展的现状,明确认识区域内教育发展取得的成绩和存在的问题,分析县域内经济、政治、文化等各方面发展给教育发展带来的影响,找出制约区域教育发展的原因,根据区域教育发展的实际状况,作出切实可行的教育发展战略规划。

县域教育战略规划作为区域教育战略规划的最底层设计,应该体现一般区域教育战略规划的特点。刘国瑞等认为,"区域教育发展战略规划的制定必须基于各自在国家教育发展战略的准确定位,以国家的教育方针和政策为制定依据,为提升我国国民素质和劳动力素质以及现代教育体系的建设作出重要贡献。同时,区域教育规划作为区域社会经济系统的一部分,其制定还需要依据区域社会经济发展的实际条件和客观需求,才能更好地为区域社会经济发展服务,从而促进区域社会经济与教育协调健康发展。"由此,他们认为区域教育发展战略规划应该具有全局性、区域性、方向性、前瞻性、可操作性等五个方面的特点。县域教育战略规划也应具有这五个方面的特点,但要更注重区域性,更符合当地社会经济发展的状况,根据当地教育发展的需求来制定战略规划;更要注重前瞻性,根据国家教育战略发展

规划的长远目标,充分认识县域教育发展的未来目标,实事求是地规划县域教育的发展前景;更要注重可操作性,不做大而空的规划,而是认真分析县域特点,根据实际制定切实可行的发展路径,使规划更具可操作性。

县域教育战略规划是县域教育未来发展的依据,决定着县域教育优质发展的根本方向。一个切实可行的、具有前瞻性和可操作性的县域教育战略规划,对县域教育高品质发展具有重要的指导意义。

四、结语

县域教育高品质发展研究,对于区域教育发展是非常必要的。但就目前来看,很多研究是基于课堂教学来开展的,没有上升到理论高度。要使县域教育高品质发展具有普适意义,对县域教育高品质发展进行理论探讨,也是基础教育研究的题中之意。

参考文献

[1]陈莉欣.基础教育管理与质量评价[M]西安:世界图书出版西安有限公司,2018:2、5.

[2]范国睿.教育生态学[M].北京:人民教育出版社,2004:33.

[3]周培植.走进高品质教育生态[M]杭州:浙江教育出版社,2005:16、47-65.

[4]刘国瑞等主编.区域教育发展战略规划创新研究[M]沈阳:辽宁人民出版社,2014.

浅谈提升教师专业成长的有效途径

——推动县域教育高质量发展的动力之源

骆树鸿*

党的十九大作出中国特色社会主义进入新时代的重大判断,对教育工作提出新的更高要求。基础教育作为教育体系的奠基工程,被赋予新的使命。公平而有质量,是新时代基础教育的鲜明主题。教师作为第一资源,被提至前所未有的高度。党的十九届五中全会提出,建设高质量教育体系。"十四五"时期,我国教育进入高质量发展阶段。2021年是重要的一年,教育系统要为"十四五"时期教育高质量发展开好局、起好步。

一、教师专业成长是县域教育高质量发展的动力之源

何谓教育的高质量发展?教育怎样做到高质量发展呢?

高质量发展,首先要有质量。质量是教育的生命线,是教育的永恒主题,是教育的核心竞争力。教育的高质量发展,离不开质量的支撑。没有质量的教育,不是真正的教育;没有质量的教育发展,更不可能达成教育的高质量发展。但是,我们所谓的质量,不仅是分数和成绩——分数和成绩是质量的载体,也是质量的应有之义,但不是质量的全部。我们所主张的质量应是可持续的,我们所追求的教育高质量发展也应是持续化发展的。这种持续化发展的质量,应是全面发展的质量、全体发展的质量、全人发展的质量、健康发展的质量、和谐发展的质量,还应是科学发展的质量、创新发展的质量、均衡发展的质量、公平发展的质量、辩证发展的质量,更应是一个复合发展的质量。

---

*作者单位:福建省惠安县螺城中学。

教育高质量发展的最终取向和落脚点，是人的发展，是学生的发展。没有学生的发展，就不可能有教育真正的高质量发展。因此，要尊重并珍惜每个学生的差异，注重并顺应每个学生的天性，发现并唤醒每个学生的潜能，激发并点燃每个学生的求知欲，给每个学生装上自主成长的发动机，让他们在潜移默化的生命成长历程之中找寻到最真实的自我，在通往成功的路上从容行走，成为更好的自己，成为应该成为的那样的人，成为适应未来社会需要的有用人才。

教育高质量发展的提出，大到国家政策，小到一个教师的三尺讲台，到处都充满了改革的气息，迫使学校变革转型。而这一场变革中的关键力量就是教师。因此，教师是学校发展的第一要素。从某种意义上说，教育的所有问题，包括教育的发展，都和教师有关，都与教师的素质有关，都跟教师的工作状态有关。联合国教科文组织等联合国四大机构共同提出一个口号："复兴始于教师。"教育的复兴，始于教师；国家的复兴，始于教师；中华民族的复兴，始于教师。

教育质量的提升，教育高质量的发展，特别是县域教育高质量发展，关键点在教师，发力点在教师，最终希望点也在教师。发展教育，必先发展教师。没有教师的发展，就没有教育的发展。没有教师专业化的发展，就没有教育高质量的发展，更谈不上县域教育高质量发展。要实现县域教育高质量发展，必须建设高质量、专业化的教师队伍，这是县域教育高质量发展的动力之源。

二、贯彻教育政策是县域教育高质量发展的保障之基

如何让县域教育高质量发展？首先，县级党委、政府能够高度重视教育的发展，坚决贯彻各级教育政策，保障教育的各项措施能落实到位。例如，千年古县笔墨生香，迈步跨越教育先行。惠安县为深入学习贯彻习近平总书记关于教育的重要论述及来闽考察重要讲话精神，贯彻惠安县第十四次党代会精神，全面落实惠安县委、县政府部署要求，将党史学习教育成果转化为为民办实事的具体实践，扎实推进新时代教育评价改革、国家"双减"政策和"五项管理"各项任务落地见效，加快推进全县教育事业优质、均衡发展，为惠安致力打造泉州新增长极，在千亿强县新起点上，昂首阔步从"总量突破"迈向"质量跃升"提供强有力的教育保障，打造惠安教育品牌，办好办强惠安教育，推动惠安教育总体发展水平进入泉州市前列，服务惠安全方位推进高质量发展超越。

2021年10月16日上午，为认真学习贯彻中国共产党泉州市第十三次代表

大会精神,凝聚各方力量,举全县之力全力推进教育事业高质量发展,实现"提供更值得期待的教育服务"的奋斗目标,惠安县教育发展大会隆重召开,并出台《惠安县教育事业发展三年行动方案(2021-2023年)》和《惠安县推动教育事业高质量发展十条措施》。中共惠安县委书记王春雷强调,未来3年,惠安将举全县之力支持教育、发展教育,重点实施四项工程,以新的思路、新的举措开启惠安教育新的征程。一是实施"改革突破"工程,聚焦"人"的问题、"钱"的问题、"双减"的问题抓改革,激发教育活力;二是实施"品质提升"工程,拓宽资源供给渠道、提速基础设施补短、发展各类教育,实现学位数量提升、办学条件提升、教学质量提升,增强教育获得感;三是实施"师德塑造"工程,引导广大教育工作者自觉加强师德师风建设,突出立德、立志、立行、立规,净化教育生态;四是实施"培根树人"工程,突出德育为先,提升智育水平,强化体育锻炼,增强美育熏陶,加强劳动教育,回归教育初心。

县域教育高质量发展需要当地政府高度重视,集全县之力来办教育,出台相关政策扶持教育,特别是专业人才的引荐机制如何落实到位、如何提升教师队伍专业化成长等。严格贯彻教育相关政策,才是县域教育高质量发展的保障之基。

三、学校主动对标是县域教育高质量发展的关键之处

每一个学校的办学规模与办学质量都不尽相同。但县域范围的学校都存在一定的办学困难:从优质生源的流失,到优秀师资的外流;从办学条件的落后,到办学规模的局限,等等。因此,学校应主动对标采取有效措施,结合校情着力精细化管理,推进教育高质量发展。

办好人民满意的教育,是全社会的共同期盼。例如,惠安螺城中学深入贯彻落实惠安县教育发展大会精神,主动对标《惠安县教育事业发展三年行动方案(2021-2023年)》和《惠安县推动教育事业高质量发展十条措施》,结合学校实际,深化师德师风建设,加强教学常规管理,推动书香校园建设,推进家校共育机制,进一步改善办学条件,推动学校教育高质量发展,为建设"教育强县"贡献力量。

(一)深化师德师风建设,实施师德塑造工程

引导广大教师坚定政治方向,潜心教书育人,建设高素质教师队伍,弘扬尊师重教的社会风尚。广大教师不断增强责任感、使命感、荣誉感,规范自身职业行为,明确师德底线,时时自重、自省、自警、自励。

（二）加强教学常规管理，促进教师专业成长

加强教研组备课组集备活动，扎实开展校本培训；通过学科骨干教师的"名师讲坛"讲座活动，提升教学理念与教育教学能力；通过举行各项教学技能比赛，"以赛促学、以赛促教"，促进教师专业成长。

（三）推动书香校园建设，扎实推进家校共育

倡导"读书是最长远的备课"，各个教研组定期开展读书分享会，减少教师的职业倦怠感，树立终身学习的意识，让教师从学科教学走向学科教育；聚焦"五项管理"与"双减"政策，充分发挥"泉州市家庭教育特色学校"优势，围绕"立德树人"根本任务，深入落实习近平总书记关于注重家庭、注重家教、注重家风的重要讲话精神，通过笔者开设的"一树阳光工作坊"辐射带动，大力推进家校共育，邀请家长参与学校常规管理，让家长主动融入学校文体活动之中，与学生共成长；在班主任及德育干部队伍共48人通过福建省第一批专项职业能力家庭教育指导师资格认证培训的基础上，进一步壮大家庭教育骨干队伍，为指导家长更好、更科学地教育孩子，创造家校共育良好局面奠定基础。

（四）改善学校办学条件，以文化人塑造品牌

学校多方筹措资金，改善办学条件，完善基础设施建设。近年来，学校先后争取资金200多万，完成了校园监控系统升级改造、围墙改造、第二教学楼门窗改造、会议室（家长学校）改造、食堂餐厅改造、图书阅览室改造以及教学楼走廊文化建设等工程；同时，利用福建省教改示范建设校下拨资金购置的教育、教研类图书，进一步建设完善教师书吧与一树阳光读书会。通过一系列校园文化建设，提升办学品位，塑造学校品牌。

四、提升教师专业成长是推动县域教育高质量发展的有效途径

教师专业成长，是县域教育高质量发展的动力之源。如何提升教师专业成长，将是每一个县域学校都必须面对的问题。推动县域教育高质量发展的有效途径，必须着力于教师专业成长。学校的办学规模大小、办学条件好坏，都没有拥有一支优质师资团队来得重要。清华大学前校长梅贻琦先生认为，"所谓大学者，非谓有大楼之谓也，有大师之谓也。"大楼易盖，名师难求。打造高质量的教育，学校离不开高楼大厦；但学校的力量首先源自教师，尤其是名师。下面，笔者结合惠安螺城中学的具体做法进行阐述。

近年来螺城中学,在上级教育主管部门的关心指导下,结合校情,立足教育教学教研工作,通过开展以下十项工作,切实提升教师专业成长。

(一)树立观念,教师第一

教师是否真心实意地对工作投入情感,关键取决于我们是俯视教师还是仰视教师。学校对每一位教师对工作的付出都给予高度的认可与尊重,学校班子能将教师的需求与困惑摆在首要的位置加以解决。校长只是学校的"首席服务官"而已,教师才是学校发展的第一要素。只有让教师们喜欢到学校来、愿意到学校来,把自己当成学校的一份子时,学校才是一个家园,教师在学校才有存在感。

(二)塑造文化,爱满螺中

学校以人为本,在校园面积不到12亩的空间,我们努力地做好学校文化。特别是学校教学楼,现在都是挂着师生的作品,每一件作品都是对螺中满满的爱意。学校还创设了"放飞梦想"的螺中小讲堂,同时设计了一面照片墙——在这里,教师们可以看到昔日的青春记忆,每每走过就看到了自己的努力与成就,这让教师再一次唤醒职业幸福感。学校能站在教师的角度,结合时节、关注细节,急教师之所急、想教师之所想,让爱满螺中。

(三)建立机制,拜师结对

为促进年轻教师的快速成长,提高新教师的教学水平,同时发挥骨干教师的优势,增进教师间的业务交流,学校实行新老教师结对活动。新入职的教师分别与老班主任、学科教师结对,以老带新,在教学、教研、练习题及试卷编拟、公开课等多方面全方位进行指导。青蓝相接,薪火相传。学校重视"拜师"仪式,每学年都会举行活动,通过敬茶、聘任、签约、赠书、寄语、立愿等环节,将新教师与老教师融合在一起,让老教师们收获了满满的成就感与使命感,让新教师获得了一份自豪感与安全感。

(四)开展沙龙,读书分享

倡导"读书是最长远的备课",开展教师读书分享会;利用福建省教改示范建设校下拨的资金,购置教育类、教研类图书,创建教师书吧与一树阳光读书会。享受生活中的书香气息,做到人人爱阅读,在阅读中寻找灵感,在交流中启迪智慧,在学习中超越自我,更在读书中不断提升自己,以便更好地服务于教育教学工作。开展精彩的读书分享会,教师们结合自身的读书实践,从不同的角度畅谈自己的读书收获、教育教学过程中的体会和感悟。唯有阅读才能真正地减少教师的职业倦怠感,同时真正与时俱进,树立终身学习的意识,让自己从学科教学走向学科教育。

(五)拓宽渠道,外出学习

学校重视研培工作,以义务教育管理标准化检查通过及学校被评为"福建省义务教育教改示范建设学校"为契机,组织多批次、多层面的教师培训工作,拓宽学习渠道,提升教师素质,造就一支师德高尚、业务精湛的教师队伍,让骨干教师先行一步,引领和带动一批教师。一年来,先后组织教师参加福建省及泉州市"壮腰培训"、福建省初中小学教师试题编制能力提升培训、泉州市初中骨干教师命题组卷专题培训、泉州市学科研训活动、惠安县学科带头人培训,全体毕业班及地理、生物学科教师全员参加惠安县教师进修学校举行的学科备考教学研训培训会议。

积极组织教师参加泉州市惠安县教育部门安排的各类教研活动,参加"第四教研联盟"活动。组织教师参加各校举行的公开周听评课活动,走进惠安一中、广海中学、惠安二中、锦水中学、工农中学、美仁中学、尾山中学、后西中学、黄塘学校、聚龙外国语学校等10多所中学。同时,组织部分毕业班教师走出惠安县域,到外县区的名校示范校观摩学习。通过培训,教师们对新考纲、新要求有了新的领悟,能更好地改变并完善平时的教学。学习结束时,教师们自觉撰写心得、感悟。所有的培训,学校均作明确要求,参训教师要及时分享材料,并在组内交流学习心得,要求全组教师观看视频、课件,进行二次学习传达,并结合平时教学及时反思。

(六)搭建平台,辐射引领

送课下乡,教研帮扶,示范辐射,学校泉州市骨干教师王志拥送课下乡到惠安美仁中学,陈波阳教师送课下乡到黄塘中学,林少红教师送课下乡到工农中学。骨干的示范与辐射,助推了城乡教学教研资源的均衡化,加强了城乡之间的教学交流,也促进了多校教师的共同成长。

学校有7位教师是惠安县教师进修学校的兼职教研员,积极主动承担教学教研任务。学校也是承担一大部分的"第四教研联盟"教研活动。除了教学方面,学校还长期与后西中学建立共建机制,每年召开一次德育论坛。2020年,学校还承担了福建省教育厅组织的为期一周的"乡村校长助力工程跟岗学习"培训任务。

(七)狠抓常规,教学相长

学校以惠安县教学常规检查为契机,全面开展各种常规检查,并将检查的情况作为一种"问诊",及时反馈帮助备课组、帮扶教师个人进行"自适应"调整。教务处不定期抽查教师教案、测验、作业批改、听课情况,并记录反馈,对备课组活动提出10个维度的明确要求,要求活动记录尽可能手写,记录组员的发言,通过此举督促教师备好课、批改好作业、做好测试反馈。同时,及时反馈教师授课的优势和存在的问题,使其明确努力的方向。

(八)强化教研,立足校本

立足校本,共同成长,切实开展学科骨干教师"教学论坛"讲座活动。一年来,共有10位教师在全体教师会、学科教研组会上做了专题学习汇报、专题讲座,分享学习心得、研读成果,交流课改、教改理念。通过活动,进一步促使教师研读课标、教改理论,提高教师写作能力,从而促进教学理念的提升、教学能力的提高。"问渠那得清如许?为有源头活水来。"教师是学校教育的主体,优质的教师队伍是学校发展的源头活水。学校兴衰系于教师。坚持校本,立足校本,让校本研究成为教师平时教研的常态、成长的通道。

提升学校质量的落脚点就是校本教研,而校本教研的具体形式就是教研组活动。学校积极推行集体备课,校级领导下组参与教研指导。要求各教研组的备课组在开学初整合本组力量,根据教材特点展开集体备课,确定主题内容,规范活动流程。要求教研组做到"四定"(定时间、定地点、定专题、定内容)、"四备"(备大纲、备教材、备教法、备学法)、"五统一"(编一教学目标、统一重难点、统一进度、统一作业、统一单元练习)。

(九)以赛促训,争创标兵

举行创"五好"各阶段的公开课观摩、普通话比赛、硬笔书法比赛、片段教学比赛等。通过比赛,为青年教师的成长提供了锻炼的机会和学习交流的平台,达到"以赛促学、以赛促教"的目的,促进教师业务能力的和谐提高,评选出了校级"教科研先进个人",并举办了个人成长分享会。一年来,庄江辉、陈伟雄两位组长在惠安县创"五好"现场赛中成绩突出,双双荣获惠安县创"五好"先进个人;在惠安县义务教育阶段教师微课评选中,学校有胡荣坤等13位教师获奖,获奖人数居全县公办校之首;在惠安县中小学优质课评选中,学校有陈伟雄等8位教师获奖;在惠安县教育系统初中小学教师教育教学信息化应用技能岗位练兵竞赛中,学校有汪振平等4位教师获奖。

（十）聚力课程，协同育人

学校围绕"立德树人"的教育根本任务，以创建福建省义务教育教改示范校为契机，以项目"基于德育为先、全面育人背景下的课程文化建设与研究"为抓手，结合校情，梳理办学存在的瓶颈问题，提出了学科德育课题研究与校本课程开发与实践。全校教师通过走出去、请进来，不断自主学习，通过学习教育前沿信息、阅读教育专著，提升专业素养，实现从学科教学走向学科育人的飞跃。

教师的专业成长，诚如一个人的生命历程，也要经历稚嫩、沉稳、厚重的发展过程。只有在不断的成长中，才能有学科知识的不断积累、教师素养的不断提升、教育理论的不断优化，才能更好地为教育教学服务。学校着手规划"十四五"蓝图，以提高教师职业幸福感、提升教师专业化成长、实现县域教育高质量发展为目标，不断深化改革，锐意进取，为早日实现教育强国之梦作出积极贡献。

参考文献：

[1]罗树庚.教师如何快速成长[M].上海：华东师范大学出版社，2018.

[2]方心田.优秀教师的成长：关键事件[M].北京：中国人民大学出版社，2017.

[3]黄延复，马相武.梅贻琦与清华大学[M].太原：山西教育出版社，1995.

[4]张志远.基于高质量发展的人才培养校本实践[M].北京：科学出版社，2020.

新时期县城普通高中高品质发展的探索

——以福建宏翔高级中学办学为例

林奇亮*

随着义务教育普及的巩固提高和高等教育大众化的迅速发展,普通高中教育的发展逐步成为制约教育事业发展的瓶颈,普通高中教育的同质化与人民群众对高品质普通高中教育期望的矛盾日益突出。在城市化进程不断加快的当下,优质教育资源越来越向城市集中。作为县城普通高中,如何摆脱困境并实现高品质发展?这是办人民满意的教育要探索的重大课题。

位于宁德市霞浦县的福建宏翔高级中学自2007年创办以来,就县城普通高中高品质发展这个课题进行了积极的探索。2012年,学校被福建省教育厅授予三级达标高中。2016年,晋级为福建省二级达标高中。学校以"立于精勤,臻于至善"为办学理念,以"搭建多元发展平台,实现师生幸福成长"为办学宗旨,坚持"脚踏实地、自强不息、敢为人先、勇创一流"的宏翔精神,以培养"家国之情怀、健康之体魄、创新之能力"为育人目标,推行精细管理,优化课程设置,积极实施"三自一新"改革工程,打造国防教育特色,学校教育教学质量不断攀高,得到社会各界的广泛赞誉。近年来,学校先后获得"国防教育特色学校""全国青少年校园足球特色学校""全国青少年道德培养实验基地""福建省民办教育先进单位""福建省诚信先进单位""福建省语言文字规范化示范校""福建省心理健康教育协作校""福建省模范职工之家""宁德市文明学校""宁德市先进基层党组织""宁德市普通高中首批优质学科基地校建设学校"等荣誉称号。

福建宏翔高级中学创办之初,学校董事会就明确向社会承诺,把创建福建省

---

*作者单位:福建省霞浦县宏翔高级中学。

一级达标高中和全国示范性高中作为学校的奋斗目标。近年来,在霞浦县委、县政府和各级教育主管部门的关心指导下,学校加快一级达标创建工作,加强党建,全面贯彻党的教育方针;坚持五育并举,推进育人方式改革;强化精细管理,坚持科研兴校,促进队伍建设;深化课程改革,打造办学特色,提升教育质量;加大经费投入,加快设施建设,优化办学条件。学校以办人民满意的教育为宗旨,努力促进学校高品质发展走上"快车道"。

为打造高品质普通高中,十几年来,宏翔高级中学进行了不懈的努力,多方位积极探索,扎实做到以下"三个坚持"。

一、坚持正确的办学理念,以家国情怀为担当,办人民满意的教育

办学理念,既是学校的办学之道、教学之道、管理之道,也是县城普通高中高品质发展之道。"教育是必要的乌托邦,这意味着教育是培植理想的梦工厂。而学校则为理想的诞生地,校长对教育的理想与信仰决定了学校的发展格局和生命气象。"古往今来,"教育救国""教育兴邦"成为中华民族的优良传统,从孔夫子到陶行知,一代又一代的教育人,无不情怀家国,把为国育人作为责任担当。

纵观各地县城普通高中,虽然口头上也在讲素质教育和教育情怀,但行动上无不把高考作为办学的指挥棒——学生为高考而学、教师为高考而教、学校为高考而办,从教育的价值取向上就偏离了方向,造成了县城普通高中千校一面的"高考加工厂"同质化现象。

福建宏翔高级中学始终坚持"宏德立人、翔实问学"的校训,以"家国之情怀、健康之体魄、创新之能力"为育人目标,注重文化育人、精神育人,用家国情怀和自强不息的奋斗精神,激发教师和学生的主观能动性,把学校的办学理念内化为师生共同愿景、外化为学校规章制度、升华为学校校园文化。经过10余年的奋斗,学校不仅高考质量年年攀升,教学质量进入宁德市前列,而且师生精神面貌积极向上、教风学风有口皆碑,在闽东大地声名鹊起。

为避免普通高中高考同质化现象,福建宏翔高级中学不急功近利,而是进一步认真贯彻党的教育方针,深化课程改革,坚持五育并举,深入推进适应学生全面而有个性发展的教育教学改革,将"国家课程校本化,校本课程特色化",增设高中日语选修课,开发上百门校本选修课程,精心打造"国防教育"特色校本课程,把"家国情怀"与学科教学有机融合,使全体师生明确在这百年未有之大变局的关键时期如何勇于担当。与此同时,学校每天坚持开展跑操、课间操、眼保健操和课外体育锻炼,以及观看"新闻半小时",始终如一,雷打不动。学生社团丰富多彩,学校文体活动生机蓬勃,学生综合素养不断提高。

办学理念是办学者基于"办怎么样的学校"和"怎样办好学校"的深层次思考的结晶,是引领学校发展的灵魂。福建宏翔高级中学校长徐定军说:"教育是一份责任,必须为国家和社会培养合格的人才。教书育人不仅是一项事业,更是一份使命。"学校之所以能够获得社会的赞誉,就是因为学校把为党育才、为国育人作为己任,把办学理念建立在正确的教育价值观之上。

二、坚持科研兴校,以精细管理为抓手,促进教师专业发展

教育资源匮乏,无疑是制约县城普通高中高品质发展的原因。由于教育资源不足,发展受困,连锁反应造成教育资源进一步流失,最为突出的是优秀教师群体流向中心城市。近几年,随着新一轮课程改革的推进,县城普通高中学科教学矛盾更为尖锐,普遍存在教师短缺的现象。而且相对而言,县城普通高中教师参加学习交流的机会较少,学科核心素养背景下的新课程教学理念相形见绌。

"国之大计,教育为本;教育大计,教师为本。"提高师资队伍素质,是县城普通高中高品质发展的前提,也是高品质普通高中的标志。作为县城普通高中学校,要正确对待人才流动的客观现实,一方面,要加强感情留人、事业留人、待遇留人;另一方面,要化被动为主动,立足实际,加大教师培养力度,巩固和发展优秀教师群体。

福建宏翔高级中学创办以来,在师资队伍建设方面做了积极的探索,取得可喜的成效,不仅教师队伍稳定,而且专业素质不断提高。近年连续两届霞浦县、宁德市教师专业技能大赛,学校均以明显的优势超出其他学校,而且一届比一届好。

学校的做法是:

第一,健全教师考评机制,认真推行教学常规精细管理。学校推行"高站位决策、低重心运行、近距离服务、走动式管理"的管理模式,对教学过程提出精细的规范要求,对过程落实采取精细的检查评估;实行集体备课,推行校本作业和作业练习印刷审批制度,建立质量监控和评价体系,强化对教学质量的评价与分析、反思与改进,充分发挥评价的导向和激励作用;坚持校班子成员课堂教学巡视制度、随机深入课堂听课制度、教学常规定期检查与随机抽查制度等。学校对教学常规的

精细管理,无形中促进教师自觉的教学行为,奠定了教师专业发展的基础。

第二,遵循"教学相长"的教育规律,着力促进教师发展。学校积极推进新老教师师徒结对的"青蓝工程",加大教师培训的投入,多渠道引进优质教育资源,强化对教师专业的引领与指导;认真抓好教研组和备课组建设,设立年段集备室,每天统一安排集备,坚持"一课两备一研一反思"的集备模式,促进教师取长补短、提升专业素养;注重校本研究,针对教学实际,运用问题导向开展课题研究与实践探索,引导教师自我反思。学校通过"专业引领、同伴互助和自我反思",促使教师从普通变优秀、从优秀变得更优秀,让教师感受到事业成功的愉悦感和自我实现的成就感。

第三,拓展教师竞技平台,激励教师专业发展。学校制定一系列科学的教学考评制度和激励措施,每三年开展一次"宏翔名师""宏翔名班主任""宏翔教坛新秀""宏翔教坛新苗"评选活动,每年开展"最受学生欢迎的教师""优秀班主任"等项目评选活动,每学期根据教学实际开展学科教学技能类的比赛活动(如"信息技术与学科教学深度融合"比赛、复习课说课比赛、习题课评讲比赛等)。学校通过多种媒体报道教师评奖情况,并且加大宣传激励力度,增强教师被尊重的荣耀感和幸福感,从而激发全体教师的工作热情。

近年来,福建宏翔高级中学的教育质量赢得各界好评,成为闽东高中教育"低进高出、高进优出"的典范。实践证明,通过不断完善管理机制,特别是精细化教学管理制度、科学的考评制度和灵活的用人制度,成为学校教师专业成长和提升教育质量的三大法宝,更是学校高品质发展的重要支撑。

三、坚持改革创新,以育人方式改革为契机,提高教育质量

虽然说普通高中学校同质化的根源在于学校的办学理念,但客观上看,普通高中学校同质化是高考恶性竞争的产物。现实告诉我们,高考质量很大程度决定学校的命运。尽管高考质量高的学校不一定是高品质发展,但没有高考质量的学校一定谈不上高品质发展。县城普通高中无论是教育资源还是发展机遇都处于明显弱势,马太效应的结果,造成县城普通高中在高品质发展的道路上举步维艰。

穷则思变,所谓的"变"就是改革创新。因此,改革创新是县城普通高中高品质发展必走的道路。2019年,国务院办公厅下发《关于新时代推进普通高中育人方式改革的指导意见》(国办发〔2019〕29号),为县城普通高中高品质发展指明方向。

福建宏翔高级中学认真贯彻落实《关于新时代推进普通高中育人方式改革的指导意见》，与时俱进，实施强校战略，推进"三自一新"整体改革工程。

第一，强化自我教育，进一步健全立德树人落实机制。学校党支部坚持学校立德树人的根本任务，积极推动"三自教育"（自主学习、自我管理、自觉发展），努力开创新时代学校德育工作新局面。一是积极搭建思想政治教育平台，强化对学生的理想信念教育和社会主义核心价值观教育，创建了宁德市首个中学生业余党校（已成功举办了10期）；重视党建带团建，强化党对共青团组织和学生会的领导，努力构建学校、家庭、社会三位一体的德育网络，为学校推进学生的自我教育保驾护航。二是创新德育管理，优化德育课程设计，精心架构"高一强化行为规范教育，高二突出自我教育，高三筑牢理想信念教育"的年段德育工作目标，强化德育目标意识和德育目标落实。三是推动学生自我教育。积极引导学生"自主学习、自我管理、自觉发展"，积极开展自我教育课题研究，努力拓展体验式自我教育，开展形式多样的自我管理活动，促进学生自我教育。四是不断完善德育评价机制，成立学生自我教育工作委员会，建设网络评价平台，推进高中学生综合素质评价，强化学生自我教育，有效地促进普通高中育人方式改革，为提高学校教育质量奠定坚实基础。

第二，强化教学创新，进一步推进课堂教学改革。为全面实施新课程、新教材，推进适应学生全面而有个性发展的教育教学改革，学校积极探索"导学用合一"课堂教学模式，决定以实施"导学用合一"高效课堂为核心，以更新教育观念为先导，以强化集体备课为突破口，以推进学生自主、合作学习和应用学习为重点，以提高学生核心素养为目的，强化措施跟进，加大改革力度，打造高效课堂。

第三，弘扬国防精神，进一步打造办学特色。学校地处海防前沿，与钓鱼岛隔海相望。师生具有强烈的爱国主义精神，在建校之初学生就实行全寄宿、准军事化管理，并构建了"规范要求和自我体验""正面引导与严格要求"的"两结合"德育管理模式，为学校创建国防教育的办学特色奠定了坚实的基础。十几年来，学校坚持开展"五训"（晨训、宿训、规训、军训、心训）、"四节"（艺术节、科技节、体育节、读书节）、"三操"（体操、跑操、眼保健操）和"两个体验"（远足意志体验和成人礼感恩体验）等教育活动，推行"教官制"管理机制，初步形成了独特的宏翔办学特色。近年来，学校积极开发、开设国防教育校本系列特色课程，开展国防教育课题研究，进一步弘扬国防精神，把国防教育有机融入教育过程中；与霞浦县人武部等多个部门签订国防教育共建协议,建设国防教育基地,创建"国防教育体验馆"。与此同时,学校把学生自我教育与国防教育相结合,引导学生自主学习、自我管理、自觉发展,打造自我教育的校园文化,在自强不息的宏翔文化浸润中践行国防精神,促使每个学子深深烙下宏翔"准军人"的印记,形成鲜明的国防教育办学特色。为此,学校荣获教育部授予的"国防教育特色学校"称号。

近年来,学校积极改革育人方式,实施强校战略,推进"三自一新"整体改革工程,进一步把国防教育融入学校的教育教学工作中,为普通高中高品质发展打下良好的基础,在宁德市高中学校中创下无数个"第一":第一所实行全寄宿、准军事化、教官制管理的全国"国防教育特色学校";第一个弘扬优秀传统文化、注重立德树人、培养自强不息精神的"全国青少年道德培养实践基地";第一个举办"学生业余党校",把学校党建工作和学生自我教育相结合的学校;第一所组织学生进行"远足",培养学生吃苦耐劳、树立学生自信的学校;第一所开展"跑操",培养学生团结合作、积极向上的学校……随着学校"三自一新"工程的不断推进,学生自我教育的成效日益彰显,中央电视台、福建电视台、宁德电视台、《闽东日报》等媒体先后报道了学校国防教育和运用传统美德引导学生自我教育、提高教育质量的经验、做法,在宁德市产生了较好的辐射作用。

尽管在前进的道路上充满艰辛,但学校"办人民满意的教育"的初心不改、情怀不变。学校将进一步发扬"脚踏实地、自强不息、敢为人先、勇创一流"的宏翔精神,敢于探索,勇于攀登,努力向普通高中高品质发展的目标迈进。

参考文献:

[1]凌寒.中国基础教育校长忧思录[J].明日教育论坛,2004(9).

普职融通:为学生打造适合的成才之路

卢英明*

　　为了提升办学质量,漳州五中自2008年起以"普职融通"为抓手,探索指向学生个性成长的高中办学模式转型。根据学生的学业水平和个性特征,对学生进行三个层次的分流施教:对一部分学生强化职业教育,对一部分学生进行普高学生培优学习,对另一部分拥有艺术、体育专长的学生进行艺术、体育专长教育。学校教育从"补短"向"扬长"转变,使每一位学生都能找到适合自己的学习模式与成才路径,从而实现人人学有所获、学以致用,分别走上了大学升学和职业成才的道路。

　　漳州五中实行"普职融通"的办学模式改革取得显著成效,学校连续六年获得漳州市高中质量先进校称号,并成功帮助漳州、厦门的多所同类学校走出办学困境。漳州五中"普职融通"的办学模式创新在省外也产生了影响,天津、辽宁等地区的学校纷纷前来交流学习,《光明日报》《中国教育报》《闽南日报》和福建电视台、福建教育电视台等媒体多次对漳州五中办学成果进行报道,认为是薄弱高中办学模式综合改革的典型案例。

一、构建高中办学模式多样化,创新人才培养模式

　　漳州五中创建于20世纪70年代,地处漳州老城区,曾经有过辉煌的成绩。进入21世纪,在蓬勃兴起的市区民办校和高中招生制度改革的冲击下,学校生源状况越来越差,办学逐步陷入困境,生存面临挑战。

(一)"兜底生源"带来极低的升学率

　　高中部的生源是在市区重点校、民办校录取后的第五轮录取的学生,号称"第五刀兜底生源",大量学生处于市区的后20%,改革前的2007年高考专科上线率

---

*作者单位:福建省漳州市第五中学。

降到20%左右。

(二)学困生多带来课堂教学极度困难

随着高中生源日益多样化,很大一部分达到义务教育毕业程度但学业水平较低的学生也进入高中学习,其学习困难可想而知。据统计,在正常的课堂教学中,一个班级能坚持正常听课的学生所占比例不到20%。以数学科为例,一元二次方程有超过半数学生不会解,高中数学的教学可谓举步维艰。学校虽然采用很多方法对学生进行辅导,但是收效甚微。学生厌学、教师厌教,不断蔓延。

(三)落榜生带来极大的社会隐患

学校离异家庭子女和留守家庭子女多,由于家长对子女放任自流,大部分学生毕业即辍学。他们有的待在家里当"啃老族",有的成为网吧的常客,有的闲逛街头,还有的甚至走上犯罪道路……成为社会"三无人群"(无体力、无技能、无社会经验的典型),不仅给家庭带来负担,更严重威胁社会的稳定。

二、为什么要进行"普职融通"改革?

(一)薄弱高中教学质量事关社会稳定

高中是学生世界观、人生观和价值观的重要形成期,更是学生从少年走向青年的重要过渡阶段。高中教育有其独特价值。从培养人的角度出发,高中必须把实现人人升学就业、个个出彩作为育人目标。

社会普遍把普通高中当作"升学的工具",高考成了千军万马走独木桥。而落榜的大部分是薄弱高中的学生。落榜后,由于在高中接受的是普通的文化知识,没有一技之长,没有就业的心理准备,学生很难找到称心如意的工作。若遇社会不良诱惑,很容易走向违法犯罪。所以,薄弱高中培养的学生质量事关社会稳定。

(二)以"普职融通"为抓手的必要性、可行性与科学性

中共中央办公厅、国务院办公厅《关于推动现代职业教育高质量发展的意见》指出:"(六)促进不同类型教育横向融通。加强各学段普通教育与职业教育渗透融通,在普通中小学实施职业启蒙教育,培养掌握技能的兴趣爱好和职业生涯规划的意识能力。探索发展以专项技能培养为主的特色综合高中。推动中等职业学校与普通高中、高等职业学校与应用型大学课程互选、学分互认。"

《福建省人民政府办公厅关于印发福建省"十四五"教育发展专项规划的通知》明确,推动普通高中多样化发展,推进培养模式多样化,满足不同潜质学生的发展

需要,探索发现和培养创新人才的途径。鼓励普通高中办出特色,鼓励有条件的普通高中根据需要适当增加职业教育的教学内容,探索综合高中发展模式,为在校生和未升学毕业生提供职业教育。

"普职融通"就是要求以培养"文化+技能"的高素质应用型人才为主,具有融通升学预备教育和职业技能教育的多元开放课程体系和灵活务实的管理机制,能够满足学生升学和就业的双重需求。

"普职融通"是世界高中教育改革的主旨追求,也是我国当前及未来一段时间内高中阶段教育发展的重要走向。它给正在就读高中的学生"二次选择"的机会,为普高学生架起了一座成才的立交桥。

国家政策对"普职融通"持积极鼓励的态度,福建省也在高职招考中安排一定比例的招生计划招收中职生。再加上漳州五中地处市区,周边有4所大学,5所职业中专、技工院校和众多的培训机构,背靠漳州高新技术开发区,职业教育资源非常丰富,可利用率高。可以通过校际合作,实现资源共享,既无须增加新的教学设备、配备新的教学人员,也无须花费大量资金来修建新的教学场所和实训基地,改革成本小,可操作性强。因此,漳州五中决定以"普职融通"为抓手来提升办学质量,探索指向学生个性成长的高中办学模式转型。

三、"普职融通"实施过程和方法

(一)需要解决的主要问题

漳州五中是一所薄弱完全中学,由于历史原因,生源差、学生厌学情绪严重、高考专科上线率低,大量学生面临着毕业即辍学的情况,学校在市区重点校和民办校的"夹缝"中艰难生存。

(二)解决问题的过程

为了提升学校办学质量,让学生学有所得,学校以"普职融通"为主要抓手,对学生进行三个层次的分流施教。

在职业教育方面,普高学生在高一时可对专业课程进行选修;高二会考后,依据学生的学业基础和发展方向实施普职分流,分流到职教的学生继续在本校学习,但学籍转到漳州第二职业中专学校。

在普通高中教育方面,由于实现了适教分流,班级规模实现了小班化教学,大幅提升了课堂教学质量,高考升学率实现了质的飞跃。

在艺术体育教育方面,使拥有艺术体育专长的学生将学习劣势变成优势,辅以文化课的重点提升,使这一部分学生顺利通过高考进入高校进一步深造。

(三)解决问题的方法

1.与职业院校、企业建立密切的合作关系

一方面,聘请大学教授、高级技师走进高中课堂,为学生开讲职教专业课;另一方面,组织学生走进职业院校和企业的职业技能训练基地,学习专业技能。学校与漳州第二职业中专学校、漳州职业技术学院、漳州卫生职业学院、漳州财贸学校、漳州农业学校、漳州市安逸职业技能鉴定站等单位联合,根据校际提供的资源和学生兴趣、社会需求等情况,开设财经、旅游、计算机、美术、音乐、幼师、建筑、医学、电子、农林牧渔等10个专业,为学生提供个性化的选择。

2.组织实施职教联合办学

一是师资队伍。学校从内部挖潜力,动员相近专业的教师改行,通过自学和与职业技能培训机构联合,进行转型培训。联合办学单位派出30多位专业教师和8位有专业特长的企业技师到校上课,组建了一支实力雄厚的教师队伍。

二是实习基地。采取自建和借用相结合的方式建立实训室。学校建立自己的计算机、美术、音乐、幼师实训室,并依托办学联合体,建立了财经、旅游、建筑、医学、电子、农林牧渔实训基地。

三是教务管理。专门成立职教办,负责职业教育的学籍衔接、教学管理、学生考评、档案管理、竞赛组织等。专门成立中职年段进行教学常规管理,学生按专业编班,专业人数少的公共课合并班级,专业课分班教学。漳州第二职业中专学校负责学籍转接手续的办理、教学质量监控、学生考评、毕业鉴定等工作。

四是实训制度。实训课程由校际共同协商确定,学生分别到对应的实训点实训,实训基地安排专职指导教师。学校指定一位导师,实行"双导师制",并探索实行"现代师徒制"。

五是考核评价。学校与漳州第二职业中专学校联合对学生进行考评,学分互认。技能优秀学生可单独组队参加省、市职业技能大赛等。对参加高职招考的学生,文化课由漳州五中负责,职业技能则由联合单位来负责。

四、锻造"二不精神",推进"爱心帮扶"

漳州五中改革伊始就在全校倡导"二不"(不埋怨、不放弃)精神,大力开展

"圆梦爱心帮扶行动——师生结对子",一个教师与2~3个学生结对子,每周座谈一次,每月请学生吃一次饭,每月家访2次,联系相关教师对他们进行辅导,既关心学生的学习情况,也关心学生的生活、心理变化,用爱心温暖每一个学生,培养学生健全的人格。

五、成果的主要内容

(一)探索校际合作办学

立足于学校现有普通高中资源基础,利用学校地处市区的优势,实现高校、中职、企业、培训中心等不同性质、不同类型、不同层级教育机构和家长的资源共享。这种共享包括师资力量、实训基地、课程教材、技能鉴定家长资源等。这种开放办职教使"普职融通"途径更灵活,融通效果明显。采用校际合作模式在现有高中教育体制下进行"普职融通",不会因为对现状的完全颠覆而导致改革风险,再加上对配套设施的要求较低,既无须增加新的教学设备、配备新的教学人员,也无须花费大量资金来修建新的教学场所和实训基地,改革成本小,可操作性强。

在具体合作方面,还具有以下特点:一是合作的广泛性。合作对象多,有10家;合作课程多,有20多门课程;合作内容多,有师资队伍、实训基地、课程教材、技能鉴定、家长资源等;合作形式多样。二是合作的稳定性。经过10年运行,合作双方在合作的课程、合作的形式、学分的认可、学籍的转换、校际资源的统筹利用等方面建立了相对稳定的合作机制,形成合作常态化、可持续。三是合作的整体性。合作双方每年开学初都要召开协调会,通盘整体考虑,在教师安排、实训基地的使用时间上都要尽可能满足学校需求。四是合作的激励机制。明确双方对学生的学业质量负有的责任,经双方协商,学校把参与教学的教师的工作业绩纳入奖教金分配范围。

(二)创新课程设置

高中教育的"普职融通",说到底是普职课程的融通,课程是整个改革的切入点。学生选择的不是普、职两类学校或两类教育,而是通过对不同课程轨道的选择,实现自然分流。学校为了检测和发展在学生身上发掘的许多重要的能力和兴趣,在高一设置了10个专业20门选修课程;高二会考后,依据学生的学业基础和发展方向实施普职分流,把高中教育由原来的"学校决定教什么"变为"学生自己决定学什么",将"科目安排"变成学生的"自主选择",学生通过选择适合自己的课程找到适合自己的教育。

六、效果与反响

(一)改革效果及推广

1.教学质量大幅提升

高考专科上线率由20%上升到100%,高职招考成绩名列前茅,有503人被本科院校录取,专科100%上线。参加省、市中职生职业技能大赛有102人次获奖。全部学生获得职业资格证书和中职毕业证书。10年共有5000多名学生进入高校学习。如今,他们成为教师、军官、护士、建筑工程师等。学校真正实现了人人升学就业、个个出彩的育人目标,连续六年获得"漳州市高中质量先进校"称号。

美术专业的汤珍妮考上中国美术学院,音乐专业的欧阳福考上上海音乐学院,翁小婷、陆莉莉、杨菲菲等被福建师范大学、集美大学等本一院校录取。6年来,漳州五中有近百名学生考上中国美术学院、上海戏剧学院、上海体育学院、天津音乐学院等著名高等院校。

建筑专业毕业的学生郑宏,凭着在校学习的技能,毕业后就直接到建筑公司就业,目前已是项目经理,月收入万元。唐超、林跃林、郑倩文、蔡雅玲等一批参加省级职业技能大赛的获奖选手,更是得到福建省内相关企业的青睐。

2.成果辐射范围广

成果在漳州长泰二中、厦门洪塘中学等多所同类学校应用。2021年,长泰二中参加职业教育课程学习的80名学生全部获得职业资格证,并顺利通过中职毕业考试;参加春季高职招考,有65名学生被本科院校录取。全校教师、学生和家长都备受鼓舞,学校学风校风积极向上。

成功帮助漳州二中、漳州八中、龙海五中、芗城中学等同类校提高办学质量,走出办学困境。天津北辰区教育访学团、辽宁丹东二十七中、宁化二中等省内外学校纷纷前来参观学习,发挥了辐射示范引领作用。漳州市教育局印发《关于开展学习推广漳州五中创建多样化办学模式活动的通知》。福建省《基础教育改革试点工作动态》第27期刊发《让每个学生都有出路——漳州五中积极探索多样化综合性办学路子》。漳州市人民政府副市长赵静批示,要求认真学习、总结、推广。漳州市教育局成立高中多样化课题组,由漳州五中担任组长校。

3. 理论成果丰富

王奇南校长在《中学数学教学参考》发表《让课堂教学焕发出生命活力》,在《中国职业技术教育》发表《浅谈中职学生数学"难题"破解策略》,对"普职融通"的课堂教学提出了崭新的理论,具有很强的借鉴意义。

4. 社会反响大

《光明日报》刊发《为了平民子女的升学与就业》和《漳州五中:让每个学生都有春天》指出:"2008年以来,福建省漳州市第五中学通过立足学生特长、兴趣,因材施教,积极探索职业教育,走综合高中发展路子,从一所'薄弱校'发展成为'高职单招、普通高中、艺术类'齐头并进的'综合校',高考上线率达到90%以上,其发展经验具有一定的借鉴意义。"《中国教育报》刊发《人人升学就业成才成功——福建省漳州市第五中学走综合性高中之路纪实》指出:"这所1999年恢复举办高中后,招生录取分数线一直被甩在最后一位的市直普通高中、人们眼中的薄弱校如今成了'香饽饽'。"《中国教育报》刊发《漳州让后80%学生找到发展方向》、中国新闻网刊发《福建一高中探索"综合"之路 高考录取率升70%》、福建电视台播发《发展"综合高中",薄弱校挺起腰杆》、福建教育电视台播发《促进普通教育与职业教育融通搭建人才成长立交桥》、《闽南日报》刊发《奇南校长出奇招》《薄弱校的突围》《让每个学生都有出路——漳州五中走多样化综合性办学纪实》等,均给予充分肯定。

小学音乐低年级体验式欣赏课教学方式研究

曾嘉琪*

一、引言

小学音乐是一门非常重要的艺术课程。从低年级入手,尽早让学生们爱上音乐,掌握一定的音乐知识,对于培养学生正确的审美观和艺术视野具有重要的意义。对小学生进行音乐熏陶,需要音乐教师拥有丰富的音乐知识、具备过硬的相关技能;另外,还需要教师善于引导学生去感受音乐中传递出的各种情绪,要能带动学生的积极性,引导学生去思考。乐曲中包含的信息量,可以很丰富,也可以很单一。这就需要教师为学生做具体讲解,带领学生体会音乐中演绎出的真善美,让学生通过音乐认识世界。在这一教一学的教育过程中,教师要不断地帮助学生发现美感,不断完善人格发展。

在我国的小学低年级教育中,音乐课程是素质教育中的必修课程,同时也是低年级学科教育中相对薄弱的一门课程。音乐课程对低年级小学生的素质教育和性格养成都有积极的作用。教师应该努力提高自身技能,将音乐课程进一步推进,让学生从音乐课程中获得教育。可以通过音乐欣赏课的方式入手,给学生打造一个温馨融洽的学习环境,培育学生对于优雅艺术的欣赏水平,塑造学生的人格魅力。音乐欣赏课并不止于提高学生经典乐曲的欣赏量和学习高难度的技能,而是在于唤起学生对音乐的兴趣、对生活的观察力,对学生有激励和感化的作用。

笔者作为小学音乐教师,在运用体验式学习方式的实践中,通过情境感受、律动参与、图谱可视、演唱记忆、器乐辅助、对比听辨、故事演绎等方法,初步做到了音乐欣赏课堂上,学生能在积极、主动参与和体验中,生动、活泼、有效地完成教学

*作者单位:福建省南平市建阳区实验小学。

任务,达到注重情感体验,以情感人、以美育人、以文化人的情感目标。

二、小学低年段音乐欣赏课开展策略

在对低年级小学生的音乐教育中,欣赏的环节占重要位置,而"体验"又是欣赏课的核心内容。学生的年龄小,情感经历还不丰富,如果教师仅凭空洞的词汇去给学生说一个曲子的调子是欢快的、紧张的、庄重的还是压抑的,学生们无法真正理解。对于低年级小学生来说,音乐欣赏课是他们所学课程中比较抽象的一门课程。要想让学生真正准确理解乐曲中的各种感受,就应该注重充分调动学生音乐学习兴趣。

(一)设境引情,激发兴趣

情境教学,是小学音乐课堂中最常用、最有效的方式之一。

学生在接触新的情感名词前,脑海中仅仅对曾经遇到过的场景和情景有理解,对于其他新出现的情感名词并不能马上接受。要想让学生理解到曲目中的具体情感体验,就要想办法为学生创造可以看得见的情景。这个情景的创造,需要教师结合曲目特征和学生思维,把两者结合到一起,打造出符合学生思维的场景。为曲目打造场景的过程,就是"设境"。"设境"要从学生视角出发,才能打造出让学生感兴趣的场景,这样才能把学生带入场景中来,从而更好地去欣赏音乐曲目,身临其境地去感受曲目中发生的故事,并产生与曲目中角色相同的情绪。

在《跳圆舞曲的小猫》一课中,学生一进入教室就被可爱的卡通动物图景所吸引。伴随着优美的音乐,学生犹如进入森林里的动物王国。学生的听觉、视觉得到调动,进一步学习音乐的积极性明显提高了,有利于他们的情感一步步地进入音乐意境,更加专注于音乐课程。

在《小鸟飞了》一课开始前,笔者告诉小朋友们:"今天的音乐教室里发生了有趣的变化,我们随着音乐一起飞入教室去看看吧。"学生随着优美的乐曲,以"小鸟飞了"律动在教室内绕圈,边飞边欣赏着墙上形色各异的卡通动物图贴,还有大屏幕上美丽的森林动物王国画面。有的小朋友一进入教室就喜上眉梢,情不自禁地用飞翔的小翅膀,悄悄地与小动物们打起了招呼,自然地进入音乐情境之中。

(二)赏乐入情,拨动心弦

音乐是以声传情的艺术。欣赏音乐、感受音乐,再也没有比倾听音乐更为重要了。音乐欣赏课不仅能激发学生对音乐的喜爱,还能帮助学生提高听觉感知力,让学生在幼小的心灵中栽种下喜爱音乐的小树苗。随着感受到的曲目增多,学生的情感自然也会变得丰富,情商和表达能力也会逐步提高。

律动是孩子们最喜欢的一种表现音乐的方式。巧妙地运用律动在小学音乐欣赏课堂中,能够充分调动学生的积极性和参与性,有利于培养学生内心的节奏感、感受力、想象力和表现力,便于学生在活动中记住主题音乐、听辨基本曲式结构。

在《跳圆舞曲的小猫》一课中,学生一听到由大管、单簧管分别吹奏的两段主题音乐,就会情不自禁地随着低沉的音乐有节奏地学小猫跳舞,随着轻快、活泼的音乐学小猫跳跃。通过细心聆听,学生能在欢快、跳跃的旋律中,对突然的停顿、强烈而短促的音响产生瞬间的反映,用律动表现自己对音乐的感受和理解。

在音乐活动《音乐的早晨》一课中,笔者让孩子们自发地想象早晨的森林情境。"我好像看到红红的太阳,正慢慢地升起来。"一位学生边说边做着太阳升起状,缓缓地站起来。笔者把一食指放在唇前,另一食指在耳边绕了一圈示意静听。小朋友们微微地笑着,继续着自己的想象。乐曲的第一部分"大森林的早晨",由弱到强的明亮音乐优美徐缓。

孩子们伴随着旋律的变化展示出自己内心看见的景象,有人张开双臂,双手向前,做出迎接朝阳的样子;有人则弯下身、低下头,做出闻花香的样子;还有的轻轻晃动着手臂,把自己想象成微风中的柳树;有的模仿小动物微微地闭眼静睡……虽然孩子们的动作略显笨拙,但是他们都让自己专注地陶醉在音乐中,体会到了旋律的魅力,完全陶醉在美好的音乐情境中。

(三)音乐游戏,拓展主题

教材中的《跳圆舞曲的小猫》是一首专门为孩子写的管弦乐曲,乐曲诙谐有趣,描绘了一只天真活泼的小猫在优美的圆舞曲音乐的伴奏下欢快起舞。乐曲具有拟人化与写实的特点,好似一个自豪的小猫一步步走进了"舞场"准备翩翩起舞。可对于低年级小学生来说,要体会曲目中的音乐语言仍有困难。笔者在创设音乐意境、引入角色游戏的过程中,让学生欣赏感受音乐,并表现音乐让学生游戏,在游戏中学,这比单纯听音乐的理解还要深刻。

以下是笔者课堂中的三个教学片段。

激趣导入、以美激趣,《溜冰圆舞曲》开场。师:"同学们,今天,教师邀请来了我们学校上一届舞蹈大赛的两位舞王为我们献上一曲美妙的舞蹈,开启我们今天舞会的序幕。掌声有请他们。"师:"在舞会正式开始之前,有请哥哥姐姐示范一下圆舞曲的礼仪,我们班的小绅士起立跟着哥哥一起……有请我们班的小淑女起立跟着姐姐一起……"(小绅士们双脚打开与肩同宽,双手背腰俯身45度鞠躬;小淑女们双脚并拢,双手拎起小裙子)师:

"现在,有请小绅士们牵着你身边的小淑女,随着音乐走到舞池的中央,行礼,一起跳起来吧!"创设舞会情景,通过聆听、律动,感受圆舞曲的韵律。以美激趣导入,直接抓住学生的欣赏注意力,简单学习圆舞曲的礼仪,为下一环节的听赏教学做好铺垫。

通过对乐曲创设故事性的情景,拓展学生的思维想象空间,以小猫舞会入场券作为奖励机制贯穿整体听赏—分段听赏—整体欣赏中。通过聆听乐曲各个乐段的旋律和速度、学唱乐曲音乐主题A、听辨乐器音色来熟悉乐曲主题,让学生更好地感知音乐要素,感受三拍子圆舞曲的韵律。

集体表演《跳圆舞曲的小猫》激励机制:选拔舞会的舞王。师:"同学们,全体起立,让我们和小猫一起跳起优美的圆舞曲吧!"师:"孩子们跳得太精彩了! 教师还要恭喜得到小猫舞会入场券的同学们,来教师这儿换取小猫头饰吧。有请你们戴上头饰到舞池的中央为我们带来精彩的压轴表演吧,大家看看谁是今天小猫舞会的舞王,掌声响起来!"通过集体表演、压轴表演的方式,学生用肢体动作表现音乐形象,主动加入乐曲的创编中来。

最后,小猫舞会马上就要结束了,在维也纳金色大厅里的王子和公主们也在跳着圆舞曲呢,大家快看!(选段《皇家圆舞曲》)视频能够直观吸引学生的眼球,提高学生对圆舞曲的认知及审美,激发对圆舞曲深入探究的兴趣。

(四)参与融情,心灵之舞

低年级学生都有活泼好动的特点,这是这个年龄段孩子的天性,并非缺点。但是,此时的天性,对于细心聆听音乐的美好来说有一定的阻碍,孩子们往往对游戏、表演等艺术活动表现出较高的参与热情。在音乐欣赏课中,完全可以利用学生们对于喜爱事物的积极性,让他们自己展开想象,把自己设想成音乐故事中的具体小动物、小山坡或者是暖暖的太阳。学生会把自己对事物的理解融入自己的表演中。他们积极参与到表演中,就会不自觉地表现出自己对待某个事物的想法。教师应当鼓励学生表达自己的感受,鼓励学生把自己的想法表演出来,鼓励学生把对音乐的热爱表现出来。

在《龟兔赛跑》一课中,学生根据各自的表现能力,选择合适的角色,从表现力强的小兔、乌龟,到扮演一棵静静的大树、需要多人合作的小山坡、轻盈飞翔的小鸟和蝴蝶、威风凛凛的狮子和老虎等。孩子们都有了自己喜欢的角色,参与唤起了学生的学习兴趣。在活动中,允许学生个性的发展,凭借自己的听觉经验、生活经验及情感经验和丰富的想象,做出各种各样的造型来表达自己对音乐的理解、体验和感触。每个学生的想法都会有区别,因此表现出的造型也会是千奇百怪。教师应该对学生的表演进行鼓励,引导他们探索创新,鼓励他们的勇敢演绎。在每个学生参与实践活动,个性得到充分发挥的同时,理解并体验音乐的美。教师与学生共同合作,一同探索、发掘音乐中的神奇奥秘,欣赏音乐的独特魅力。根据这一教学理念,笔者在本课中将体验音乐美、欣赏音乐美和参与、表现音乐美有机结合在一起。

在音乐欣赏课中能发现,低年级学生身上有明显的年龄特征,即活泼好动、好胜心强等。与高年级学生相比,在对低年级学生进行音乐欣赏课的教育时,不能太注重语言表达,而是应该充分考虑到低年级学生的年龄特征。忽略他们的特性而固执地进行说教教育,就会事倍功半,让学生难以接受,也无法起到教育引导的作用。教师可以充分利用学生们喜爱表演的特点,引导学生们自我表现,把他们想象中的故事表演出来。通过他们自身的表演传达出他们对曲目的理解,不仅能带动课堂气氛,也更容易被学生接受,会让他们更加喜爱音乐欣赏课。

三、总结

感受与欣赏,是音乐学习的重要领域,是整个音乐学习活动的基础。小学音乐欣赏课堂应从音乐本位出发,以体验学习为突破口。

体验式学习是知情合一的学习,并没有只停留在"学生参与"这一层面,而是通过对音乐要素的分析,运用情境感受、律动参与、图谱可视、演唱记忆等体验式学习方式,帮助学生理解音乐所表现的场景、情感及音乐所包含的内涵,同时将自身体验与音乐结合,形成对音乐、对人生的感悟。在实际音乐教学中的有利条件,是能利用平行班的教学对比,对方法进行调整、反思,有着积极的作用。音乐欣赏课是一门室内课程,有其空间和场地的局限性,在引导学生表达想象力的过程中也会存在不足和瑕疵,但这些偶发的不完美并不会影响学生对音乐欣赏的积极性。教师可以针对实践发现的问题进行反思和总结,通过不断揣摩去提高自身教育水平,更好地与学生互动,了解学生的所思所想。

　　笔者在今后的小学音乐欣赏课堂教学中,将坚持遵循音乐学科独特的学习规律,以学生为主,从音乐本位出发,不断探究寻找更多适合学生的体验式学习方法,去丰富、润泽音乐欣赏课堂教学,让学生徜徉在音乐的海洋中感知、体验、表现音乐,在循序渐进的学习中增进审美情趣,优化音乐课堂教学,促使学生音乐学科核心素养得以快速提升。

　　参考文献:

　　[1]朱诗旖,肖艳.小学音乐欣赏课参与式教学之实践研究[J].艺术教育,2018(20):109-110.

　　[2]刘忆莲.小学音乐欣赏课教学思考[J].当代音乐,2018(11):61-63.

　　[3]时晓芬.小学音乐欣赏教学中学生审美能力的培养策略研究[J].北方音乐,2018(21):

　　132-141.

　　[4]孔凤.搭建情感桥梁,感悟音乐魅力——浅谈小学欣赏教学[J].课程教育研究,2018(50):209-210.

　　[5]陈洁.音乐欣赏教学的探索与实践[J].小学教学参考,2019(6):49-50.

　　[6]徐超.浅谈小学音乐欣赏教学中图形谱的运用[J].音乐天地,2019(1):19-22.

重身教，巧引导，让学生真正爱上习作

王美枝[*]

作文教学是语文教学的重点和难点。但在实际教学中，大部分学生都认为作文很难，不喜欢写作文，写作成了学生望而生畏的作业。那么，语文教师在平时的教学中该如何消除学生的习作心理障碍，增强学生写好作文的信心？怎么去指导学生写作，让学生乐于习作，让习作课堂灵动高效呢？笔者根据自己多年来的习作教学实践，总结出以下几个行之有效的做法。

一、身教重于言教，教师身体力行勤写作是"制胜法宝"

教师的榜样带头作用是无穷的。作家曹文轩说过："一个常写文章的教师，可以时不时拿自己的文章给学生看，用自己的文章给学生做例子；还可以直接和学生进行同题作文，这对激发学生的写作兴趣是任何名家名篇都不可替代的。"笔者非常认同这个观点。多年来，笔者的两个做法与这个观点不谋而合。

（一）勤写文章

"亲其师，信其道。"教师以身示范勤写文章，并分享自己写的文章给学生，启发孩子们写作不难，克服孩子们怕作文的心理，是灵丹妙药，是制胜法宝。

教师自己会写文章，往往最有感染力，更会获得孩子们的崇拜，更容易成为学生学习的榜样。如果教师对写作没有真爱，大声喊叫着让学生写写写，孩子们怎么可能从内心喜欢上写作呢？笔者读过一本关于美国展望学校的书。这所学校创办30年，一直是美国非常有名气的学校。第一学期，教师们都要在一起为每个孩子写一篇万言评价文章。后来，笔者也会经常写写教育随笔、美篇分享到朋友圈中。

笔者会对孩子们讲，写作其实不难，就是"我手写我心"，就是把自己看到的、

---

*作者单位：福建省南平市政和县星溪中心小学。

想到的、感受到的用笔真实地写下来。笔者会把自己发布在美篇上、朋友圈中的随笔读给孩子们听。比如,有一次,一个一年级的小女孩出其不意地吻了笔者。笔者特别惊喜,当时就把这一件事给如实地记录了下来。上课时,笔者把它读给了孩子们听。孩子们听得可认真了。再比如,2021年,笔者教五年级孩子们写第二单元的习作"漫画教师"。习作收上批改后,当笔者发现全班51位同学竟有36位全是写的笔者,所有写笔者的文章无一例外是表达对笔者的喜欢与赞美的时候,笔者特别感动与欣慰。笔者一气呵成,写了一篇随笔,题目叫《来自孩子们习作中的感动与幸福》。写完后,笔者还在班上读给孩子们听,笔者发自内心地表达自己的幸福。笔者说:"谨以此文,献给班上可爱的孩子们,感谢你们对教师的喜爱与赞美。教师愿意与你们一起快乐学习、快乐玩耍、快乐成长,一起演绎、抒写我们之间的点滴!"读完文章后,孩子们热烈鼓掌。

笔者就这样时常把当下发生在自己与学生们之间的事写下来读给他们听。笔者发现,时间久了,他们和笔者更贴心了,也不那么怕写作文了。

(二)勤写"下水作文"

教师能根据教材要求写出优秀示范作文(或称"下水作文"),既有示范作用,又具有激励功能。学生可以从教师的示范作文中学到很多知识,少走弯路。教师经常动笔写示范作文,从中可以发现作文教学中的问题,进行思考,研究对策,对提高教学效果具有重要意义。通过示范作文,教师自身的写作能力也会不断提高。

2020年,笔者新接任一个四年班的语文学科教学。因面对的75%左右的学生都是进城务工子女,他们原来的语文基础非常弱,大部分同学对作文是无从下手。第一单元的习作题目是"推荐一个地方"。了解到这些务工子女平时在家学习缺少亲人引导,生活圈子小,见识少,笔者就选了离学校不远的一处乡村景区"老鹰嘴",写了下水作文《老鹰嘴》作为范例,供孩子们学习。笔者体会很深,用孩子们身边熟悉的事物进行引导,效果很好。

老鹰嘴

老鹰嘴距离我们林屯小学不远,骑车五六分钟就到。我觉得那儿是一个风景优美又好玩的地方。

说它风景优美,是这儿的石头奇特、竹木茂盛、溪水潺潺。这地方之所以叫"老鹰嘴",就是因为这里的山谷中有一块突兀的、又大又尖的石头形似老鹰的嘴呢!

你要是不信，可实地去看看。

说它好玩，我有三个理由。一是这里的河上的桥很是特别。它是用木板铺在铁链上的，人在上面走，它就会不停地轻轻晃动。有的游人走在桥上，桥两头的同伴还会故意用手再使劲摇晃它，那它左右摆动的弧度就更大，像荡秋千，可刺激和有趣了！你常会在这儿听到胆小的小朋友和一些姑娘的惊叫声、笑声。二是这里的河面很宽，河上还有几艘小游船，供游人乘坐游玩。你也可能到水浅的地方捡河螺、捉小鱼小虾小螃蟹……三是这儿还是烧烤吃农家乐的好去处。周末的时候，你可以和朋友、家人一块上这儿，边烧烤边看风景，感受快乐又放松的好时光。

看了我的推荐，你是不是心动动了？心动了，就行动起来吧！

教师以身作则，勤写作，确实可以发挥到任何说教都无法代替的作用。

二、巧借活动，训练学生在快乐中写作是"妙招"

"体验"的"体"字，就是一个"人"加一个"本"。它是说体验要"以人为本"，"一次体验胜过十次说教"。而活动是体验最直接、有效的载体，也是学生习作的生命及灵魂。

笔者始终认为：有活动，才会有体验；有体验，才会有感动；有感动，才会有生动、灵动，学生写出的文章才会真实而独特。因此，在平时的习作教学中，笔者喜欢上游戏习作指导课，同时积极动员学生参加校内外各种活动，并在参加后把自己的所见所闻所感写下来。

（一）有策划地组织游戏，指导写游戏作文

根据小学生活泼好动、喜欢交往、乐于表现的特点，组织他们参加形式各异又有趣的游戏活动。学生在充分感知和体验的基础上，各抒己见。之后，再让学生把自己所想的、所见的、所说的整理出来，就比较轻松容易了。比如，在教学四年级上册第六单元《记一次游戏活动时》，笔者就在课堂上组织学生玩了"击鼓传花""抱抱团""萝卜蹲"这三个游戏。因为学生在活动中都积极参与了，所以都有话可说、有内容可写。写作时，先在班上进行口头训练，把活动进程中的所见所闻所感都讲出来，让他们畅所欲言。在此基础上再进行书面练习，学生在轻松愉快的气氛中完成了习作。

（二）巧妙利用学校开展的各种活动，鼓励学生写活动作文

学校每学期的活动丰富多彩，如讲故事、演讲、朗诵、小歌手、写字、征文、合唱

比赛,以及艺术节的汇报演出、重大节日与纪念日的庆祝活动……作为语文教师,笔者觉得要有这样的敏锐,擅于动员与鼓励孩子们去积极参加这些活动,并把参加活动的过程与感受写下来,学生就会写出既有内容又有真情实感的习作来。

比如,2021年的"三八"国际妇女节到了,学校要求学生感恩母亲,开展了"我为妈妈做件事"活动。笔者就让班上孩子们用文字写一写自己为妈妈做的是什么事、是怎么做的、做的时候有什么感受、妈妈有什么表现……孩子们因为都付诸行动了,写起文章都有话可说,写作热情也就被调动起来了。每年的"六一",也是一年中孩子们最快乐的日子,学校与班级的庆祝活动特别丰富。每年"六一"庆祝期间,笔者都会巧妙设计一个访谈节目,问问孩子们今年的"六一"节自己有什么期待,当天你是怎么过"六一"的。访谈后再让孩子们把说的整理出来,结果一篇作文就快乐出炉了。

三、做好"诗外之功"是基本

"汝果欲学诗,工夫在诗外。"引导学生多读书、多积累、多留心、多观察,毋庸置疑是写好习作的"基本功"。在日常教学中,笔者具体是这么去做的。

(一)指导多读书多积累

《小学语文新课程标准》要求学生九年阅读总量达到400万字,按10万字一本计算,平均每年要阅读4.5本。但受条件的限制,像笔者所在学校这样的城郊结合学校的学生根本达不到这个标准。为了给学生补上这一课,笔者从2021年开始实施每年51本书阅读计划。为什么是51本?因为班级有51人,笔者让每个学生每人拥有一本与其他同学不同的书。这些书是笔者从学校图书室借来的。让这些书在班级"漂流",每一周或两周学生读完一本交换一本,一年下来最少也能读十几本了。

"读书破万卷,下笔如有神。"笔者还让学生利用课内外时间多读多背名家名篇,汲取丰富的写作营养,待到自己写文章时,好的语言自然就会像涓涓细流从笔尖流泻出来。

(二)指导多留心观察生活

叶圣陶先生说过:"生活如泉源,文章犹如溪流,泉源丰盈而不枯竭,溪流自然活泼地昼夜不息。"这告诉我们"生活是作文之本",丰富多彩的生活为作文提供了取之不竭的材料。那多姿多彩的校园生活、幸福欢乐的家庭生活和广阔丰富的社会生活中，有无数闪光的内容值得我们去描绘、去歌颂。然而，由于学生缺乏引导，对生活中的一些事往往习以为常、熟视无睹。这就需要教师对学生做一些正确的引导，让学生养成观察生活的习惯，从而丰富学生的情感体验。比如，上学期的一个周一升旗仪式即将结束时，当大队辅导员正准备宣读中年段获得流动红旗的班级时，笔者观察到所在班级陈静小朋友双手在胸前合掌做祈祷的姿势。当听到余教师说出正是"四三班"（笔者所在的班级）时，她高兴地跳了起来。看到这一幕，笔者觉得她真是既可爱、集体荣誉感也强的好学生。笔者就走过去采访她。笔者对她说："刚才你的一举一动我全看到了。我猜你当时的举动是希望自己班获得流动红旗，后来愿望实现很开心，对不对？"她开心地连连点头。当时正教学第七单元，其中的一个语文训练点就是"从人物的语言、动作等描写中感受人物的品质"。那天语文课上，笔者就把当时陈静的动作、表情模拟演示给班上孩子们观察，再让同学们分析从陈静同学当时的表现可以看出她有什么品质。有几位同学快言快语地回答道："是集体荣誉感强！"孩子们对如何观察人有了很深刻的理解。

还有，笔者还把2021年一只母野生斑鸠鸟前后两次到我家花盆上孵鸟蛋、孵小鸟、养小鸟的过程写成观察日记分享给班上孩子，并指导他们平时如何留心周围事物。

四、日常适时渗透"写好习作妙方"指导是"锦上添花"

作文教学中，要想燃起学生的写作热情，必须先让他们掌握写作技能。有了信手拈来的写作技能，写作便不再是一桩难事。笔者在日常的教育教学工作中，会适时制作一些小微课，对孩子们渗透"写好习作妙方"的引导。学生听后能灵活运用到自己的习作中，习作水平有较明显提高。

比如，在引导学生怎样给自己的习作拟一个好的标题时，笔者就录了一个微课，指给孩子们五种拟好标题的小妙方，分别是巧用修辞法、妙用悬念法、借用数字符号法、善用化用法、直接表态抒情法。这些时间短、教学手段又形象生动的小微课，学生爱看乐学，学完马上就能灵活运用到自己的习作中去。

总之，作文教学要灵动高效，教师首先要爱上写作、勤写作。教师有了这个素养，再按照学生习作的规律，采取适合学生的方法形式，策划并鼓励学生参加各种活动，引导学生养成随时留心观察与积累的良好习惯，激发他们的作文兴趣，学生"愁作文"变为"乐作文"的愿景就能达成。

参考文献：

[1]唐平. 教师与学生共成长——有效作文训练教程[M]. 长春：东北师范大学出版社,2012.

[2]何捷. 何捷教师的游戏作文风暴[M]. 福州：海峡文艺出版社,2015.

深化教育改革　聚焦品质提升

——希沃白板在高中政治教育的应用

余丽芬*

以往,高中政治教师在开展课堂教学时,基本上都是按照教材上的内容,采用"黑板+粉笔"的方式,对学生进行知识灌输,致使课堂教学枯燥无味、品质低下,难以满足新课改下的教学要求。另一方面,教育信息2.0时代背景下,各种先进的信息技术逐渐走进课堂教学,不仅丰富了课堂教学内容、提升了课堂教学品质,也促进了教育信息化的进程。在这一背景下,以希沃白板为代表的现代化教学手段,以其独特的优势在课堂上崭露头角,完善并优化了课堂教学结构,丰富了课堂教学内容,逐渐成为提升教学品质、落实政治核心素养的重要方式。

一、希沃白板与高中政治教学

教育信息2.0时代背景下,电子白板随之出现。与普通的书写白板不同,电子白板中增加了感应器,可通过对应笔的位置、活动痕迹等形成快速的感应,并借助处理器将信息进行收集、处理,最终将教学内容进行保存、打印等。希沃白板则是对电子白板的进一步发展,将黑板、屏幕、计算机、投影、书写等多种功能融合到一起。将其融入课堂教学中,可以给学生创造出更加生动精彩的课堂,吸引学生的注意力,真正提升课堂教学品质。同时,通过希沃白板在课堂教学中的应用,教师可为学生展示更多的教学资源、教学内容,或者指导学生进行交流等,使得常态化的课堂教学更加动感,真正增添了课堂的活力,使得课堂教学更加高效。

新课程改革对高中政治课堂教学提出了更高的要求,当前枯燥无味的政治

---

*作者单位:福建省浦城县第三中学。

课堂教学现状显然已经无法满足当前的课堂教学要求。面对这一现状,将希沃白板融合到高中政治课堂教学中,已经成为一种必然要求,具有十分重要的现实意义。

第一,唤醒了学生的内在欲望。纵观当前高中政治课堂教学,教师长期受到"应试教育"理念的束缚,以提升学生的政治成绩为导向,过分关注理论知识教学。在这种教学模式下,政治课堂枯燥无味,学生学习态度不够积极、主动。而通过希沃白板在课堂教学中的应用,借助希沃白板的优势,可传递教学内容,调节政治课堂氛围,或者给学生创设情境等,真正激发学生的政治学习兴趣。

第二,有助于培养学生的综合素养。政治核心素养下,政治课堂教学不仅仅要关注学生的文化知识,还应关注学生的能力、思维培养,真正实现学生的全面发展。面对传统高中政治课堂教学的现状,通过希沃白板在课堂教学中的应用,可充分借助希沃白板的交互功能,引导学生积极、主动参与到课堂学习中,并促使学生在交流和思考的过程中,促进思维、能力的发展,真正提升高中政治课堂教学的品质。

第三,有助于突破教学重难点。在传统的高中政治课堂教学中,由于政治学科具有极强的理论性,学生在学习中常常面临较大的困难。面对传统教学模式下无法解决的难题,通过希沃白板在政治课堂中的应用,可围绕重难点创设情境、直观形象地展示出来等,帮助学生更好地解决重难点,真正提升高中政治课堂教学质量。

第四,有助于扩充教学容量。新课程改革背景下,教师在开展课堂教学时,必须要从"教教材"的理念中解放出来,应结合"政治核心素养"的要求,对教学内容进行拓展和延伸。希沃白板将众多的教学资源进行了整合,并充分发挥了图、文、声、像等特点和优势,教师可将教学中需要的资源进行下载、存储,并在课堂教学中将其呈现出来,真正实现教学内容的拓展和延伸,以更好地满足学生的学习需求。

二、希沃白板在高中政治课堂教学中的应用现状分析

新课改背景下,将希沃白板融入政治课堂教学中,已经成为提升课堂教学品质的必然选择。但在调查中发现,受到多种因素的制约,希沃白板在高中政治课堂中的应用现状并不十分理想,存在诸多问题。首先,我国电子白板起步较晚,发展极不平衡。我国作为一个教育大国,关于交互式电子白板的实践和研究相对较晚。同时,在整个发展的过程中,东部沿海地区、城市地区比较先进,其他地区则相对

较晚。另外,当前希沃白板及其附件的价格比较昂贵,在后续的维护中也需要大量的资金,在很大程度上增加了学校的财政负担。其次,高中政治时效性弱,资源更新不够及时。基于政治学科的特点,在具体的教学中应关注教学内容的时效性,政治教师必须要精准把握时代的脉搏,将政治教学内容与社会热点联系起来。但是,在具体的教学中,希沃白板的电子资源库中涉及的教学资源相对比较滞后,且可利用的价值也非常少,在很大程度上制约了希沃白板在高中政治课堂教学中的应用价值。再次,教师缺乏技术培训。希沃白板作为一种现代化教学辅助工具,对教师的信息素养要求比较高。但在调查中发现,当前高中政治教师的信息素养比较低,只有少部分的教师进行过专门的培训;还有个别教师因为年龄偏大,直接放弃了希沃白板的使用和学习等。最后,重知识轻素养。新课程改革提出了更高的教学目标。但在具体的课堂教学中,由于"知识与技能"教学目标容易达到,教师在教学中容易把握;而"过程与方法""情感态度和价值观"等目标则相对比较隐形,教师必须要对其进行深入地挖掘和分析才能实现。但在实际的政治课堂教学中,受到应试教学理念的束缚,教师的关注点常常局限于理论知识的落实,而忽视了学科素养的培养,致使课堂教学呈现出极强的低效化。

三、依托希沃白板推进高中政治教育高品质发展

(一)完善软件、硬件设计,开发利用多种教学平台

在高中政治课堂教学中,要想充分发挥希沃白板的功能和价值,必须要对希沃白板的软件、硬件进行完善和优化。首先,应提升希沃白板的灵敏性,为教师更好地实施课堂教学提供强有力的保障,避免在课堂教学中因为希沃白板定位不够精准而产生的各种错位现象,以免制约政治课堂教学效果。其次,应积极开发更具灵敏性的电子笔,使得课堂教学板书更加流畅、汉字书写不走样等,更好地适应高中政治课堂教学。最后,还应针对希沃白板反光的问题,与生产商家进行研究,在降低成本的同时,给学生营造出更优质的教学体验。另一方面,为了促进希沃白板在政治课堂教学中的应用,还应积极开发相关的教学平台,将多种课堂教学平台与希沃白板结合起来,充分发挥其他教学平台的优势,有效弥补希沃白板教学中存在的不足。具体来说,政治教师可充分利用微课、网络社交软件、微信公众号、互动作业APP、思维导图、投屏软件等,将其与希沃白板联合起来,以便于更好地突破教学重难点。例如,在《财政的作用》教学中,为了充分发挥希沃白板的应用价值,在上课

之前就制作了微课。同时,在上课前一天,教师通过微信公众号、微信等,将设计好的微课推送给学生,指导学生按照预习任务单完成学习。之后,教师结合学生的反馈情况,明确学生预习中存在的问题,借助希沃白板展示给大家并进行讲解。另外,在具体的教学中,教师还可以借助希沃白板引导学生进行互动,分享自己的观点等。如此一来,不仅活跃了课堂教学氛围,也实现了高品质课堂的构建。

(二)建立科学资源库,丰富并拓展教学内容

在以往的高中政治课堂教学中,由于课堂环境相对比较封闭,教师基本上都是按照教材上的内容进行教学,致使课堂教学内容比较固定、滞后,难以满足新课改下的学习要求。尤其是针对高中政治这一学科来说,由于其属于一门与时俱进的社会学科,教师在组织课堂教学时,必须要对教学内容进行适当的补充、拓展和延伸等,才能真正满足学生的学习需求。而要实现这一目标,高中政治教师必须要具备开发网络资源的意识,在日常教学中有意识地整理、收集教学资源,并利用希沃白板建立资源库,以更好地满足课堂教学要求。首先,充分借助央视网、网易、新浪、时事网、共产党员网等网站,搜集与教学内容相关的教学资源。在搜索的时候,还应关注教学资源的来源,确保其出自主流媒体。其次,收集网络上的优秀课件、公众号、教学经验等,对其进行借鉴学习,并经过消化吸收,逐渐内化成自身的专业知识。再次,对网络上的资源进行归纳、分类,并按照教材上的教学模块、单元、知识点等,对教学资源进行分类,使其成为可以检索的资料,以便于教师在日常教学中应用。最后,还可以采用跨学科整合教学资源的方式,关注政治学科与其他学科知识的内在联系,在多种资源整合的过程中,更好地服务于政治课堂教学。

(三)基于希沃白板优化师生互动

课堂教学是一项师生共同参与的"双边活动",由教师的"教"和学生的"学"共同组成。在这一过程中,只有师生双方都积极主动参与到课堂教学中,才能真正完成高中政治的深度构建,并促使学生思维能力的发展。纵观当前高中政治课堂教学现状,因受到应试教学理念和模式的束缚,学生在课堂学习中呈现出极强的"被动性""依赖性",学生的课堂参与程度比较低,难以真正完成高效课堂的构建。基于此,为了真正提升高中政治课堂教学的品质,教师必须要充分借助希沃白板这一工具,引导学生积极、主动参与到课堂互动、讨论中。如此,不仅凸显了学生的课堂主体地位,也提升了高中政治课堂教学效果。例如,在《投资理财》相关内容教学中,教师在强化师生互动的过程中,就借助了希沃白板这一工具,给学生展示了几位名人关于投资理财方面的观点,以及他们对子女理财的教育观。之后,引导学生以小组的形式展开讨论。如此,通过希沃白板在高中政治课堂教学中的应用,不仅突出了教学的重点,也凸显了学生的主体地位,真正提升了高中政治课堂教学品质。

(四)基于希沃白板优化课堂教学模式

高中政治教师在课堂教学中使用的教学手段,直接决定了课堂教学效果。尤其是在新课程改革背景下,政治教师在优化课堂教学时,应尊重学生的课堂主体地位,引导学生以课堂主人翁的身份参与到课堂学习中。基于此,高中政治教师必须要从传统的"灌输式"教学模式中解放出来,充分利用希沃白板,将其与课堂教学过程结合起来,真正激发学生的政治学习兴趣,促使其积极主动参与到课堂学习中。例如,在《处理民族关系的原则》教学导入中,基于传统课堂导入的现状,教师在优化课堂导入时,就充分利用了希沃白板纸合一工具,借助其中的"插入"功能,给学生播放了《天路》这一视频,引导学生在优美的歌声、精美的图片中捕捉青藏铁路的照片,以便于后续教学中的运用。同时,又借助希沃白板中的"前置"功能,将各个少数民族的风俗习惯进行了展示。之后,引领学生在希沃白板的辅助下,顺利地进入到本课学习中。另一方面,在新课讲授的环节内,又对希沃白板的各项功能进行了探索,将政治课堂真正归还给学生,引导学生在希沃白板的辅助下,围绕问题展开探究学习。在这一过程中,不仅完成了既定的教学目标,也促使学生在探究的过程中感悟到政治学习的魅力,强化了学生的学习欲望。例如,在《民族平等》相关知识的教学中,教师在强化学生政治综合素养的过程中,就结合本课教学重难点,借助希沃白板给学生分享了相关的材料,并设计出具有探究价值的问题。之后,教师引导学生围绕其展开交流和讨论。学生在探究的过程中,发展了自身的政治核心素养。最后,在课堂小结阶段中,教师还可以充分借助希沃白板中的"记忆"功能,对本章节教学的重难点进行回顾;借助希沃白板将课堂上的生成性资源进行整合、汇总,以便于学生更好地开展学习。

四、结束语

综上所述,在教育信息2.0时代背景下,希沃白板以其独特的优势和价值,已经在课堂教学中得到广泛应用,并彰显出显著的应用价值,成为提升课堂教学品质的必然选择。基于当前高中政治课堂教学中希沃白板应用不甚理想的现状,唯有从传统的教学观念中解放出来,完善软件、硬件设计,开发利用多种教学平台,并借助希沃白板扩充教学内容、强化师生互动、优化课堂教学模式,充分发挥希沃白板在课堂上的教学价值,真正提升高中政治课堂教学品质。

参考文献:

[1]丁丽娟."电子白板"在高中思想政治课教学中的运用研究[D]伊犁:伊犁师范大学,2020.

[2]丁丽娟,宗永平.电子白板在高中思想政治课教学中的运用探究[J].知识经济,2019(27):125-127.

[3]陈若婷.浅议电子白板在高中政治课中的应用[J].时代教育,2018(2):82.

[4]王敏.高中思想政治教学中交互式电子白板的功能和应用策略[J].中国教育技术装备,2015(1):74-75.

"一一对应"思想揭秘乐器的发音

——数学拓展课《乐器里的对应美》的教学思考

吴晓冬*

《普通高中数学课程标准(2017年版)》指出:"学会审美不仅可以陶冶情操,而且能够改善思维品质。尝试从数学的角度刻画审美的共性,学生对美的感受能够从感性走向理性,在形象思维的基础上增强理性思维能力。"我们尝试设计一节小学二年级数学拓展课《乐器里的对应美》,力求跨学科融合,既凸显数学思想和理性精神,又增强美育熏陶。

一、联通音符与数字,孕伏"一一对应"思想

课前欣赏《我和我的祖国》交响乐曲,引出音符"do"到"si"在简谱中可以用"1"到"7"进行记录,既体现数学符号的简洁,又建立了音符与数字的一一对应,为后续进一步探究奠定基础。

二、贯通琴键与数字,感悟"一一对应"思想

键盘乐器(如钢琴)、弦乐器(如小提琴、二胡)、管乐器(如长笛)的发声、共鸣等,都与"一一对应"数学思想有关。

(一)借助数规律,初次对"音"

在钢琴的7个中央C白键中,由学生自主探究每个白键对应哪一个音符,并从中发现归类——白键从左往右依次对应"1"到"7",即对应音符中的"do"到"si",将琴键排列规则和数字规律建立联系。(如图1)

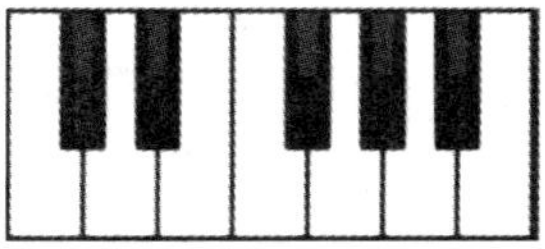

图1

---

*作者单位:福建省厦门第二实验小学。

(二)借助形规律,深度对"音"

经历7个基础白键的对"音"过程,学生能很好地将其数规律延展到高一阶和第一阶的音区,并用上加点和下加点的形式来进行区别,进一步感受用数学符号表达的简洁性和唯一性。(如图2)进一步通过观察,发现琴键和它们对应的音符在排列上还有图形(黑白键)的规律:每组"1"到"3"白键之间有2个黑键,"4"到"7"白键之间有3个黑键。

图2

(三)综合数与形,辨式对"音"

从钢琴键盘上截取的一部分,探究这组琴键对应的是哪些音符。学生在开放的自主探究中,综合借助数规律和形规律进行对应音符的标注,产生丰富学习资源,在对比、辨析、交流中,将数与形不断地进行"一一对应"。(图3)

图3

在充分的交流中,将钢琴琴键不断拓展延伸,形成7组完整的音,共88个琴键。(图4)感受钢琴琴键的分布和数学的数与形紧密地"一一对应",利用数学认识钢琴、了解构造,也为后面拓展自主探索其他乐器深深埋下"一一对应"的数学思想,发展学生的思维能力,沟通数学与音乐的联系。

图4

三、畅通琴弦与数字,运用"一一对应"思想

新课程背景下,我们的教学不仅是"答疑解惑",更要培养学生终身受益的数学

思想方法。因此,在小学数学教学中,教师应重视数学思想的培养,增强学生的数学观念。要立足新课改理念,从研读教材、游戏体验、巩固应用三方面,在低年级数学教学中渗透"一一对应"思想,在教学中潜移默化地让学生逐渐领悟、掌握数学思想方法。

(一)探索小提琴,"对应"迁移

借助数和形的规律,能够在钢琴上对应到音符。那么,只有四根弦的小提琴,又是如何演奏出美妙音符的呢?学生通过观察、比较发现,这四根弦及对应的音符一形规律:从左到右是由粗到细;数规律:每根弦分别唱成 sol、re、la、mi,每两根弦之间间隔3个音符。设疑启思:"这些少了的音,藏在琴弦的什么位置呢?"借助微课,介绍声音高低的决定因素有弦越细声音就越高、弦越短声音就越高。根据这一科学知识,帮助学生在小提琴弦上进行定音。(如图5)借助数与形的规律,迁移了"一一对应"的新乐器运用,感受乐器带来的神奇和人们的智慧,体验数学思维在乐器里的运用。

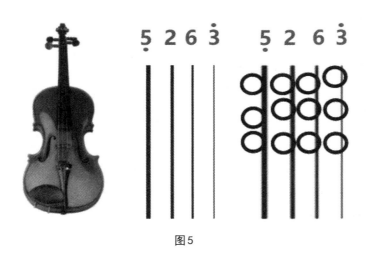

图5

(二)拓展二胡,"对应"运用

小提琴用4根线可以演奏出美妙的音乐,而咱们中国用2根弦也能演奏出美妙的音乐,介绍二胡和中国民族乐器。有了之前的学习,学生对二胡上音的定位已经形成数学活动经验,并能感悟"一一对应"的思想帮助找到所有的音。汇报交流中,学生能先发现二胡弦上的规律:弦一根粗、一根细,粗弦音低,细弦音高,从粗弦到

细弦,中间藏了2、3、4三个音符。(如图6)

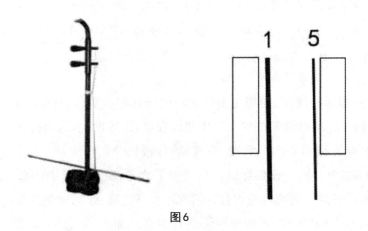

图6

四、融通乐器与音色,感受音乐对应之美

课后引导学生归纳感受数规律和形规律能在三种乐器上找到相对应的音,有了这些音符就可以演奏出美妙的音乐了。有了数学的"一一对应",音乐中也有"一一对应",不同的乐器也对应不同的音色。通过二胡、钢琴、小提琴等不同乐器演奏《我和我的祖国》,感受不同的乐器可以发出截然不同的音色。每种乐器表达的情感不同,其所表现出来的美也各不相同,有凄凉的美、悠扬的美、愉悦的美、雄壮的美等等。学生在学习中欣赏美、感受美的同时,感受数学的价值。

有人说:"教学有三重境界,一是教知识,二是教方法,三是教思想。"可见,在小学数学中,数学概念、公式等知识的教学固然重要,而隐含在数学知识体系里的数学思想,更是应该重视。因此,我们希望通过这样一节《乐器里的对应美》的数学拓展课,能够激发学生发现美、欣赏美、感受规律美和数学思想美的跨学科融合课,为热爱音乐的学生埋下喜欢数学的种子,也为热爱数学的学生埋下喜欢音乐的种子,为发展"五育并举"全面发展的学生而不懈努力。

把"美"呈现在思政课堂上

吴映霞*

爱美之心,人皆有之。古有买椟还珠,今有时尚大秀。从古至今,对美的追求亘古不变。美食、美景、美好生活,谁不心向往之? 美的教学,学生亦会心向往之。劳心的学习之苦,也会在美的熏陶下乐而忘之。作为一名思政课教师,要让"传道授业解惑"的课堂教学更有效,让学科核心素养能落地生根,让学生喜欢上课,让自己爱上教学。那么,让教学具有美感,应该成为教师进行教学设计的关键点。尤其是一向被学生认为枯燥的思政课,在这方面大有可为、大有作为。笔者在长期的教学实践中观察、思考。所谓"当局者迷,旁观者清",从受教者——学生的角度去找寻构成教学的美之要素,诸如赏心悦目的课堂板书、美不胜收的教学诸环节、规范生动的教学语言、互动和谐的课堂生态、妆容整洁的教师仪表形态等。这些美的要素综合叠加氤氲所产生的诱人"气味"、求知的兴味,能够增强学生对所学课题的吸引力,聚焦他们恍惚的眼神,牵引他们自觉走进教育的圣殿,从而提升教学的品质,实现课堂效益最大化,实现思政课教学的高质量发展。

一、合理设计,让学生感知课堂板书的内在逻辑之美

课堂板书是课堂教学的"集成块"(集教材编者的"编辑思路"、教师的"演绎思路"和学生的"学习之路"为一体),是教师教案的"微型浓缩版",是学生学习之旅的"景点导游图",是教学语言的"无声表白书"。富有美感的教学设计,应从板书始。通过精心设计的板书,绘制出一节课的知识框架和知识点之间的内在逻辑联系,凸显其逻辑张力,同时明确教学的思维轨迹。

一般来说,好的板书不仅要内容上高度概括、恰到好处、言简意赅、浑然一体,

*作者单位:福建省南平市建阳区第二中学。

而且形式上要因文而异、各具一格、结构精巧、意趣横生，做到科学性、技术性和艺术性的统一。因此，在板书设计时，教师要做到"三美"，即内容美——准确无误、内容精炼、重点突出，形式美——布局合理、排列有序、条理清楚，书写美——字迹工整、合乎规律、美观大方。如笔者在编排高中思想政治统编版必修四《哲学与文化》"社会历史的本质"一框的板书时，依据本课时知识点的内在逻辑关系，化繁为简，搭建本框的知识结构如下：

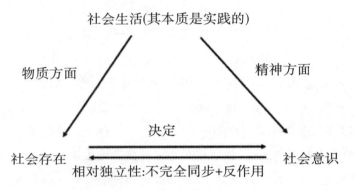

通过板书，学生能够系统地把握本课时所学的全部内容，即社会生活的本质、社会存在与社会意识的含义和辩证关系。教学实践证明，这样的板书能使学生"耳闻"又"目睹"本框知识的逻辑之美，同时又能助力学生对知识的理解与掌握。学生据此做好课堂笔记，对日后复习巩固大有裨益。如果教师具备书写漂亮板书的本领，学生在学习中还可以"赏心"又"悦目"汉字的书法之美，进而促进他们模仿和追求书写的规范与美观。这样，教师对学生们书写的规范要求就显得理直气壮，有助于让学生心服口服，并有可能在日常教学的潜移默化中为学生所接受。

二、科学布局，让学生领略教学环节的情节情境之美

课堂教学过程，应是一种引人入胜的美的智力活动。授课教师首先要在主观认识上有这方面的自信和行为自觉，要让学生们在此过程中获得美感的体验。为此，教师要根据教学内容的特点和学生的认知结构，精心设计好教学过程的各个环节，让学生感觉到上课就像漫步在景色宜人的山间小道上，令人目不暇接、美不胜收。同时，精选学生感兴趣的情境装点其中，在有情趣、有情节的情境推进中触发学生的灵感，激起学生的思维火花，让学生习得知识、生成能力、解决问题，进而实现教学目标与育人价值的统一。

当然,在媒体如此发达的今天,要获取教学所需的情境不难,难在我们要去选择,去粗取精、去伪存真、好中选优。因此,教师在情境的选择上要把握几个尺度:第一,要契合教学主题,宁缺毋滥。作为思政课教师,要密切关注国内外形势的变化发展,根据教学主题从社会生活实际出发,根据学生的成长特点,结合中国特色社会主义建设的生动实际,用学生可以参与和感悟的最新、最前沿的案例设置情境,就能起到"言近而指远,守约而施博"的效果,助力知识的生成和理解。第二,要符合学生审美,美人之美。对于伴随电子媒介(包括电脑、手机、游戏机、电视和平板等大大小小的电子屏幕)成长起来的青少年而言,屏幕塑造了这一代人的思维和习惯。站在学生的审美角度,应首选视频、音频、图片,其次才是文字。

如笔者在设计统编版必修二《经济与社会》"更好地发挥政府的作用"一课时,优化组合声、光、音、像、图、动画、文字等最新信息资料,用学生喜闻乐见的方式营造一系列情境:视频播放学生耳熟能详的快闪《我和我的祖国》,让学生首先在悠扬的歌声中感受社会主义市场经济环境下人民生活的幸福感和获得感。以此引入社会主义市场经济的两只手——有效市场和有为政府,导入本课的学习。同时,运用经济学里流传的一个有关现金流的形象比喻,让学生直观体验政府宏观调控的作用。即:一个游客路过一个小镇,他走进一家旅馆,给了店主1000元现金,挑了一个房间。上楼以后,店主拿这1000元给了对门的屠夫,支付了上个月的肉钱。屠夫去养猪的农夫家里把欠的买猪款付清了,农夫则向饲料商贩还了钱,饲料商贩还清了赌徒的赌债,赌徒赶紧去旅馆还了房钱,这1000元又回到旅馆店主手里。可就在此时,游客下楼说房间不合适,拿钱走了。表面上,这1000元钱没有被挣到,可全镇的债务都还清了。这就是现金流的重要作用——有了资金流入,经济便活跃了。最后通过建党100周年成就视频剪辑,使学生在心神愉悦中深刻领会社会主义市场经济的优势,即把有效的市场机制和有为的政府调控有机结合起来,从而坚定制度自信。本课时,学生学科知识的掌握、学科素养的提升水到渠成。

三、生动规范,让学生陶醉于教学语言的组织表述之美

教学语言事关知识传授的准确性、学生兴趣点和注意力的保持、学生接受知识的难易度、师生心理的共鸣、课堂氛围的营造等。苏霍姆林斯基说:"教师讲的话带有审美色彩,这是一把最精致的钥匙,它不仅开发情绪记忆,而且深入到大脑最隐蔽的角落。"可见教学语言作为最重要的信息载体,不仅是联系教与学的纽带与

桥梁，而且是教师传情达意、释放美感的重要手段。正如叔本华所说："谁想得清楚，谁就说得清楚。"富有美感的教学设计，理应包括对教学语言的设计。

鲁迅先生在《汉文学史纲要》中指出，汉语"具三美：意美以感心，一也；音美以感耳，二也；形美以感目，三也"。教学语言要展现汉语的这三美，必须把握好三个原则：第一，精炼准确。当前的课堂强调师生、生生互动，教师往往只能讲"三分话"，甚至"两分话"。这就要求教师的语言必须精准。首先，要精心设计课堂语言，对开场语、过渡语、总结语，甚至引导语、暗示语等关键语言，要力争做到句句推敲、字字珠玑，表达得恰到好处。其次，要精准运用专业术语，彰显思政课的课程特色。思政课教学涉及经济、政治、文化、社会、生态文明和党的建设，涉及改革发展稳定、内政外交国防等丰富内容。作为一名思政课教师，要非常清楚自己该教什么和怎么教，想得越明白，就能越清楚地传达给学生。第二，风趣幽默。思政课以往给人的印象是单调刻板，与青年学生追求新鲜有趣的心理特点格格不入。在思政课教学实际中，教师们的学识水平、专业能力相差不大，但那些语言风趣幽默的教师总是更得人心，更能吸引学生眼球。教学语言形象生动、幽默风趣，能化抽象为具体、化深奥为浅显、化枯燥为风趣。如笔者在教授"社会主义市场经济的基本特征"之一——以共同富裕为根本目标时，提到国家实施精准扶贫政策，顺势问学生："精准扶贫的好处，你们感受到了吗？"学生异口同声说："没有。"因为这是城市里的中学，没能感受到实属正常。但我得回应他们。我说："那我要恭喜在座的每位同学！"学生一脸茫然。我卖完关子说："恭喜你们都属于先富起来的人。"学生听了乐滋滋。然后再提精准扶贫的目的是"全面小康，一个也不能少；共同富裕，一个也不能丢"。学生对课本知识的理解、对国家政策的领悟，自在情理之中。第三，悦生耳目。在特定的语境中，教师的目光、面部表情、声音（如语调、语速、语气）、肢体语言（如头部、手势、身姿）可以传递大量的信息。美国心理学家艾珀尔·梅拉别斯研究表明，在人际交往中，非文字的信息传递量居然高达93%。所以，作为教师，在关注有声语言的同时，也不能忽略无声语言对教学的影响。要对自己的举手投足仔细研究，力求做到表情自然活泼、语调感情充沛、站姿优雅稳重、手势得体自如、目光热情关切，使学生上课如沐春风、如饮甘露。如果学生感觉到的是"冰冷的心、冰棍的脸、枯燥的语言、古板的眼"，又怎么会对学习感兴趣？

教师通过美的语言，授之以趣，动之以情，导之以规范，定会在教给学生丰富知识的同时,给学生以丰富的美感享受,实现"乐中学,学中乐"。

四、多维互动,让学生徜徉于课堂教学的动态和谐之美

苏霍姆林斯基说:"在人的心灵深处都有一种根深蒂固的需要,这就是希望自己是一个发现者、研究者、探究者。"现今"以学生为本"教学理念,2017版高中课程标准的"议题式教学"要求和课本内容的编写都提倡探究式、对话式教学法,主张让学生在对话中、探究中习得知识、生成能力,从被动接受知识的学习方式转型为主动建构知识的学习方式。这就要求教师要改变"一言堂"的灌输式教学模式,创设师生互动、生生互动的课堂。作为互动的主体之一,教师要充分发挥其主导作用,围绕教学的重难点、能力的拓展点、情感的激发点以及学生可能存在的认识误区和疑惑,运用"问题串"(若干个有机联系的关键性问题)的方法提出,使学生达到"愤""悱"状态,营造出师生、生生互动环境,激发学生的探究兴趣。同时,及时对学生给予引导,促进学生进行问题解决的学习。这样逐渐引导学生从想互动到会互动,进而进入乐于互动的佳境。

笔者在参加公开课教学的听课活动中,发现普遍存在的一个问题:在教师授课提问环节,几乎没有学生愿意主动举手回答问题。要改变这一尴尬的局面,教师要适当采取一些策略。如,设置的问题不能太简单,也不能太"高大上",要"跳一跳,就能摘到"。借用苏联著名心理学家维果斯基的一个词,就是"最近发展区"。即让学生能凭借既有的知识,在探究中活动去获取未知的知识。在提问环节,可以给学生创造一个同桌交流的缓冲机会(小组交流较复杂,课堂上不宜多用),提供思考的时间和对话交流的空间。再巧妙地通过语言,诸如"大家有答案了吗?有的请举手,让教师看看所占比例的大小。""有没有与该同学不同看法的?"等小妙招,来激发学生主动举手,化解尴尬。现在有信息技术2.0、希沃白板等现代技术的加持,可以通过软件自动抽取学生号码进行提问,还有多种互动的形式任意选用,既化解了互动时无人主动举手的局面,又增添了互动环节的趣味性。

师生互动、生生互动的课堂生态之美,是学生乐见的学习方式。让学生通过多维互动,徜徉在思维的海洋中,是学习效果好、课堂效率高的有效手段。

五、妆容整洁,让学生乐见授课教师的仪容仪表之美

教育无小事,教师无小节。教师的仪容仪表会影响到学生对教师的接纳度,尤其会影响教师教学目的达成的效率和效果,进而对教学质量产生较大的影响。

教育家马卡连柯说,"从口袋里掏出揉皱了的脏手帕的教师,已经失去当教师的资格了",因为"教师是孩子们心中最完美的偶像"。可见教师注重仪容仪表的重要性。教师只有摒弃那些不合身份的穿戴、不拘小节的言行、不加检点的习惯,才能树立教师的威信,才能教育和影响学生向正确的方向发展。

一代伟人周恩来在天津南开中学读书时,学校教学楼的墙上嵌有穿衣镜,镜子上端镌刻着严修题写的"容止格言"——"面必净,发必理,衣必整,钮必结;头容正,肩容平,胸容宽,背容直。气象勿傲勿暴勿怠,颜色宜和宜静宜庄",使学生一进学校就有整洁文明的外表和精神状态,久之成为南开学子人生的基本素养。周恩来的一生就是这样严格要求自己的,也成就了他享誉世界的美名。"容止格言"同样适用于今天的中国特色社会主义新时代。我们可以在这些"共性"中融入新时代的"个性",根据自身的身形和气质,修饰和包装自己的仪容仪表,把每一次的上课当成与学生的一次约会,让学生乐见教师仪容仪表之美。师者,范也。"亲其师"方能"信其道"。

"打铁还需自身硬。"中学思政课教师要想成为习近平总书记所说的"可信、可敬、可靠,乐为、敢为、有为的思政课教师队伍"中的一员,须立足新时代,做到既通晓所教学科的知识体系、价值理念,又具有广博、丰富、深刻的心理学知识、美学知识、教育学知识和教学法方面的专门知识。总之,作为思政课教师,要善于挖掘美、营造美,做到"以美立德、以美树人、以美储善、以美启真、以美养性、以美怡情、以美治言、以美导行",用美来提升学生的知识素养,彰显新时代中国特色社会主义的道路自信、理论自信、制度自信和文化自信之美。

参考文献:

[1]吴为山.以美育提升人文素养 筑牢文化自信[N].光明日报,2019-12-27.

[2]郑英.教育,向美而生[M].北京:中国人民大学出版社,2019.

基于县域教育高品质发展的教研供给转型

喻足德[*]

在素养教育的改革背景下,教研工作的重要性日益凸显。如何更好地为提高教师素养和学校教学质量提供专业引领以及更多多元课程教学资源服务和支持,是我们面临的挑战。为此,福鼎市教师进修学校开展教研引领提升素养、平台搭建资源共享、范式转型扩效供给、视导诊改精准帮扶四项行动转型实践探索,推动县域教育高品质发展。

一、教研引领供给要转型,真正提升教师素养高品质

(一)教研指导者团队建设

县域教育高品质发展,必须依靠大量优秀教师实现。而促进教师专业发展,就要加快教研指导者队伍建设。教研员是教师专业发展的引领者,教师专业发展主要是靠教研员。要让教师成为自己,发现教师专业潜能,引领教师专业发展,教研员要做好教师的导师和谋士。教研员的突出作用在上海参加PISA测试成功中被中外专家充分证实,基于教研员组织的理论学习研训能丰富教师专业知识和专业技能,师徒带教能促使教师反思自己的教学实际,建设的学科团队上下联动内外融合能彰显教师的身份认同。我们要求教研员在教研转型期,角色须重新定位,要做课程改革、教师发展的引领供给者,以先进的教学理念、精湛的教学艺术引领供给服务;参与学科教研,备课、说课、上课、听课、评课、磨课,课课都有教研员的身影;深入理论应用研究、科研视导诊改,处处皆能把脉问诊、解疑释惑。特别是建立教研员每学期开设公开课制度,教研员下水课教学实践,与一线教师同课异构、同课同构、一课两上、师徒同上,把自己的理念通过优质示范课呈现在教师前,使教研员

---

*作者单位:福建省福鼎市教师进修学校。

自身既能接地气成长，又能示范性引领——这样的示范引导课不仅有示范性、典型性，也有研究性。

除了专职指导者教研员队伍，我们还有计划地从一线骨干教师中搜罗人才，大力建设三支编外指导队伍，具体是组建名师工作室32个、学科中心组15个、兼职教研员32名，对应中小学幼儿园主要学科。专兼结合并驾齐驱，建构起县域教师专业发展指导者团队。为加强管理，从专业精神、专业知识、专业能力三方面研制教师专业发展指导者标准（如表1），建立健全专兼职指导者缺位扩容的选拔、考核机制，探索制定指导者资质认定制度，加强指导者能力提升项目的设计与实施，以此提升专业发展指导的针对性、层次性、系统性和实效性，促进各学段各学科多层次指导。

表1 教师专业发展指导者标准

一、专业精神	1.专业意识	（1）牢固树立服务意识，为学生、教师和学校的发展服务。
		（2）理解岗位内涵职责，以提升县域教育教学质量为己任。
		（3）合理规划职业发展，提升教研能力，顺应教育改革需要。
	2.专业情怀	（4）热爱学生、热爱教育，不断提高服务品质，提升教育境界。
		（5）遵循规律、尊重差异，分类、分科、分层持续开展教师研修。
二、专业知识	3.学科专业知识	（6）学科专业知识精深，把握学科本质和学科思想与方法。
		（7）能指导教师落实课标，能够示范教学的新理念和新设想。
	4.学科教研知识	（8）根据内容和学生实际，指导教师创设情境，促进学生学习。
	5.教师教育知识	（9）明确教师和组织需求，构建区域特色学科教师教育课程。
		（10）能规划组织市级研修，针对性指导联片教研和校本研修。
	6.课程知识	（11）理解学科的育人价值，能够把握教材编写意图设计教学。
三、专业能力	7.课程建设与资源开发能力	（12）能参与制定县域课程方案，指导学科校本课程开发和实施。
		（13）能根据学科课堂教学需求，带团队建设县域课程教学资源。
	8.教学研究与指导改进能力	（14）能多种形式调研教学现状，科学诊断课堂教学并精确指导。
		（15）能解读学科教学关键问题，带领团队研究并在实践中改进。
		（16）能聚焦学科教学关键问题，带领团队研究并在实践中改进。
	9.质量评价与分析反馈能力	（17）制定学科学业评价的方案，研制学科评价工具并实施评价。
		（18）基于大数据的分析和反馈，给学校和教师提出改进的建议。
	10.教育教学科研能力	（19）能洞察学科教学存在问题，以课题和项目为载体研究解决。
		（20）能组织课程改革实验研究，善于发现并总结推广优秀成果。

（二）科研引领机制性保障

教研转型是一个系统工程。课题科研引领，是助推县域教育高品质发展的重要工作。以开展课题科研为主题的教研活动，除了可以助推工作扎实、有效、常态化开展，更重要的是引领全市的课题型科研，形成积极的教科研氛围，激发教师从业热情，促进教师专业发展。教科研项目定制要依据基层学校和一线教师需求，彰显系统性、多样性、有效性、个性化，可从聚焦教研共长、聚焦师生和谐共长、聚焦"学为中心"、聚焦教研机制建构、聚焦教研文化等方面，多方向、多维度实现有效供给。

福鼎市教师进修学校以教育部立项课题"供给侧改革视野下县域教研转型的研究"为总课题引领，分解任务，在学校教研室和全市中小学幼儿园立项14个子课题，并申报为福建省级、宁德市级、福鼎市级，形成整体教科研体系。这个体系基于五点思考：其一，紧扣总课题，基于供给侧改革视野进行选题，与总课题保持一致性。其二，针对各学校教科研实际，根据本校教研工作的实际情况，确定自己的科研方向，选择自己要研究的问题。其三，设立实验校的布点思维，布点遍及全市，有中学、小学、幼儿园，有中研室、小研室、幼研室，有城区学校、乡镇学校、行政村学校；其四，从不同角度立意与构想，有的聚焦跨段或跨界的教研，有的聚焦专业内驱力创生，有的聚焦师生和谐共长，有的聚焦教研机制建构，有的聚焦教研文化，有的聚焦名师引领，有的聚焦网络教研，有的聚焦园本课程建设助推教研。其五，彰显原创与个性。比如，小学教研室原有教研方式已呈现多维性，他们更多考虑提升到教研文化层面进行转型探索，提出"教研从方式走向文化的实践研究"子课题，观照层面大大超过了旧有格局。福鼎第四中学是一所福建省二级达标的农村中学，信息技术和网络教研有一定优势，他们提出"供给侧改革视野下农村中学'云平台+x'教研方式的研究"的课题，具有很强的现实性、可行性与前沿性。福鼎市前岐中心小学比较优秀的年轻教师外调进城较多，他们提出的课题重点关注两个维度——上下联动和内外联动，从解决现状问题入手显示特色。

引领促进助推发展需要机制保障。机制改革的目的是协调各个部分之间的关系，促使其更好地发挥作用。机制建构要强调生成性，不仅是制定一个制度文本，更不是全盘移植他人的先进经验做法；而是在经验学习与制度重建中，结合自身实际问题和需要，通过实践研究生成机制。福鼎市以机制改革为支撑，将改革探索

实践贯穿教研转型的全过程,通过边研究边改革,建构县域教研机制体系

二、教研资源供给要转型,共建共享教研高品质经验

(一)平台搭建促共享

为帮助教师专业不断成长,需要提供一个展示自我、锻炼提高、交流分享的平台。近几年搭建的平台有教科研平台、片区联动平台、网络云教研平台等,都可以加强学校之间的教学交流与沟通,促进教学质量均衡发展。

首先是教科研平台。在对县域内优质教育资源进行全面考察的基础上,确定了教科研基地校福鼎市级18所,申报成为宁德市级的有3所、福建省级的有8所,福鼎市还成为福建省教育科学研究所最早一批的教科研"双基地"。基地校以学校优势学科的把关教师和教研员为主持人,确立"双引领"机制,以典型案例诠释新课堂理念、示范操作模型,并以实作研修向县域全体学科教师辐射。这样通过资源的整合、集聚,扩大引领作用,不断丰富和完善教研转型。

其次是片区平台。在全市中小学、幼儿园分别设置三个教研片区,城乡搭配、优势互补、均衡拉动、形成合力。中学组设立一中、六中、四中三个教研片区,小学组设立实验小学、桐南小学、桐北中心小学三个片区,幼儿园组设立实验幼儿园、机关幼儿园、桐山中心幼儿园三个片区。片区教研联动做到"一个中心"(以龙头校为中心)、"两个原则"(区域就近、分工合作)、"三个统一"(统一教学进度、统一教研时间、统一教研主题)。这样开展教学观摩、考试分析等片区联研活动,持续不断地推进教研转型的深入开展。

第三是云教研平台。在福鼎市教师进修学校设立教研信息云平台资源库,整合县域内各类管理应用平台,统一数据,统一身份认证,实现数据共享与交换,用好存量资源,提升数字教育资源开发与服务供给能力,成为促进教研改革的有效手段。福鼎市通过比照网盘云存储、运营商云存储等方式,采用私有云与公有云并存的企业级高效率存储器,形成混合云的读写方式,实现信息资源的存储、共享等功能,既能保证局域网内的高速、可靠传输,又能保证互联网安全有效的读写数据。教师们通过浏览器或者移动终端APP——DS file等移动工具,可以随时随地访问资源库,下载共享文件夹里自己所需要的资源。

(二)菜单打造可选择

教研菜单是本着"问题导向、创新驱动"的原则,围绕质量核心,聚焦学校问题,

凸显热点,注重创新,由专兼职教研指导者队伍提供的服务清单。其内容是根据一线学校工作需要,形成常态课、观摩课、示范课、研讨课、分析课等课程建设与教学指导;其供给是在课程研训、教学技能研训、教育科研研训、现代教育技术研训等方面提供服务;其策略是项目引领、任务驱动、对接需求、众筹教研;其目标是契合教师需求,促进专业发展,提高教育教学水平。它能提供给学校个性化服务,最大限度地尊重了学校的教研自主权,体现了因校施研的思想,有利于学校、教师按需选研,避免了重复教研,真正减轻教师负担。同时,可以实现优质教研的在线流转,让所有教师有机会享受优质教研资源,缓解了教研资源校际不均衡矛盾,促进教育公平。例如,近年来依据县域教师实际需求,福鼎市教师进修学校整体规划菜单式教研项目100多项,涉及教学理论、教学研究、教学问题、教学技艺、教学方法、教学手段、教学评价、课程资源、文本解读、教研方式、校本教研及教育信息化等12个方面,力争实现初中、小学、幼儿园重点学科都得到服务供给。这样能够着力提高教研供给的质量和效率,扩大有效和中高端供给,增强教研供给侧对接需求侧变化的适应性和灵活性,推动教研资源共建共享。

三、教研范式供给要转型,促使高品质活动广泛开展

(一)探索教研新样式

教研作为教学与教育研究在学校场域结合的重要实践样态,有利于教师深刻理解教学实践,改进教学工作,提升专业化水平。在新形势下,教研样式需要不断改良和创新,探索更多适应时代要求的新形式。转型研究最显现的是教研方式的转变,而这种转变的根本就是追求教研供给侧与需求侧的匹配。只有这样,才能真正实现教师教研主体角色,服务对接教师专业发展需求。近几年,在课题研究中,福鼎市教研方式的转型变化不断推出新样式,每种方式具体运行又有各自特点。

统餐式教研———→菜单式教研

指令式教研———→订单式教研

宽泛式教研———→精准式教研

指导式教研———→助长式教研

推介式教研———→共享式教研

经验式教研———→实证式教研

散装式教研———→主题式教研

迎检式教研———→内生式教研

听评式教研———→对话式教研

走马式教研————→蹲点式教研

单干式教研————→抱团式教研

点状式教研————→面铺式教研

游离式教研————→嵌入式教研

教课式教研————→指引式教研

遥控式教研————→贴身式教研

教研方式转型

以对话式教研为例。其活动过程包括热身游戏寻研伴、团队建设好交流、观摩交流靠互动、总结指导有实效，具体表现为五个方面：一是教师与学生的对话，充分了解学生的学习需求，以学定教，彰显教学平等；二是听课者与执教者的对话，听课者听懂执教意图，思考教学优劣，做一个有思想的听课者；三是一线教师与教研员的对话，呈现互动探讨式的专业引领；四是听课者与听课者的对话，分维度课堂观察，在组内交流看法与见解；五是所有参与人员自己与自己的对话，做到有思考、有内省、有吸纳、有反思、有借鉴、有见解。对话式教研不仅有对话的外显形式，更重要的是追求内在的深层性，紧扣平等、积极、参与、探讨、互动等五个关键词，在平等的基础上对有价值的教研问题进行共同探讨，寻求有效解决问题的对策，同时促进原有教学观念解构与重建，在专业上彼此共同成长。

（二）策划教研新流程

评价教研效果，关键看研究是否深入、教研成果是否转化为教育教学行为。这就要求教研活动的组织过程从策略层面改进，强调工作流程规范化、制度化、可行性，从启动、指导、服务、交流、激励、保障等诸方面都要实现精细化。近年来，福鼎市构建了特色教研活动"五环十步"基本流程，整个流程紧扣"学习、思考、实践、总结、反思"10个字，为县域教研转型提供了有力抓手。

（三）活用教研新工具

丰富多样的教研工具，是教研走向标准化、规范化的重要载体。在教研过程中活用课堂观察量表、思维导图、大数据阅卷系统等工具，以其实证性、简便性、数据化等特征，可以提高教研活动的有效性。教研活动依据主题与目的找准观测点，设计观察量表，为观课、课堂评价与改进提供精准数据。思维导图利于厘清脉络、拓展思路、查摆问题、确定方向。引导教师在备课、说课、议课、磨课、上课、评课、改课等教研活动中运用思维导图，有利于促进教师提高思维的逻辑性。各类大数据阅卷系统在教研中的使用,可以实现教学测评多维数据的实时反馈,使教研内容更精准、教学改进更有针对性、教研效果更突出。

四、视导诊改供给要转型,促进高品质帮扶精准到位

(一)视导诊改常态化深度教研

教学视导诊改是教研管理督查人员与教师共同合作,针对教学的内容、技巧、班级管理与教学中出现的问题,共同讨论、协助解决,从而提高教师教学品质及学生学习效果的一种活动过程。福鼎市每学年第一学期开展"教学常规专项视导工作",由教育局组织、教研室协助,全市中小学全覆盖,检查、检测、反馈相结合,对教师反思能力的培养、专业水平的提高及教学素养的优化起着重要作用。

如2020年4月疫情复课后,面对毕业班复习时间紧、教学压力大、各校缺乏应对方案,我们及时组织开展"2020届初三毕业班疫情复课后下校调研活动",全市24所中学全覆盖,历时一个月时间,帮助学校加强毕业班管理、把握备考方向、重新调整复习计划,使中考复习收到良好效果,最终取得中考成绩大丰收。同时,要求教研员坚持常态下校,包括教研员自主下校、教研室组织下校、学科基地校下校、教研员挂点校下校。特别是深度教研成效显著,可以将教研工作的重心下移到一线的学校和课堂中,转变角色,成为教师专业成长伙伴。如中学教研室对福鼎市民族中学开展深度教研,在2019年11月前后历时一个月时间,采用课堂诊断、学科交流、参加教研、查看材料、教师座谈、学生问卷、数据分析、行动跟进等形式,形成一份14181字的调研报告,内容涵盖成绩分析、情况反馈、整改方案、学科建设等方面,为一线教师搭建了专业切磋、协调、交流与合作的平台,使教师共享经验、互相学习、彼此支持。这样不仅使他们克服了以往各自为战的做法,也解决了教学孤立无助的困难,同时营造了求真务实、科学严谨的教研气氛,有力地提高了教师素质和教学质量。

(二)精准帮扶薄弱校持续蹲点

实施精准帮扶,是为了充分发挥优质教育资源的示范辐射作用,推进教育均衡发展。这需要探索解决"精准帮扶谁""精准帮扶什么""精准帮扶行动前要做什么"三个问题,也就是探索学校点、探索教研点、探索转型点。帮扶的方式也有多种,成效特别显著的,如实施蹲点式教研促强化连结、持续供给。蹲点式教研一般会签订挂点帮扶协议或师徒协议,帮扶时间有长有短,人员可以是个人,也可以是团体。

一是签订挂点帮扶协议。教研员与基层学校签订挂点帮扶协议,定期、深度、持续参与该校教研活动,深入课堂诊断教学问题、组织探讨课堂教学改进意见、指导课题研究、开设专业讲座,具体、务实地解决教学教研问题。由于需求大、资源少,教研员与一所学校的签约挂点时间一般为一个学期。二是签订师徒协议。每位教研员与一至两位一线教师签订师徒协议,时间一般是两至三年。在师徒结对期间,师傅要定期指导徒弟备课、上课等教学教研工作,还要亲自执教示范教学,与徒弟同课异构、共展风采。蹲点式教研因连结性强、持续性等特点,帮扶成效显著。教研员深度蹲点的价值和责任,在于改进和提高一线教师的教学实践,推广一线教师的成果和经验,促进教师发展、学校发展和教研员自身发展。

还有重点帮扶薄弱学校、指导"新办学校起步",都很好地体现了精准帮扶教研的内涵。如小学教研室指导新办学校福鼎市教师进修学校附属小学开展教研工作,一是指导顶层设计,从学校只有一个年段就开始策划一个大实体的架构,从办学第一年就开始用示范性学校标准建章立制建设"标杆学校";二是协助规范起步,安排教研员与骨干教师师徒结对,带动教研氛围,培养学科领头雁,并组织团队深入课堂指导教学、参与教研集体备课,使其更快、更轻松地在教研方面起步;三是定期把控进程,每个学期至少安排教研员两次深度参与教研组的研讨活动,了解教师专业发展状况,关注教研活动开展水平,采取一系列行之有效的方法、措施,强化教学常规管理,在教上下功夫,在研上作文章,加快教改步伐,推进教学创新,树立良好的教风、学风、校风,提高了教师的课堂教学艺术与水平,促进了教育教学质量的全面提高、学科之间的均衡发展。

近年来,我们在教研转型的探索中,整体构建县域教研九大机制体系,为全市教研可持续发展提供了有力支撑与保障;探索实现十二大类型教研大转型,探寻对应的多种教研运行方式,为全市教研转型提供了样式参考;调试提炼的整体转型策略、教研室转型策略、实验校转型策略等教研运行策略,为教研转型探索提供了方向性参考;培育平等、协同、求真、共享、兼容教研新文化,促进了用供给侧改革视野来看待教研的共识形成,激发教研持续健康发展的新动力,以新供给创造新需求,最终使教研供需无缝对接,共同促进县域教育高品质发展。

参考文献:

[1]张丰.校本研修的活动策划与制度建设[M].上海:华东师范大学出版社,

2012.

[2]龙宝新.论教师专业发展指导者[J].教育学术月刊,2013(7):99-102.

[3]王晓玲,胡慧娟.论学校教研方式的转变[J].教育科学研究,2012(2):28-31.

[4]郑云清.县区教研机构与教师进修学校的问题与对策[J].福建教育,2018(10):9-11.

[5]张德利,郑世忠."互联网+"背景下教研与培训工作转型发展的实践与探索[J].吉林省教育学院学报,2016(1):1-9.

新课程背景下高中数学建模教学有效实践方案

包文涛*

一、绪论

（一）活动背景

数学建模是数学作为工具去解决实际问题的必然选择。在这样的意义下，它不是什么新生事物，甚至可以说古已有之，只是数学建模这一专用术语的出现和使用只有几十年的历史。在20世纪60年代，数学建模开始成为研究生教育的内容，并逐步渗透到大学教育中去。20世纪80年代，在中学开展了数学建模的研究性学习教学活动——这项活动从一开始就得到专家和许多教师的关注和重视。现在，新课程改革强调培养学生自主探究能力，学生不仅要掌握知识，还要学会对所学知识进行创新实践应用。只有这样，才能使所学的知识更有价值，才能真正体现知识的实用性。这就要求在研究性学习及校本课程的教学中，必须注意培养学生的应用意识和能力。在高中生的学习生涯中，数学建模是培养学生探究性学习能力的一种重要途径。

从本活动研究开始，笔者便对南平市第一中学（以下简称"南平一中"）高一学生抽样做了数学建模的问卷调查，在考查学生思维能力、运算能力的同时，着重考查学生运用数学知识分析和解决简单实际问题的能力，阅读理解以及检索、整理和处理信息的能力。问卷中共有3道题，较贴近学生的生活实际，难度适中，能够充分发挥学生的创造能力，得分还是令人满意的：满分60分，平均得分43分。因此，充分发挥好数学建模的教育功能，培养学生认真求实、联系实际的学习态度和学习习惯，培养学生的数学思维、科学态度，激发学生的学习兴趣，提高科技创新能力，

---

*作者单位：福建省南平市第一中学。

368

在当前的教育模式下是可行的,同时也是当前新课程背景下教育改革的课题之一。

(二)研究现状

我国早在20世纪50年代末,诸如华罗庚等数学家,开始有意识地向中学生普及解决生活中实际问题的建模思想。20世纪80年代左右,徐利治先生在《数学方法论选讲》中就提到了"建立数学模型"的方法。钱建阔在《浅谈高中生数学建模能力的培养》中提出"学生要从数学的角度去思考周围的实际问题,把数学运用到实际生活中去,从而提高学生的数学素质"的思想,但没有给出一个具体的实施方法和步骤。而具体的实施方案,即为我们所需研究的重中之重。

《普通高中数学课程标准》指出:"高中数学课程应提供基本内容的实际背景,反映数学的应用价值,开展'数学建模'的学习活动,设立体现数学某些重要应用的专题课程。"即在培养学生解决实际问题的能力方面要加强,而数学建模正是为培养学生解决实际问题能力、探究性学习能力提供的一种有效途径。另外,数学建模在中学研究性学习教学中的应用,也越来越受教育者的重视。传统的课堂教育以教师讲授为主,在现今的高中教学中,数学建模在研究性学习课堂的应用正在改变着这一教育方式,并取得了一定的成效,不但调动了学生学习的积极性,还提高了学生创新思维等方面的能力。

(三)活动概要

1.结合课程标准,拓展设计高中数学建模教学实践研究模式

本活动在南平一中研究性学习的基础上,设立了数学建模这一校本课程,通过渗透数学建模的方法,开拓数学创新思维,指导学生进行课题研究,提高学生分析实际问题和解决实际问题的能力。

2.形成有效的激励机制,达成教学整体的可持续发展

通过设立校级"两弹一星数学奖",对获奖学生进行奖励。同时,学校也对原有侧重于奥赛的教师奖励机制进行完善,健全相关科技类教师的奖励机制,促进教学整体的可持续发展。

3.听取专家指点,提升学生研究课题质量

在运用数学建模方法进行课题研究的基础上,通过听取数学家的讲座与交流,提高自身水平。如:在丘成桐中学数学奖全球总决赛上,听取了荷兰皇家科学院院士 Ingrid Daubechies 教授的数学建模讲座,由此开始"小波分析在织物瑕疵点

检测中的应用"的研究,并与丘成桐老先生、哈佛大学Melissa Franklin教授等国际知名数学家进行交流,师生数学建模的研究水平整体获得了提升。

4.学校组织协调,形成多元化学习模式

学校提供研究性学习的课堂,通过多方协调,进一步在研究性学习外设立数学建模校本课程。同时,在第二课堂中设立数学建模社,充分利用业余时间对部分学生进行加强培训。

(四)活动后期效果

笔者通过组织与培训,引导学生参加国内外各项数学建模科技类竞赛,取得了良好的成绩,学生获奖共计80余项。在由中国科学技术协会、中国科学院、中国工程院、国家自然科学基金委员会举办的"明天小小科学家"奖励活动中,获全国三等奖3项、入围奖1项。其中一位同学凭借该奖在同济大学自主招生取得降50分录取的资格,另两位同学获降20分资格。在中国科学技术协会、教育部、科技部、环保部举办的第30届全国青少年科技创新大赛中,获全国一等奖1项、福建省一、三等奖各1项,并获福建省科技创新专项奖。全国一等奖获得者盛哲瑾同学凭借该奖在自主招生中降40分被清华大学录取,福建省一等奖获得者取得天津大学降30分资格。在中国科学技术协会、教育部举办的第31届全国青少年科技创新大赛中,获全国创意之星1项、省一、二、三等奖各1项,并获福建省科技创新专项奖。在第33届全国青少年科技创新大赛中,获全国创意之星1项、全国一等奖1项、优秀创意奖1项。在丘成桐中学数学奖中,入围清华大学全球总决赛两次,获全球优胜奖、鼓励奖各1项,南部十三省赛区一、二、三等奖10余项。参加数模挑战赛,获特等奖3项。参加国际HIMCM大赛(COMAP主办),获Meritorious(一等奖)。

在由闽南师范大学数学与统计学院主办的科技辅导员培训中,笔者作为主讲教师,讲授了题为《高中科技创新与数学建模》的专题内容,培训了大批学员。2018年9月10日至2019年1月26日,笔者被闽南师范大学聘任为研究生科技创新见习导师,对闽南师范大学2017级硕士研究生蔡某进行为期一学期的高中研学能力培训,并指导其完成了题为《高二学生数学建模素养发展的个案研究》的硕士毕业论文。

南平一中也在第31届全国青少年科技创新大赛上,被评为全国基层赛事优秀组织单位。2018年,被中国数学会、中国数学教育杂志社评为中国数学教育特色学校,被福建省教育厅授予2018年福建省基础教育教学成果奖省级一等奖。2020年1月,被北京师范大学数学科学学院授牌"京师数学建模教育中心实践基地"。

学生参赛后的反馈一致:通过外出比赛,在与专家的交流中拓展了视野,认识到自身的不足,由此更加发奋学习。值得肯定的是,参赛选手全被以985为主的重点高校录取,活动的实践效果良好。

(五)探究方法和内容

本方案主要采用文献分析法、问卷调查法、访谈调查法三种方法。

1.文献分析法

通过对《数学教学论》《数学教育研究方法论》等知识的学习,为本次研究奠定了专业知识基础。通过在图书馆和中国知网上查阅与此次研究相关的国内外文献资料,并进行分析、整理有关数学建模素养的资料,从而了解到国内外数学建模素养的研究现状,再结合文献内容的梳理与综述,更加全面地把握相关内容,为论文的撰写积累了丰富的材料和经验。本方案从 Marta T. Magiera、Judith S. Zawojewski 对学生元认知的意识、评估的个案研究以及 Clements 对澳大利亚的华裔数学超常儿童陶哲轩的个案研究中得到很多启发。

2.问卷调查法

本方案主要采取问卷调查法,基于新课标对数学建模素养的要求以及理论基础设计测试卷,以测试问卷的形式调查高一、高二学生数学建模素养的发展水平情况,并分析被测学生的测试结果。

3.访谈调查法

本方案分别设计了学生和教师的访谈提纲。其中,教师访谈对象选择南平一中的四位经验丰富的教师,提纲一共设计了三个问题,主要是了解教师对新课标数学建模素养的看法、了解教师对学生数学建模素养发展水平的知晓情况、了解教师对培养学生数学建模素养的一些措施及建议。学生访谈是从高二年级抽取五位学生作为访谈对象,一共设计五个问题,主要是了解学生对数学建模的兴趣和数学建模实践情况、了解学生对数学建模素养的理解、了解学生在今后的学习上将如何提高数学建模素养。

(六)基本概念

什么是数学建模呢? 数学建模是为了解决现实生活中的问题而建立数学模型

的一个过程,是解决实际问题的一种数学方法,也是解决问题的第一步。一般来说,数学模型是为了特定的目的、根据现实世界的特定对象进行简化、分析、设想,然后运用合适的数学工具建立的一个数学结构。数学建模解决的是一些非常实际的问题,要求我们把实际问题抽象成数学模型然后加以解决。从数学的角度出发,数学建模实际是对问题做一个数学模拟,将没用的信息排除,保留问题里的数学关系,然后形成某种数学结构。

二、活动的具体实施

(一)实施对象

南平一中全体学生。

(二)实施内容

研究性学习校本课程、第二课堂数模社活动、高中生科技类竞赛等。

(三)实施时间

高一学年、高二学生第一学期。

三、活动方案的实施过程

学校面向高一年段的全体学生开设数学的研究性学习校本课程。先通过系统的教学,介绍相关的数学建模知识与方法,激发学生科技创新的意识和兴趣。在对研究性学习有了一定了解,并掌握一定的数学建模基础后,学生每1—6人为一组,进行研究性学习的课题研究。通过学生小组间的交流讨论,以及最终的成果汇报与反复修改,使得每一个学生都参与其中。学生的项目研究成果有《闽江水污染情况的调查与分析》《中学最优文理分科方案研究——从南平一中高一四班谈起》《教室课桌椅排布最佳方案》《黄土高原的植被恢复规划》《人类的寄居蟹就业进化模式》《从空气中感知数学》《福建九地市最佳旅游路线初探》《周五大扫除劳动人员的最佳分配方案浅析》《股票中的数学》等。

在研究性学习的教学过程中,数学建模思想每每结合具体的实际生活例子切入,把培养学生的应用意识落实到教学过程中,使学生真正掌握数学建模的方法,培养学生的数学建模能力。

四、第二课堂活动的实施过程

在整个数学建模研究性学习及校本课程的实施过程中,教学时间是有限的,且班级学生层次不一。为了克服这些问题,笔者通过组织相关兴趣小组,有针对性地对小部分学生进行重点培养,成立南平一中数学建模社,在平时课后及周末开展第二课堂,对学生进行进一步的加强培训与学习。

在开展校内培训的同时,加强与闽南师范大学数学建模协会的联合合作,并签署了联合协议,以通过借助大学丰富的学习资源,对学生的研究课题进行改进与指导。

具体内容如下:

甲方:福建省南平市第一中学

福建省南平市第一中学团委数模社　　　　　（以下简称"甲方"）

乙方:闽南师范大学数学与信息科学系

闽南师范大学数学与信息科学系团委

闽南师范大学数学建模协会　　　　　　　（以下简称"乙方"）

为贯彻落实《普通高中数学课程标准》的基本精神,领会数学在解决实际问题中的价值和作用,提高学生的创新意识和实践能力,激发学习兴趣,经甲、乙双方协商一致,确定形成联合互助模式,以全面推进中学生数学建模发展为目标,乙方为甲方提供各方面的支持,促进甲方更好地发展。

为明确双方的权利与义务,特制定本协议。

1. 乙方充分利用拥有期刊数据库的优势,免费为甲方查询下载所需期刊,达到资源上的共享。

2. 乙方为甲方的中学生数模竞赛及课外数学科研课题提供指导。

3. 甲、乙双方进行密切合作,对双方社协管理组织经验以及参赛心得进行分享交流,相互借鉴、取长补短、互帮互助,以期共同进步。

4. 甲方提供教学相关数据,供乙方进行教育理论研究。

5. 本协议一式三份,甲、乙双方各存一份,经办人保留一份备案,经甲、乙双方负责人签字盖章后生效。未尽事宜,可另行签订补充协议。

五、竞赛活动的实施过程

本方案的竞赛活动,由数学建模挑战赛、国际中学生数学建模竞赛、"明天小小科学家"奖励活动、全国青少年科技创新大赛、丘成桐中学数学奖等五项赛事组成。

在进行相关数学建模创新类竞赛的前夕,笔者会组织学生,模拟一些生活经验、常识与背景,融入实际问题中,让学生去领悟怎样发现、提出、抽象、简化、解决、处理问题的整个思维过程,反复渗透"数学建模"的思想。通过把实际问题转化为数学符号、关系来解决,笔者将各项数学建模科技竞赛的研究课题的思路步骤简化如下:①把实际问题进行抽象、简化分析;②建立数学模型;③求解数学模型;④把模型的解代到实际问题中去检验是否符合,若符合即获得实际问题的解,否则返回①修改数学模型。

许多实际问题需要通过数学建模加以解决。由于数学模型的灵活性与多样性,充分展现了学生的科技创新能力。

在竞赛过程中,学生们自由讨论与创新尝试,自主地完成每场竞赛。在竞赛的过程中,任何人员(包括指导教师)都是禁止参与的,每一套解决方案都是学生自己的努力所得。

六、2019年度实践活动的实施过程——以"闽江水污染情况调查与分析"为例

(一)闽江水污染情况调查与分析的前期工作

在该科技创新实践活动中,学生们的前期准备工作如下:

1. 学习数学软件Matlab、SPSS的应用。

2. 前往来舟、夏道等地实践调查。

3. 前往水文局、水资源勘测局、水利局、环保局等部门咨询、收集材料。

4. 进入福建省环保厅、南平市环保局等网站查询相关文献与资料。

5. 开展以"保护母亲河"为主题的全校性环保宣传倡议。

6. 进行闽江水污染情况的网上民意调查。

7. 出版团属刊物《环保专刊》，并报送南平市团委，进行全市范围环保的推广与宣传。

（二）闽江水污染情况调查与分析的实地调查

2019年1月4日,该科技教育实践活动小组前往南平市夏道村等实地考察取样,走访了这些工农业发展比较迅速的地方。同时,结合相关资料,实地调查结果分析如下:

1. **畜禽养殖污染**

从所走访之处来看,多数的养殖场,像鸡、鸭、牛等养殖场,直接建在沿江两岸,对于粪便的处理大多采用水冲式,很少采用"干湿分离"。如此形成大量的粪污,排入河流中,将形成面源污染。除了较大型养猪场具有沼气工程处理能力外,绝大部分的粪便还是以直接还田、进鱼塘等传统方式处置。同时,粪便污染除了影响地表水质,对地下水的影响也是相当严重的。故畜禽养殖的污染,是闽江流域污染的重要组成部分。要治理闽江的水质污染,处理畜禽养殖污染是必须先行的一步。

2. **工厂污水污染**

走访过程中发现,仅次于畜禽养殖污染的是工业污水污染。大多数闽江沿岸主要以小型工业为主,这些工厂对生产污水基本上不做处理,大都是直接排到附近的水体中,然后再扩散到闽江的其他水系。

3. **生活污水与垃圾污染**

学生在走访过程中,发现这几个地方的日常生活产生的洗涤污水等未经处理,直接排放到附近的水体中。事实上,这种污水中的细菌、病毒、化学物质会严重污染水体,间接危害到人体的健康。闽江流域农村地区居住分散,在污染过程中具有面源污染的特征,这也使得水体中的氮磷含量增加。

另外,学生在实地调查的过程中也发现,由于大量生活垃圾(如农作物秸秆、蔬菜烂叶等)随意堆置,未能进行集中处理,在降水冲刷下进入闽江,从而对水质造成污染。

(三)走访调查与水质对比

市民对闽江水况表示不满。闽江上游沿岸许多工厂随意漏排污水,严重污染闽江水质,许多单位污水直排闽江。

通过水质的对比,学生们不难发现,闽江水质呈酸性,且较为浑浊,水质污染现状堪忧。

(四)网上问卷调查

学生们通过网络投票等方式,对闽江的水污染状况进行民意调查。调查结果不容乐观。下图是调查结果。

根据实地调查结果及网上问卷调查情况,学生不约而同地提出以下几点建议:

1. 依法治水,对各种破坏水资源的违法行为予以法律制裁。

2. 完善污水处理设施,对不达标排放的工厂进行责令停业整顿。

3. 加大舆论宣传力度,提高人们植树造林的意识,保持水土改善环境,净化河水。

4. 作为高中生,应该树立珍惜和保护水资源的意识。

(五)建立数学模型,分析水污染情况

学生运用收集到的数据,通过建立数学模型对闽江水污染的情况进行了分析,得到如下结论:

1. 通过因子分析模型,确定了闽江的主要污染源为水土流失及生活污水污染、农业污染、工业污染、畜禽养殖污染。

2. 通过函数的拟合,确定了闽江南平段的最佳治污时间是从第43周开始治理,即从10月底开始要加大闽江水污染治理的力度。

3. 通过建立BP神经网络模型,确定了闽江全年水质综合评价的结果为Ⅱ类至Ⅲ类之间。闽江作为福建省的"母亲河",在多处被用作自来水厂的取水源。在自来水厂取水点的临近水域,闽江水质需保持在Ⅱ类左右,故而需要加大水污染的治理力度。

(六)组织开展环保活动

学生们将科技教育实践活动的成果进行了全校性的环保宣传,活动效果良好,不少同学积极参与,唤起了他们的环保意识。

同时,将成果汇编成环保专刊,报送有关部门。

七、新闻媒体报道情况

《包文涛:让学生在探索中找到乐趣》《省十佳优秀科技辅导员名单出炉 包文涛榜上有名》《今晚九点半人物事迹专访——包文涛》《自古英雄出少年——南平一中学子入围丘成桐科学奖国际总决赛》等20余篇报道,在《福建新闻联播》、南平台《今晚九点半》、《闽北日报》等省、市媒体中报道。

八、本方案开展过程中应注意的问题方法

(一)实践方案实施的过程中所遇到的问题及解决方法

1. 学科拓展问题

在整个数学建模研究过程中,涉及学科交叉问题。对于某些学科难以解决的问题,通过数学建模的方法加以完善,从而达到与学科理论知识应用相辅相成的目的。例如,在《基于数学分析总结的焰火设计方案》的项目研究上,涉及物理中的空气阻力——这在物理中是难以计算的。于是,引导学生用函数拟合的数学建模方法进行弥补和解决。

2. 学生选拔模式的完善问题

由于学生的能力参差不齐,兴趣也不尽相同,通过合理的选拔以提高数学建模课程学习的效率是非常必要的。具体选拔模式为淘汰制:通过海选,确定60人进行数学建模研究性学习。在第二学期初,依据寒假数学建模课题研究的进展情况,选出30名学生进入数模社,开始课后培训。半期后留下10人左右,进行加强学习与课题完善,筹备各类科技竞赛。

3. 教学时间的分配问题

数学建模研究性学习的课程时间有限,可结合校本选修课及数模社社团活动时间,定期组织学生进行集中学习与外出调查实践。

4. 研究课题实用性与可行性问题

数学建模研究项目的选择,重点在于实用性与可行性。这就要求教师在整个课题研究过程中把握好大方向,给予学生指导性建议。

5. 提高教师水平问题

整个数学建模的知识体系,小部分涉及大学甚至研究生的课程,学生只需简单了解,但教师必须自学相关知识,不断提升自身水平。同时,通过与高校合作,对

整体课题研究提供指导。另外,也需要定期外出学习。笔者曾被推荐参加第二届福建省科技辅导员数学骨干班学习,并以第一名的成绩获福建省科学技术协会奖励免市赛,直接参加省赛的名额。

6.提高激励机制问题

合理的奖励机制,有利于提高学生数学建模课题研究的积极性。通过设立"两弹一星数学奖",对在数模科技竞赛中获奖的学生进行奖励。另外,完善科技类教师的奖励方法,对教师工作给予肯定与支持。

7.国际性平台的交流问题

在国际比赛的舞台上,学生英语水平不足将产生极大约束。例如,在国际HIMCM中学生数学建模大赛及丘成桐杯全球总决赛上,通过与英语教师合作,进行英文翻译与口语指导,取得了较为满意的效果。

(二)在将来继续完善的几点反思

面对尚未完善的教学体系,笔者认为,在高中数学建模与校本课程教育中需要注意以下几点。

首先,每一个数学模型在现实生活中都有其原型。在研究性学习的教学过程中,教师应尽量将比较恰当的原型向学生展现出来,然后带领学生观察、分析。这样,学生不仅可以学到知识,还能体会到科技创新的乐趣,更能激发学生进行科技创新实践的兴趣。

其次,学生是科技创新实践的主体。在数学建模过程中,更应该把握好学生的主体地位。因为每个人的思维方式不同,所以建造的模型也可能不同。教师应尊重每一个学生,让学生提出自己独到的见解。教师可以在学生需要的时候给予提示和引导。只有靠自己的努力构建的模型,才能有更好的提高和发展。

再次,数学模型的构建应尽量避免超出学生所掌握的知识体系。选题必须要结合校本课程及研究性学习课堂的教学内容,否则不仅会造成学生学不到知识,还可能打击学生的上进心。用数学建模来解决实际问题,也可以在物理等其他学科方面选择题材。

最后,培养学生科技创新的兴趣。教师可以从学生感兴趣的题材入手,然后通过变换、延伸等方法提出更深层的问题,形成逐渐深入的知识链,让学生不仅拓展了思维,而且还可以发现创新的魅力,进而通过数学建模激发学生科技创新实践的主观能动性、培养学生的广泛兴趣等。

总之,在高中数学建模与校本课程教育中,应引导学生学会用数学方法进行科技创新实践,让学生体会到学以致用的乐趣,从而提高学生创新的积极性。数学建模的进行,还可以发散学生思维,拓展学生的知识面。在高中,为了更好地实施数学建模,要求我们在生活中应该具有较好的问题发现意识,同时需要不断地提升自己的能力,了解最新的数学建模理念,能够准确地把握创新项目的可行性,这样才能使数学建模与科技创新实践有更好的发展。

培养学生的建模与科技创新能力,主要是增强他们对各方面能力的综合应用,如文字理解能力、对实际问题的熟悉程度、对相关知识的掌握程度。以及良好的心理素质和创新精神等。"创新是一个民族进步的灵魂,是国家兴旺发达的不竭动力。"因此,我们在高中数学建模教学的有效实践中,要注重培养学生的创新精神,密切关注现代科学技术的发展,这样才符合新课程理念的要求,使科技创新与高技术密切结合,融入当代科学发展的主流。

九、活动完成情况

本实践方案已完成,并被福建省教育厅授予"福建省教学成果奖"一等奖。学校凭借该活动的顺利完成,被中国数学教育杂志社评为中国数学教育特色学校,并被北京师范大学数学科学学院认定为"京师数学建模教育中心实践基地"。

参考文献:

[1]张思明.中学数学建模教学的实践与探索[M].北京:北京教育出版社.1998.

[2]叶其孝.中学数学建模[M].长沙:湖南教育出版社,1999:9-13.

挖掘绘本故事内涵,培养自我发展意识

伍才英*

绘本作为教材的重要组成部分,它的内涵是非常丰富的,有的是创设了本节课的活动情景或过程;有的是讲述了一个有趣的故事,激发学生学习的兴趣;有的是揭示了一个简单的道理。有效、高效的教学需要我们精准"把脉",正确理解和充分挖掘绘本的内涵,有效地利用绘本故事架设与学生生活经验互通的桥梁。我认为可以从以下四个方面入手培养学生自主发展、自我成长意识。

一、遵循绘本故事线索,培养自我管理意识

好习惯益终生,低年级学生良好行为习惯和学习习惯培养是我们德育课堂的一个重点。教材中的绘本故事线索清晰,可以作为好习惯培养的一条主线。教学时,我首先引导学生从生动形象的绘本故事阅读中初步感知,再结合晨会、班队活动宣传"我能管好自己"的重要性,形成"我能管好自己"的浓浓氛围,并制订相应的日常评比细则。其次争取家长的支持与配合,每周评选出"管理之星"为他们颁发奖章,逐渐形成自主管理的意识。这样,绘本故事与学生的生活经验紧密结合,学生可以更好地理解内容,反思自己的生活,养成良好习惯。

如:一年级下册第一课《皮皮的故事》介绍了一只不爱整洁的小狗。在了解了小狗皮皮不爱整洁的各种表现后,我引导学生联系生活实际想一想、议一议:你们身上有哪些不整洁的表现?小朋友们为什么要爱整洁?学生通过反思生活、集中讨论明白了:爱整洁身体棒棒的,也会受到大家的欢迎等等。然后进入教学的第三个环节,让学生思考怎样做才能整洁,明白了养成保持整洁的好习惯的重要性。

又如:一年级下册第2课《我们有精神》中的绘本《谁精神?》是一个童话故事,

---

*作者单位:福建省上杭县实验小学。

教学时,我以榜样为线索,通过师生交流互动来引导学生寻找身边的榜样。

师:小动物们都很精神!找一找,我们班的同学谁最有精神?

生1:六一儿童节,我们班小伙伴大大方方上台表演舞蹈节目,同学们都说演员们太有精神了。

生2:红红每次走路昂首挺胸、精神抖擞,微笑着和同学们打招呼,那样子可精神了!

生3:每次上课,我发现东东坐得端端正正,我觉得他很有精神。

师:学会自我管理,坐端正、专心听、认真做好每一件事,都是有精神的表现。

以上的绘本故事贯穿全文,它和课文教学环节配合紧密,我们将这些绘本故事作为教学的线索,依照故事的情景、情节引出教育的话题,通过理解绘本情境——联系生活思考——激发道德情感——引领自主学习的教学流程,将绘本故事中展示的生活和自己的实际生活相结合,提出困惑,解决困惑,激励自己学习自我管理,并不断提升和丰富自我管理生活的意识和经验。这样的教学虽然朴实,但是有效,学生在思考中明白了什么是不良行为,自己和别人又是怎么做的,我们应该怎么做。问题围绕着故事展开,故事引导着自我认识。

二、创设绘本故事体验,培养团结合作意识

一个人的良好发展不只是要学会生存,还要学会认知,学会做事,学会共同生活。小学生活泼好动,喜欢参加集体活动,正是进行团队意识培养的大好时机。因此,绘本故事教学,除了单纯的阅读、欣赏绘本的教学方式外,我还根据绘本故事情节生动的特点,创设各种故事情境,呈现儿童生活中的许多困惑,引导学生开展"演一演、想一想、议一议、编一编、玩一玩"等不同形式的教学活动,让学生兴致勃勃地走进绘本,和同伴一起合作,一起交流,一起体验绘本中的角色,和绘本互动起来。

如:教学一年级上册第2课的绘本故事《交朋友》时,我将绘本故事改成情景剧,采取学生角色扮演方式,依次呈现故事中的生活问题情境,学生了解、体验了小兔的胆小,小猫的热心和小猴的顽皮。同时我组织学生小组讨论:"小猴为什么感到困惑?如果你也有这样的困惑,你会怎么做?谁愿意帮帮它?"学生纷纷出谋献策,上台展示自己的策略。不知不觉中,学生对于交往中"为什么大家都不理我"的困惑也有了具体的指导意见。这时,再次让学生合作扮演小动物怎样开心玩皮球的游戏,突出小猴的这个角色,从而帮助学生掌握如何和朋友友好相处的一些

技巧。

又如：针对刚入学的新生课堂上不知道该怎么提问题的困惑，教学一年级上册第8课《上课了》的绘本故事时，我采取"演一演"形式让学生和小动物一起对话、一起思考，充分展示小动物的方法。还让部分学生扮演亲友团成员，和大家分享平时生活中你自己提问题的方法。在"说一说"环节，学生分别从注意观察、动手操作、请教别人、查找资料等方面发现问题的。

道德与法治课程倡导学生参与体验活动。这些角色扮演活动，不仅让学生玩得开心，而且团结了同学，增强了班级凝聚力，自然而然地培养了团结协作精神，这比任何空洞的说教都有用。因此，用好用活绘本故事可以开展形式多样的活动，给学生创设各种角色体验机会。学生在参与中走进生活，学会交流，学会合作，学会互助，从而实现自我成长。

三、再现绘本故事情境，培养遵守规则意识

道德与法治课程尤其重视学生规则意识的培养。守规则是守法的一个重要方面，是守法的基石。明理式的绘本故事主要通过讲故事的方式引导学生在情境中了解规则、理解规则的意义。教学时，我借助现代多媒体技术，通过视频、幻灯、动画、音乐辅助动态地展示绘本故事，或提供生活中真实的素材再现特定的情境，从故事链接到生活，让学生把现实生活中的问题在课堂上暴露出来，设计"找一找""想一想""辩一辩""说一说"等活动环节，引导学生进入情境中的角色，大胆说出自己的真实体会，再联系生活经验思考：怎样做更合适？使道理寓于生活之中，寓于行为之中，做到来源于生活、高于生活、回归生活。

如：教学二年级上册第11课绘本《守规则，懂礼让》时，我就将平时生活中抓拍的一些真实的图片或小视频"上车礼让老人""小朋友受到特殊照顾""不想排队，想插队"等资料加以整理，再现当时特定的情景，引导学生明辨行为：1. 这位叔叔离队打电话，再次回来算不算插队呢？2. 能不能让这位老爷爷插队？3. 这位叔叔照顾我，我可以插队吗？这样，结合生活情境引导学生理解排队的规则时，明白既要有遵守规则意识，又要懂得灵活调整策略，当遇到特别需要帮助的人群如老弱病残孕者，我们就应该礼让他们，使规则的遵守有温情，充满人文关怀。

又如：二年级上册第3课的绘本《这时应该怎么办》，教材中只静态地呈现4种情境图：下雨了国旗没有收怎么办？升旗时仪式迟到了，怎么办？活动结束后怎样

处理小国旗？想用人民币做工艺品，行吗？这些都是学生容易碰到的问题，怎样做才是正确的？这对学生来说颇有探讨价值。教学前，我要求学生注意观察学校生活中大家是怎样对待国旗的，有没有一些具体的规则？并通过网络收集有关国旗的礼仪知识。教学时，我将绘本中情境图制作成小视频，再现特定的情境，让学生思考这时应该怎么办呢？学生展示相关资料和尊重国旗的具体做法，提出自己的问题一起探讨和寻求答案，在与绘本的互动中学生产生了学习的兴趣，认识到生活中与国旗有关的礼仪与规则，增强了对国旗的热爱与尊敬之情。

规则意识不是一朝一夕能培养成的，因为小学生年龄小，自控力弱，注意力容易分散。利用绘本故事创设形式多样的情境，调动学生的主动性、积极性和创造性，强调他们的"主体地位"。让学生在情境中明辨对与错、是与非，以便学生更好地认识自我，规范自我，完善自我。

四、延伸绘本故事内容，培养课后阅读意识

课程资源选择要立足学生实际，发挥课程资源促进学生发展的育人价值。兴趣是儿童主动积极阅读的基础。教学具有拓展性的绘本故事时，我采用绘本故事阅读——链接生活——延伸拓展的教学方式，收到了较好的教学效果。首先我会绘声绘色地给学生讲一段故事，当他们听得津津有味时，给学生介绍一些趣味性强、贴近生活的阅读材料，或者提出一些问题引导他们课后继续自主阅读。同时，我通过每周组织一些班级活动"一人一个小故事""一人一个小发现""故事大王擂台赛""智多星评选"为学生搭建锻炼的平台，激励学生坚持自主阅读。

如：二年级上册第1课《小强的暑假快乐吗》补充了一个打工族家庭的儿童的暑假生活故事，在阅读绘本故事后，我补充农村孩子帮忙干农活、贫困地区孩子利用假期挖药材、和父母一起打零工赚学费的事例，学生才知道原来这些同龄人是这样度假的。这时让学生思考、发现：你们身边有这类小朋友吗？你们和他们交朋友了吗？怎样更科学安排自己的假期？并向学生推荐一些有助于学生自我管理的图书，如《歪歪兔独立成长童话》《快乐儿童的七个习惯》《孩子世界和学校教的不一样》，引导学生学习如何科学安排时间、如何认识新朋友，如何过一个安全、有意义的假期。

再如：二年级上册第13课是关于傣家竹楼的传说。阅读完绘本后，我让学生思考：故事中的青年是如何获得了这造竹楼的灵感？以此拓展学生的视野，让他们

感受不同地区人们的乡土风情,同时联想自己生活中见到过的建筑,如客家土楼、客家围屋,思考生活中的建筑有着怎样的设计理由。引导学生课后寻访自己家乡山水风景的传说故事,感受乡土文化、传统文化,培养他们热爱家乡的情感。

教材中补充拓展式的绘本故事有很多,作为教学内容补充,是对学生了解现实生活世界的引子。只要我们找准绘本和生活的连接点,从课堂向课外拓展,从教科书向儿童生活拓展。学生的阅读兴趣就会延伸到探究博大精深的中华文化,延伸到探究奇妙的动物世界,延伸到探究人类与自然的关系。

总之,绘本这种图文结合的叙事文体蕴含的育人价值大、形式活、效果好,我们的教学要厘清教与育的关系,区别于文字阅读,充分挖掘绘本中的细节,把握和理解编写的意图,正确理解说明式叙事和讲述式叙事绘本的内涵,并丰富绘本故事教学的策略和方法,在自主、有趣的活动中培养全面发展的学生。

参考文献

[1]王娜.绘本故事——让道德与法治课堂更精彩[J].小学教学研究,2018(35).

[2]中华人民共和国教育部.义务教育道德与法治课程标准(2022年版)[S].北京:北京师范大学出版社,2022.

课后服务，音乐老师如何发挥作用

张秋红[*]

2021年7月24日，中共中央办公厅、国务院办公厅印发了《关于进一步减轻义务教育阶段学生作业负担和校外培训负担的意见》，这一政策颁布，不仅解决放学后家长监管难、辅导难的问题，更是对学校教育的一种补充，改变了国内现有的初等教育教学模式，从而使各学校如何开展课后服务成为热议话题。"双减"政策的核心问题是提质、增效、减负，如何让"延时"育特长，让"延时"变培趣，提升学校课后服务质量是做好"双减"工作的重要举措。音乐教师应与时俱进，积极探索中小学音乐课后服务增效的实践路径，发挥音乐学科的育人价值。

一、课后服务，从缓解身心压力开始

一天的正常教学，师生已略显疲惫，作为音乐老师，我们可以帮助学生用音乐释放自我。如：用轻快活泼的音乐编创课桌、手势、课间舞，低年级可以创编《歌声里微笑》《你笑起来真好看》《森林狂想》等音乐律动。中年级可以创编《祝你快乐》《少年》等音乐律动，高年级可以编创《踏雪寻梅》《赛马》等音乐律动，也可以用奥尔夫体态律动，用身体作乐器，通过拍击身体不同部位发出音响，配上音乐，感受节拍、节奏、速度、力度、曲式带来的肢体韵律上的享受。学生们在快乐的氛围里，多觉联动创作表演，既提升音乐感知能力，同时减轻课业压力，提高学生艺术素养，营造学校良好的艺术氛围。

二、课后服务，把枯燥的校规歌谣化

作为音乐老师，可以利用课后服务时间，按音乐节奏，把校规歌谣化，让学生熟记于心。

---

*作者单位：福建省龙岩市永定区胡文虎实验小学。

在有节奏的音乐伴奏中,学生读校规朗朗上口,渐渐浸润于日常学习生活中。

如用四四拍音乐《校园的早晨》做背景音乐,为校规做歌谣。

1.上学篇

晨风吹,鸟儿叫,新的一天多美好。

学用具,准备好,高高兴兴上学校。

见老师,问个好,大家夸我有礼貌。

2.升旗篇

星期一,升国旗,进退操场快静齐。

穿校服,戴领巾,注视国旗行队礼。

唱国歌,颁奖旗,台上讲话听入心。

3.早读篇

进教室,不吵闹,课本学具桌角放。

捧起书,大声读,朗朗书声校园飘。

星期三,唱校歌,歌声嘹亮心欢畅。

4.上课篇

铃声响,进课堂,静等老师把课上。

星期一,勤思考,举手发言声音亮。

室外课,安全讲,面对有序静前往。

5.两操一舞篇

做两操,跳一舞,动作到位有力度。

做深蹲,强身体,阳光体育我真行。

眼保操,心要静,学会准确好视力。

6.课间篇

下课了,不急走,下节书本先放好。

走廊上,不追跑,文明有序不吵闹。

上下楼,往右靠,安全有序我做到。

7. 午休篇

中午在家休息好，规定时间来到校，进校门，不喧闹，多读好书知识好。

8. 写字篇

写字前，做做操，头正肩平背挺直。

脚放平，笔握好，一尺一拳要记牢。

横要平，竖要直，书写工整真漂亮。

9. 爱护校园篇

讲卫生，护花草，纸屑脏物不乱抛。

不乱涂，不乱画，龙头水电都关好。

动动手，讲环保，人人行动乐淘淘。

10. 放学篇

放学了，不急跑，文具学具先收好。

回到家，先问好，学习情况再汇报。

我把功课来温习，再把作业认真做。

想想一天得和失，明天将会更美好！明天将会更美好！

三、课后服务，开发具有学校特色的品牌项目

如何借助政策的东风，发挥音乐学科优势，高效优质用好课后服务时间？如何揭下音乐学科"阳春白雪"的面纱，让每一位学生都成为"乐之者"？我们学校结合自己的校园文化，开发具有本校特色的陶笛进校园实践研究。

我们具体做法：

第一步：做好问卷调查，前期准备（附问卷调查表显示结果）

亲爱的同学你好，我们正在做《"以美育人"目标下陶笛进校园实践探究》的课题研究，想了解你的一些宝贵的意见和看法，你只要选择适合你的答案并勾选出来就可以，感谢你的支持与配合！

问卷调查结果显示：

1.你所在的年级是？（ ）[单选题]

选项	小计	比例
A.三年级	30	13.04%
B.四年级	165	71.74%
C.五年级	16	6.96%
D.六年级	19	8.26%
本题有效填写人次	230	

2.您的性别是？（ ）[单选题]

选项	小计	比例
A.男	106	46.09%
B.女	124	53.91%
本题有效填写人次	230	

3.您以前上过艺术课吗？（ ）[单选题]

选项	小计	比例
A.上过	158	68.7%
B.没上过	72	31.3%
本题有效填写人次	230	

4、您对艺术课感兴趣吗？（ ）[单选题]

选项	小计	比例
A.感兴趣	215	93.48%
B.不感兴趣	15	6.52%
本题有效填写人次	230	

5、您对什么艺术课最感兴趣？（ ）[单选题]

选项	小计	比例
A.音乐	139	60.43%
B.美术	67	29.13%
C.其他	24	10.43%
本题有效填写人次	230	

6、您见过陶笛吗？（ ）[单选题]

选项	小计	比例
A.见过	217	94.35%
B.没见过	13	5.65%
本题有效填写人次	230	

7、假如让你选择一项乐器在学校音乐课堂学习,你优先选择？（ ）[单选题]

选项	小计	比例
A.陶笛	169	73.48%
B.葫芦丝	17	7.39%
C.口风琴	6	2.61%
D.口琴	7	3.04%
E.竖笛	10	4.35%
F.其他	21	9.13%
本题有效填写人次	230	

8、你想学习除了陶笛以外的其他传统乐器吗？（ ）[单选题]

选项	小计	比例
A.想学	179	77.83%
B.非常想学	30	13.04%
C.无所谓	13	5.65%
D.不想学	8	3.48%
本题有效填写人次	230	

388

9、你对学校开展的一系列陶笛活动感兴趣并且会积极参与吗?( )[单选题]

选项	小计	比例
A.不感兴趣,也不想参与	11	4.78%
B.不是很感兴趣,但别人参与我也参与	26	11.3%
C.感兴趣,会参与	125	54.35%
D.很感兴趣,会积极参与	68	29.57%
本题有效填写人次	230	

10、课余时间你会认真练习陶笛吗?( )[单选题]

选项	小计	比例
A.基本不会练习	23	10%
B.有时会练习	117	50.87%
C.经常练习	62	26.96%
D.每天都练	28	12.17%
本题有效填写人次	230	

11、你会主动将陶笛的演奏方法教给家人和朋友吗?( )[单选题]

选项	小计	比例
A.不会,除非他们要求我	40	17.39%
B.会教给他们	120	52.17%
C.不会主动教给他们	7	3.04%
D.会主动教给他们	63	27.39%
本题有效填写人次	230	

12、你认为陶笛是你学习音乐的好帮手吗?( )[单选题]

选项	小计	比例
A.是	174	75.65%
B.一般	48	20.87%
C.不是	8	3.48%
本题有效填写人次	230	

13、你认为学习陶笛对于自己发展来说有哪些帮助?( )[单选题]

选项	小计	比例
A.丰富娱乐生活	183	79.57%
B.提高音乐能力	190	82.61%
C.敢于表现自我	143	62.17%
D.加强学科间融合意识	108	46.96%
E.加强团队意识	120	52.17%
本题有效填写人次	230	

14、你认为在学习陶笛的过程中发生了哪方面的变化?( )[单选题]

选项	小计	比例
A.上课积极性提高	55	23.91%
B.音乐素养大大提升	100	43.48%
C.同学之间交流更多	40	17.39%
D.对音乐兴趣有所提高	35	15.22%
本题有效填写人次	230	

第二步：建立能与"音乐课堂"相呼应的"音乐学科课后服务"三段式教学模式

坚持三段式授课模式，第一段每节音乐课要求携带陶笛上课，音乐老师传授陶笛演奏方法与技巧。孩子们从认识陶笛到正确掌握发音，逐渐走进陶笛的世界，尽情享受古老浓郁的陶笛散发出的迷人芬芳。第二段社团课以小组为单位，采用小组合作，互帮互助，师生合作，生生合作，相互竞争的模式，在合作中进步，在竞争中成长。陶笛像是孩子们的玩伴，这一门新本领，让孩子们充满成就感，大家相互督促，共同进步。第三段线上线下，家校互动，建立展示平台。每天学生回到家，和父母亲子活动，聆听音乐，表现音乐，陶冶情操。在三段式授课模式中，学生课前找差距、课中互学习、课后晒优点，学习兴趣、学习热情被激发。孩子们纷纷表示：自己节奏感变强了，手指更灵活了，识谱越来越快了，感觉自己更快乐了。在多元的活动中学生体验了学习成长的乐趣。

第三步：搭建展示平台，扬自信风帆

展示是增加自信最好的办法，学校为孩子们提供表演和锻炼的机会。如：特殊时段的周一升旗仪式上，以齐奏、独奏、合奏等形式展示陶笛演奏；适时举行全校陶笛会演或比赛；在各班全面普及陶笛学习后，学校将选拔演奏水平优秀的学生组成"陶笛精英班"，免费提高训练，随时代表学校参加各级各类演出和比赛；组织有需求的学生参加陶笛考级；结合思政，奏响时代主题等。在活动内容的安排上，主题选择也可以丰富些，如科技游园活动周，选择学生感兴趣的，表现浩瀚星空的音乐主题。母亲节，可以是饱含亲情的音乐主题，端午节，也可以是传统活动的文化音乐主题，特殊日子还可以结合时代背景，爱国题材的音乐主题。如在"喜迎二十大，聆听党的歌声"主题活动中，，我会结合中国近代史，选择有时代烙印的歌曲，用串讲故事的形式，视频辅助情境再现，如从觉醒年代的《国际歌》到中共一大嘉兴南湖红船，从二万五千里《长征主题歌》到《国歌》，从朝鲜战场上甘岭战役《我的祖国》再到改革开放《春天的故事》以及一国两制下的《东方之珠》，体会《我和我的祖国》呼吸与共、血脉相连。鲜明的主题，结合学生作品呈现，能起事半功倍的效果。除此之外，我们还通过走出去和请进来的方式，让师生与外界接轨，与先进接轨。我们这种坚持艺术教育的普惠性做法，既提高全体学生的审美素养，也满足了艺术特长发展的需要，拓宽了艺术课程的美育途径。

纯洁的童心，美妙的音乐，多姿多彩的校园生活，尽情挥洒的快乐足以缓解学业压力，培养对生活的积极乐观态度，展现精神风貌。让生命开满艺术之花，让艺术之花绽放在每一个孩子心田。

参考文献：

[1]2017年2月24日《教育部办公厅关于做好中小学生课后服务工作的指导意见》。

[2]闽教基〔2022〕21号《福建省教育厅关于进一步推进全省中小学课后服务提质增效的指导意见》。

探究儿童本位的游戏化教学在整本书阅读教学中的实践

——以《神笔马良》为例

万嘉荧*

所谓的儿童本位,即追随儿童,贴近儿童心灵,立足于儿童的立场。在整本书阅读教学活动中,儿童占据主体地位,教师应该关照儿童的真实需求。低年级儿童正处于识字与阅读能力发展的黄金阶段,在学习中仍将感性认知当做其主要的认知。开展整本书阅读教学,能通过教师给予的高效阅读指导,培养儿童对书籍的好奇心,帮助儿童与作者进行心灵沟通,产生精神上的愉悦感,真正享受阅读带来的快乐。

一、搭建支架,丰富儿童的关键经验

与传统的教学方式不同的是,游戏化教学的方式是一种改革和创新。在整本书阅读教学的过程中,教师引入游戏化的教学模式,创设多样化的情境,将游戏的内容和学生的生活实际紧密地联系起来,让儿童的需求成为整本书阅读建构的来源与驱动。童话宗师洪汛涛创作的《神笔马良》是部编版二年级下册快乐读书吧"读读儿童故事"中整本书阅读的书目,本书是中国儿童文学的巅峰之作,曾被称为20世纪中国影响最大的童话故事之一。故事围绕"得到神笔——保护神笔——失去神笔——寻找神笔"的线索展开,书中有许多故事塑造了马良善良正义的少年英雄形象,是人们对美好生活的一种向往与遐想。

(一)封面激趣、把握整体

目录是整本书籍的"门面",也是具有提要的性质,就像是旅行之前要先看

---

*作者单位:福建省福州鼓楼实验小学。

地图,可见目录的重要性。利用目录进行快速地检索信息,从而让儿童探究到作者的思维线路。部编版二年级下册快乐读书吧"读读儿童故事"的教学重点是要学会看书的目录,这将是在部编版二年级上册认识书本封面的基础上做了一次提升。低年级学生对一切都充满着好奇,疑问式的开场会引起学生的阅读期待。首先,教师让学生通过认真观察封面,猜测整本书的故事内容,提出自己的疑惑:马良是怎么拥有这支神笔的?马良用这支神笔都做了什么事呢?带着学生充分利用插图和小贴士,使其对即将开始的阅读旅程充满期待。

（二）目录解密、读之有效

在把握整体换环节的过程中,教师引导学生初步学会看书的目录,交流"给书本目录找伙伴"的游戏方式,与书名、内容和作者对对碰。在目标的驱动下,学生从目录中大致了解书主要讲的内容,并试着猜想书中哪个故事内容最吸引人,选择感兴趣的篇章进行自主泛读,形成图像模式。在自主泛读的同时建立儿童与整本书篇章的联系,建立时代背景了解作者,拉进与学生的品读距离。学会要读的内容从哪页开始的技能之后,教师帮助学生一起明确如何开展儿童故事的课外阅读。接着教师戏剧性讲述故事的开端,以作者洪汛涛的口吻发布争做"经典故事传讲人"的征集令,明确整本书启动课的学习目标,学生亲自制订阅读的计划。（如下表）

阅读书目	阅读日期	阅读页数	阅读时长

二、精读细节,聚焦儿童的游戏思维

阅读的核心是深度思考。低年级学生的识字量少,在阅读的过程中,教师要逐步引导学生转变阅读的方式,从绘本阅读转向为文字阅读,从质疑处转向兴趣点,逐步建构儿童的发散性思维。阅读推进课是学生阅读旅途上的智慧加油站,或补充能量,或更新方法,或增强期待,目的就是更好地整装再出发。以"读读儿童故事"为例,洪汛涛先生撰写了《神笔马良》《牧童三娃》和《大奖章》三个较长篇章的故事,教师针对其中一个经典故事《神笔马良》开展一节整本书阅读活动的推进课。

（一）梳理脉络、开启阅读

教师在和孩子共读的过程中,首先通过创设小松鼠姐姐的情境,通过比较阅读,定调童话故事的主基调,宣扬真善美。其次通过小故事串联大故事的阅读方法,引导学生用串一串的方法,梳理故事的整体脉络。用画一画的方法来关注富有变化的故事情节。第三,引导学生在"辩一辩,扮一扮,讲一讲"的活动中,聚焦角色,讲好故事。最后鼓励学生开展综合性的活动,让经典永流传。该环节设计如下:

师:你能根据故事的内容,给这些事物分分类吗?（帮助穷人、斗饿财主、惩罚皇帝）

师:你们看,神笔在马良的手上画什么就有什么。可是神笔到了皇帝的手上,也这么神奇吗? 皇帝都画了什么?

预设生:画了金山变成了石头,画了金砖变成了大蟒蛇。

师:难道是神笔失灵了吗?

预设生:皇帝很贪财,马良很善良,帮助穷人,白胡子老爷爷只允许神笔在马良手上发挥作用。

师总结:孩子们,童话就是这样,它传递的是正能量,宣扬的是真善美。它教人善良、勇敢,反对邪恶、贪婪。读故事从题目开始,带着你的问题开启读书之旅,这样你的阅读就会多一些期待。

（二）扮演角色、开拓想象

"最有效的一种教育是让孩子在有趣的游戏活动中玩耍。"游戏与教育的相融合能有效地帮助儿童提升高阶思维的发展,整本书阅读的教学中贯穿游戏化的情境式活动,使教学过程更加任务化与游戏化。《神笔马良》最扣人心弦的情节是马良拥有的超神力,书中的插图为儿童提供了多维空间的想象力,儿童不再被文字的理解所束缚,取而代之的是对书中喜欢的人物进行角色扮演。学生通过对人物语言、动作及神态的扮演,创造性地模仿易引起对读者的共鸣,在扮演中塑造马良、地主、皇帝和画师的形象,趣味化地将人物的特点和情感跃然纸上。为了使学生的思考更深入,表达更充分,教师还提供一份"阅读策略单"。（如下表）

坏人的做法	马良的对策	我的感受

（三）合作探究、理清排序

立足"儿童本位"的思想，教师不断创新教学模式，将儿童作为课堂中的"主导者"，因此在课前，教师以插图为切入点，通过展示十幅插图，让儿童亲自动手操作，先按照故事的先后顺序给插图进行排序，再一起聊聊图中的故事。在品插图的游戏过程中，教师通过对游戏情境的创设，学生梳理了整本书的故事情节。既锻炼了学生归纳能力，同时也让学生对整个故事的发展瞬间明晰起来。其次，在儿童本位的视域下，教师又一次打破常规，利用探究式的游戏激发儿童阅读的动机和兴趣，让学生根据故事中的情节为整本书绘制心情变化图。该环节设计如下：

师：当你听到马良学画受挫的时候，你的心情是什么样的？（愤怒，难过）。

当听到马良坚持自学的时候，你的心情又是什么样的？（感动）。

马良得到了神笔耶，你的心情怎么样？（太开心了）。

当得到神笔的马良帮助了很多的穷人，这时候你的心情是什么样的呢？（开心）。

当读到斗地主这个故事的时候，你们的心情又是什么样的呢？（非常紧张）。

当读到怒海沉船的时候，你们的心情是什么样的？（大快人心）

师：孩子们，你们看好的故事能够紧紧的抓住读者的心，你在读故事的时候，可以根据故事的发展以及心情的变化，来画一张故事发展图。

在绘制故事发展图的同时，学生的思维和学习内驱力一下子被打开，能更加积极主动地探索整本书的乐趣，理清故事发展的脉络。教师根据学生的回答在梳理中将碎片化的信息用可视化的图示展示，精简地整合了故事的文脉，促进学生思辨式的思维发展。最后，教师创设想象的情境：假如你有一支神奇的画笔，你会给谁画些什么呢？教师先示范说，接着让学生借助"假如我有一支神笔，我会给画＿＿＿，让＿＿＿。"的句式，引导说完整的一句话，促进了学生的语言发展。书中的人物形象囊括了知、情、意的大量信息，在"辩一辩，扮一扮，讲一讲"中立刻丰盈起来，学生在组织与表达等语言运用能力方面也得到了思维的发散与深度的加强，从更全面的视角感知阅读整本书的乐趣。

三、唤醒读者，提升儿童阅读的价值

整本书阅读围绕着儿童的文化表达、审美创造等素养方面发挥着重要的作用，赋予了儿童语文审美能力和语言感知能力。教师结合《神笔马良》这一文学作品的创作价值，帮助学生设计"表彰学品质"的环节，对角色的刻画进行深度的剖析。

该环节设计如下：

师：小组内讨论"我要为马良颁发____奖"，由小组长负责记录组员的发言。

预设生：我要为马良颁发勇敢奖，因马良面对地主、皇帝等无理的要求时，没有退缩，敢于斗智斗勇。

预设生：我要给马良颁善良奖，因为他用这支神笔帮助了很多穷人。

预设生：我要给马良颁正义奖，因为马良没有帮主贪婪的财主画金钱等。

师：通过一个个鲜活的事例，感受到了马良的人物特点，你学会了什么？

预设生：坚持不懈、正直善良、机智勇敢。

此时，学生读一遍乐一遍，保持了阅读的续航力，与作者产生了心灵的沟通，也更能深刻地了解书本内容所承载的丰厚文化，从而寻找到有质量的阅读资源。在拓展环节，教师适时指导学生将阅读所获得的成果落实在纸笔上，从吸收到有效地输出，提高了学生的自身表达力和写作能力。

四、结语

基于整本书的独特文本价值，教师站在儿童的中央，锁定阅读的重点，联结完整的阅读策略，构建逻辑的阅读体系。多模块联动的全新阅读方式充分调动了学生阅读的技能，加快了学生核心素养的成型，实现了阅读、表达、写作的多元合一。

参考文献：

[1]尚俊杰，曲俊美.游戏化教学法[M].北京：高等教育出版社，2019.

[2]张弘.小学语文整本书阅读教学策略研究[D].曲阜：曲阜师范大学，2020.